Matthias Weiß

Wertorientiertes Kostenmanagement

GABLER EDITION WISSENSCHAFT

Quantitatives Controlling

Herausgegeben von Professor Dr. Carsten Homburg,
Universität zu Köln

Die Schriftenreihe dient als Forum für hervorragende Forschungsergebnisse auf dem Gebiet des Controlling. Ihr liegt ein weites Controllingverständnis zugrunde, das über Problemstellungen der traditionellen internen Unternehmensrechnung hinaus geht und beispielsweise auch Aspekte der Verhaltenssteuerung einschließt.

Der Schwerpunkt der Reihe liegt auf quantitativen Analysen aktueller Controllingfragen. Hierbei werden formal-analytische ebenso wie empirisch ausgerichtete Arbeiten in Betracht gezogen.

Matthias Weiß

Wertorientiertes Kostenmanagement

Zur Integration von wertorientierter Unternehmensführung und strategischem Kostenmanagement

Mit einem Geleitwort von Prof. Dr. Carsten Homburg

Deutscher Universitäts-Verlag

Bibliografische Information Der Deutschen Bibliothek
Die Deutsche Bibliothek verzeichnet diese Publikation in der Deutschen Nationalbibliografie; detaillierte bibliografische Daten sind im Internet über <http://dnb.ddb.de> abrufbar.

Dissertation Universität zu Köln, 2005

1. Auflage Januar 2006

Lektorat: Brigitte Siegel / Stefanie Brich

Der Deutsche Universitäts-Verlag ist ein Unternehmen von
Springer Scienec+Business Media.
www.duv.de

Umschlaggestaltung: Regine Zimmer, Dipl.-Designerin, Frankfurt/Main
Druck und Buchbinder: Rosch-Buch, Scheßlitz
Gedruckt auf säurefreiem und chlorfrei gebleichtem Papier
Printed in Germany

ISBN 3-8350-0224-4

Geleitwort

Wertorientierte Unternehmensführung und strategisches Kostenmanagement sind zwei für das Controlling zentrale Konzepte. Beide Entwicklungen sind dabei auf den Beginn der 1990er Jahre zurückzuführen. Ihre Motivation ergibt sich aus dem dort auf Unternehmensseite verstärkt wahrgenommenen Globalisierungsdruck. Das Managementkonzept der Wertorientierten Unternehmensführung ist als Antwort auf globale, durch Konkurrenz geprägte Kapitalmärkte zu verstehen. Gemäß der Philosophie wertorientierten Managements erfordern sie eine – quasi bedingungslose – Ausrichtung der Unternehmenspolitik an den Interessen der Shareholder. So trägt auch eines der ersten Standardwerke von Rappaport (1986) den Titel „Creating Shareholder Value". Im strategischen Kostenmanagement spiegeln sich insbesondere aus Japan stammende Ansätze der Kostenoptimierung wider. Der Grundgedanke ist hier, dass es nicht mehr nur darum geht, Kosten zu kalkulieren, um sie dann an den Markt weiter zu geben. Auf kompetitiven Käufermärkten ist es vielmehr erforderlich zu analysieren, inwieweit man am Markt konkurrenzfähige Kosten durch ein geeignetes Kostenmanagement erreichen und halten kann.

Bei näherer Beschäftigung mit den beiden genannten Konzepten fällt auf, dass sie zwar immer wieder aus ähnlichen Gründen heraus motiviert werden. Ihre Darstellung erfolgt hingegen meist isoliert. Hier setzt die vorliegende Dissertationsschrift von Herrn Weiß an. Sie will die Wertorientierte Unternehmensführung und das strategische Kostenmanagement integrieren. Im Wesentlichen sind hierzu zentrale Instrumente des strategischen Kostenmanagements, wie die Lebenszyklusrechnung, die Prozesskostenrechnung und das Target Costing, wertorientiert auszugestalten. Zu dieser Fragestellung entwickelt der Verfasser mehrere theoretisch fundierte und zugleich praktikable Ideen. So zeichnet sich beispielsweise der von Herrn Weiß vorgeschlagene wertorientierte (dynamische) Target-Costing-Ansatz durch die Ermittlung wertorientierter Zieldeckungsvorgaben aus.
Die Schrift bietet innovative Lösungsvorschläge zu einer innovativen Fragestellung. Daher wünsche ich ihr eine lebhafte Resonanz in der Controlling-Theorie ebenso wie in der Controlling-Praxis.

Prof. Dr. Carsten Homburg

Vorwort

Die vorliegende Dissertation entstand in den Jahren 2001 bis 2005 während meiner Tätigkeit als wissenschaftlicher Mitarbeiter am Seminar für Controlling an der Universität zu Köln.
Die folgenden Zeilen möchte ich dazu nutzen, den Personen herzlich zu danken, die im besonderen Maße zum erfolgreichen Abschluss meines Dissertationsprojektes beigetragen haben.
Bei meinem Doktorvater und akademischen Lehrer Prof. Dr. Carsten Homburg möchte ich mich ganz besonders für die vielfältige Unterstützung sowie die Gewährung des zeitlichen und geistigen Freiraums bei der Erstellung dieser Arbeit bedanken. Auch bildete die von ihm geschaffene fruchtbare Arbeitsatmosphäre eine wichtige Grundlage für das Gelingen meiner Dissertation. Herrn Prof. Dr.h.c. Dr.h.c. Josef Kloock danke ich für die Unterstützung, die mir insbesondere bis zu seiner Emeritierung im Jahr 2001 im ersten halben Jahr meiner Tätigkeit als wissenschaftlicher Mitarbeiter an seinem Lehrstuhl zuteil wurde. Bei Herrn Prof. Dr. Ludwig Kuntz möchte ich mich für die Bereitschaft, das Korreferat zu übernehmen, bedanken.
Marcus Berghäuser, Cordula Ebeling, Stefan Henschke, Julia Nasev, Peter Scherpereel, Asli Toksal und Nikolaus Wrede gebührt Dank für die gute Zusammenarbeit und die vielen aufschlussreichen Diskussionen in der gemeinsamen Zeit am Seminar. Besonderer Dank gilt meinem Kollegen Jörg Stephan, der mir durch seine klare Sicht der Dinge in unserem intensiv geführten wissenschaftlichen Meinungsaustausch wertvolle Anregungen gegeben hat; seine konstruktiven kritischen Anmerkungen waren bei der Erstellung der Dissertation eine große Hilfe. Dank gilt auch den überaus motivierten studentischen Hilfskräften des Seminars, wobei hier insbesondere Elena Karaivanova genannt sei, die mit unermüdlichem Arbeitseinsatz ebenfalls wertvolle Hilfestellungen gab. Dank sagen möchte ich ebenso Elisabeth Eich. In Personalunion zugleich Sekretärin und gute Seele des Seminars, hat sie – nicht zuletzt aufgrund ihrer „kölschen Art“ – zum harmonischen Arbeitsklima bedeutend beigetragen und mir mit aufmunternden Worten über so manche Durststrecke geholfen.
Meinen immer hilfsbereiten Eltern danke ich für die familiäre und finanzielle Unterstützung während meiner akademischen Ausbildung, die es mir ermöglichten, Familie und Studium zu vereinbaren.
Der allergrößte Dank gebührt jedoch meiner lieben Familie. Meine Ehefrau Marga hat in der Promotionsphase neben ihrer Berufstätigkeit sämtliche Erziehungs- und Haushaltsarbeit schultern müssen; zudem hat sie zusammen mit unseren Kindern Anna Lina und Paul meine Stimmungsschwankungen nachsichtig ertragen und immer wieder mentale Aufbauhilfe geleistet. Ihnen ist dieses Buch gewidmet.

Matthias Weiß

Inhaltsverzeichnis

Abbildungsverzeichnis

Tabellenverzeichnis

Abkürzungsverzeichnis

AB	Anfangsbestand
a.M.	am Main
APV	Adjusted Present Value
atm.	atmende
Aufl.	Auflage
aut.	autonome
Besch.prozess	Beschaffungsprozess
BFuP	Betriebswirtschaftliche Forschung und Praxis (Zeitschrift)
Bsp.	Beispiel
bspw.	beispielsweise
bzgl.	bezüglich
bzw.	beziehungsweise
ca.	circa (ungefähr)
CAPM	Capital Asset Pricing Model
CDAX	Composite DAX
d.h.	das heißt
DAX	Deutscher Aktienindex
DB	Deckungsbeitrag
DBW	Die Betriebswirtschaft (Zeitschrift)
DCF	Discounted Cash Flow
DRS	Deutscher Rechnungslegungs Standard
DStR	Deutsches Steuerrecht (Zeitschrift)
durchschn.	durchschnittlich
EB	Endbestand
ed.	Edition
einschl.	einschließlich
EJOR	European Journal of Operational Research (Zeitschrift)
EK	Eigenkapital
et al.	et alii (und andere)
etc.	et cetera (und so weiter)
EVA	Economic Value Added
evtl.	eventuell
EQ	Eigenkapitalquote
f.	folgende
FAS	Financial Accounting Standard
FCF	Free Cash Flow
ff.	fortfolgende

FK	Fremdkapital
FTE	Flow to Equity
FQ	Fremdkapitalquote
gem.	gemäß
HBR	Harvard Business Review (Zeitschrift)
HGB	Handelsgesetzbuch
Hrsg.	Herausgeber
IAS	International Accounting Standard
IB	Investitionsbereich
i.H.v.	in Höhe von
IDW	Institut der Wirtschaftsprüfer
Jg.	Jahrgang
k.A.	keine Angabe
Kapitalb.	Kapitalbindung
KB	Kapitalbindung
konst.	konstante
krp	Kostenrechnungspraxis (Zeitschrift)
LB	Leistungsbereich
lmi	leistungsmengeninduzierte
lmn	leistungsmengenneutrale
LuL	Lieferungen und Leistungen
LZKR	Lebenszykluskostenrechnung
min	Minute
MDAX	Mid Cap DAX
MDBR	Mehrstufige Deckungsbeitragsrechnung
ME	Mengeneinheit
MEK	Materialeinzelkosten
MP	Marktphase
MVA	Market Value Added
Nr.	Nummer
No.	Numero
NP	Nachlaufphase
OB	Operativer Bereich
o.g.	oben genannt
PA	Produktart
p.a.	pro anno (jährlich)
PVAC	Present Value of Allowable Costs
PVACI	Present Value of Allowable Costs I
PVACII	Present Value of Allowable Costs II

PVCR	Present Value of Cost Reduction
PVDC	Present Value of Drifting Costs
RHB	Roh-, Hilfs- und Betriebsstoffe
Rz.	Randziffer
S.	Seite
Schriftl.	Schriftleitung
s.o.	siehe oben
sog.	so genannt
sonst.	sonstige
Sp.	Spalte
TCF	Total Cash Flow
Tec-DAX	Technologie-DAX
TEUR	Tausend Euro
TP	Teilprozess
TS	Tax Shield
Tz.	Teilziffer
u.a.	unter anderem
USA	United States of America
US-GAAP	United States Generally Accepted Accounting Principles
usw.	und so weiter
VDI	Verein deutscher Ingenieure
Verb.	Verbindlichkeiten
vgl.	vergleiche
Vol.	Volume
VP	Vorlaufphase
WACC	Weighted Average Cost of Capital (Gesamtkapitalkostensatz)
WACC*	Weighted Average Cost of Capital des TCF-Verfahrens
WiSt	Wirtschaftswissenschaftliches Studium (Zeitschrift)
WPg	Die Wirtschaftsprüfung (Zeitschrift)
wt	Werkstattstechnik – Zeitschrift für Produktion und Betrieb
z.B.	zum Beispiel
ZfB	Zeitschrift für Betriebswirtschaft
ZfbF	Zeitschrift für betriebswirtschaftliche Forschung
ZfCM	Zeitschrift für Controlling & Management
ZP	Zeitschrift für Planung und Unternehmenssteuerung

Symbolverzeichnis

(Die in Abschnitt 5.2 bei der Darstellung dynamischer Target Costing-Ansätze aus der Literatur entnommenen Symbole werden hier nicht aufgeführt.)

$A_{i,s,t}$	Verbrauchskoeffizient für die Gesamtmenge der i-ten Produktart bezüglich der Ressource s in der Periode t
$A_{s,t}$	Gesamtbedarf an Kapazitätseinheiten der Ressource s zur Erstellung des Produktionsprogramms in der Periode t
A_t	Anschaffungsauszahlung einer Maschine zum nominalen Anschaffungspreis im Zeitpunkt t
A_t^{real}	Auszahlung in der Periode t auf Basis realer Anschaffungspreise (Preisbasis t = 0)
A_t^U	Auszahlungen des Leistungsbereichs des unverschuldeten Unternehmens in der Periode t
AB_t	anschaffungspreisbasierte Abschreibungen in der Periode t
AB_t^{WP}	wiederbeschaffungspreisbasierte nominale Abschreibungen in der Periode t
$AB_t^{WP,real}$	Abschreibungen in der Periode t auf Basis realer Wiederbeschaffungspreise (Preisbasis t = 0)
$AB_t^{WP,real(t0)}$	wiederbeschaffungspreisbasierte Abschreibungen in der Periode t mit Preisbasis t0
a	Anteilsquote eines Investors an einem Unternehmen
$a_{i,s}^0$	Verbrauchskoeffizient für die erste produzierte Einheit der i-ten Produktart bezüglich der Ressource s
$a_{i,s,t}$	Verbrauchskoeffizient für eine Mengeneinheit der i-ten Produktart bezüglich der Ressource s in der Periode t
a_k	Anteilssatz der k-ten Komponente ($k \in \{1, K\}$) an der Differenz aus PVACII und $PVACII_0$
α_j	Lernrate des Prozesses j hinsichtlich des Ressourcenbedarfs
b	Degressionsfaktor
β	Beta-Faktor bzw. systematisches Risiko
CF^{FB}	Cash Flow des Finanzierungsbereichs
CF_t^{EKB}	Cash Flow des Eigenkapitalbereichs in der Periode t
CF_t^{FKB}	Cash Flow des Fremdkapitalbereichs in der Periode t
CF_t^{IB}	Cash Flow des Investitionsbereichs in der Periode t
CF_t^{LB}	Cash Flow des Leistungsbereichs in der Periode t
CF_t^{OB}	Cash Flow des operativen Bereichs in der Periode t

c_s	Kosten der Bereitstellung pro Kapazitätseinheit von Ressource s
$c_{s,t}$	Kosten der Bereitstellung pro Kapazitätseinheit von Ressource s in der Periode t
DC_t	Drifting Costs in der Periode t
ΔGB	Geldbestandsdifferenz bzw. Gesamt-Cash Flow
ΔFK_t	Fremdkapitalbestandsveränderung in der Periode t
$E_t^{NP,z}$	Ziel-Umsatzerlöse der Nachlaufphase in der Periode t
E_t^U	Einzahlungen des Leistungsbereichs des unverschuldeten Unternehmens in der Periode t
EQ_t	Eigenkapitalquote (zu Marktwerten) im Zeitpunkt t
ESt^L	zu zahlende Einkommensteuer eines an einem verschuldeten Unternehmen beteiligten Investors
ESt^U	zu zahlende Einkommensteuer eines an einem unverschuldeten Unternehmen beteiligten Investors
FCF_t	Zahlungsüberschuss des Leistungsbereichs der Periode t unter der Annahme der reinen Eigenfinanzierung (nach Unternehmensteuern)
FCF_t^v	Zahlungsüberschuss des Leistungsbereichs der Periode t unter der Annahme der reinen Eigenfinanzierung vor Unternehmensteuern
FK_t	Fremdkapitalbestand zum Zeitpunkt t
FQ_t	Fremdkapitalquote (zu Marktwerten) im Zeitpunkt t
FTE^L	Flow to Equity eines an einem verschuldeten Unternehmen beteiligten Investors
FTE^U	Flow to Equity eines an einem unverschuldeten Unternehmen beteiligten Investors
FTE_t	Flow to Equity in der Periode t
IB	Index für Investitionsbereich
i	Produktartenindex, i = 1, ..., I; I = Anzahl der Produktarten
i	Zinssatz für Fremdkapital bzw. (unspezifizierter) Nominalzinssatz
i^{real}	(unspezifizierter) Realzinssatz
inf^{BM}	betriebsmittelspezifische Inflationsrate
inf_t	allgemeine Inflationsrate der Periode t
j	Im Rahmen der Darstellung der Prozesskostenrechnung: Kostentreiber- bzw. Prozessindex, j = 1, ..., J; J = Anzahl der Prozesse bzw. Kostentreiber Im Rahmen der Darstellung des CAPM: Index für ein Wertpapier
K_j	Kosten des Prozesses j für das gesamte Produktionsprogramm
$K_{j,t}$	Kosten des Prozesses j für das Produktionsprogramm der Periode t
K_t	Kosten eines unverschuldeten Unternehmens in der Periode t
KB_t	Kapitalbindung zum Zeitpunkt t gemäß APV-, TCF- und WACC-Residualgewinnverfahren
KB_t^{FTE}	Eigenkapitalbindung zum Zeitpunkt t gemäß FTE-Residualgewinnverfahren

KB_t^{TCF}	Kapitalbindung zum Zeitpunkt t gemäß TCF- Residualgewinnverfahren (entspricht KB_t aufgrund der Annahme der Nichtperiodisierung der Tax Shields)
KB_t^{WP}	Kapitalbindung zum Zeitpunkt t auf Basis nominaler Wiederbeschaffungspreise
$KB_t^{WP,real}$	Kapitalbindung zum Zeitpunkt t auf Basis realer Wiederbeschaffungspreise
KE_t^E	Kalkulatorischer Erfolg der Periode t des verschuldeten Unternehmens nach Zinskosten
KE_t^L	Kalkulatorischer Erfolg der Periode t des verschuldeten Unternehmens vor Zinskosten
KE_t^U	Kalkulatorischer Erfolg der Periode t eines unverschuldeten Unternehmens vor Zinskosten
$KF_{s,t}$	Fixe Kosten der s-ten Ressource in der Periode t
$KFL_{s,t}$	Fixe Leerkosten der s-ten Ressource in der Periode t
$KFN_{s,t}$	Fixe Nutzkosten der s-ten Ressource in der Periode t
$KOG_{s,t}$	Kapazitätsobergrenze (Maximalkapazität) der s-ten Ressource in der Periode t
KSt^U	zu zahlende Körperschaftsteuer eines unverschuldeten Unternehmens
k	Komponentenindex, $k = 0, \ldots, K$; K = Anzahl der „physischen" Komponenten (Komponente k = 0 stellt einen gesonderten Kostenpool dar)
k	Eigenkapitalkostensatz des unverschuldeten Unternehmens (vor Steuern auf Anteilseignerebene)
$k^{E,s}$	Eigenkapitalkostensatz des verschuldeten Unternehmens nach Steuern auf Anteilseignerebene
k^s	Eigenkapitalkostensatz des unverschuldeten Unternehmens nach Steuern auf Anteilseignerebene
k_t^E	Eigenkapitalkostensatz des verschuldeten Unternehmens (vor Steuern auf Anteilseignerebene) in der Periode t
L_t	Leistungen eines unverschuldeten Unternehmens in der Periode t
M	Index für Marktportefeuille
$M_{i,j,t}$	Bedarf der gesamten Produktionsmenge der Produktart i hinsichtlich Einheiten des Prozesses (des Kostentreibers) j in der Periode t
M_j^X, M_j^Y	Spezifische Prozessmengen des Prozesses j, wobei gilt: $M_j^X < M_j^Y$
$M_{j,t}$	Bedarf des gesamten Produktionsprogramms hinsichtlich Einheiten des Prozesses (des Kostentreibers) j in der Periode t
$M_{j,t-1}^{kum}$	bis zum Zeitpunkt t – 1 kumulierte Menge des Prozesses j
MP	Index für Marktphase
$m_{i,j,t}$	Bedarf einer Mengeneinheit der Produktart i hinsichtlich Einheiten des Prozesses (des Kostentreibers) j in der Periode t

$N_{j,s,t}$ Bedarf der gesamten durch das Produktionsprogramm beanspruchten Menge des Prozesses (des Kostentreibers) j hinsichtlich Kapazitätseinheiten der Ressource s in Periode t

ND Nutzungsdauer einer Maschine

NP Index für Nachlaufphase

$NPV^{L,real}$ Marktwert des verschuldeten Unternehmens im Zeitpunkt τ, der im Gegensatz zu V_{τ}^{L} den Zahlungsüberschuss des Bewertungszeitpunktes τ berücksichtigt (Nettokapitalwert bzw. Net Present Value) und anhand realer Größen ermittelt wird

NPV_0^{A} Nettokapitalwert auf Basis nominaler Anschaffungsauszahlungen

$NPV_0^{AB,nom}$ Nettokapitalwert auf Basis nominaler wiederbeschaffungspreisbasierter Abschreibungen

$NPV_0^{AB,real}$ Nettokapitalwert auf Basis realer Abschreibungen (Preisbasis t = 0)

$NPV_0^{A,real}$ Nettokapitalwert auf Basis realer Anschaffungsauszahlungen (Preisbasis t = 0)

NPV_{CF} Nettokapitalwert der Cash Flow-Reihe

NPV_{RG} Nettokapitalwert der Residualgewinnreihe

NPV_{τ}^{L} Marktwert des verschuldeten Unternehmens im Zeitpunkt τ, der im Gegensatz zu V_{τ}^{L} den Zahlungsüberschuss des Bewertungszeitpunktes τ berücksichtigt (Nettokapitalwert)

NPV_{τ}^{U} Marktwert des unverschuldeten Unternehmens im Zeitpunkt τ, der im Gegensatz zu V_{τ}^{U} den Zahlungsüberschuss des Bewertungszeitpunktes τ berücksichtigt (Nettokapitalwert)

n Anzahl der Verdoppelungen

$n_{j,s}$ prozessspezifischer Ressourcenbedarfskoeffizient

$n_{j,s}^{0}$ Bedarf der ersten Prozesseinheit des Prozesses (des Kostentreibers) j hinsichtlich Kapazitätseinheiten der Ressource s

$n_{j,s}^{X}$ Bedarf der letzten Prozesseinheit der Prozessmenge M_j^X hinsichtlich Kapazitätseinheiten der Ressource s

$n_{j,s}^{Y}$ Bedarf der letzten Prozesseinheit der Prozessmenge M_j^Y hinsichtlich Kapazitätseinheiten der Ressource s

$n_{j,s,t}$ Bedarf einer Mengeneinheit des Prozesses (des Kostentreibers) j hinsichtlich Kapazitätseinheiten der Ressource s in der Periode t

nom Index zur (besonderen) Hervorhebung einer nominalen Größe

OB Index für Operativer Bereich

P Index für Investitionsprojekt

$PK_{i,j,t}$	Prozesskosten, die der gesamten Produktionsmenge der i-ten Produktart aufgrund der Beanspruchung des Prozesses j in der t-ten Periode zuzurechnen sind
$PK_{i,t}$	Prozesskosten für die gesamte Produktionsmenge der i-ten Produktart in der t-ten Periode
PVAC	Kapitalwert der Allowable Costs (Present Value of Allowable Costs)
PVACI	Kapitalwert der Allowable Costs I (Present Value of Allowable Costs I)
PVACII	Kapitalwert der Allowable Costs II (Present Value of Allowable Costs II)
$PVACII_k$	Kapitalwert der Allowable Costs II der k-ten Komponente
$PVCR_k$	Kapitalwert der zu schließenden Zielkostenlücke (Present Value of Cost Reduction) der k-ten Komponente
$PVDC_k$	Kapitalwert der Drifting Costs (Present Value of Drifting Costs) der k-ten Komponente
$PVTC_k$	Kapitalwert der Target Costs (Present Value of Target Costs) der k-ten Komponente
pa_t^z	Ziel-Absatzpreis in der Periode t
$pk_{i,t}$	Prozesskosten je Mengeneinheit der i-ten Produktart in der t-ten Periode
$\pi_{j,t}$	Prozesskostensatz je Mengeneinheit des Kostentreibers j in der Periode t
RG_t^{APV}	Residualgewinn der Periode t gemäß APV-Residualgewinnverfahren
RG_t^{FTE}	Residualgewinn der Periode t gemäß FTE-Residualgewinnverfahren
RG_t^{TCF}	Residualgewinn der Periode t gemäß TCF-Residualgewinnverfahren
RG_t^{WACC}	Residualgewinn der Periode t gemäß WACC-Residualgewinnverfahren
RV	Marktwert der ewigen Rente zum Zeitpunkt τ (Residualwert bzw. Residual Value)
r^f	risikoloser Zinssatz
$r^{f,s}$	risikoloser Zinssatz nach Steuern
r^M	Rendite des Marktportefeuilles
r_j	Rendite des Wertpapiers j
real	Index für eine reale (inflationsbereinigte) Größe
s	Im Rahmen der Darstellung der Prozesskostenrechnung: Ressourcenindex, s = 1, ..., S; S = Gesamtzahl der Ressourcen Im Rahmen der Darstellung der DCF- bzw. Residualgewinnverfahren: Periodenlaufindex
s	Gewinnsteuersatz
s^E	linearer Einkommensteuersatz auf Investorenebene
s^K	linearer Körperschaftsteuersatz auf Unternehmensebene
T	Letzte Periode des Detailplanungszeitraums bzw. der Totalperiode oder Zeitpunkt des Endes des Detailplanungszeitraums bzw. der Totalperiode Im Rahmen der Darstellung der Lebenszyklusrechnung: Ende des Produktlebenszyklus und der Nachlaufphase

T^{MP}	Ende der Marktphase
T^{VP}	Ende der Vorlaufphase
$T0$	Ende der Nutzungsdauer einer Maschine
TCF_t	Total Cash Flow in der Periode t
TS_t	Steuerlicher Vorteil aus der Fremdfinanzierung auf Unternehmensebene (Tax Shield) in der Periode t
t	Perioden- oder Zeitpunktindex
t_0^{MP}	Beginn der Marktphase
t_0^{NP}	Beginn der Nachlaufphase
$t0$	Anschaffungszeitpunkt einer Maschine
τ	Bewertungszeitpunkt
V_t^E	Marktwert des Eigenkapitals zum Zeitpunkt t
V_t^F	Marktwert des Fremdkapitals zum Zeitpunkt t
V_t^L	Marktwert des verschuldeten Unternehmens zum Zeitpunkt t (Bruttokapitalwert)
V_t^{TS}	Marktwert der Tax Shields zum Zeitpunkt t
V_t^U	Marktwert des unverschuldeten Unternehmens zum Zeitpunkt t
VP	Index für Vorlaufphase
W_t	Wiederbeschaffungspreis einer Maschine zum Zeitpunkt t
$WACC^s$	Gewichteter Gesamtkapitalkostensatz nach Steuern
$WACC_t$	Gewichteter Gesamtkapitalkostensatz in der Periode t
$WACC_t^{ME}$	Gewichteter Gesamtkapitalkostensatz nach Miles/Ezzell in der Periode t
$WACC_t^*$	Gewichteter Gesamtkapitalkostensatz gemäß TCF-Verfahren in der Periode t
$x_{i,t}$	Produktionsmenge der Produktart i in der Periode t
$x_{i,t-1}^{kum}$	bis zum Zeitpunkt t – 1 kumulierte Produktionsmenge der Produktart i
xa_t^z	Ziel-Absatzmenge in der Periode t

1 Einleitung

1.1 Problemstellung und Zielsetzung

Das Konzept der wertorientierten Unternehmensführung („Value Based Management“) besagt, dass der Managementprozess, d.h. die Planung, Realisierung und Kontrolle unternehmerischer Entscheidungen, auf die Maximierung des Shareholder Value als Marktwert des Eigenkapitals auszurichten ist.[1] Es wurde maßgeblich durch das 1986 veröffentlichte Werk „Creating Shareholder Value“ von Alfred Rappaport[2] geprägt und hat – mit ein wenig zeitlicher Verzögerung – seit dem Beginn der 1990er Jahre auch im deutschsprachigen Raum Einzug in die betriebswirtschaftliche Forschung und -praxis genommen.[3] Die Zielgröße Shareholder Value resultiert letztendlich aus dem intensivierten Wettbewerb um Beteiligungskapital an den „globalisierten“ Kapitalmärkten, auf denen international ausgerichtete Anleger agieren.[4] Werden die Renditeansprüche dieser Anleger missachtet, ergeben sich für das Management zunächst Finanzierungsprobleme bei Zusatz- bzw. Erweiterungsinvestitionen.[5] Angesichts der vielfältigen anderweitigen renditeträchtigeren Anlagemöglichkeiten werden potenzielle Eigner dem Unternehmen kein zusätzliches Beteiligungskapital zur Verfügung stellen. Auch entsteht ein Wettbewerbsnachteil gegenüber den Unternehmen, die den Renditeansprüchen der Eigner nachkommen und aufgrund des Kapitalmarktdruckes ihre Wettbewerbsfähigkeit auf den Absatzmärkten verbessern.[6] Da bei sinkender Wettbewerbsfähigkeit der Bestand des Unternehmens gefährdet ist, hat die Missachtung der Renditeansprüche der Eigner mittelbar auch negative Auswirkungen auf die übrigen Unternehmensbeteiligten wie z.B. Arbeitnehmer und Lieferanten. Weiterhin wächst das Risiko einer „feindlichen“ Übernahme des Unternehmens. Wird das Gewinnerzielungspotenzial durch das Management nicht hinreichend genutzt, kann ein Erwerber des Unternehmens z.B. durch die Auswechslung der Unternehmensleitung versuchen, Wertsteigerungspotenzial im Sinne der Shareholder Value-Maximierung auszuschöpfen.[7] Je aggressiver die Kapitalmärkte sind, desto weniger kann auf eine Shareholder Value-Orientierung verzichtet werden. So bestätigen auch empirische Studien die mittlerweile hohe Relevanz der wertorientierten Unternehmensführung für die Unternehmenspraxis.[8]

---

1 Vgl. Rappaport (1986), S. 11; Pape (2005), S.1. Zur Definition des Shareholder Value als Marktwert des Eigenkapitals vgl. Kloock (1997), S. 40; Wagenhofer (1998), S. 643; Ballwieser (2002), Sp. 1745.

2 Vgl. Rappaport (1986).

3 Vgl. zur Diskussion der wertorientierten Unternehmensführung bzw. des Shareholder Value-Ansatzes in Theorie und Praxis Richter (1999), S. 1 f. Zu den Wegbereitern dieses Konzeptes im deutschsprachigen Raum vgl. die Literaturverweise bei Jakubowicz (2000), S. 2, Fußnote 7.

4 Vgl. Pape (2005), S. 1.

5 Vgl. Franke/Hax (2004), S. 7.

6 Vgl. Jakubowicz (2000), S. 1.

7 Vgl. Koller/Goedhart/Wessels (2005), S. 15; Franke/Hax (2004), S. 463.

8 Bei einer im Jahre 2003 durchgeführten empirischen Untersuchung der DAX-, MDAX- und Tec-DAX-Unternehmen gaben 82% der 44 an der Umfrage teilnehmenden Unternehmen an, ihr primäres Unternehmensziel in der Steigerung des Unternehmenswertes zu sehen (vgl. Homburg/Toksal/Gödde (2004), S. 7). Eine weitere Befragung von Unternehmen aus Deutschland, Großbritannien, Italien und Frankreich ergab, dass

Ähnlich wie das Konzept der wertorientierten Unternehmensführung hat sich das strategische Kostenmanagement („Strategic Cost Management") erst Anfang der 1990er Jahre zu einem eigenständigen Forschungsgebiet entwickelt.[9] Die zunehmende Bedeutung des Kostenmanagements in der Praxis wird ebenfalls durch die Empirie belegt.[10] Das Ziel des strategischen Kostenmanagements ist die Optimierung des Niveaus, der Struktur, des zeitlichen Anfalls und des Verlaufs der Kosten eines Unternehmens, wobei der Zusatz „strategisch" beinhaltet, dass ein längerfristiger Betrachtungszeitraum gewählt wird.[11] Dieser langfristige Betrachtungszeitraum ist verbunden mit der Intention, der quantitativen Unterstützung der Strategieentwicklung zu dienen.[12] Die Notwendigkeit zur Beeinflussung bzw. Gestaltung der Kosten resultiert zunächst aus dem durch neue Produktionstechnologien hervorgerufenen veränderten Kostengefüge, d.h. aus einem höheren Anteil der Gemein- und Fixkosten an den Gesamtkosten.[13] Ein höherer Gemeinkostenanteil hat dabei negative Auswirkungen auf die Kostentransparenz, ein höherer Fixkostenanteil wirkt sich negativ auf die Kostenelastizität bei Nachfrageschwankungen aus. Weiterhin verursacht die aus veränderten Kundenbedürfnissen resultierende zunehmende Variantenvielfalt einen durch Komplexitätskosten bedingten progressiven Kostenverlauf, d.h. aus der zusätzlichen Aufnahme einer Variante in das Produktprogramm resultiert ein überproportionaler Kostenanstieg. Auch führen kürzere Marktphasen sowie umfangreiche Umweltschutzvorschriften zu einer Zunahme der Bedeutung der Vor- und Nachlaufkosten, bspw. in Form von Entwicklungs- und Entsorgungskosten, und zu einer dementsprechend abnehmenden Bedeutung der Herstellkosten des Produktes in dessen Marktphase. Somit ist auch die Forderung nach einem strategischen Kostenmanagement als eine Reaktion auf die vor allem im letzten Jahrzehnt zunehmende Globalisierung der Märkte und den damit verbundenen intensivierten Wettbewerb anzusehen, der zu einem veränderten Kostengefüge und einem hohen Kostendruck geführt hat.

In der betriebswirtschaftlichen Literatur werden die Instrumente des strategischen Kostenmanagements und die Verfahren der wertorientierte Unternehmensführung in der Regel isoliert behandelt. Dies resultiert aus den unterschiedlichen Blickwinkeln der beiden Ansätze. Während das Augenmerk in den Beiträgen zur wertorientierten Unternehmensführung auf die Kapitalmärkte und damit auf den Finanzierungsbereich des Unternehmens gerichtet ist, fokussiert das Kostenmanagement auf die Gütermärkte und somit auf den Leistungsbereich eines Unternehmens, d.h. auf die Prozesse der Leistungserstellung und -verwertung. So nutzen die Instrumente des Kostenmanagements die umfangreichen, die Güterprozesse eines Unterneh-

---

74% der befragten Unternehmen den Shareholder Value als eine wichtige strategische Zielgröße betrachten (vgl. Horváth/Minning (2001), S. 281).

9 Vgl. Franz/Kajüter (2002a), S. 8.

10 Vgl. Franz/Kajüter (2002b), S. 571-573, bei deren Studie insgesamt 98 deutsche Großunternehmen im November 2001 befragt wurden.

11 Vgl. Reiß/Corsten (1992), S. 1480-1489; Franz/Kajüter (1997), S. 9-11; Homburg/Weiß (2002), S. 223 f.; Ewert/Wagenhofer (2005), S. 254.

12 Vgl. Kuntz (2002), S. 114.

13 Vgl. im Folgenden Franz/Kajüter (2002a), S. 6.

mens abbildenden Kosten- und Erlösinformationen, die das interne Rechnungswesen für die kurzfristige Erfolgsrechnung (zumindest im deutschsprachigen Raum) in disaggregierter Form zur Verfügung stellt. Zwar müssen auch die an Zahlungsüberschüssen ausgerichteten Discounted Cash Flow (DCF)-Verfahren der wertorientierten Unternehmensführung zwangsläufig den Leistungsbereich betrachten, indem die zukünftigen sog. „Free Cash Flows“ als aus der Beziehung zwischen Unternehmen und Umwelt (ohne Kapitalgeber) resultierende Überschussgrößen prognostiziert werden. Da jedoch produktbezogene bzw. (allgemeiner ausgedrückt) kalkulationsobjektbezogene Planungserfahrungen von Cash Flows kaum zur Verfügung stehen und außerdem die Ist-Größen einer Cash Flow-Rechnung in der unternehmerischen Praxis lediglich auf aggregierter Ebene erfasst werden, ergeben sich Prognose- und Kontrollprobleme. Zahlungsüberschüsse erscheinen für die Steuerung der Güterprozesse eines Unternehmens daher nur bedingt geeignet. Neben den DCF-Verfahren wird wohl auch aus diesem Grunde das Economic Value Added (EVA®)-Konzept[14] zur Fundierung einer wertorientierten Unternehmensführung vorgeschlagen, das wie das Kostenmanagement auf periodisierten Größen basiert.[15] Dieses Konzept greift allerdings auf die Daten des externen Rechnungswesens, d.h. auf Erträge und Aufwendungen, zurück. Um diese als Datengrundlage für interne Planungs- und Steuerungsrechnungen zu nutzen, werden umfangreiche „Conversions“ (Modifikationen) durchgeführt, die den Economic Value Added als Überschussgröße letztlich an den kalkulatorischen Erfolg der traditionellen Kosten- und Leistungsrechnung annähern. Bei einer gut ausgebauten Kostenrechnung, wie sie zumindest im deutschsprachigen Raum bei Industrieunternehmen in der Regel vorzufinden ist, erscheint ein derartiger Umweg aus Wirtschaftlichkeitsgründen fragwürdig. Allerdings lässt sich die im Rahmen der wertorientierten Unternehmensführung vollzogene Fokussierung auf den Kapitalmarkt (bzw. den Finanzierungsbereich) sowie der damit verbundene Rückgriff auf die Finanzierungstheorie dazu nutzen, Informationen über die Höhe der anzusetzenden Kapitalkosten sowie über die konzeptionelle Ausgestaltung der im Rahmen des Kostenmanagements anzusetzenden kalkulatorischen Überschussgröße zu generieren. Bezüglich der Einbeziehung der Kapitalmarktforderungen weisen nämlich wiederum die Instrumente des Kostenmanagements Defizite auf. Hierfür ist charakteristisch, dass sich bei der Darstellung der Ziele des Kostenmanagements in der Regel auf die Nennung von Unterzielen (wie z.B. die Reduzierung des Kostenniveaus[16], die Verbesserung der Wirtschaftlichkeit[17], der Wettbewerbsfähigkeit bzw. der Erzielung eines angemessenen Gewinns[18] oder der Optimierung von Kosten-Leistungs-Relationen[19]) beschränkt wird, während das Ziel der wertorientierten Unternehmensführung, die Maximierung

---

[14] Vgl. Stewart (1999). EVA® ist eine eingetragene Marke von Stern Stewart & Co.

[15] Weitere Konzeptionen, wie z.B. das CFROI-Konzept, haben einen weniger starken Eingang in die Praxis gefunden (vgl. das Ergebnis der bereits in Fußnote 8 genannten Studie bei Horváth/Minning (2001), S. 279 f.). Aus diesem Grund wird auf diese Konzepte nicht näher eingegangen.

[16] Vgl. Reiß/Corsten (1992), S. 1480.

[17] Vgl. Ewert/Wagenhofer (2005), S. 254.

[18] Vgl. Franz/Kajüter (1997), S. 8.

[19] Vgl. Männel (1997), S. 166.

des Shareholder Value, unerwähnt bleibt.[20] Offensichtlich ergänzen sich somit beide Konzepte aufgrund ihrer unterschiedlichen Blickwinkel sehr gut. Der erste Schritt zur Integration der Wertorientierung in das Kostenmanagement besteht daher darin, das weiter oben bereits definierte Ziel des Kostenmanagements auf die eigentliche Zielgröße Unternehmenswert bzw. Shareholder Value auszurichten.

Diese Arbeit hat vor dem soeben skizzierten Hintergrund zum Ziel, Instrumente des strategischen Kostenmanagements wertorientiert auszugestalten und zusammenzuführen. Aus diesem Grunde sind zunächst Methoden zur Ermittlung des Shareholder Value darzustellen, die als Basis des Kostenmanagements dienen können. Dabei ist auf unterschiedliche Steuersysteme und Finanzierungsstrategien einzugehen, denn diese beeinflussen zum einen den Shareholder Value in unterschiedlicher Weise, zum anderen beschränken sie die grundsätzliche Anwendbarkeit der vorgestellten Methoden. Anschließend erfolgt zunächst die Konzeption einer wertorientierten Lebenszyklusrechnung, bei der dargelegt werden soll, dass ein residualgewinnbasierter Ansatz aus Praktikabilitäts- und Wirtschaftlichkeitsgründen einem zahlungsbasierten Ansatz vorzuziehen ist. Auf Basis der Residualgewinnmethode sollen dann die Lebenszykluskostenrechnung und die Prozesskostenrechnung als bedeutende Instrumente des Kostenmanagements so ausgestaltet werden, dass durch ihre Anwendung ein Beitrag zur Steigerung des Unternehmenswertes im Sinne der wertorientierten Unternehmensführung geleistet werden kann. Hierzu ist die Prozesskostenrechnung durch die Integration des Erfahrungskurvenkonzeptes und durch die explizite Berücksichtigung von Kapitalkosten zu modifizieren. Schließlich soll auf dieser Grundlage ein wertorientierter Target Costing-Ansatz konzipiert werden, der die bis dahin diskutierten Instrumente zu einem wertorientierten Kostenmanagement zusammenführt.

1.2 Vorgehensweise

Um zu einem wertorientierten Kostenmanagement zu gelangen, sind Methoden heranzuziehen, welche die Quantifizierung der Auswirkungen der Managementaktivitäten auf die Zielgröße Shareholder Value ermöglichen. Deshalb soll das grundlegende Kapitel 2 der Darstellung von Bewertungsverfahren dienen, die potenziell dazu geeignet sind, die konzeptionelle Basis der in den nachfolgenden Kapiteln einzuführenden Kostenmanagementinstrumente zu bilden. Zunächst werden die Discounted Cash Flow (DCF)-Verfahren als zahlungsüberschussbezogene Bewertungsmethoden dargestellt. Anhand dieser Methoden wird der Shareholder Value bzw. Unternehmenswert durch die Diskontierung von Zahlungsüberschüssen mit adäquaten Kapitalkostensätzen ermittelt. Bei deren Darstellung ist auf unterschiedliche Cash Flow-Definitionen einzugehen, bevor dann die korrespondierenden Kapitalkostensätze erörtert werden. Dabei resultieren die unterschiedlichen Cash Flow-Definitionen und Kapital-

---

[20] Allerdings sprechen auch Franz/Kajüter in dem bereits zitierten (vgl. Fußnote 13) neueren, aus dem Jahre 2002 stammenden Beitrag zum Kostenmanagement im Gegensatz zu ihrem Beitrag aus dem Jahre 1997 (vgl. Fußnote 18) nunmehr u.a. von dem Ziel der Steigerung des Unternehmenswertes (vgl. Franz/Kajüter (2002a), S. 10).

kostensätze der DCF-Verfahren unter anderem daher, dass sich die in der Realität beobachtbaren Steuersysteme als nicht finanzierungsneutral herausstellen. Aus diesem Grunde sollen die Kapitalkostensätze vor dem Hintergrund zweier unterschiedlicher Steuersysteme (steuerliches Anrechnungsverfahren sowie einfache Gewinnbesteuerung auf Unternehmensebene) und Finanzierungsstrategien unter Rückgriff auf die Finanzierungstheorie hergeleitet werden. Anschließend ist bezüglich dieser unterschiedlichen Finanzierungsstrategien zu untersuchen, welche der für den Fall einer einfachen Gewinnbesteuerung formulierten DCF-Verfahren für die Unternehmensbewertung bzw. (allgemeiner) für die Alternativenbewertung geeignet sind. Hierzu ist genauer auf das sog. Zirkularitätsproblem bei der Anwendung der DCF-Verfahren einzugehen.

Wie bereits oben angemerkt, existieren in der Unternehmenspraxis gut ausgebaute Managementinformationssysteme auf Basis einer kalkulatorischen Erfolgsrechnung (d.h. einer Kosten- und Leistungsrechnung), sodass sich die Frage stellt, ob nicht auch kalkulatorische Erfolge analog zu Zahlungsüberschüssen zur Bewertung herangezogen werden können. Ausgehend von den unterschiedlichen Zahlungsüberschussdefinitionen der DCF-Verfahren werden deswegen korrespondierende Residualgewinne bzw. entsprechende Residualgewinnverfahren unter Heranziehung des Lücke-Theorems hergeleitet. Dabei wird das sog. Kongruenzprinzip des Lücke-Theorems so modifiziert, dass die absolute Höhe der zum Bewertungszeitpunkt angesetzten Kapitalbindung für die Bewertung irrelevant ist. Um die formale Darstellung zu veranschaulichen, werden hier und im weiteren Verlauf der Arbeit numerische Beispiele eingebunden. Wie bereits bei den DCF-Verfahren wird vor dem Hintergrund der beiden betrachteten Finanzierungsstrategien die Einsetzbarkeit der Residualgewinnverfahren in der Unternehmenspraxis untersucht.

In Kapitel 3 wird die Ausgestaltung einer wertorientierten Produktlebenszyklusrechnung erörtert, in die im weiteren Verlauf der Arbeit die wertorientierte Prozesskostenrechnung sowie die wertorientierte Konzeption des Target Costing eingebunden werden sollen. Hierzu wird sowohl eine auf den DCF-Verfahren basierende Lebenszykluszahlungsrechnung als auch eine auf den korrespondierenden Residualgewinnverfahren basierende Lebenszykluskostenrechnung vorgestellt. Besonderes Augenmerk wird dabei auf die Berücksichtigung von Inflation gerichtet, da diesbezüglich insbesondere in der Kosten- und Leistungsrechnung unterschiedliche Vorgehensweisen genannt werden. Ausgehend von dem Ziel, durch die Diskontierung der in der Lebenszykluskostenrechnung angesetzten Residualgewinne den Shareholder Value zu ermitteln (Kriterium der Kapitalwertäquivalenz), wird dann eine Empfehlung bezüglich der Vorgehensweise der Inflationsberücksichtigung in der kalkulatorischen Erfolgsrechnung gegeben. Den eigenen Konzeptionen werden anschließend ausgewählte Produktlebenszykluszahlungs- und -kostenrechnungen aus der Literatur gegenübergestellt. Diese werden daraufhin untersucht, welcher Kalkulationszinsfuß präferiert wird und ob die Wertrelevanz des Steuersystems berücksichtigt wird, sodass eine Aussage darüber möglich ist, inwiefern der Shareholder Value ermittelbar ist und der jeweilige Ansatz somit als „wertorientiert" eingestuft werden kann. Das dritte Kapitel wird abgeschlossen mit der Diskussion, ob eine zahlungsbasierte oder eine residualgewinnbasierte wertorientierte Produktlebenszyklusrechnung die Kriterien Kapitalwertäquivalenz, Praktikabilität und Wirtschaftlichkeit besser erfüllt.

Ausgehend von der am Schluss des Kapitels 3 konstatierten Vorteilhaftigkeit einer Produktlebenszykluskostenrechnung wird in Kapitel 4 das Konzept einer wertorientierten Prozesskostenrechnung dargestellt. Nach einer grundlegenden Erörterung der herkömmlichen Prozesskostenrechnung wird zunächst diskutiert, für welche Lebenszyklusphasen eines Produktes sich die Planung der Kosten mittels einer Prozesskostenrechnung als besonders geeignet erweist. Anschließend wird das Erfahrungskurvenkonzept mit der Prozesskostenrechnung verbunden und damit ein entscheidender Schritt zu einer Dynamisierung der Prozesskostenrechnung geleistet. Diese Verbindung sowie die daraufhin behandelte Planung der Kapitalkosten mittels der Prozesskostenrechnung bilden die Grundlagen für die am Schluss des vierten Kapitels darzustellenden Schemata einer wertorientierten mehrstufigen Deckungsbeitragsrechnung sowie einer wertorientierten prozesskostenbasierten Produktlebenszyklusrechnung.

Kapitel 5 dient der Integration eines wertorientierten Target Costing-Ansatzes in die bisher dargestellte Konzeption. Hierzu wird zuerst auf das statische Target Costing als ein Instrument zur marktorientierten Planung, Steuerung und Kontrolle der Lebenszykluskosten im Rahmen des Produktentstehungsprozesses eingegangen, bei dem analog zur statischen Investitionsrechnung mit durchschnittlichen Kosten und Erlösen gerechnet wird. Nach dessen Darstellung werden in der Literatur diskutierte Erweiterungen des statischen Target Costing zu einem dynamischen Ansatz vorgestellt, die – analog zur in Kapitel 3 vorgenommenen Untersuchung unterschiedlicher Lebenszyklusrechnungskonzeptionen – auf ihre Wertorientierung hin analysiert werden. Im Anschluss daran wird die Konzeption eines eigenen wertorientierten Target Costing-Ansatzes vorgenommen, der auf dem in Kapitel 2 dargelegten erweiterten Kongruenzprinzip des Lücke-Theorems basiert. Da dieser eigene Ansatz auf der in Kapitel 3 dargestellten wertorientierten Lebenszykluskostenrechnung und der in Kapitel 4 erörterten wertorientierten Prozesskostenrechnung aufbaut, markiert er den Endpunkt der in dieser Arbeit darzustellenden Konzeption eines wertorientierten Kostenmanagements.

In dem abschließenden Kapitel 6 erfolgen ein Fazit und ein Ausblick auf weiteren Forschungsbedarf.

2 Discounted Cash Flow- und Residualgewinnverfahren als Grundlage einer wertorientierten Unternehmensführung

Sowohl Discounted Cash Flow (DCF)- als auch Residualgewinnverfahren dienen der Bestimmung des Shareholder Value und können somit die Grundlage für eine wertorientierte Unternehmensführung bilden. Aus diesem Grunde werden in Abschnitt 2.1 zunächst die auf Zahlungsüberschüssen basierenden DCF-Verfahren vorgestellt. Dabei wird bereits auf Aspekte eingegangen (wie z.B. die Ermittlung unterschiedlicher Kapitalkostensätze unter Einbeziehung von Gewinnsteuern), die die Grundlage für die in Abschnitt 2.2 erfolgende Darstellung der Residualgewinnverfahren bilden. Da das Residualgewinnkonzept auf kalkulatorischen Erfolgen basiert, eignet es sich im besonderen Maße für die Integration von wertorientierter Unternehmensführung und strategischem Kostenmanagement.

2.1 Discounted Cash Flow-Verfahren

Im Rahmen von DCF-Verfahren werden zur Marktwertermittlung von Unternehmen[21] zukünftige erwartete Zahlungsüberschüsse bzw. Cash Flows (Zählergrößen) dem Kapitalwertkalkül folgend mit angemessenen Kapitalkostensätzen (Nennergrößen) unter Beachtung von Steuern diskontiert.[22]

Zur Darstellung dieser Verfahren ist somit zunächst auf die Abgrenzung der Zahlungsüberschüsse einzugehen. Anschließend soll die Ermittlung der Kapitalkostensätze erörtert werden. Es sind die Fragen zu klären, unter welchen Steuersystemen die Kapitalstruktur für den Unternehmenswert relevant wird und inwieweit die Kapitalkosten eines Unternehmens durch das Steuersystem beeinflusst werden. Weiterhin ist näher auf das Capital Asset Pricing Model (CAPM) einzugehen, das bei Anwendung der DCF-Verfahren in der Regel herangezogen wird, um den Eigenkapitalkostensatz eines Unternehmens kapitalmarktorientiert zu bestimmen. Nachdem diese Grundlagen dargelegt worden sind, können die DCF-Verfahren dargestellt werden. Abschließend ist dann noch auf die Eignung der einzelnen DCF-Verfahren zur Unternehmensbewertung in Abhängigkeit unterschiedlicher Finanzierungsstrategien einzugehen.

2.1.1 Cash Flows als Zählergrößen der DCF-Verfahren

In der Literatur existiert einerseits eine Vielzahl von Cash Flow-Begriffen, die sowohl aufgrund der unterschiedlichen Terminologie als auch aufgrund der unterschiedlichen Bestandteile oftmals für Verwirrung sorgen.[23] Mittlerweile existieren jedoch andererseits international nahezu einheitliche kodifizierte Regelungen zur Ausgestaltung von Cash Flow-Rechnungen

---

[21] Zur Vereinfachung wird im Folgenden bei der Darstellung der Grundlagen der DCF-Verfahren lediglich von zu ermittelnden Unternehmenswerten gesprochen. Analog lassen sich die in dieser Arbeit im Mittelpunkt stehenden Marktwerte von Strategien, Projekten oder Aktivitäten bestimmen.

[22] Vgl. Kruschwitz/Löffler (2002), S. 1.

[23] Vgl. den Literaturüberblick bezüglich der zahlreichen Cash Flow-Definitionen bzw. -Ermittlungsmethoden bei Raab (2001), S. 94-103.

bzw. Kapitalflussrechnungen im Rahmen des Jahresabschlusses von kapitalmarktorientierten Unternehmen.[24] Zur Vermeidung weiterer Begriffsverwirrungen soll deswegen unter Verwendung dieser annähernd einheitlichen Cash Flow-Definitionen der externen Rechnungslegung eine Überleitung zu den Cash Flow-Begriffen der – im Kontext dieser Arbeit intern orientierten – DCF-Verfahren erfolgen.[25] Ausgangspunkt der Betrachtung ist der Gesamt-Cash Flow eines Unternehmens als Zahlungsüberschuss aus Unternehmenssicht. Der *Gesamt-Cash Flow* ΔGB des Unternehmens einer Periode kann definiert werden als die Differenz zwischen dem Zahlungsmittelbestand (Geldbestand) am Ende einer Periode und dem Zahlungsmittelbestand am Anfang einer Periode (Bestandsrechnung) bzw. der Differenz aus Einzahlungen und Auszahlungen einer Periode (Stromgrößenrechnung):

ΔGB = Zahlungsmittelbestand Periodenende

– Zahlungsmittelbestand Periodenanfang

= Einzahlungen einer Periode – Auszahlungen einer Periode.

Dabei kann der Zahlungsmittelbestand gemäß dem Gliederungsschema der Handelsbilanz nach § 266 (2) B.IV HGB durch die Position „Kassenbestand, Bundesbankguthaben, Guthaben bei Kreditinstituten und Schecks" definiert werden.[26] Analog zu den nationalen und internationalen Rechnungslegungsnormen zur Kapitalflussrechnung (bspw. Deutscher Rechnungslegungs Standard (DRS) 2, International Accounting Standard (IAS) 7, Financial Accounting Standard (FAS) 95) können aber auch noch Zahlungsmitteläquivalente (kurzfristig in Zahlungsmittel umwandelbare Liquiditätsreserven) in den Zahlungsmittelbestand einbezogen werden.[27]

Dieser Gesamt-Cash Flow eines Unternehmens ist hinsichtlich der Anwendung der DCF-Verfahren in einen Cash Flow basierend auf Transaktionen zwischen Unternehmen und Umwelt ohne Investoren (Leistungsbereich) und einen Cash Flow basierend auf Transaktionen zwischen Unternehmen und Investoren (Finanzierungsbereich) zu trennen.[28] Innerhalb dieser beiden Bereiche kann analog zu den nationalen bzw. internationalen Rechnungslegungsnormen eine weitere Unterteilung vorgenommen werden (vgl. im Folgenden Abbildung 1).

---

24 Vgl. hierzu bzw. zur Entwicklung der Rechnungslegungsnormen zur Kapitalflussrechnung Coenenberg (2003a), S. 756 ff.

25 Durch die geeignete Anpassung der externen Cash Flow-Rechnung an die Cash Flow-Systematik der DCF-Verfahren kann auch ein Beitrag zur Harmonisierung des externen und internen Rechnungswesens geleistet werden. Diese beabsichtigte Harmonisierung ist u.a. auch ein Motiv für den Wechsel vom deutschen HGB auf internationale Rechnungslegungsstandards. Vgl. Stahl (2002), S. 34.

26 Vgl. Kloock (2000b), S. 32, dort allerdings ausdrücklich ohne den Bestandteil Schecks.

27 In diesem Fall müsste anstatt von einem Zahlungsmittelbestand eher von einem Fondsbestand liquider Mittel und anstatt von einer Zahlungs- bzw. Cash Flow-Rechnung von einer Kapitalflussrechnung gesprochen werden (vgl. Kloock (2000b), S. 35).

28 Zur Einteilung in Finanzierungs- und Leistungsbereich vgl. Franke/Hax (2004), S. 10. Dort wird im Gegensatz zu der hier vorgenommenen Einteilung von Zahlungsströmen nur die Leistungserstellung und -verwertung dem Leistungsbereich zugerechnet. Dementsprechend werden Ein- und Auszahlungen dem Leistungsbereich (Leistungsein- und -auszahlungen) nur dann zugerechnet, wenn sie dem Zwecke der Leistungserstellung und -verwertung dienen (vgl. Franke/Hax (2004), S. 85 f.). Steuern und Subventionen sowie nicht sachzielnotwendige Ein- und Auszahlungen im Rahmen von Finanzinvestitionen werden dort somit nicht wie in dieser Arbeit dem Leistungsbereich, sondern entweder dem Finanzbereich (Steuern, Subventionen) oder einem gesonderten Finanzinvestitionsbereich zugerechnet.

So wird beim Deutschen Rechnungslegungs Standard Nr. 2 (DRS 2) zwischen Zahlungen des Operativen Bereichs und des Investitionsbereichs unterschieden, die im Rahmen der DCF-Verfahren beide dem Leistungsbereich eines Unternehmens zuzuordnen sind. Die Zahlungen des Finanzierungsbereichs (zwischen Unternehmen und Investoren) können entweder dem Eigenkapital-(EK-) oder dem Fremdkapital-(FK-)Bereich zugerechnet werden.[29]

Bei den im Entity-Ansatz der DCF-Verfahren verwendeten Zahlungsüberschüssen des Leistungsbereichs (Total Cash Flow bzw. Free Cash Flow (Begriffserläuterung erfolgt in diesem Abschnitt weiter unten)) sind keine Zahlungen an die Kapitalgeber (Eigen- und Fremdkapitalgeber) enthalten. Somit ist zu beachten, dass der *Cash Flow des operativen Bereichs*[30] als Bestandteil des Leistungsbereichs ebenso keine Zinszahlungen an die Fremdkapitalgeber enthalten darf, falls man die Cash Flow-Definitionen der externen Kapitalflussrechnung an die Cash Flow-Definitionen der DCF-Verfahren anpassen und somit internes und externes Rechnungswesen harmonisieren möchte.[31] Der zweite Bestandteil des Cash Flows des Leistungsbereichs, der *Cash Flow des Investitionsbereichs*, ergibt sich aus dem Saldo der Einzahlungen aus Desinvestitionen und den Auszahlungen für Investitionen, die das Sach- und Finanzanlagevermögen betreffen.

Aus Vereinfachungsgründen wird im Folgenden die bei der Unternehmensbewertung übliche Annahme getroffen, dass der Geldbestand konstant bleibt und somit ΔGB gleich null ist. In diesem Fall führen die dem operativen Bereich und dem Investitionsbereich zuzurechnenden Transaktionen zu einem Zahlungsüberschuss, der (bei einem Einzahlungsüberschuss) zur Auszahlung an die Eigen- und Fremdkapitalgeber verwendet wird bzw. (bei einem Auszahlungsüberschuss) durch entsprechende Einzahlungen der Investoren gedeckt werden muss. Diesen aus den Transaktionen mit den Eigen- und Fremdkapitalgebern, d.h. aus der Finanzierungstätigkeit resultierenden *Cash Flow des Finanzierungsbereichs* erhält man auch direkt durch die Addition des *Cash Flow des Eigenkapitalbereichs* und des *Cash Flow des Fremdkapitalbereichs*.

---

[29] Auch gemäß IAS 7.10 f. sowie FAS 95.14 und FAS 95.26 wird der Gesamt-Cash Flow in „cash flows from operating activities", „cash flows from investing activities" und „cash flows from financing activities" unterteilt. Zur weiteren Unterteilung des Finanzierungsbereichs in Fremdkapital- und Eigenkapitalbereich vgl. Kloock (2000b), S. 32.

[30] Anstatt von Cash Flow des operativen Bereichs wird im Rahmen von DRS 2 von Cash Flow aus laufender Geschäftstätigkeit gesprochen. Dieser resultiert gemäß DRS 2.23 aus den auf die Erlöserzielung ausgerichteten Aktivitäten des Unternehmens, die nicht dem Investitions- oder Finanzierungsbereich zugerechnet werden. Somit werden bspw. die Einzahlungen aus dem Verkauf der Absatzgüter und die Auszahlungen an Lieferanten und Beschäftigte einbezogen. Weiterhin sind die Steuerzahlungen des Unternehmens enthalten.

[31] Unter der Begründung, dass Zinsen in der Gewinn- und Verlustrechnung als Aufwand erfasst werden und somit operativen Charakter haben, werden in der Regel Zinsauszahlungen in der extern orientierten Cash Flow-Rechnung dem operativen Bereich zugerechnet (vgl. Coenenberg (2003a), S. 776 sowie DRS 2.36). Gemäß DRS 2.39 und IAS 7.33 können die Zinsauszahlungen aber auch dem Fremdkapitalbereich zugeordnet werden. Dagegen ist dies nach US-GAAP gemäß FAS 23 (d) nicht möglich. Die Zinsauszahlungen sind dort zwingend dem operativen Bereich zuzuordnen.

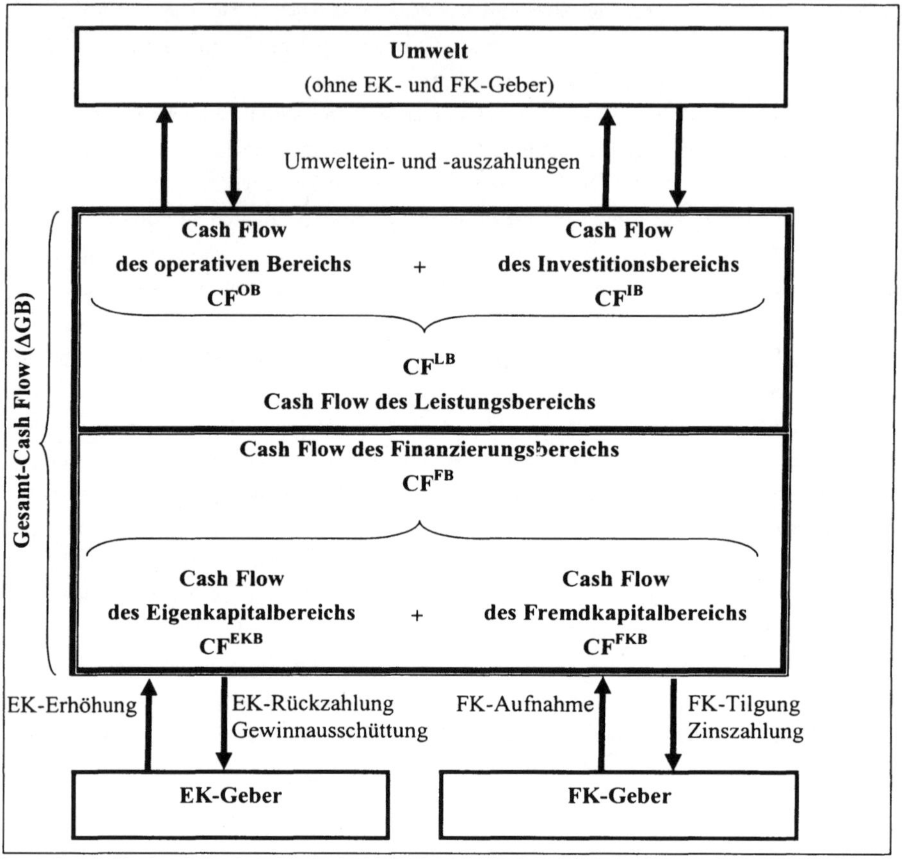

Abbildung 1: Cash Flow-Definitionen aus Unternehmenssicht

Somit ergibt sich der Gesamt-Cash Flow aus der Summe der Cash Flows der einzelnen Bereiche der externen Kapitalflussrechnung (zur Erläuterung der Symbole vgl. Abbildung 1):

$$\Delta GB = \underbrace{CF^{OB} + CF^{IB}}_{CF^{LB}} + \underbrace{CF^{EKB} + CF^{FKB}}_{CF^{FB}}, \tag{2.1}$$

bzw. aufgrund der Annahme $\Delta GB = 0$:

$$\underbrace{CF^{OB} + CF^{IB}}_{\text{Entstehungsrechnung}} = \underbrace{-CF^{EKB} - CF^{FKB}}_{\text{Verteilungsrechnung}}. \tag{2.2}$$

Die linke Seite der Gleichung (2.2) gibt den Zahlungsüberschuss an, der durch die Beschaffungs-, Fertigungs- und Absatzprozesse sowie die (Des-) Investitionstätigkeiten im Leistungsbereich eines Unternehmens erwirtschaftet worden ist (Entstehungsrechnung). Die rechte Seite spiegelt die Verteilung der Überschüsse an die Eigen- und Fremdkapitalgeber wider (Verteilungsrechnung). Durch die Umkehrung des Vorzeichens wandelt sich der Cash Flow aus Unternehmenssicht zu einem Cash Flow aus Kapitalgebersicht (vgl. für den Fall des Cash Flows des EK-Bereichs Tabelle 1).

Cash Flow des EK-Bereichs aus Unternehmenssicht:	Cash Flow des EK-Bereichs aus Eignersicht:
Eignereinzahlungen	Eignerauszahlungen
– Eignerauszahlungen	– Eignereinzahlungen
= CF^{EKB}	= $-CF^{EKB}$

Tabelle 1: Cash Flow des EK-Bereichs aus Unternehmens- und Eignersicht

Anhand Gleichung (2.2) lassen sich nun alle im Rahmen der DCF-Verfahren verwendeten Cash Flows herleiten. So ist der *Total Cash Flow* TCF_t der Zahlungsüberschuss (aus Investorensicht) der Periode t, der an die Fremdkapital- und Eigenkapitalgeber ausgeschüttet wird. Er ergibt sich demnach, soweit – wie oben gefordert – im Cash Flow CF_t^{OB} keine Zinszahlungen enthalten sind, unmittelbar aus Gleichung (2.2) durch die Summe aus dem Cash Flow CF_t^{OB} des operativen Bereichs und dem Cash Flow CF_t^{IB} des Investitionsbereichs und entspricht dem Cash Flow CF_t^{LB} des Leistungsbereichs:[32]

$$TCF_t = CF_t^{OB} + CF_t^{IB} = CF_t^{LB}. \quad (2.3)$$

Der *Free Cash Flow* FCF_t ist der Zahlungsüberschuss des Leistungsbereichs der Periode t, der unter der Annahme der reinen Eigenfinanzierung anfallen würde. Er kann somit direkt bestimmt werden aus der Differenz von Einzahlungen E_t^U und Auszahlungen A_t^U des Leistungsbereichs des unverschuldeten Unternehmens: $FCF_t = E_t^U - A_t^U$.

Befindet man sich in einer Welt mit einer Gewinnsteuer auf Unternehmensebene (die nicht auf Anteilseignerebene angerechnet wird) und nimmt man weiter an, dass die Fremdkapitalzinsen von der Steuerbemessungsgrundlage abzugsfähig sind, so fallen bei reiner Eigenfinanzierung höhere Steuerzahlungen an als bei teilweiser Fremdfinanzierung.[33] Bei einem einheitlichen Gewinnsteuersatz s vermindert sich dann der Cash Flow des Leistungsbereichs eines unverschuldeten Unternehmens im Vergleich zum Cash Flow eines verschuldeten, ansonsten aber identischen Unternehmens um das Produkt aus Steuersatz s und in der Periode t zu zahlenden Zinsen (die sich aus dem Produkt von Zinssatz i und Fremdkapitalbestand FK_{t-1} des Zeitpunktes $t-1$ ergeben). Demnach lässt sich der Free Cash Flow auch indirekt über den Total Cash Flow ermitteln:

$$FCF_t = TCF_t - s \cdot i \cdot FK_{t-1}. \quad (2.4)$$

---

32 Zu beachten ist, dass bei der Berechnung der Cash Flows der DCF-Verfahren zunächst lediglich die definitiven Gewinnsteuern in Abzug gebracht werden. Falls bei Vorliegen eines steuerlichen Anrechnungsverfahrens in der externen Cash Flow-Rechnung auch die anrechenbaren Gewinnsteuern, bspw. die Körperschaftsteuer auf ausgeschüttete Gewinne, abgezogen werden (was die Regel sein dürfte), unterscheiden sich die externe und interne Cash Flow-Rechnung.

33 Vgl. die Erläuterungen der Wirkung eines derartigen Steuersystems auf den Unternehmenswert in Abschnitt 2.1.2.2.

Der *Flow to Equity* FTE_t ist der Zahlungsüberschuss (aus Eignersicht) der Periode t, der an die Eigner ausgeschüttet wird. Die Bestimmung erfolgt durch die Umformung von Gleichung (2.2):

$$FTE_t = -CF_t^{EKB} = \underbrace{CF_t^{OB} + CF_t^{IB}}_{TCF_t} + CF_t^{FKB}. \tag{2.5}$$

Da sich CF^{FKB} aus den Fremdkapitalbestandsveränderungen $\Delta FK_t = FK_t - FK_{t-1}$ abzüglich der Zahlung der Fremdkapitalzinsen zusammensetzt, lässt sich Gleichung (2.5) umformen zu:

$$FTE_t = \underbrace{FCF_t + s \cdot i \cdot FK_{t-1}}_{TCF_t} + \underbrace{\Delta FK_t - i \cdot FK_{t-1}}_{CF_t^{FKB}}. \tag{2.6}$$

Bezüglich der Planung der nunmehr hergeleiteten Zahlungsüberschüsse wird im Folgenden, soweit nicht ausdrücklich der Rentenfall angenommen wird, ein Zwei-Phasenmodell zugrunde gelegt: Ausgehend vom Bewertungszeitpunkt $t = 0$ werden in der ersten Phase (dem Detailplanungszeitraum) bis zum Zeitpunkt T die Cash Flows detailliert geplant. Ab dem Zeitpunkt $T + 1$ wird dann in der zweiten Phase (dem Residualzeitraum) ad infinitum von einem konstanten Zahlungsüberschuss ausgegangen, sodass der Zahlungsüberschuss im Residualzeitraum eine ewige Rente darstellt.[34]

Um den Unternehmenswert bzw. den Shareholder Value zu bestimmen, werden die erwarteten Cash Flow-Größen mit geeigneten Kapitalkostensätzen diskontiert. Deren Ermittlung widmen sich die nächsten Abschnitte.

2.1.2 Kapitalkostensätze als Nennergrößen

Im Folgenden soll auf die Bestimmung der Eigenkapitalkosten des verschuldeten und des unverschuldeten Unternehmens sowie auf den Gesamtkapitalkostensatz WACC (Weighted Average Cost of Capital) unter Einbeziehung von Steuern eingegangen werden, die die Nennergrößen im Bewertungskalkül der DCF-Methoden darstellen. Bei der Herleitung dieser Kapitalkostensätze lässt es sich an mancher Stelle nicht vermeiden, bereits auf die Methodik der DCF-Verfahren einzugehen und somit den Erläuterungen in Abschnitt 2.1.3 sowie Abschnitt 2.1.4 in gewisser Weise vorzugreifen. Soweit zum besseren Verständnis notwendig, wird das Vorgehen jedoch an diesen Stellen eingehend erläutert.

2.1.2.1 Kapitalkosten bei einem steuerlichen Anrechnungsverfahren: Irrelevanz der Kapitalstruktur für den Unternehmenswert

Das auf Modigliani/Miller zurückgehende *Irrelevanztheorem* besagt, dass in einer Welt ohne Steuern unter bestimmten Annahmen die Finanzierungsweise keinen Einfluss auf den Unternehmenswert hat.[35]

Vor dem Hintergrund des von 1977 bis 2000 in Deutschland bzw. noch heute in einigen europäischen Staaten gültigen körperschaftsteuerlichen Anrechnungsverfahrens soll im Rückgriff

---

34 Im Ein-Phasen-Fall wird dagegen von einer zweiten Phase abstrahiert, d.h., der Bewertungszeitraum endet in T.

35 Vgl. Modigliani/Miller (1958).

auf die Arbitrageüberlegungen von Modigliani/Miller zunächst gezeigt werden, dass auch in einer Welt mit Steuern unter der Bedingung eines Anrechnungsverfahrens die Irrelevanz der Kapitalstruktur (unter den im Folgenden getroffenen Annahmen) weiterhin Bestand hat.[36] Daraufhin werden die Auswirkungen dieses Steuersystems auf die Kapitalkostensätze dargelegt. In Abschnitt 2.1.2.2 wird dann analysiert, wie im Gegensatz dazu eine Gewinnsteuer, die nur auf Unternehmensebene anfällt, die Kapitalstruktur für den Unternehmenswert relevant werden lässt.

Die Irrelevanz wird unter den folgenden Annahmen gezeigt:[37]

1. Es gelten – bis auf das Vorliegen von Steuern – sämtliche Prämissen, die einen vollkommenen Kapitalmarkt kennzeichnen:
   Es gibt keine Transaktions- und Informationskosten, die Wertpapiere sind beliebig teilbar, die Kapitalgeber maximieren ihren finanziellen Nutzen, es existiert gleicher Kapitalmarktzugang für Unternehmungen und private Anleger.[38]
2. Ausgangspunkt der Überlegungen sind zwei Unternehmen, deren Investitionsprogramme identisch sind. Daraus folgt ein identisches Investitionsrisiko. Eines dieser Unternehmen ist jedoch mischfinanziert, das andere vollständig eigenfinanziert.
3. Aus den identischen Investitionsprogrammen wird ein jährlicher konstanter erwarteter Free Cash Flow FCF^v vor Steuern generiert, der an die Investoren ausgeschüttet werden soll und ad infinitum anfällt (ewige Rente).
4. Der Fremdkapitalbestand des verschuldeten Unternehmens sei exogen vorgegeben und ebenso wie die jährlichen Zinszahlungen konstant.
5. Sowohl die Unternehmen als auch die Investoren können Fremdkapital zum risikolosen Zinssatz r^f in beliebiger Höhe aufnehmen. Eine Insolvenzgefahr besteht nicht.
6. Es existiert ein linearer Körperschaftsteuersatz s^K auf Unternehmensebene und ein linearer Einkommensteuersatz s^E auf Investorenebene. Die auf Unternehmensebene gezahlte Körperschaftsteuer wird vollständig auf die auf Investorenebene anfallende Einkommensteuer angerechnet.
7. Die Fremdkapitalzinsen sind auf Unternehmens- und Investorenebene vollständig von der Steuerbemessungsgrundlage FCF^v abzugsfähig.[39]
8. Die steuerliche Bemessungsgrundlage ist mindestens so hoch wie die Fremdkapitalzinsen, sodass die Abzugsfähigkeit gemäß Annahme 7 stets gewährleistet ist.
9. Auf Veräußerungsgewinne von Unternehmensanteilen fallen keine Steuern an.

---

[36] Ein Anrechnungssystem existiert zurzeit (Stand 2004) in folgenden europäischen Staaten: Finnland, Malta, Norwegen. Vgl. Bundesministerium der Finanzen (2005), S. 41.

[37] Vgl. im Weiteren die analoge Argumentation in einer Welt ohne Steuern bei Modigliani/Miller (1958), S. 269 f., und Drukarczyk (2003), S. 183 f.

[38] Zu diesen Prämissen eines vollkommenen Kapitalmarktes vgl. Franke/Hax (2004), S. 343 f.

[39] Der Free Cash Flow FCF^v wird hier unter der Annahme, dass keine Zusatzinvestitionen anfallen und in Höhe der Abschreibungen Ersatzinvestitionen getätigt werden (sowie sämtliche weitere Positionen der steuerlichen Gewinnrechnung zahlungswirksam sind), als Steuerbemessungsgrundlage vor Zinszahlungen angesehen. Für den vorliegenden Rentenfall ist diese Annahme durchaus üblich (vgl. Rappaport (1998), S. 42).

Grundlegend ist, dass sich beide Unternehmen nur durch die Finanzierungsweise unterscheiden. Der Wert des unverschuldeten Unternehmens sei V^U, der Wert des verschuldeten Unternehmens V^L, wobei sich V^L aus dem Marktwert V^E des Eigenkapitals und dem Marktwert V^F des Fremdkapitals zusammensetzt ($V^L = V^E + V^F$).

Zunächst soll gezeigt werden, dass bei obigen Annahmen im Rahmen eines Anrechnungsverfahrens letztlich nur der Einkommensteuersatz s^E relevant ist: Bei Anrechnung der auf Unternehmensebene gezahlten erwarteten Körperschaftsteuer $a \cdot KSt^U = a \cdot FCF^v \cdot s^K$ beträgt die von einem mit der Anteilsquote a am *unverschuldeten* Unternehmen beteiligten Investor zu zahlende erwartete Einkommensteuer:[40]

$$ESt^U = \underbrace{a \cdot FCF^v}_{\substack{\text{Bruttodividende} \\ \text{eines unverschuldeten} \\ \text{Unternehmens}}} \cdot s^E - a \cdot KSt^U = a \cdot FCF^v \cdot s^E - a \cdot FCF^v \cdot s^K .$$

Der Investor erhält somit pro Periode nach Steuern folgenden von s^K unabhängigen Flow to Equity FTE^U des unverschuldeten Unternehmens:

$$\begin{aligned} FTE^U &= \underbrace{a \cdot FCF^v \cdot \left(1 - s^K\right)}_{\substack{\text{Bardividende} \\ \text{eines unverschuldeten} \\ \text{Unternehmens}}} - ESt^U \\ &= a \cdot FCF^v - a \cdot FCF^v \cdot s^K - a \cdot FCF^v \cdot s^E + a \cdot FCF^v \cdot s^K = a \cdot FCF^v \cdot \left(1 - s^E\right). \end{aligned}$$

Der an einem *verschuldeten* Unternehmen mit der Anteilsquote a beteiligte Investor erhält pro Periode nach Steuern ebenfalls einen von s^K unabhängigen Flow to Equity:

$$\begin{aligned} FTE^L &= \underbrace{a \cdot \left(FCF^v - r^f \cdot V^F\right) \cdot \left(1 - s^K\right)}_{\substack{\text{Bardividende} \\ \text{eines verschuldeten} \\ \text{Unternehmens}}} - ESt^L \\ &= a \cdot \left(FCF^v - r^f \cdot V^F\right) - a \cdot \left(FCF^v - r^f \cdot V^F\right) \cdot s^K \\ &\quad - a \cdot \left(FCF^v - r^f \cdot V^F\right) \cdot s^E + a \cdot \left(FCF^v - r^f \cdot V^F\right) \cdot s^K \\ &= a \cdot \left(FCF^v - r^f \cdot V^F\right) \cdot \left(1 - s^E\right). \end{aligned}$$

Mithin ergibt sich, dass im Folgenden nur der Einkommensteuersatz s^E berücksichtigt werden muss.[41] Gilt $V^L > V^U$, so könnte ein Investor folgendermaßen einen Arbitragegewinn erzielen:

1. Der Investor *verkauft* Anteile am verschuldeten Unternehmen zum Preis von $a \cdot (V^L - V^F)$.[42] Er *verzichtet* demnach pro Periode auf einen konstanten Geldbetrag nach Steuern in Höhe von $a \cdot (FCF^v - r^f \cdot V^F) \cdot (1 - s^E)$.

---

[40] Bei FCF^v, FTE^U, FTE^L, KSt^U, ESt^U sowie ESt^L handelt es sich jeweils um Erwartungswerte von Zufallsvariablen.

[41] Dementsprechend mindern anrechenbare Gewinnsteuern zunächst nicht die Cash Flow-Größen der DCF-Verfahren. Vgl. Fußnote 32.

[42] Ein Leerverkauf sei möglich.

2. Der Investor *kauft* zum gleichen Zeitpunkt Anteile am unverschuldeten Unternehmen zum Preis von $a \cdot V^U$. Zur Finanzierung des Kaufs verschuldet er sich privat in Höhe von $a \cdot V^F$. Er erhält somit jährlich ad infinitum eine Dividende vor Steuern in Höhe von $a \cdot FCF^v$ und zahlt aufgrund der privaten Verschuldung Zinsen in Höhe von $a \cdot r^f \cdot V^F$, die jedoch von der Steuerbemessungsgrundlage ($a \cdot FCF^v$) abzugsfähig sind, sodass ihm letztlich pro Periode nach Steuern ein Betrag *zukommt* in Höhe von $a \cdot (FCF^v - r^f \cdot V^F) \cdot (1 - s^E)$.

Somit erhält der Investor durch die zweite Maßnahme (Kauf der Anteile am unverschuldeten Unternehmen und private Verschuldung, d.h. sofortige Zahlung von $a \cdot (V^U - V^F)$) den gleichen zukünftigen Zahlungsstrom, auf den er durch die erste Maßnahme (Verkauf der Anteile am verschuldeten Unternehmen zum Preis von $a \cdot (V^L - V^F)$) verzichtet hat. Da jedoch $V^L > V^U$ gilt, hat er einen Arbitragegewinn in Höhe von $a \cdot (V^L - V^U)$ erzielt. Demnach wird die Nachfrage nach Anteilen am unverschuldeten Unternehmen so lange ansteigen, bis der Wert bzw. Preis des unverschuldeten Unternehmens dem Wert des verschuldeten Unternehmens entspricht und kein Arbitragegewinn mehr möglich ist. Auf einem arbitragefreien Kapitalmarkt gilt somit $V^U = V^L = V^E + V^F$. Die Körperschaft- bzw. Einkommensteuer ist demnach im Anrechnungsverfahren als finanzierungsneutral anzusehen.[43]

---

[43] Vgl. zu diesem Ergebnis (ohne Herleitung) Ring/Castedello/Schlumberger (2000), S. 357 bzw. (unter anderer Beweisführung) Kruschwitz (1991), S. 178. Diese Aussage gilt für einen konstanten Fremdkapitalbestand, der im hier betrachteten *Rentenfall* vorliegt. Variiert der Fremdkapitalbestand im *Nicht-Rentenfall*, hängt es von der Ausschüttungspolitik ab, ob die Finanzierungsneutralität der Gewinnsteuer erhalten bleibt.
Bei der *Jahresüberschuss-bezogenen Vollausschüttung* (zum Begriff der Jahresüberschuss-bezogenen Vollausschüttung vgl. Drukarczyk (2003), S. 158-161) wird der gesamte Jahresüberschuss ausgeschüttet, eine Rücklagenveränderung und somit eine Einbehaltung von Gewinnen (Thesaurierung) findet bei dieser Ausschüttungspolitik nicht statt. Das Innenfinanzierungsvolumen von Investitionen besteht dann aus der Summe von Abschreibungen, Rückstellungszuführung und Kapitalfreisetzung durch Verkauf von Vermögensgegenständen. Falls die Investitionen das Innenfinanzierungsvolumen übersteigen sollten, muss der zusätzliche Kapitalbedarf durch Außenfinanzierung bereitgestellt werden (durch Wiedereinlagen von Eigentümern oder Aufnahme zusätzlichen Fremdkapitals).
Bei einer *Jahresüberschuss-bezogenen Teilausschüttung* wird dagegen der zusätzliche Kapitalbedarf grundsätzlich über Gewinnthesaurierung, d.h. Rücklagenzuführung, bereitgestellt (bezüglich des Begriffs der Jahresüberschuss-bezogenen Teilausschüttung vgl. Drukarczyk (2003), S. 151-164). Dadurch erhöht sich das Innenfinanzierungsvolumen um die Rücklagenzuführung. Nimmt das mischfinanzierte Unternehmen nun zusätzlich Fremdkapital auf, fällt der Thesaurierungsbetrag zur Deckung des Kapitalbedarfs geringer aus als bei einem unverschuldeten Unternehmen, bei dem sich der Eigner privat verschuldet. Ist der Unternehmenssteuersatz für thesaurierte Gewinne höher als der persönliche Einkommensteuersatz, fällt die Steuerbelastung eines unverschuldeten Unternehmens mit privat vorgenommener Verschuldung höher aus als bei einem verschuldeten Unternehmen und die Kapitalstruktur ist wieder relevant. Falls das mischfinanzierte Unternehmen jedoch Fremdkapital tilgt, fällt der Thesaurierungsbetrag vice versa höher aus als bei einem unverschuldeten Unternehmen, bei dem die Verschuldung durch den Eigner privat vorgenommen wurde und die Tilgung aus den mit dem persönlichen Einkommensteuersatz versteuerten Rückflüssen des unverschuldeten Unternehmens erfolgt. Ist der Unternehmensteuersatz für thesaurierte Gewinne wiederum höher als der persönliche Einkommensteuersatz, ist die Steuerbelastung eines unverschuldeten Unternehmens mit privat vorgenommener Verschuldung niedriger als die eines verschuldeten Unternehmens, sodass auch hier die Kapitalstruktur relevant ist. In der Literatur wird diese gewinnsteuerbedingte Wirkung einer Tilgung/Neuaufnahme von Fremdkapital auf den Unternehmenswert auch als *Einkommensteuereffekt* (zum Begriff des Einkommensteuereffektes vgl. Drukarczyk (2003), S. 223) bzw. *Tilgungseffekt* (vgl. Laitenberger (2002), S. 555) bezeichnet.

2.1.2.1.1 Auswirkungen des Anrechnungsverfahrens auf den Eigenkapitalkostensatz des verschuldeten Unternehmens

Nun sollen die Wirkungen dieses Steuersystems auf den Eigenkapital- und den Gesamtkapitalkostensatz untersucht werden.

Die erwartete Eigenkapitalrendite bzw. der Eigenkapitalkostensatz $k^{E,s}$ des verschuldeten Unternehmens nach Steuern wird im Rentenfall ermittelt, indem man den erwarteten Zahlungsüberschuss FTE (der den Eignern nach Abzug von Steuern annahmegemäß ad infinitum in jeder Periode zukommt) zum Marktwert V^E des Eigenkapitals in Beziehung setzt:

$$k^{E,s} = \frac{FTE}{V^E} = \frac{\left(FCF^v - r^f \cdot V^F\right) \cdot \left(1 - s^E\right)}{V^E}. \tag{2.7}$$

Die Eigenkapitalrendite k^s des unverschuldeten Unternehmens nach Steuern ergibt sich analog aus:

$$k^s = \frac{FCF^v \cdot \left(1 - s^E\right)}{V^U}. \tag{2.8}$$

Durch Nutzung der Beziehung $V^U = V^L = V^E + V^F$ sowie Auflösen von Gleichung (2.8) nach FCF^v resultiert:

$$FCF^v = \frac{k^s \cdot \left(V^E + V^F\right)}{\left(1 - s^E\right)}. \tag{2.9}$$

Für den risikolosen Fremdkapitalkostensatz $r^{f,s}$ nach Steuern gilt: $r^{f,s} = r^f \cdot (1 - s^E)$.

Einsetzen von FCF^v aus (2.9) und r^f in Gleichung (2.7) ergibt:

$$k^{E,s} = k^s + \left(k^s - r^{f,s}\right) \cdot \frac{V^F}{V^E}, \tag{2.10}$$

bzw. mit k^E als Eigenkapitalkostensatz des verschuldeten Unternehmens vor Steuern und k als Eigenkapitalkostensatz des unverschuldeten Unternehmens vor Steuern:

$$k^{E,s} = k^E\left(1 - s^E\right) = \left(k + \left(k - r^f\right) \cdot \frac{V^F}{V^E}\right) \cdot \left(1 - s^E\right). \tag{2.11}$$

Aus Gleichung (2.11) wird deutlich, dass der Einkommensteuersatz s^E zu einer Reduzierung der Renditeforderung $k^{E,s}$ der Anteilseigner nach Steuern führt. Dies ist der sog. Zinseffekt, der bei Normalinvestitionen positiv auf den Marktwert des Eigenkapitals wirkt. Andererseits reduzieren sich die zu diskontierenden erwarteten Eignerzahlungsüberschüsse durch die Steuerzahlung. Dieser sog. Volumeneffekt wirkt im Allgemeinen negativ auf den Marktwert des Eigenkapitals.[44] Je nachdem, welcher Effekt überwiegt, kann ein vor der Einbeziehung des Steuersystems in das Bewertungskalkül vorteilhaftes Projekt nach Einbeziehung unvorteilhaft werden et vice versa (sog. Steuerparadoxon).[45] Ebenso kann sich die Rangfolge von Projekten

---

44 Zum Zins- und Volumeneffekt von Gewinnsteuern vgl. Bitz (2005), S. 130.

45 Das Steuerparadoxon ist somit nicht allein darauf zurückzuführen, dass durch die Abzugsmöglichkeit der Fremdkapitalzinsen von der steuerlichen Bemessungsgrundlage Fremdkapital begünstigt und Eigenkapital steuerlich benachteiligt wird (so Schultze (2003), S. 300-301). Durch den Zinseffekt kann das Steuerparado-

durch die Einbeziehung von Steuern verändern.[46] Die Einkommensteuer ist bei den hier getroffenen Annahmen somit als entscheidungsrelevant anzusehen und in das Bewertungskalkül zu integrieren.

2.1.2.1.2 Auswirkungen des Anrechnungsverfahrens auf den Gesamtkapitalkostensatz WACC

Nachdem auf die Entscheidungsrelevanz der Einkommensteuer im vorliegenden Anrechnungsverfahren bereits eingegangen wurde, soll nachfolgend gezeigt werden, dass diese Gewinnsteuer finanzierungsneutral ist, d.h. die Kapitalstruktur keine Auswirkungen auf den Unternehmenswert hat. Deswegen ist darzulegen, dass der gewichtete Gesamtkapitalkostensatz $WACC^s$ nach Steuern unabhängig vom Verschuldungsgrad ist. Die Herleitung von $WACC^s$ erfolgt durch Nutzung der Beziehung $V^F = FQ \cdot V^L$ sowie $V^E = EQ \cdot V^L$ (mit FQ und EQ als Fremd- bzw. Eigenkapitalquote[47]) und Umformung der Gleichung (2.7):

$$EQ \cdot k^{E,s} = \frac{FCF^v\left(1-s^E\right) - r^f \cdot \left(1-s^E\right) \cdot FQ \cdot V^L}{V^L}. \qquad (2.12)$$

Die erwartete Gesamtkapitalrendite bzw. der Gesamtkapitalkostensatz $WACC^s$ nach Steuern wird im Rentenfall ermittelt, indem der erwartete Zahlungsüberschuss FCF nach Einkommensteuern zum Marktwert des verschuldeten Unternehmens V^L in Beziehung gesetzt wird. Da $\frac{FCF^v\left(1-s^E\right)}{V^L}$ somit dem Gesamtkapitalkostensatz $WACC^s$ nach Steuern und $r^{f,s} = r^f \cdot (1 - s^E)$ dem Fremdkapitalkostensatz nach Steuern entspricht, kann Gleichung (2.12) umgeformt werden zu

$$WACC^s = EQ \cdot k^{E,s} + r^{f,s} \cdot FQ. \qquad (2.13)$$

Dies ist die sog. textbook-formula des WACC unter der Bedingung des hier gültigen steuerlichen Anrechnungsverfahrens. Einsetzen von $k^{E,s}$ aus (2.10) in (2.13) ergibt:

$WACC^s = k^s$.

Die durchschnittlichen Kapitalkosten und damit der Wert der Unternehmung sind somit unabhängig von der Kapitalstruktur. Damit kann ein Investitionsprogramm unabhängig von der Finanzierungsentscheidung bewertet werden, sodass Investitions- und Finanzierungsentscheidungen separiert werden können. Da die Steuern von der Kapitalstruktur nicht abhängig und somit finanzierungsneutral sind, liegt – unter Beachtung der Annahme 1 aus Abschnitt 2.1.2.1 – ein vollkommener Kapitalmarkt vor.[48]

---

xon auch schon im Falle des oben skizzierten Anrechnungsverfahrens auftreten, bei dem Fremdkapital nicht gegenüber Eigenkapital begünstigt ist.

46 Vgl. Bitz (2005), S. 130.

47 Die Fremdkapitalquote ist der Quotient aus Marktwert des Fremdkapitals und Unternehmenswert. Weiterhin gilt: EQ = 1 – FQ.

48 Ein vollkommener Kapitalmarkt kann demnach auch unter Steuern vorliegen, wenn diese nicht von der Kapitalstruktur abhängig sind. Vgl. Swoboda (1994), S. 93.

2.1.2.2 Kapitalkosten bei einfacher Gewinnbesteuerung auf Unternehmensebene: Relevanz der Kapitalstruktur für den Unternehmenswert

Trotz des in Abschnitt 2.1.2.1 vorgestellten körperschaftsteuerlichen Anrechnungsverfahrens war das damalige deutsche Steuersystem nicht finanzierungsneutral. Dies lag an der Gewerbeertragsteuer, die als Unternehmensteuer nur auf Unternehmensebene anfiel und nicht auf die auf Anteilseignerebene anfallende Einkommensteuer angerechnet wurde.[49] Durch das Halbeinkünfteverfahren tritt seit dem Jahr 2001 zusätzlich zur Gewerbeertragsteuer die Körperschaftsteuer als Definitivsteuer auf Unternehmensebene dazu. Im Halbeinkünfteverfahren wird unabhängig von Ausschüttung und Thesaurierung das körperschaftsteuerlich zu versteuernde Einkommen mit einem Körperschaftssteuersatz von 25% belastet. Die Hälfte der Dividendeneinkünfte wird dann zusätzlich in der einkommensteuerlichen Bemessungsgrundlage berücksichtigt und mit dem persönlichen Einkommensteuersatz belegt. Eine Anrechnung der Körperschaftsteuer unterbleibt nun.[50] Das Steuersystem lässt sich demnach als partielles Doppelbesteuerungssystem charakterisieren.[51]

In diesem Abschnitt soll dargelegt werden, wie lediglich auf Unternehmensebene anfallende Gewinnsteuern zur Relevanz der Kapitalstruktur für den Unternehmenswert führen.[52] Demnach wird im Gegensatz zu Abschnitt 2.1.2.1 eine persönliche Gewinnsteuer nicht betrachtet.[53] Es wird von unterschiedlichen Gewinnsteuern (wie die Gewerbeertragsteuer oder die Körperschaftsteuer) abstrahiert und eine einheitliche Unternehmensgewinnsteuer mit einer einheitlichen Steuerbemessungsgrundlage unterstellt. Somit wird im Weiteren zwar die Relevanz der Kapitalstruktur für den Unternehmenswert prinzipiell berücksichtigt, aus Gründen der Komplexitätsreduktion jedoch wie in vielen Monografien zur Unternehmensbewertung bzw. wertorientierten Unternehmensführung üblich auf eine exaktere Abbildung des realen Steuersystems im Bewertungskalkül verzichtet.[54]

---

49 Auch der in Fußnote 43 beschriebene Einkommensteuereffekt, der aus der unterschiedlichen Höhe von Körperschaftsteuersatz auf thesaurierte Gewinne und persönlichem Einkommensteuersatz im Rahmen einer Jahresüberschuss-bezogenen Teilausschüttung resultierte, führte zur Relevanz der Kapitalstruktur im damaligen deutschen Steuersystem.

50 Der steuerliche Vorteil aus der Fremdfinanzierung ist deswegen im Halbeinkünfteverfahren größer geworden. Vgl. Ring/Castedello/Schlumberger (2000), S. 360.

51 Vgl. Drukarczyk (2003), S. 41 f. Ähnliche Körperschaftsteuersysteme besitzen u.a. die USA und in Europa Belgien, Dänemark, Italien, Litauen, Luxemburg, Niederlande, Österreich, Polen, Portugal, Schweden, Slowakei, Slowenien, Tschechien, Ungarn. Vgl. Bundesministerium der Finanzen (2005), S. 40.

52 Ein derartiges Steuersystem (d.h. keine Besteuerung der Ausschüttungen beim Anteilseigner) liegt in Europa in Estland, Griechenland, Lettland und Zypern vor. Vgl. Bundesministerium der Finanzen (2005), S. 41.

53 Eine Einbeziehung persönlicher Gewinnsteuern in die DCF-Verfahren wäre wegen der in Deutschland geltenden Steuerprogression nur unter der Annahme eines typisierten Steuersatzes möglich. Dies wird bspw. durch das Institut der Wirtschaftsprüfer (IDW) gefordert. Der IDW Standard Nr. 1 „Grundsätze zur Durchführung von Unternehmensbewertungen“ verlangt gemäß Absatz 4.4.2.5., Rz. 51, dass eine typisierte Steuerbelastung in Höhe von 35% angesetzt wird. Vgl. IDW (2000).

54 Vgl. bspw. Rappaport (1998) und Koller/Goedhart/Wessels (2005). Zur genaueren Berücksichtigung des deutschen Halbeinkünfteverfahrens in den DCF-Verfahren vgl. bspw. Ring/Castedello/Schlumberger (2000); Schüler (2000); Husmann/Kruschwitz/Löffler (2002); Baetge/Niemeyer/Kümmel (2005), Rz. 508-532.

Bevor nun gezeigt wird, dass eine Gewinnsteuer auf Unternehmensebene zur Relevanz der Finanzierung für den Unternehmenswert führt, ist zunächst auf zwei wesentliche Fremdfinanzierungsstrategien einzugehen. Diese nehmen bei dem im Folgenden angenommenen Steuersystem in unterschiedlicher Weise auf den Unternehmenswert Einfluss. Aus diesem Grunde sind die anschließenden Schlussfolgerungen über die Auswirkungen der Gewinnsteuer auf die Kapitalkostensätze in Abhängigkeit der Finanzierungsstrategie zu formulieren.

2.1.2.2.1 Autonome und atmende Finanzierungsstrategie

Autonome Finanzierung[55] liegt vor, wenn zum Bewertungszeitpunkt τ alle Marktwerte V_t^F $(t \geq \tau)$ des Fremdkapitals mit Sicherheit bekannt sind.[56] Die zukünftigen Fremdkapitalbestände werden im Bewertungszeitpunkt somit autonom, d.h. unabhängig von der Höhe der zukünftigen Unternehmenswerte festgelegt. Vorstellbar ist z.B., dass die Fremdkapitalgeber oder die Entscheidungsträger des Unternehmens die zukünftigen Fremdkapitalbestände vorgeben. Da die zukünftigen Marktwerte des Fremdkapitals sicher sind, sind auch die zukünftigen Zinszahlungen sicher. Dies ist eine wichtige Implikation der autonomen Finanzierung, die, wie noch gezeigt wird, unmittelbare Auswirkungen auf den Unternehmenswert hat. Außerdem resultieren aus sicheren Fremdkapitalmarktwerten unsichere zukünftige Fremdkapitalquoten, da die zukünftigen Marktwerte des Unternehmens unsicher sind.[57]
Der umgekehrte Fall besteht bei *atmender Finanzierung*.[58] Hier sind zum Bewertungszeitpunkt τ alle Fremdkapitalquoten FQ_t $(t \geq \tau)$ mit Sicherheit bekannt. Es wird demnach davon ausgegangen, dass die Fremdkapitalbestände in Abhängigkeit der zukünftigen Unternehmenswerte angepasst werden, um die vorgegebenen Fremdkapitalquoten zu erreichen. Die genaue Höhe der Anpassung ist durch die unsicheren zukünftigen Marktwerte zum Bewertungszeitpunkt allerdings nicht bekannt, sodass Unsicherheit bezüglich der absoluten Höhe der zukünftigen Marktwerte des Fremdkapitals vorliegt. Hieraus resultiert unmittelbar eine Unsicherheit über die zukünftig zu zahlenden Fremdkapitalzinsen, deren Auswirkung auf den Unternehmenswert im Weiteren noch analysiert wird.[59]
Zum besseren Verständnis der im Weiteren vorgenommenen Kapitalkostenherleitungen sollen in den folgenden Abschnitten unsichere Marktwerte des Fremdkapitals bei atmender Finanzierung bzw. unsichere Fremdkapitalquoten bei autonomer Finanzierung sowie unsichere

---

55 Synonym wird in der Literatur teilweise der Begriff F-Modell verwendet. Diese Bezeichnung resultiert wohl daraus, dass in diesem Falle der mit dem Symbol F gekennzeichnete Fremdkapitalbestand vorgegeben wird. Vgl. Kruschwitz/Löffler (1999), S. 7.

56 Aus dieser Sicherheit folgt unmittelbar, dass Insolvenzrisiken ausgeschlossen sind.

57 Vgl. Kruschwitz/Löffler (1999), S. 7.

58 Synonym wird in der Literatur auch von wertorientierter Finanzierung oder L-Modell gesprochen. Der Begriff L-Modell resultiert wohl daraus, dass hier die mit dem Symbol L gekennzeichnete Fremdkapitalquote vorgegeben wird. Vgl. Kruschwitz/Löffler (1999), S. 7.

59 Weitere Finanzierungsstrategien sind denkbar, werden in der Literatur aber meist nur rudimentär diskutiert (vgl. Kruschwitz (2002), S. 8). So definieren Richter/Drukarczyk eine bilanzorientierte Finanzierungspolitik (vgl. Richter/Drukarczyk (2001), S. 635) und Kruschwitz eine Cash Flow-orientierte Finanzierungspolitik (vgl. Kruschwitz (2002), S. 9).

Cash Flow-Größen durch eine Tilde gekennzeichnet werden.[60] Zu beachten ist hierbei, dass unabhängig von der Finanzierungsweise bezüglich des Marktwertes des Eigen- und Fremdkapitals des Bewertungszeitpunktes sowie der Eigen-/Fremdkapitalquote des Bewertungszeitpunktes aus Sicht des Bewertungszeitpunktes keine Unsicherheit besteht.

2.1.2.2.2 Einfache Gewinnsteuer und Eigenkapitalkostensatz im Rentenfall bei autonomer Finanzierungsweise

Die Kapitalstruktur wird für den Unternehmenswert relevant, wenn im Vergleich zu Abschnitt 2.1.2.1 folgende Annahmen geändert werden:

Annahme 6: Es findet eine Definitiv-Besteuerung von Gewinnen mit dem Körperschaftsteuersatz s^K auf Unternehmensebene statt. Es soll von einer „einfachen" Gewinnsteuer ausgegangen werden, d.h. keine Doppelbesteuerung vorliegen. Gewinnsteuern fallen somit auf Investorenebene nicht an.

Annahme 7: Fremdkapitalzinsen sind von der Bemessungsgrundlage der Körperschaftsteuer auf Unternehmensebene abzugsfähig.

Analog zu Gleichung (2.10) kommen Modigliani/Miller in diesem Zusammenhang zu folgender Bestimmungsgleichung für den Eigenkapitalkostensatz k^E des verschuldeten Unternehmens:[61]

$$k^E = k + \left(k - r^f\right) \cdot \left(1 - s^K\right) \cdot \frac{V^F}{E\left[\tilde{V}^E\right]}. \tag{2.14}$$

Um diese Gleichung herzuleiten, werden wiederum zwei bezüglich des Leistungsbereiches identische Unternehmen betrachtet, die sich nur dadurch unterscheiden, dass das eine anteilig fremdfinanziert, das andere vollständig eigenfinanziert ist.[62]

Der an einem *verschuldeten* Unternehmen mit der Anteilsquote a beteiligte Investor erhält folgenden erwarteten Zahlungsüberschuss pro Periode:

$$a \cdot \left(E\left[\widetilde{FCF}^v\right] - r^f \cdot V^F\right) \cdot \left(1 - s^K\right).$$

Der an einem *unverschuldeten* Unternehmen mit der Anteilsquote a beteiligte Investor, der sich in Höhe von $a \cdot r^f \cdot V^F$ privat verschuldet und somit dem gleichen Finanzierungsrisiko ausgesetzt ist, erhält dagegen einen Zahlungsüberschuss in Höhe von $a \cdot E\left[\widetilde{FCF}^v\right] \cdot \left(1 - s^K\right) - a \cdot r^f \cdot V^F$ pro Periode.

---

[60] Auch bei den Eigen- bzw. Gesamtkapitalkosten handelt es sich um unsichere Größen. Da bezüglich dieser Größen jedoch stets – d.h. unabhängig von der Finanzierungsweise – Unsicherheit vorliegt, soll auf eine Kennzeichnung mit einer Tilde der besseren Übersichtlichkeit wegen verzichtet werden.

[61] Vgl. Modigliani/Miller (1963), S. 439. Im Falle der Ermittlung des Kapitalkostensatzes der dem Bewertungszeitpunkt folgenden Periode handelt es sich bei $\tilde{V}^E$ um keine (echte) Zufallsvariable, sondern um eine sichere Größe, da zum Bewertungszeitpunkt keine Unsicherheit bezüglich des Marktwertes des Eigenkapitals herrscht.

[62] Vgl. im Folgenden Drukarczyk (2003), S. 188 f.

Die Differenz zwischen diesen beiden Zahlungsüberschüssen ist nun nicht mehr gleich null wie beim Anrechnungsverfahren (vgl. Abschnitt 2.1.2.1), sondern ergibt den steuerlichen Vorteil [Tax Shield (TS)] pro Periode aus der Fremdfinanzierung auf Unternehmensebene:

$$\begin{aligned} TS &= a \cdot E\left[\widetilde{FCF}^{v}\right] \cdot \left(1-s^{K}\right) - a \cdot r^{f} \cdot V^{F} \cdot \left(1-s^{K}\right) - \left(a \cdot E\left[\widetilde{FCF}^{v}\right] \cdot \left(1-s^{K}\right) - a \cdot r^{f} \cdot V^{F}\right) \\ &= a \cdot s^{K} \cdot r^{f} \cdot V^{F}. \end{aligned}$$

Da der Zahlungsüberschuss des auf Unternehmensebene verschuldeten Unternehmens jetzt größer ist als der eines identischen unverschuldeten, jedoch auf privater Ebene verschuldeten Unternehmens, muss der Wert V^L des verschuldeten Unternehmens größer sein als der Wert V^U des unverschuldeten Unternehmens und sich gerade durch den Barwert dieser Differenzen TS unterscheiden.

Weil die Tax Shields aufgrund der sicheren Vorgabe des Marktwertes des Fremdkapitals (autonome Finanzierung), aufgrund des Ausschlusses eines Insolvenzrisikos (Annahme 5) sowie der stets ausreichenden Höhe der Steuerbemessungsgrundlage (Annahme 8) mit Sicherheit anfallen, ist der sichere Zinssatz r^f der anzusetzende Diskontierungssatz zur Ermittlung dieses Barwertes V^{TS}.[63] Für den hier vorliegenden Fall einer ewigen Rente ergibt sich somit:

$$V^{TS} = \frac{s^{K} \cdot r^{f} \cdot V^{F}}{r^{f}} = s^{K} \cdot V^{F}.$$

Nun sollen die Wirkungen dieses Steuersystems auf den Eigenkapital- und den Gesamtkapitalkostensatz analog zu den Überlegungen des Abschnitts 2.1.2.1.1 bzw. 2.1.2.1.2 untersucht werden.

Die erwartete Eigenkapitalrendite k^E des verschuldeten Unternehmens wird im Rentenfall gemäß nachstehender Gleichung ermittelt:[64]

$$k^{E} = \frac{E\left[\widetilde{FTE}\right]}{E\left[\widetilde{V}^{E}\right]} = \frac{\left(E\left[\widetilde{FCF}^{v}\right] - r^{f} \cdot V^{F}\right) \cdot \left(1-s^{K}\right)}{E\left[\widetilde{V}^{E}\right]}. \tag{2.15}$$

[63] Im Folgenden wird bei autonomer Finanzierung immer von sicheren Tax Shields ausgegangen, d.h. von Insolvenzrisiken abstrahiert und die ausreichende Höhe der Steuerbemessungsgrundlage vorausgesetzt. Zum Einbezug des Insolvenzrisikos in die Unternehmensbewertung (hier jedoch im Falle der atmenden Finanzierung) vgl. Homburg/Stephan/Weiß (2004); zu den ggf. aus dem Insolvenzrisiko resultierenden hohen Bewertungsunterschieden vgl. Homburg/Stephan/Weiß (2005), S. 201-203.

[64] Der Marktwert des Eigenkapitals und der Marktwert des unverschuldeten Unternehmens sind, soweit es sich nicht um die Marktwerte des Bewertungszeitpunktes handelt, aus Sicht des Bewertungszeitpunktes Zufallsvariablen.

Die erwartete Eigenkapitalrendite k des unverschuldeten Unternehmens ergibt sich wiederum analog aus:

$$k = \frac{E\left[\widetilde{FCF}^{v}\right] \cdot \left(1 - s^{K}\right)}{E\left[\widetilde{V}^{U}\right]}. \tag{2.16}$$

Durch Nutzung der Beziehungen $E\left[\widetilde{V}^{U}\right] = E\left[\widetilde{V}^{E}\right] + V^{F} - V^{TS}$ und $V^{TS} = s^{K} \cdot V^{F}$ sowie Auflösen von Gleichung (2.16) nach $E\left[\widetilde{FCF}^{v}\right]$ resultiert dann:

$$E\left[\widetilde{FCF}^{v}\right] = \frac{k \cdot \left(E\left[\widetilde{V}^{E}\right] + V^{F} - s^{K} \cdot V^{F}\right)}{\left(1 - s^{K}\right)} = \frac{k \cdot \left(E\left[\widetilde{V}^{E}\right] + \left(1 - s^{K}\right) \cdot V^{F}\right)}{\left(1 - s^{K}\right)}. \tag{2.17}$$

Einsetzen von $E\left[\widetilde{FCF}^{v}\right]$ aus Gleichung (2.17) in Gleichung (2.15) ergibt:

$$k^{E} = k + \left(k - r^{f}\right) \cdot \left(1 - s^{K}\right) \cdot \frac{V^{F}}{E\left[\widetilde{V}^{E}\right]}. \qquad \text{vgl. (2.14)}$$

2.1.2.2.3 Einfache Gewinnsteuer und Eigenkapitalkostensatz im Nicht-Rentenfall bei autonomer Finanzierungsweise

Für den Nicht-Rentenfall haben Inselbag/Kaufold ebenfalls unter der Annahme einer autonomen Finanzierungsweise die Bestimmungsgleichung für die dann periodenspezifischen Eigenkapitalkosten k_t^E des verschuldeten Unternehmens in der Periode t hergeleitet.[65]

Ausgangspunkt der Herleitung ist die bereits in Abschnitt 2.1.1 dargelegte Übereinstimmung des Zahlungsüberschusses einer Periode aus der Unternehmens-/Umweltsphäre (Leistungsbereich) mit dem Zahlungsüberschuss aus Investorensicht im Bereich der Unternehmens-/Investorensphäre (Finanzierungsbereich). Der Zahlungsüberschuss des Leistungsbereichs setzt sich aus dem Free Cash Flow und dem Tax Shield zusammen, während sich der Zahlungsüberschuss des Finanzierungsbereichs aus dem Cash Flow des EK-Bereichs und dem Cash Flow des FK-Bereichs zusammensetzt. Aufgrund der definitorischen Übereinstimmung dieser Zahlungsüberschüsse muss auch der erwartete ökonomische Gewinn, der anhand der Zahlungen des Leistungsbereichs ermittelt wird, mit dem erwarteten ökonomischen Gewinn, der mittels der Zahlungen des Finanzierungsbereichs errechnet wird, übereinstimmen.[66] Es gilt dem-

---

[65] Vgl. im Folgenden die ähnliche, sich jedoch nicht auf den Begriff des ökonomischen Gewinns beziehende Argumentation bei Inselbag/Kaufold (1997), S. 117 f.

[66] Der erwartete ökonomische Gewinn gibt den erwarteten Betrag an, der dem Unternehmen am Ende einer Periode entnommen werden kann, ohne dass sich der Unternehmenswert im Vergleich zum Anfang der Periode ändert. Er wird demnach bestimmt durch das Produkt aus erwarteter Rendite der Vermögensposition mit dem Wert der Vermögensposition am Anfang der Periode.

nach:[67]

$$\underbrace{k \cdot E\left[\tilde{V}_{t-1}^{U}\right] + r^{f} \cdot V_{t-1}^{TS}}_{\text{Entstehungsrechnung}} = \underbrace{k_{t}^{E} \cdot E\left[\tilde{V}_{t-1}^{E}\right] + r^{f} \cdot V_{t-1}^{F}}_{\text{Verteilungsrechnung}}. \tag{2.18}$$

Durch Umformung nach k_t^E und Ersetzen von $E\left[\tilde{V}_{t-1}^{U}\right]$ durch $E\left[\tilde{V}_{t-1}^{E}\right] + V_{t-1}^{F} - V_{t-1}^{TS}$ ergibt sich aus Gleichung (2.18) die sog. Inselbag/Kaufold-Bestimmungsgleichung (2.19) für den Eigenkapitalkostensatz k_t^E des verschuldeten Unternehmens:

$$k_{t}^{E} = k + \left(k - r^{f}\right) \cdot \frac{V_{t-1}^{F} - V_{t-1}^{TS}}{E\left[\tilde{V}_{t-1}^{E}\right]}. \tag{2.19}$$

2.1.2.2.4 Einfache Gewinnsteuer und Gesamtkapitalkostensatz

Nachfolgend wird die als textbook-formula bekannte Gleichung des Gesamtkapitalkostensatzes WACC unter der Annahme des Nicht-Rentenfalls durch Umformung der Bewertungsgleichung der Flow To Equity-(FTE-)Methode hergeleitet.[68] Die Herleitung soll hier für den Fall der atmenden Finanzierung vollzogen werden, d.h. es besteht Unsicherheit bezüglich der Höhe der zukünftigen Fremdkapitalbestände, jedoch keine Unsicherheit bezüglich der zukünftigen Fremdkapitalquoten. Im Fall der autonomen Finanzierung wird analog vorgegangen, wobei sich das Ergebnis letztendlich nur in der Darstellung unterscheidet.[69]

Der erwartete Flow to Equity $E\left[\widetilde{FTE}_t\right]$ eines verschuldeten Unternehmens zum Zeitpunkt t ergibt sich aus der Differenz des erwarteten Free Cash Flows $E\left[\widetilde{FCF}_t^{v}\right]$ in t vor Steuern und der erwarteten Zinszahlung an die Fremdkapitalgeber in t multipliziert mit $(1 - s^K)$ sowie zuzüglich der erwarteten Fremdkapitalveränderungen $E\left[\tilde{V}_t^F - \tilde{V}_{t-1}^F\right]$ zum Zeitpunkt t:

$$\begin{aligned} E\left[\widetilde{FTE}_t\right] &= \left(E\left[\widetilde{FCF}_t^{v}\right] - r^f \cdot E\left[\tilde{V}_{t-1}^F\right]\right) \cdot \left(1 - s^K\right) + E\left[\tilde{V}_t^F - \tilde{V}_{t-1}^F\right] \\ &= E\left[\widetilde{FCF}_t^{v}\right] - s^K \cdot E\left[\widetilde{FCF}_t^{v}\right] - r^f \cdot E\left[\tilde{V}_{t-1}^F\right] + s^K \cdot r^f \cdot E\left[\tilde{V}_{t-1}^F\right] + E\left[\tilde{V}_t^F - \tilde{V}_{t-1}^F\right]. \end{aligned}$$

Addiert man zu $E\left[\widetilde{FTE}_t\right]$ den erwarteten Marktwert $E\left[\tilde{V}_t^E\right]$ des Eigenkapitals und diskontiert man diese erwartete Vermögensposition in t mit dem für die Periode t erwarteten Eigen-

---

67 Für den Sonderfall, dass t – 1 den Bewertungszeitpunkt darstellt, handelt es sich bei dem Marktwert des Eigenkapitals V_{t-1}^E sowie dem Marktwert V_{t-1}^U des unverschuldeten Unternehmens nicht um Zufallsvariablen.

68 In Abschnitt 2.1.3 wird noch genauer auf die FTE-Methode eingegangen.

69 Bei autonomer Finanzierung sind die zukünftigen Fremdkapitalbestände sowie die zukünftigen Zinszahlungen sicher und die Fremdkapitalquoten – bis auf die des Bewertungszeitpunktes – unsicher und somit mit einer Tilde zu kennzeichnen.

kapitalkostensatz k_t^E, so erhält man den aus Sicht des Bewertungszeitpunktes erwarteten Marktwert des Eigenkapitals zum vorgelagerten Zeitpunkt t – 1:[70]

$$E\left[\tilde{V}_{t-1}^E\right]=\frac{E\left[\widetilde{FCF}_t\right]-r^f\cdot E\left[\tilde{V}_{t-1}^F\right]+s^K\cdot r^f\cdot E\left[\tilde{V}_{t-1}^F\right]+E\left[\tilde{V}_t^F-\tilde{V}_{t-1}^F\right]+E\left[\tilde{V}_t^E\right]}{1+k_t^E}.$$

Unter Nutzung der Beziehungen $E\left[\tilde{V}_{t-1}^E\right]=\left(1-FQ_{t-1}\right)\cdot E\left[\tilde{V}_{t-1}^L\right]$, $E\left[\tilde{V}_{t-1}^F\right]=FQ_{t-1}\cdot E\left[\tilde{V}_{t-1}^L\right]$ sowie $E\left[\tilde{V}_t^L\right]=E\left[\tilde{V}_t^E\right]+E\left[\tilde{V}_t^F\right]$ und Umformung ergibt sich:

$$1+k_t^E=\frac{E\left[\widetilde{FCF}_t\right]+E\left[\tilde{V}_t^L\right]}{\left(1-FQ_{t-1}\right)\cdot E\left[\tilde{V}_{t-1}^L\right]}-\frac{FQ_{t-1}\left(r^f-s^K\cdot r^f+1\right)}{\left(1-FQ_{t-1}\right)}.$$

Da $\frac{E\left[\widetilde{FCF}_t\right]+E\left[\tilde{V}_t^L\right]}{E\left[\tilde{V}_{t-1}^L\right]}$ dem Gesamtkapitalkostensatz $WACC_t$ zuzüglich eins entspricht, gilt:

$$1+k_t^E=\frac{1+WACC_t}{\left(1-FQ_{t-1}\right)}-\frac{FQ_{t-1}\left(r^f-s^K\cdot r^f+1\right)}{\left(1-FQ_{t-1}\right)}.$$

Auflösen nach $WACC_t$ ergibt die sog. textbook-formula des WACC unter der Bedingung eines einfachen Steuersystems:

$$WACC_t=\left(EQ_{t-1}\right)\cdot k_t^E+FQ_{t-1}\cdot r^f\cdot\left(1-s^K\right). \qquad \text{(atmende Finanzierung) (2.20)}$$

Bei autonomer Finanzierung ändert sich lediglich die Darstellung der textbook-formula:

$$WACC_t=r^f\cdot\left(1-s\right)\cdot\frac{V_{t-1}^F}{E\left[\tilde{V}_{t-1}^L\right]}+k_t^E\cdot\frac{E\left[\tilde{V}_{t-1}^E\right]}{E\left[\tilde{V}_{t-1}^L\right]}. \qquad \text{(autonome Finanzierung) (2.21)}$$

Dass der Gesamtkapitalkostensatz bei steigender Fremdkapitalquote ceteris paribus fällt, kann beispielhaft bei autonomer Finanzierung im Rentenfall gezeigt werden. Im Rentenfall ergibt sich aus Gleichung (2.21):

$$WACC=r^f\cdot\left(1-s\right)\cdot\frac{V^F}{E\left[\tilde{V}^L\right]}+k^E\cdot\frac{E\left[\tilde{V}^E\right]}{E\left[\tilde{V}^L\right]}. \qquad (2.22)$$

Setzt man nun Gleichung (2.14) in Gleichung (2.22) ein, so resultiert für den erwarteten Gesamtkapitalkostensatz:

$$WACC=k\cdot\left(1-s^K\cdot\frac{V^F}{E\left[\tilde{V}^L\right]}\right). \qquad (2.23)$$

---

70 Zusätzlich wurde $E\left[\widetilde{FCF}_t^v\right]-s^K\cdot E\left[\widetilde{FCF}_t^v\right]$ durch $E\left[\widetilde{FCF}_t\right]$ ersetzt.

Die Investitionsentscheidung ist von der Finanzierungsentscheidung abhängig und somit nicht separierbar, da der bei der Bewertung anzusetzende Kapitalkostensatz WACC abhängig von der Kapitalstruktur ist. Bei von der Kapitalstruktur abhängigen Steuern, wie der hier betrachteten einfachen Gewinnsteuer, kann kein vollkommener Kapitalmarkt vorliegen.[71] Dies ist zu beachten, wenn trotz Existenz einer derartigen nicht finanzierungsneutralen Steuer zwecks Bestimmung des Eigenkapitalkostensatzes der Unternehmung auf Modelle wie das Capital Asset Pricing Model zurückgegriffen wird, die einen vollkommenen Kapitalmarkt unterstellen.

2.1.2.2.5 Einfache Gewinnsteuer und Kapitalkostensätze bei atmender Finanzierungsweise

Die Herleitung der Kapitalkosten bei atmender Finanzierung beruht auf einem Beitrag von Miles und Ezzell aus dem Jahre 1980.[72]

Folgende Annahmen liegen der Herleitung zugrunde:

1. Bis auf das Vorliegen von finanzierungsrelevanten Steuern gelten die Prämissen eines vollkommenen Kapitalmarktes.
2. Es wird von atmender Finanzierung mit einer konstanten Fremdkapitalquote FQ ausgegangen.
3. Das Fremdkapital ist nicht ausfallgefährdet, sodass der risikolose und als konstant angenommene Zinssatz r^f dem Fremdkapitalkostensatz entspricht.
4. Der Eigenkapitalkostensatz k des unverschuldeten Unternehmens ist ebenfalls konstant.
5. Der lineare, auf Unternehmensebene anfallende Steuersatz s ist sicher und konstant. Eine Besteuerung auf Investorenebene findet nicht statt.
6. Die Fremdkapitalzinsen sind von der Steuerbemessungsgrundlage abzugsfähig. Die Höhe der Bemessungsgrundlage entspricht mindestens der Höhe der Zinszahlung, d.h. der anfallende Steuervorteil aus der Fremdfinanzierung ist stets realisierbar.
7. Die periodenspezifischen Free Cash Flows FCF_t sowie die Tax Shields TS_t werden in voller Höhe an die Investoren ausgeschüttet und fallen am Ende der Periode t an.
8. Es wird eine detaillierte Planung der FCF_t von $t = 1$ bis zum Zeitpunkt T unterstellt (T-Perioden-Fall); von einer Rentenphase (Residualzeitraum) wird abstrahiert.

Diese Annahmen unterscheiden sich von den Annahmen, die bei der Herleitung der Eigenkapitalkosten im Falle der autonomen Finanzierung im Rentenfall getroffen wurden (vgl. Abschnitt 2.1.2.2.2), durch die nunmehr periodenspezifischen Free Cash Flows (Nicht-Rentenfall, Annahme 7) sowie die hier vorliegende atmende Finanzierung (Annahme 2).

Der Unternehmenswert wird nun ausgehend vom Zeitpunkt $T - 1$ rekursiv bis zum Bewertungszeitpunkt $t = 0$ ermittelt. Hierzu wird in der folgenden Gleichung (2.24) zunächst der

---

71 Vgl. Swoboda (1994), S. 93.

72 Vgl. im Folgenden Miles/Ezzell (1980) sowie – allerdings unter der Annahme ausfallgefährdeten Fremdkapitals – Homburg/Stephan/Weiß (2004).

Wert V_{T-1}^{U} des unverschuldeten Unternehmens im Zeitpunkt T – 1 bestimmt, indem der erwartete Free Cash Flow FCF_T mit dem Eigenkapitalkostensatz k des unverschuldeten Unternehmens diskontiert wird. Der Wert V_{T-1}^{U} des unverschuldeten Unternehmens unterscheidet sich vom Wert V_{T-1}^{L} des verschuldeten Unternehmens durch den Barwert V_{T-1}^{TS} der zukünftigen Tax Shields (vgl. Abschnitt 2.1.2.2.2). Das Tax Shield TS_T ist aus Sicht des Zeitpunktes T – 1 sicher, da im Zeitpunkt T – 1 der Marktwert V_{T-1}^{L} des Unternehmens und damit wegen der vorgegebenen Fremdkapitalquote FQ auch der Marktwert des Fremdkapitals ($FQ \cdot V_{T-1}^{L}$) und somit die Bemessungsgrundlage für die am Ende dieser Periode zu zahlenden Zinsen ($r^f \cdot FQ \cdot V_{T-1}^{L}$) sicher feststeht. Der Diskontierungsfaktor des sicheren Tax Shields TS_T ist demnach der sichere Zinssatz r^f. Der Barwert V_{T-1}^{TS} des Tax Shields wird nun in Gleichung (2.24) noch zu V_{T-1}^{U} addiert, um den Gesamtwert V_{T-1}^{L} des Unternehmens zu erhalten.[73] Somit gilt:

$$V_{T-1}^{L} = \underbrace{\frac{E\left[\widetilde{FCF}_T\right]}{1+k}}_{V_{T-1}^{U}} + \underbrace{\frac{r^f \cdot s \cdot FQ \cdot V_{T-1}^{L}}{1+r^f}}_{V_{T-1}^{TS}}. \qquad (2.24)$$

Nach V_{T-1}^{L} umgeformt ergibt sich:

$$V_{T-1}^{L} = \frac{E\left[\widetilde{FCF}_T\right]}{(1+k)\cdot\left(1-\frac{r^f \cdot s \cdot FQ}{1+r^f}\right)}. \qquad (2.25)$$

Aus $(1+k)\cdot\left(1-\frac{r^f \cdot s \cdot FQ}{1+r^f}\right) = \frac{E\left[\widetilde{FCF}_T\right]}{V_{T-1}^{L}}$ resultiert, dass $(1+k)\cdot\left(1-\frac{r^f \cdot s \cdot FQ}{1+r^f}\right)$ dem Gesamtkapitalkostensatz zuzüglich eins entsprechen muss.[74] Für den Gesamtkapitalkostensatz $WACC^{ME}$ nach Miles/Ezzell, bei dem die Gesamtkapitalkosten des Unternehmens in Abhängigkeit des Kapitalkostensatzes k des unverschuldeten Unternehmens formuliert werden, ergibt sich somit:

$$WACC^{ME} = k - r^f \cdot s \cdot FQ \cdot \left(\frac{1+k}{1+r^f}\right). \qquad (2.26)$$

Durch Gleichsetzung von $WACC^{ME}$ mit dem aus Abschnitt 2.1.2.2.4 bereits dargestellten WACC gemäß textbook-formula erfolgt die Herleitung der Miles/Ezzell-Bestimmungsgleichung für die Eigenkapitalkosten k^E des verschuldeten Unternehmens im Falle der atmenden Finanzierung:

---

73 Dies entspricht der Adjusted Present Value-Methode, auf die noch in Abschnitt 2.1.4.3 näher eingegangen wird.

74 Im hier vorliegenden T-Perioden-Fall wird davon ausgegangen, dass das Unternehmen in T liquidiert wird und somit V_T^L gleich null ist.

$$k - r^f \cdot s \cdot FQ \cdot \frac{1+k}{1+r^f} = r^f \cdot (1-s) \cdot FQ + k^E \cdot (1-FQ)$$

$$\Rightarrow k^E = k + \left(k - r^f\right) \cdot \frac{1 + r^f \cdot (1-s)}{1+r^f} \cdot \frac{FQ}{1-FQ}. \tag{2.27}$$

Obwohl nun die Herleitung der Kapitalkosten bei atmender Finanzierung vollzogen und somit das Ziel dieses Abschnitts erreicht ist, soll trotzdem noch das weitere Vorgehen von Miles/Ezzell im Rahmen des Roll-Back-Verfahrens bis zur Ermittlung des Unternehmenswertes in t = 0 dargelegt werden. Dies geschieht vor dem Hintergrund des Abschnittes 2.1.5, in dem auf die Zirkularitätsproblematik bei der Anwendung der DCF-Verfahren eingegangen und auf das Roll-Back-Verfahren als Lösungsweg des Zirkularitätsproblems Bezug genommen wird. Aus diesem Grunde soll es bereits an dieser Stelle komplett dargestellt werden. Es wird hierzu weiter rekursiv vorgegangen und der Wert des verschuldeten Unternehmens in T – 2 ermittelt. Neben dem erwarteten Free Cash Flow und dem Tax Shield des Zeitpunktes T – 1 ist hierfür der Wert des verschuldeten Unternehmens V_{T-1}^L zu diskontieren. Während die Diskontierungssätze für die beiden ersten Werte aus den vorhergehenden Erläuterungen bekannt sind, ist offen, mit welchem Zinssatz V_{T-1}^L diskontiert werden muss. Zur Klärung dieser Frage werden folgende Überlegungen vorgenommen: Der Unternehmenswert bei vollständiger Eigenfinanzierung im Zeitpunkt T – 1 lautet $V_{T-1}^U = \frac{E\left[\widetilde{FCF}_T\right]}{1+k}$. Auflösen nach $E\left[\widetilde{FCF}_T\right]$ und Einsetzen in Gleichung (2.25) ergibt nach Umformungen:

$$V_{T-1}^L \cdot \left(1 - \frac{r^f \cdot s \cdot FQ}{1+r^f}\right) = V_{T-1}^U. \tag{2.28}$$

Die Faktoren r^f, s und FQ sind risikolos. Demnach unterscheiden sich V_{T-1}^L und V_{T-1}^U nur durch einen konstanten Faktor. Wenn man nun $\widetilde{V}_{T-1}^L$ und $\widetilde{V}_{T-1}^U$ als aus Sicht von T – 2 unsichere Ergebnisse zweier Investitionsprojekte in T – 1 auffasst, dann müssen sich aus Arbitrageüberlegungen die Anfangsauszahlungen der beiden Projekte ebenfalls nur durch den Faktor $\left(1 - \frac{r^f \cdot s \cdot FQ}{1+r^f}\right)$ unterscheiden. Beide Projekte müssen deswegen eine identische Rendite aufweisen, sodass auch der anzusetzende Diskontierungsfaktor identisch ist.[75] Da das zum Zeitpunkt T – 1 anfallende Tax Shield separat ermittelt und diskontiert wird, darf der Steuervorteil dieser Periode nicht ein weiteres Mal im Diskontierungsfaktor berücksichtigt

[75] Miles/Ezzell argumentieren an dieser Stelle wie folgt: Der Diskontierungsfaktor der beiden Unternehmenswerte sei deswegen identisch, weil sie aufgrund des konstanten Faktors perfekt korreliert seien (vgl. Miles/Ezzell (1980), S. 725). Dass jedoch auch bei einer perfekten Korrelation der Diskontierungsfaktor nicht identisch sein muss und somit die Argumentation von Miles/Ezzell nicht schlüssig ist, hat Löffler klargestellt, indem er beispielhaft auf die zusätzliche Anlage von risikolosem Fremdkapital hinweist, die zwar die perfekte Korrelation erhält, das Risiko jedoch schmälert (vgl. Löffler (1998), S. 5.).

werden. Aus diesem Grunde ist nicht der WACC, sondern der Eigenkapitalkostensatz k des unverschuldeten Unternehmens der anzusetzende Diskontierungsfaktor. Somit ergibt sich:

$$V_{T-2}^{L} = \frac{E\left[\widetilde{FCF}_{T-1}\right]}{1+k} + \frac{r^{f} \cdot s \cdot FQ \cdot V_{T-2}^{L}}{1+r^{f}} + \frac{E\left[\tilde{V}_{T-1}^{L}\right]}{1+k} \tag{2.29}$$

und nach Umformungen: $V_{T-2}^{L} = \frac{E\left[\widetilde{FCF}_{T-1}\right] + E\left[\tilde{V}_{T-1}^{L}\right]}{(1+k)\cdot\left(1-\frac{r^{f}\cdot s\cdot FQ}{1+r^{f}}\right)}$.

Durch Fortführung dieses Vorgehens bis zum Zeitpunkt $t = 0$ erhält man schließlich das Ergebnis:

$$V_{0}^{L} = \frac{E\left[\widetilde{FCF}_{1}\right] + E\left[\tilde{V}_{1}^{L}\right]}{(1+k)\cdot\left(1-\frac{r^{f}\cdot s\cdot FQ}{1+r^{f}}\right)}. \tag{2.30}$$

Dieses Vorgehen lässt sich auch auf den Fall deterministischer, jedoch variierender Fremdkapitalquoten anwenden. Dabei hat Löffler gezeigt, dass die Miles/Ezzell-Bestimmungsgleichung (2.27) auch unter diesen Annahmen Bestand hat, sodass gilt:[76]

$$k_{t}^{E} = k + \left(k - r^{f}\right)\cdot\frac{1+r^{f}\cdot(1-s)}{1+r^{f}}\cdot\frac{FQ_{t-1}}{1-FQ_{t-1}}. \tag{2.31}$$

2.1.2.3 Die Ermittlung der Eigenkapitalkosten durch das CAPM

In den vorherigen Abschnitten wurde auf die Beziehung zwischen den Renditeforderungen k und k^{E} der Eigenkapitalgeber eingegangen bzw. diese formal dargestellt. Um die konkrete Höhe dieser Eigenkapitalkostensätze eines Unternehmens zu bestimmen, wird bei Anwendung der DCF-Verfahren in der Regel auf das *Capital Asset Pricing Model* (CAPM) zurückgegriffen.[77] Anhand des CAPM wird ein linearer Zusammenhang zwischen der erwarteten Rendite eines Wertpapiers und dessen systematischem Risiko hergestellt.[78] Das systematische Risiko ist neben dem unsystematischen Risiko Bestandteil des gesamten Risikos eines Wertpapiers und beschreibt den stochastischen Zusammenhang zwischen der Rendite eines Wertpapiers und der Rendite des Marktportefeuilles, wobei das Marktportefeuille aus der Gesamtheit aller risikobehafteten Wertpapiere bzw. Kapitalanlagen besteht. In das systematische Risiko gehen somit gesamtwirtschaftliche Risiken ein (z.B. die Unsicherheit über die Höhe des risikolosen Zinses, über allgemeine Lohnsteigerungen, Steuerreformen etc.), die neben der Rendite des Wertpapiers auch die Rendite des Marktportefeuilles beeinflussen. Das unsystematische Risiko beruht dagegen auf wertpapierspezifischen Unsicherheiten, die nicht vom allgemeinen Marktrisiko abhängen (z.B. Managementfehler, Wettbewerbsnachteile etc.).

---

[76] Auf den Beweis wird an dieser Stelle verzichtet. Vgl. hierzu Löffler (1998) bzw. Löffler (2004), S. 936-938.

[77] Das CAPM basiert auf den Arbeiten von Sharpe, Lintner und Mossin. Vgl. Sharpe (1964); Lintner (1965); Mossin (1966).

[78] Vgl. im Folgenden Mandl/Rabel (1997), S. 290 f.; Copeland/Weston/Shastri (2005), S. 152 f.

Während das unsystematische Risiko durch Diversifikation eliminiert werden kann und die Übernahme dieses Risikos deswegen nicht vergütet wird, ist eine Eliminierung des systematischen Risikos nicht möglich. Nur für die Vermeidung dieses Risikos sind demnach in der Modellwelt des CAPM die Investoren bereit, eine Prämie zu zahlen. Bevor nun auf das CAPM näher eingegangen wird, sollen die diesem Modell zugrunde liegenden Annahmen genannt werden:[79]

1. Die Investoren sind risikoavers und maximieren den erwarteten Nutzen ihres Vermögens am Ende der Periode.
2. Die Investoren sind Preisnehmer und Mengenanpasser. Sie haben homogene Erwartungen bezüglich der Wahrscheinlichkeitsverteilung der Wertpapierrenditen. Die Wertpapierrenditen sind normalverteilt.
3. Es existieren risikofreie Wertpapiere. Alle Investoren können zum risikofreien Zinssatz Kapital anlegen oder aufnehmen.
4. Die Menge der Wertpapiere ist fest vorgegeben. Alle Wertpapiere sind handelbar und beliebig teilbar.
5. Der Kapitalmarkt ist friktionslos, die Informationen sind kostenlos und für alle Marktteilnehmer gleichzeitig verfügbar.
6. Es existieren keine Marktunvollkommenheiten wie Steuern oder den Markt betreffende Regulierungen.

Da diese Prämissen recht restriktiv sind, wurden in der Literatur verschiedene Erweiterungen des CAPM vorgenommen.[80] Brennan entwickelte bspw. das CAPM bei Existenz von nicht finanzierungsneutralen Gewinnsteuern (Verletzung von Annahme 6) zu einem Nachsteuer-CAPM weiter, indem er die Auswirkungen auf die erwartete Rendite (vor Steuern) berücksichtigt, die sich durch die unterschiedliche Besteuerung von Dividenden und Kurssteigerungen ergeben.[81]

Festzustellen ist, dass die Modellannahmen viele Kritikpunkte bergen und die Anwendung des CAPM sowohl in seiner Grundversion als auch bezüglich seiner Erweiterungen umstritten ist.[82] Diese Kritik vollzieht sich auch vor dem Hintergrund, dass empirische Tests zu widersprüchlichen Aussagen bezüglich der Gültigkeit des CAPM kommen.[83] Wohl nicht zuletzt aus Ermangelung besserer Theorien hat es jedoch in seiner Standardversion Eingang in die Praxis

---

[79] Vgl. Copeland/Weston/Shastri (2005), S. 147 f.

[80] Vgl. den Überblick bei Copeland/Weston/Shastri (2005), S. 159-164.

[81] Vgl. Brennan (1970). Neben dem systematischen Risiko wird dann ein weiterer Parameter in das CAPM integriert. Werden Dividenden höher besteuert als Kursgewinne, wird die erwartete Rendite (vor Steuern) bei solchen Wertpapieren höher sein, bei denen vergleichsweise hohe Dividenden, aber niedrige Kursgewinne anfallen. Vgl. hierzu die Kurzdarstellung des Nachsteuer-CAPM bei Copeland/Weston/Shastri (2005), S. 163 f. Zur Kritik am Nachsteuer-CAPM bzw. zur eingeschränkten Anwendbarkeit im Rahmen des deutschen Steuersystems vgl. Wiese (2004).

[82] Für einen Literaturüberblick zur Kritik der Anwendung des CAPM im Rahmen der Unternehmensbewertung vgl. Richter (2002), S. 57 f.

[83] Vgl. Franke/Hax (2004), S. 357; Copeland/Weston/Shastri (2005), S. 164-171.

gefunden.[84] In Übereinstimmung mit dem Großteil der Beiträge zu den DCF-Verfahren soll deswegen im Weiteren auf das Standard-CAPM und nicht auf dessen Erweiterungen eingegangen werden.

Folgende Gleichung (2.32) stellt nun als das zentrale Ergebnis des CAPM die sog. Wertpapiermarktlinie dar:[85]

$$E\left(\tilde{r}_j\right) = r^f + \underbrace{\underbrace{\left[E\left(\tilde{r}^M\right) - r^f\right]}_{\text{Marktrisikoprämie}} \cdot \underbrace{\beta_j}_{\text{Risikomenge}}}_{\text{Risikoprämie des Wertpapiers j}} \qquad (2.32)$$

mit den Symbolen:

$E\left(\tilde{r}_j\right)$: erwartete Rendite des Wertpapiers j

r^f: risikofreier Zinssatz

$E\left(\tilde{r}^M\right)$: erwartete Rendite des Marktportefeuilles

β_j: Beta-Faktor bzw. systematisches Risiko des Wertpapiers j

Der Faktor $\beta_j = \frac{\mathrm{Cov}\left[\tilde{r}_j, \tilde{r}^M\right]}{\mathrm{Var}\left[\tilde{r}^M\right]}$ gibt das bereits eingangs dieses Abschnitts erwähnte systematische Risiko eines Wertpapiers j bzw. die Risikomenge (Risikohöhe) wieder. Durch Multiplikation von β_j mit der Marktrisikoprämie wird die Risikoprämie des Wertpapiers j ermittelt. Nach Addition der Risikoprämie zum risikolosen Zinssatz kann dann die erwartete Rendite des Wertpapiers j bzw., soweit das Wertpapier ein Beteiligungstitel ist, die erwartete Rendite des Eigenkapitals des Unternehmens und somit der Eigenkapitalkostensatz bestimmt werden.[86]

Der durch das CAPM postulierte lineare Zusammenhang zwischen erwarteter Rendite und systematischem Risiko eines Wertpapiers kann auch graphisch veranschaulicht werden (vgl. Abbildung 2). Der risikofreie Zinssatz r^f stellt dabei den Ordinatenabschnitt der Wertpapierlinie dar, denn die risikofreie Rendite ist stochastisch unabhängig von der Rendite des Markt-

---

[84] Vgl. Koller/Goedhart/Wessels (2005), S. 324. Bezüglich der hohen Akzeptanz des Standard-CAPM in der deutschen Bewertungspraxis kann beispielhaft der IDW Standard Nr. 1 herangezogen werden, in dem es im die DCF-Verfahren betreffenden Abschnitt 7.3.2.5. (135) heißt: „Zur Bestimmung der Eigenkapitalkosten wird in aller Regel auf das Kapitalmarktpreisbildungsmodell (CAPM) zurückgegriffen". Vgl. IDW (2000).

[85] Zur Herleitung des CAPM vgl. Copeland/Weston/Shastri (2005), S. 149-152.

[86] Handelt es sich um ausfallgefährdetes Fremdkapital, kann dementsprechend über den Beta-Faktor des Forderungstitels der Fremdkapitalkostensatz ermittelt werden. Da in dieser Arbeit jedoch stets davon ausgegangen wird, dass das Fremdkapital nicht ausfallgefährdet ist und somit der risikofreie Zinssatz als Fremdkapitalkostensatz angesetzt wird, soll das CAPM im Weiteren nur im Kontext der Bestimmung der Eigenkapitalkosten verwendet werden.

portefeuilles und der Beta-Faktor der risikofreien Anlage ist somit gleich null. Das Marktportefeuille hat dagegen einen Beta-Faktor von eins, da gilt: $\mathrm{Cov}\left[\tilde{r}^M, \tilde{r}^M\right] = \mathrm{Var}\left[\tilde{r}^M\right]$.

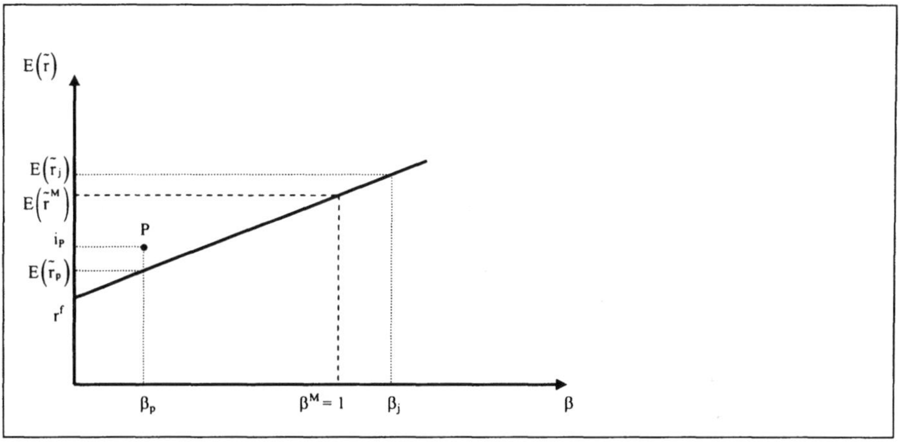

Abbildung 2: Wertpapiermarktlinie
Quelle: In Anlehnung an Copeland/Weston/Shastri (2005), S. 158.

Kann nun ein Unternehmen ein weiteres Investitionsprojekt durchführen, dessen systematisches Risiko sich von dem der bisherigen Investitionsprojekte unterscheidet, so muss sich ebenfalls der anzusetzende Diskontierungssatz unterscheiden, mit dem der aus dem Investitionsprojekt generierte Eignerzahlungsüberschuss diskontiert wird.[87]

Dies kann an Abbildung 2 verdeutlicht werden: $E\left(\tilde{r}_j\right)$ ist der Eigenkapitalkostensatz des Unternehmens, der durch das systematische Risiko β_j determiniert wird. Offensichtlich ist der erwartete interne Zinsfuß i_P des Projektes P geringer als der Eigenkapitalkostensatz des Unternehmens. Trotzdem sollte das Investitionsprojekt P durchgeführt werden, da sein erwarteter interner Zinsfuß größer ist als die vom Markt geforderte Rendite in Höhe von $E\left(\tilde{r}_P\right)$. Für die Projektauswahl ausschlaggebend ist gemäß CAPM somit immer das projektspezifische systematische Risiko (hier β_P).[88]

Eine wesentliche Eigenschaft des CAPM ist die Wertadditivität, die vorliegt, wenn bei additiver Zerlegung eines gegebenen Zahlungsstroms in Teilströme der Marktwert des Zahlungsstroms der Summe der Marktwerte der Teilströme entspricht.[89] Demnach können alle Investitionsprojekte eines Unternehmens anhand des projektspezifischen Beta-Faktors bewertet werden, die Addition der Marktwerte sämtlicher Investitionsprojekte ergibt dann den Marktwert

---

[87] Vgl. Copeland/Weston/Shastri (2005), S. 158.

[88] Im Folgenden wird noch auf die in der Praxis vorliegende Prognoseproblematik des Beta-Faktors eines Wertpapiers eingegangen. Ungleich größere Probleme sind jedoch mit der Prognose eines projektspezifischen Beta-Faktors verbunden.

[89] Vgl. Franke/Hax (2004), S. 343 bzw. S. 356.

des gesamten Unternehmens. Hierbei ist allerdings zu beachten, dass die projektspezifischen Zahlungen unabhängig davon sein müssen, welche anderen Projekte ausgeführt werden.[90]
Die Bestimmung der Renditeforderung der Eigenkapitalgeber mittels des CAPM setzt die Kenntnis von r^f, r^M und β_j voraus. Dies führt zu einem Prognoseproblem, das in der Unternehmenspraxis meist durch – den theoretisch nicht unproblematischen – Rückgriff auf Vergangenheitsdaten gelöst wird.
Die Ermittlung des risikolosen Zinssatzes führt zu dem Problem, dass in der Realität keine risikofreien Zinssätze existieren.[91] Als Approximation wird deswegen in der Regel die aktuelle Rendite langfristiger Staatsanleihen herangezogen.[92]
Zur Schätzung der erwarteten Marktrisikoprämie bedient man sich meist historischer Daten, wobei anstatt der auf realen Kapitalmärkten kaum erfassbaren Rendite des Marktportefeuilles auf die Rendite eines Aktienindex zurückgegriffen wird. Von den ermittelten Marktrisikoprämien der Vergangenheit bildet man dann z.B. das arithmetische oder geometrische Mittel als Schätzer für die zukünftige Marktrisikoprämie.[93]
Die Bestimmung des Beta-Faktors erfolgt im Allgemeinen anhand einer linearen Regressionsanalyse der Vergangenheitsrenditen des betrachteten Wertpapiers über die entsprechenden Renditen des Aktienindex. Die Steigung der Regressionsgeraden entspricht dann dem zu prognostizierenden Beta-Faktor.[94]
Letztlich führt die Anwendung des CAPM vor allem vor dem Hintergrund des Rückgriffs auf Vergangenheitsdaten bezüglich der Parameter der Wertpapiermarktgleichung und vor dem Hintergrund der der Realität nicht entsprechenden Annahme finanzierungsneutraler Steuern zu einer pragmatisch-heuristischen Bestimmung des Eigenkapitalkostensatzes einer Unternehmung.[95]
Nachdem die Ermittlung des Eigenkapitalkostensatzes erläutert wurde, kann in den nun folgenden Abschnitten dargelegt werden, wie dieser in das Bewertungskalkül der unterschiedlichen DCF-Verfahren Eingang findet.

2.1.3 Equity-Ansatz (FTE-Verfahren)

Beim Flow To Equity-Verfahren (FTE-Verfahren) wird unmittelbar der Marktwert des Eigenkapitals ermittelt. Der erwartete FTE als Eignerzahlungsüberschuss bildet die Zählergröße des Kalküls. Da bei *autonomer* Finanzierung die zukünftigen Fremdkapitalbestände sicher sind, kann Gleichung (2.6) zur Ermittlung des FTE folgendermaßen formuliert werden:

$$E\left[\widetilde{FTE}_t\right] = E\left[\widetilde{FCF}_t\right] + r^f \cdot s \cdot V_{t-1}^F + V_t^F - V_{t-1}^F - r_f \cdot V_{t-1}^F . \qquad (2.33)$$

90 Vgl. Franke/Hax (2004), S. 336.
91 Vgl. Hachmeister (2000), S. 178; Jakubowicz (2000), S. 59.
92 Vgl. Koller/Goedhart/Wessels (2005), S. 302 f.; Hachmeister (2000), S. 178 ff.
93 Vgl. Koller/Goedhart/Wessels (2005), S. 305-308; Jakubowicz (2000), S. 59.
94 Vgl. Hachmeister (2000), S. 181 ff. Beta-Faktoren von börsennotierten Aktiengesellschaften werden beispielsweise in der Börsenpresse veröffentlicht.
95 Vgl. Jakubowicz (2000), S. 61.

Bei *atmender* Finanzierung sind die zukünftigen Fremdkapitalbestände unsicher, da sie vom zukünftigen unsicheren Unternehmenswert abhängen, sodass gilt:[96]

$$E\left[\widetilde{FTE}_t\right]=E\left[\widetilde{FCF}_t\right]+r^f\cdot s\cdot E\left[\tilde{V}_{t-1}^F\right]+E\left[\tilde{V}_t^F\right]-E\left[\tilde{V}_{t-1}^F\right]-r_f\cdot E\left[\tilde{V}_{t-1}^F\right]. \tag{2.34}$$

Die Diskontierung der Eignerzahlungsüberschüsse FTE erfolgt mit den periodenspezifischen, vom Verschuldungsgrad abhängigen Eigenkapitalkosten k_t^E eines verschuldeten Unternehmens, sodass im Kontext des Zwei-Phasen-Modells folgende Bewertungsgleichung vorliegt:

$$V_0^E=\underbrace{\sum_{t=1}^{T}\frac{E\left[\widetilde{FTE}_t\right]}{\prod_{s=1}^{t}\left(1+k_s^E\right)}}_{\substack{\text{Bewertung}\\ \text{Detailplanungszeitraum}}}+\underbrace{\frac{E\left[\widetilde{FTE}_{T+1}\right]}{k_{T+1}^E\cdot\prod_{s=1}^{T}\left(1+k_s^E\right)}}_{\substack{\text{Bewertung}\\ \text{Residualzeitraum}}}. \tag{2.35}$$

Der Eigenkapitalkostensatz k_t^E des verschuldeten Unternehmens als Nennergröße ist in Abhängigkeit von der Finanzierungsstrategie bzw. der Cash Flow-Struktur anzusetzen. Gemäß der bereits in Abschnitt 2.1.2.2 vorgenommenen Herleitungen ergeben sich dabei folgende Zusammenhänge zwischen dem Eigenkapitalkostensatz k_t^E des verschuldeten Unternehmens und dem als konstant angenommenen Eigenkapitalkostensatz k des unverschuldeten Unternehmens.

Modigliani/Miller-Bestimmungsgleichung:[97]

$$k^E=k+\left(k-r^f\right)\cdot\left(1-s^K\right)\cdot\frac{V^F}{E\left[\widetilde{V}^E\right]} \qquad \text{(autonome Finanzierung (Rentenfall)) (vgl. (2.14))}$$

Inselbag/Kaufold-Bestimmungsgleichung:[98]

$$k_t^E=k+\left(k-r^f\right)\cdot\frac{V_{t-1}^F-V_{t-1}^{TS}}{E\left[\widetilde{V}_{t-1}^E\right]} \qquad \text{(autonome Finanzierung (allgemein)) (vgl. (2.19))}$$

Miles/Ezzell-Bestimmungsgleichung:[99]

$$k^E=k+\left(k-r^f\right)\cdot\frac{1+r^f\cdot(1-s)}{1+r^f}\cdot\frac{FQ}{1-FQ} \qquad \text{(atm. Finanzierung (konst. FQ)) (vgl. (2.27))}$$

---

[96] Da zum Bewertungszeitpunkt t = 0 der Marktwert des Unternehmens sicher ist, ist trotz atmender Finanzierung auch V_0^F sicher. Auf diesen Sonderfall der quasi-autonomen Finanzierung in der auf den Bewertungszeitpunkt folgenden Periode soll im Weiteren nicht eingegangen werden.

[97] Im Rentenfall ist der (erwartete) Eigenkapitalkostensatz des verschuldeten Unternehmens konstant, sodass auf den Zeitindex t verzichtet werden kann.

[98] Diese Bestimmungsgleichung gilt generell bei autonomer Finanzierung. Im Spezialfall der ewigen Rente lässt sie sich in die Modigliani/Miller-Gleichung überführen, da dann gilt:
$V^{TS}=s\cdot r^f\cdot V^F/r^f=s\cdot V^F$.

[99] Auch im Nicht-Rentenfall ist bei atmender Finanzierung und gleichbleibendem Verschuldungsgrad der (erwartete) Eigenkapitalkostensatz des verschuldeten Unternehmens konstant, sodass hier ebenfalls auf den Zeitindex t verzichtet werden kann.

Erweiterung der Miles/Ezzell-Bestimmungsgleichung gemäß Löffler:

$$k_t^E = k + \left(k - r^f\right) \cdot \frac{1 + r^f \cdot (1-s)}{1 + r^f} \cdot \frac{FQ_{t-1}}{1 - FQ_{t-1}} \qquad \text{(atm. Finanzierung (allgemein)) (vgl. (2.31))}$$

2.1.4 Entity-Ansatz

Anhand der drei Entity-Methoden (WACC-, TCF-, APV-Verfahren) wird zunächst der Gesamtwert V^L des Unternehmens ermittelt. Anschließend wird durch Subtraktion des Marktwertes V^F des Fremdkapitals der Shareholder Value V^E bestimmt. Im Folgenden sollen diese drei Verfahren vorgestellt werden.

2.1.4.1 WACC-Verfahren

Die Zählergröße des Weighted Average Cost of Capital (WACC)-Verfahrens ist der Free Cash Flow FCF, d.h. der Zahlungsüberschuss des Leistungsbereichs des Unternehmens unter der Annahme der reinen Eigenfinanzierung (vgl. auch Abschnitt 2.1.1).

Der WACC als gewogener Kapitalkostensatz bildet die Nennergröße des Bewertungskalküls (vgl. Abschnitt 2.1.2.2.4). Die periodenspezifische Bestimmungsgleichung für $WACC_t$ lautet bei mit Sicherheit bekannten Fremdkapitalbeständen:

$$WACC_t = r^f \cdot (1-s) \cdot \frac{V_{t-1}^F}{E\left[\tilde{V}_{t-1}^L\right]} + k_t^E \cdot \frac{E\left[\tilde{V}_{t-1}^E\right]}{E\left[\tilde{V}_{t-1}^L\right]} \qquad \text{(autonome Finanzierung) (vgl. (2.21)),}$$

bzw. bei atmender Finanzierung und sicheren Fremdkapitalquoten:

$$WACC_t = r^f \cdot (1-s) \cdot FQ_{t-1} + k_t^E \cdot \left(1 - FQ_{t-1}\right) \qquad \text{(atmende Finanzierung) (vgl. (2.20)).}$$

Bei atmender Finanzierung und konstanter Fremdkapitalquote lässt sich WACC auch mittels der Miles/Ezzell-Formel in Abhängigkeit von k darstellen (sog. Miles/Ezzell-WACC):

$$WACC^{ME} = k - r^f \cdot s \cdot FQ \cdot \left(\frac{1+k}{1+r_f}\right) \qquad \text{(atmende Finanzierung (konst. FQ)) (vgl. (2.26)),}$$

bzw. gemäß Löffler für den allgemeinen Fall bei atmender Finanzierung (variierende Fremdkapitalquoten):[100]

$$WACC_t^{ME} = k - r^f \cdot s \cdot FQ_{t-1} \cdot \left(\frac{1+k}{1+r^f}\right). \qquad \text{(atmende Finanzierung, (allgem.)) (2.36)}$$

Für den Unternehmenswert V_0^L ergibt sich im Zwei-Phasen-Modell:

$$V_0^L = \underbrace{\sum_{t=1}^{T} \frac{E\left[\widetilde{FCF}_t\right]}{\prod_{s=1}^{t}\left(1 + WACC_s\right)}}_{\substack{\text{Bewertung} \\ \text{Detailplanungszeitraum}}} + \underbrace{\frac{E\left[\widetilde{FCF}_{T+1}\right]}{WACC_{T+1} \cdot \prod_{s=1}^{T}\left(1 + WACC_s\right)}}_{\substack{\text{Bewertung} \\ \text{Residualzeitraum}}}. \qquad (2.37)$$

---

[100] Vgl. Löffler (1998), S. 6 und Löffler (2004), S. 936.

Durch die Subtraktion des Marktwertes V_0^F des Fremdkapitals vom Marktwert V_0^L des Unternehmens erhält man den Shareholder Value V_0^E :[101]

$$V_0^E = V_0^L - V_0^F. \tag{2.38}$$

2.1.4.2 TCF-Verfahren

Der Total Cash Flow TCF als Zahlungsüberschuss des Leistungsbereichs bildet die Zählergröße dieses Verfahrens. Der TCF enthält bereits den aus der Fremdfinanzierung resultierenden Steuervorteil (Tax Shield) gegenüber einem unverschuldeten Unternehmen und lässt sich in Abhängigkeit des Free Cash Flows gemäß Gleichung (2.4) folgendermaßen darstellen:

$$E\left[\widetilde{TCF}_t\right] = E\left[\widetilde{FCF}_t\right] + r^f \cdot s \cdot V_{t-1}^F, \qquad \text{(autonome Finanzierung) (2.39)}$$

$$E\left[\widetilde{TCF}_t\right] = E\left[\widetilde{FCF}_t\right] + r^f \cdot s \cdot E\left[\tilde{V}_{t-1}^F\right]. \qquad \text{(atmende Finanzierung) (2.40)}$$

Auch bei der Total Cash Flow-Methode wird ein gewogener Kapitalkostensatz, im Folgenden mit WACC* bezeichnet, als Nennergröße verwendet. Im Gegensatz zum WACC-Verfahren darf die Tax Shield-Wirkung jedoch nicht im Kapitalkostensatz berücksichtigt werden, da das Tax Shield bereits in die Zählergröße Eingang gefunden hat. Die Bestimmungsgleichung für den gewogenen Kapitalkostensatz WACC* lautet demnach:

$$WACC_t^* = r^f \cdot \frac{V_{t-1}^F}{E\left[\tilde{V}_{t-1}^L\right]} + k_t^E \cdot \frac{E\left[\tilde{V}_{t-1}^E\right]}{E\left[\tilde{V}_{t-1}^L\right]}, \qquad \text{(autonome Finanzierung) (2.41)}$$

$$WACC_t^* = r^f \cdot FQ_{t-1} + k_t^E \cdot \left(1 - FQ_{t-1}\right). \qquad \text{(atmende Finanzierung) (2.42)}$$

Die Bewertungsgleichung für den Unternehmenswert V_0^L lautet im Zwei-Phasen-Modell:

$$V_0^L = \underbrace{\sum_{t=1}^{T} \frac{E\left[\widetilde{TCF}_t\right]}{\prod_{s=1}^{t}\left(1 + WACC_s^*\right)}}_{\substack{\text{Bewertung} \\ \text{Detailplanungszeitraum}}} + \underbrace{\frac{E\left[\widetilde{TCF}_{T+1}\right]}{WACC_{T+1}^* \cdot \prod_{s=1}^{T}\left(1 + WACC_s^*\right)}}_{\substack{\text{Bewertung} \\ \text{Residualzeitraum}}}. \tag{2.43}$$

2.1.4.3 APV-Verfahren

Die Besonderheit der APV-Methode ist die Aufteilung des Marktwertes V_0^L des gesamten Unternehmens in zwei Komponenten. Die erste Komponente wird durch den Marktwert V_0^U des unverschuldeten Unternehmens gebildet und gibt den Wert der Investitionsentscheidung wieder. Dieser Wert wird adjustiert durch die Addition der zweiten Komponente, des Barwertes V_0^{TS} der zukünftigen Tax Shields, der den steuerlichen Vorteil der Fremdfinanzierung abbildet. Der getrennte Ausweis des Wertes der Investitionsentscheidung V_0^U und des Wertes

---

[101] Da dies für alle Entity-Verfahren gilt, wird im Folgenden nur die Ermittlung des Unternehmenswertes dargestellt.

der Finanzierungsentscheidung V_0^{TS} wird durch die anderen Verfahren nicht vorgenommen und kann als spezifischer Vorteil der APV-Methode angesehen werden.[102]

Um V_0^U zu bestimmen, werden die zukünftigen Free Cash Flows FCF_t (Zählergröße) mit dem Eigenkapitalkostensatz k des unverschuldeten Unternehmens (Nennergröße) diskontiert. Der Kapitalkostensatz k spiegelt demnach nur das Investitionsrisiko wider:

$$V_0^U = \underbrace{\sum_{t=1}^{T} \frac{E\left[\widetilde{FCF}_t\right]}{(1+k)^t}}_{\substack{\text{Bewertung} \\ \text{Detailplanungszeitraum}}} + \underbrace{\frac{E\left[\widetilde{FCF}_{T+1}\right]}{k \cdot (1+k)^T}}_{\substack{\text{Bewertung} \\ \text{Residualzeitraum}}}. \tag{2.44}$$

Bei der Ermittlung der zweiten Komponente V_0^{TS} bilden die Tax Shields TS_t die Zählergröße, während die Nennergröße als Diskontierungssatz von der Finanzierungsstrategie abhängt.

Geht man von *autonomer* Finanzierung aus und ist das Fremdkapital risikolos, stehen die Fremdkapitalbestände aller zukünftigen Zeitpunkte bereits im Bewertungszeitpunkt mit Sicherheit fest (vgl. Abschnitt 2.1.2.2.1). Trifft man nun die im Rahmen der DCF-Verfahren übliche weitere Annahme, dass die Bemessungsgrundlage für die Ermittlung der Gewinnsteuern mindestens der Höhe des Tax Shields entspricht (Annahme 8 in Abschnitt 2.1.2.1) ist auch die Höhe aller zukünftigen Tax Shields sicher. Folglich ist der risikolose Zinssatz der anzusetzende Diskontierungssatz:

$$V_0^{TS} = \underbrace{\sum_{t=1}^{T} \frac{r^f \cdot s \cdot V_{t-1}^F}{\left(1+r^f\right)^t}}_{\substack{\text{Bewertung} \\ \text{Detailplanungszeitraum}}} + \underbrace{\frac{s \cdot r^f \cdot V_T^F}{r^f \cdot \left(1+r^f\right)^T}}_{\substack{\text{Bewertung} \\ \text{Residualzeitraum}}}. \tag{2.45}$$

Addiert man beide Komponenten, ergibt sich im Falle der autonomen Finanzierung der Marktwert V_0^L des Unternehmens wie folgt:

$$V_0^L = \underbrace{\sum_{t=1}^{T} \frac{E\left[\widetilde{FCF}_t\right]}{(1+k)^t} + \frac{E\left[\widetilde{FCF}_{T+1}\right]}{k \cdot (1+k)^T}}_{V_0^U} + \underbrace{\sum_{t=1}^{T} \frac{r^f \cdot s \cdot V_{t-1}^F}{\left(1+r^f\right)^t} + \frac{s \cdot r^f \cdot V_T^F}{r^f \cdot \left(1+r^f\right)^T}}_{V_0^{TS}}. \quad \text{(aut. Finanzierung)} \tag{2.46}$$

Bei *atmender* Finanzierung wird der Diskontierungsfaktor der Tax Shields anhand der bereits aus Abschnitt 2.1.2.2.5 bekannten Vorgehensweise abgeleitet. Beispielhaft soll im Folgenden die Diskontierung des Tax Shields des Zeitpunktes T dargelegt werden. Dieses Tax Shield ist aus Sicht des vorhergehenden Zeitpunktes T – 1 sicher. Das liegt daran, dass zum Zeitpunkt T – 1 der Marktwert V_{T-1}^L des Unternehmens mit Sicherheit feststeht und aufgrund der vorgegebenen Fremdkapitalquote dann auch der Wert V_{T-1}^F des Fremdkapitals in T – 1 mit Sicherheit bekannt sein muss. Somit ist das Tax Shield in T zunächst mit dem risikofreien Zinssatz auf den Zeitpunkt T – 1 zu diskontieren.

---

102 Vgl. Homburg/Stephan/Weiß (2004), S. 279.

Der Marktwert des Unternehmens im Zeitpunkt T – 1 ist jedoch aus Sicht der Vorperioden unsicher und hängt vom Investitionsrisiko ab (vgl. das Vorgehen in Abschnitt 2.1.2.2.5: dort wurde jeweils der Unternehmenswert der nachfolgenden Periode mit dem das Investitionsrisiko widerspiegelnden Eigenkapitalkostensatz k des unverschuldeten Unternehmens diskontiert). Dann muss aus Sicht der Vorperioden auch das an den Marktwert des Unternehmens in T – 1 über die Fremdkapitalquote gekoppelte Tax Shield in T vom Investitionsrisiko abhängen, sodass k der adäquate Diskontierungsfaktor des Tax Shields des Zeitpunktes T auf die vor dem Zeitpunkt T – 1 liegenden Zeitpunkte ist.

Daraus folgt, dass die Diskontierung des Tax Shields des Zeitpunktes T auf den Bewertungszeitpunkt 0 einmal mit r^f und T – 1-mal mit k erfolgen muss.[103] Im Zwei-Phasen-Fall führt dies zu folgendem Marktwert der Tax Shields zum Bewertungszeitpunkt t = 0:

$$V_0^{TS} = \underbrace{\sum_{t=1}^{T} \frac{r^f \cdot s \cdot E\left[\tilde{V}_{t-1}^F\right]}{(1+k)^{t-1} \cdot \left(1+r^f\right)}}_{\substack{\text{Bewertung} \\ \text{Detailplanungszeitraum}}} + \underbrace{\frac{r^f \cdot s \cdot E\left[\tilde{V}_T^F\right]}{k \cdot (1+k)^{T-1} \cdot \left(1+r^f\right)}}_{\substack{\text{Bewertung} \\ \text{Residualzeitraum}}}. \tag{2.47}$$

Addiert man den Marktwert des unverschuldeten Unternehmens, ergibt sich im Falle der atmenden Finanzierung der Marktwert V_0^L des Unternehmens wie folgt:

$$V_0^L = \underbrace{\sum_{t=1}^{T} \frac{E\left[\widetilde{FCF}_t\right]}{(1+k)^t} + \frac{E\left[\widetilde{FCF}_{T+1}\right]}{k \cdot (1+k)^T}}_{V_0^U} + \underbrace{\sum_{t=1}^{T} \frac{r_f \cdot s \cdot E\left[\tilde{V}_{t-1}^F\right]}{(1+k)^{t-1} \cdot \left(1+r^f\right)} + \frac{r_f \cdot s \cdot E\left[\tilde{V}_T^F\right]}{k \cdot (1+k)^{T-1} \cdot \left(1+r^f\right)}}_{V_0^{TS}}.$$

(atmende Finanzierung) (2.48)

Nachdem nun die Methodik der DCF-Verfahren dargestellt wurde, ist zu erörtern, welche Verfahren sich zur Anwendung in der Unternehmenspraxis anbieten. Aus diesem Grunde wird im nächsten Abschnitt das Zirkularitätsproblem der Unternehmensbewertung dargelegt. Die Tauglichkeit der einzelnen DCF-Verfahren wird anschließend daran beurteilt, ob ein Zirkularitätsproblem bei deren Anwendung umgangen wird.

2.1.5 Das Zirkularitätsproblem im Rahmen der DCF-Verfahren

Bei der Bewertung von Unternehmen anhand der DCF-Verfahren kommt es zu einem *Zirkularitätsproblem*, wenn im DCF-Bewertungskalkül die Kenntnis der Marktwerte vorausgesetzt wird, die durch die DCF-Verfahren erst ermittelt werden sollen. Das Ergebnis wird somit bei der Bewertung bereits als bekannt vorausgesetzt. Dieses Zirkularitätsproblem tritt in Abhängigkeit von der Finanzierungsweise (autonom/atmend), der Cash Flow-Struktur (Rentenfall/Nicht-Rentenfall), der Anzahl der Prognoseperioden (eine/zwei bzw. mehr als zwei Perioden) sowie in Abhängigkeit vom angewandten DCF-Verfahren auf.

Kruschwitz/Löffler konstatieren, dass „es sich bei dem oft beschworenen Zirkularitätsproblem um ein Scheinproblem [handelt]“.[104] Dieser Überzeugung ist zuzustimmen, wenn die Zirkula-

[103] Vgl. Homburg/Stephan/Weiß (2004), S. 283.

ritätsproblematik durch die Wahl eines geeigneten DCF-Verfahrens umgangen werden kann. Wie noch zu zeigen sein wird, ist dies grundsätzlich der Fall. Allerdings kann bei autonomer Finanzierung im Falle von drei und mehr Prognoseperioden (mit nicht konstanten Cash Flows) und Unkenntnis der Höhe des Eigenkapitalkostensatzes k des unverschuldeten Unternehmens kein DCF-Verfahren diese Zirkularität umgehen. Dies bedeutet, dass ein Iterationsverfahren (z.B. Fixpunktiteration oder Newton-Verfahren) zur Bewertung herangezogen werden muss.

Bereits vorab kann weiterhin festgehalten werden, dass bei der TCF-Methode als einzigem DCF-Verfahren immer ein Zirkularitätsproblem vorliegt. Wohl auch aus diesem Grunde wird dieser Ansatz in der Praxis nur selten verwendet.[105]

2.1.5.1 Zirkularitätsproblematik bei autonomer Finanzierung

Bei autonomer Finanzierungsweise ist, wie bereits angedeutet, zu unterscheiden, ob Kenntnis bzgl. der Höhe des Eigenkapitalkostensatz k des unverschuldeten Unternehmens vorliegt oder nicht. Ist bei autonomer Finanzierung nur der Eigenkapitalkostensatz des verschuldeten Unternehmens der ersten Periode gegeben, so muss im Nicht-Rentenfall bei mehr als zwei Perioden auf ein iteratives Verfahren zur Ermittlung des Marktwertes des Eigenkapitals zurückgegriffen werden.[106] Keine der vier DCF-Methoden kann dann das Zirkularitätsproblem umgehen. Dagegen können für den Renten- bzw. Ein-Perioden-Fall bei dieser Datenkonstellation die Bewertungsgleichungen der WACC-, TCF- und APV-Methode durch einfache Umformungen in die Gleichung der FTE-Methode überführt werden. Die FTE-Methode lässt sich aufgrund des bekannten Eigenkapitalkostensatzes k^E des verschuldeten Unternehmens bei ebenfalls bekanntem Tax Shield als einzige Methode hier unmittelbar anwenden. Beispielhaft sei für den Ein-Perioden-Fall die Umformung der APV-Methode in die FTE-Methode dargelegt, wobei davon ausgegangen wird, dass das Unternehmen in t = 1 liquidiert wird (und somit gilt: $V_1^E = V_1^L = V_1^F = V_1^{TS} = 0$). Der Marktwert des Eigenkapitals zum Zeitpunkt t = 0 wird hier anhand der APV-Methode folgendermaßen bestimmt (vgl. für den Zwei-Phasen-Fall die Gleichung (2.46)):

$$V_0^E = \frac{E\left[\widetilde{FCF}_1\right]}{1+k} + V_0^{TS} - V_0^F. \qquad (2.49)$$

Da k^E annahmegemäß bekannt ist, wird V_0^E zunächst in Abhängigkeit von k^E dargestellt. Hierzu löst man die Bestimmungsgleichung von Inselbag/Kaufold (Gleichung (2.19)) nach k auf: $k = \frac{k^E \cdot V_0^E + r^f \cdot \left(V_0^F - V_0^{TS}\right)}{V_0^E + V_0^F - V_0^{TS}}$. Durch Einsetzen in Gleichung (2.49) ergibt sich:

---

[104] Vgl. Kruschwitz/Löffler (1999), S. 4.

[105] Vgl. Mandl/Rabel (1997), S. 365; Raab (2001), S. 72.

[106] Diesen Fall unterstellt Jakubowicz (2000), S. 233-247. Er nimmt dabei an, dass der Eigenkapitalkostensatz des verschuldeten Unternehmens in der ersten Periode vom Management durch „pragmatisch-heuristische Anwendung des CAPM" (Jakubowicz (2000), S. 239) ermittelt wurde.

$$V_0^E = \frac{E\left[\widetilde{FCF}_1\right]}{\frac{\left(1+k^E\right)\cdot V_0^E + \left(1+r^f\right)\cdot\left(V_0^F - V_0^{TS}\right)}{V_0^E + V_0^F - V_0^{TS}}} + V_0^{TS} - V_0^F$$

$$\Leftrightarrow V_0^E = \frac{E\left[\widetilde{FCF}_1\right] - \left(1+r^f\right)\cdot V_0^F + \left(1+r^f\right)\cdot V_0^{TS}}{\left(1+k^E\right)}.$$

Unter Nutzung von $V_0^{TS} = \frac{s \cdot r^f \cdot V_0^F}{(1+r^f)}$ resultiert offensichtlich die Bewertungsgleichung der

FTE-Methode: $V_0^E = \frac{E\left[\widetilde{FCF}_1\right] - \left(1+r^f\right)\cdot V_0^F + s\cdot r^f \cdot V_0^F}{\left(1+k^E\right)}$.

Im Zwei-Perioden-Fall lässt sich der gesuchte Marktwert des Eigenkapitals mittels quadratischer Ergänzung ebenfalls anhand jeder Methode bestimmen. Es bietet sich hier die APV-Methode an, da sich dann aufgrund der angenommenen Konstanz des Eigenkapitalkostensatzes k des unverschuldeten Unternehmens und der Konstanz des risikolosen Zinssatzes r^f die Auflösung nach dem gesuchten Marktwert V^E des Eigenkapitals am einfachsten gestaltet. Somit ist zunächst die Bewertungsgleichung der APV-Methode aufzustellen:

$$V_0^E = \frac{E\left[\widetilde{FCF}_1\right]}{1+k} + \frac{E\left[\widetilde{FCF}_2\right]}{(1+k)^2} + V_0^{TS} - V_0^F.$$

Anschließend ist der konstante Eigenkapitalkostensatz k des unverschuldeten Unternehmens wie im obigen Ein-Perioden-Fall durch die nach k aufgelöste Bestimmungsgleichung von Inselbag/Kaufold (Gleichung (2.19)) zu ersetzen:

$$V_0^E = \frac{E\left[\widetilde{FCF}_1\right]}{\frac{\left(1+k_1^E\right)\cdot V_0^E + \left(1+r^f\right)\cdot\left(V_0^F - V_0^{TS}\right)}{V_0^E + V_0^F - V_0^{TS}}} + \frac{E\left[\widetilde{FCF}_2\right]}{\left(\frac{\left(1+k_1^E\right)\cdot V_0^E + \left(1+r^f\right)\cdot\left(V_0^F - V_0^{TS}\right)}{V_0^E + V_0^F - V_0^{TS}}\right)^2}$$
$$+V_0^{TS} - V_0^F.$$

Diese Gleichung ist nun nach V_0^E aufzulösen, sodass sich mit $a = V_0^F - V_0^{TS}$ (zwecks einfacherer Darstellung) ergibt:

$$\left(1+k_1^E\right)\cdot V_0^E + \left(1+r^f\right)\cdot a - E\left[\widetilde{FCF}_1\right] = \frac{E\left[\widetilde{FCF}_2\right]\cdot\left(V_0^E + a\right)}{\left(1+k_1^E\right)\cdot V_0^E + \left(1+r^f\right)\cdot a}$$

$$\Leftrightarrow \left(1+k_1^E\right)^2\cdot\left(V_0^E\right)^2 + 2\cdot\left(1+r^f\right)\cdot a\cdot\left(1+k_1^E\right)\cdot V_0^E + \left(1+r^f\right)^2\cdot a^2$$
$$-E\left[\widetilde{FCF}_1\right]\cdot\left(1+k_1^E\right)\cdot V_0^E - E\left[\widetilde{FCF}_1\right]\cdot\left(1+r^f\right)\cdot a = E\left[\widetilde{FCF}_2\right]\cdot\left(V_0^E + a\right)$$

$$\Leftrightarrow \left(1+k_1^E\right)^2\cdot\left(V_0^E\right)^2 + 2\cdot\left(1+r^f\right)\cdot a\cdot\left(1+k_1^E\right)\cdot V_0^E - E\left[\widetilde{FCF}_1\right]\cdot\left(1+k_1^E\right)\cdot V_0^E - E\left[\widetilde{FCF}_2\right]\cdot V_0^E$$
$$= E\left[\widetilde{FCF}_1\right]\cdot\left(1+r^f\right)\cdot a + E\left[\widetilde{FCF}_2\right]\cdot a - \left(1+r^f\right)^2\cdot a^2$$

$$\Leftrightarrow \left(V_0^E\right)^2 + 2 \cdot \frac{\left(2\cdot\left(1+r^f\right)\cdot a - E\left[\widetilde{FCF}_1\right]\right)\cdot\left(1+k_1^E\right) - E\left[\widetilde{FCF}_2\right]}{2\cdot\left(1+k_1^E\right)^2} \cdot V_0^E$$

$$= \frac{\left(E\left[\widetilde{FCF}_1\right]\cdot\left(1+r^f\right) + E\left[\widetilde{FCF}_2\right] - \left(1+r^f\right)^2\cdot a\right)\cdot a}{\left(1+k_1^E\right)^2}$$

$$\Leftrightarrow \left(V_0^E + \frac{\left(1+r^f\right)\cdot a - \frac{1}{2}\cdot E\left[\widetilde{FCF}_1\right] - \frac{E\left[\widetilde{FCF}_2\right]}{2\cdot\left(1+k_1^E\right)}}{\left(1+k_1^E\right)}\right)^2$$

$$= \frac{\left(E\left[\widetilde{FCF}_1\right]\cdot\left(1+r^f\right) + E\left[\widetilde{FCF}_2\right] - \left(1+r^f\right)^2\cdot a\right)\cdot a}{\left(1+k_1^E\right)^2} + \left(\frac{\left(1+r^f\right)\cdot a - \frac{1}{2}\cdot E\left[\widetilde{FCF}_1\right] - \frac{E\left[\widetilde{FCF}_2\right]}{2\cdot\left(1+k_1^E\right)}}{\left(1+k_1^E\right)}\right)^2$$

$$\Leftrightarrow V_0^E =$$

$$\pm\sqrt{\frac{\left(\left(1+r^f\right)\cdot E\left[\widetilde{FCF}_1\right] + E\left[\widetilde{FCF}_2\right] - \left(1+r^f\right)^2\cdot a\right)\cdot a}{\left(1+k_1^E\right)^2} + \left(\frac{\left(1+r^f\right)\cdot a - \frac{1}{2}\cdot E\left[\widetilde{FCF}_1\right] - \frac{E\left[\widetilde{FCF}_2\right]}{2\cdot\left(1+k_1^E\right)}}{\left(1+k_1^E\right)}\right)^2}$$

$$-\left(\frac{\left(1+r^f\right)\cdot a - \frac{1}{2}\cdot E\left[\widetilde{FCF}_1\right] - \frac{E\left[\widetilde{FCF}_2\right]}{2\cdot\left(1+k_1^E\right)}}{\left(1+k_1^E\right)}\right).$$

Ist k dagegen bekannt, so liegt bei Anwendung der FTE-, WACC- und der TCF-Methode ein Zirkularitätsproblem vor. Diese Verfahren greifen auf den Eigenkapitalkostensatz k^E des verschuldeten Unternehmens zurück, der nur dann anhand der Bestimmungsgleichung von Inselbag/Kaufold ermittelbar ist, wenn die gesuchten Marktwerte des Eigenkapitals bereits bekannt sind.[107] Diese sollen jedoch durch die Bewertungsmethoden gerade ermittelt werden.

Nur im Fall der Nutzung der APV-Methode liegt kein Zirkularitätsproblem vor. Dies resultiert daraus, dass die APV-Methode – eben unter der Prämisse, dass der Eigenkapitalkostensatz k des unverschuldeten Unternehmens bekannt ist – nicht die Kenntnis der Eigen- bzw. Fremdkapitalquoten voraussetzt. Aus diesem Grunde bietet sich demnach die unmittelbare Anwendung der APV-Methode an. Will man jedoch trotz des Zirkularitätsproblems FTE-,

[107] Zudem wird bei der TCF- und der WACC-Methode die Kenntnis der Eigen- und Fremdkapitalquoten zur Bestimmung des gewichteten Gesamtkapitalkostensatzes WACC bzw. WACC* vorausgesetzt.

WACC- oder TCF-Verfahren nutzen, kann die jeweilige Bewertungsgleichung so umgeformt werden, dass die Zirkularität aufgelöst wird. Im Ergebnis entspricht dann diese umgeformte Bewertungsgleichung allerdings der Gleichung des APV-Verfahrens, sodass letztlich im Grunde das APV-Verfahren angewendet wird. Eine derartige Überführung ist jedoch nur im Ein-Perioden-Fall sowie im Rentenfall durch einfache Umformung der Ausgangsgleichung möglich, bei mehr als einer Periode kann im Nicht-Rentenfall eine Überführung in das APV-Verfahren nur über ein rekursives Vorgehen (Roll-Back-Verfahren) erfolgen.[108] Alternativ kann auch auf ein Iterationsverfahren zurückgegriffen werden, in diesem Falle unterbleibt die mittelbare Anwendung der APV-Methode.

Zusammenfassend bleibt festzustellen, dass bei autonomer Finanzierung aufgrund des Zirkularitätsproblems die Anwendung der APV-Methode erfolgen sollte.

In den Fällen, wo eine analytische Lösung nicht möglich ist, ist auf Iterationsverfahren zurückzugreifen, die allerdings ebenfalls auf dem APV-Ansatz basieren sollten, um sich unnötige Rechenschritte zu ersparen. Tabelle 2 gibt hierzu einen Überblick über die Lösung des Zirkularitätsproblems bei autonomer Finanzierung.

Anzahl Perioden T	**DCF-Methode**	**Fall 1: k_1^E bekannt**	**Fall 2: k bekannt**
		Lösung durch ...	
T = 1 bzw. Rentenfall	WACC, TCF	einfache Umformung zu FTE-Ansatz	einfache Umformung zu APV-Ansatz
	FTE	*unmittelbare Anwendung (keine Zirkularität)*	
	APV	einfache Umformung zu FTE-Ansatz	*unmittelbare Anwendung (keine Zirkularität)*
T = 2	WACC, TCF, FTE	Quadratische Ergänzung	Umformung zu APV-Ansatz mittels Roll-Back-Verfahren
	APV		*unmittelbare Anwendung (keine Zirkularität)*
T > 2	WACC, TCF, FTE	Iterative Verfahren	Umformung zu APV-Ansatz mittels Roll-Back-Verfahren
	APV		*unmittelbare Anwendung (keine Zirkularität)*

Tabelle 2: Lösung des Zirkularitätsproblems bei autonomer Finanzierung

Es ist zu beachten, dass in dieser Tabelle die iterative Lösung nur in den Fällen, in denen die Bewertung nicht durch das Roll-Back-Verfahren oder durch eine alternative DCF-Methode vorgenommen werden kann, aufgeführt wird. Zwar ist die Anwendung eines iterativen Lö-

---

108 Anhand des Roll-Back-Verfahrens kann auch generell die Äquivalenz der Bewertungsmethoden (bei gleichen Annahmen) bewiesen werden. Vgl. diesbezüglich den Überblick über Äquivalenzuntersuchungen in der Literatur bei Jakubowicz (2000), S. 191-223, sowie dessen auf den S. 204-223 vollzogenen, ebenfalls auf einem rekursiven Verfahren (bei autonomer Finanzierung) basierenden Äquivalenzbeweis.

sungsverfahrens in allen Fällen möglich. Da jedoch eine allgemeine Aussage bezüglich der Konvergenz dieser Verfahren problematisch ist, sollte auf eine iterative Lösung nach Möglichkeit verzichtet werden.

2.1.5.2 Zirkularitätsproblematik bei atmender Finanzierung

Im Falle der atmenden Finanzierung besteht bei Anwendung der FTE-, der APV- und der TCF-Methode ein Zirkularitätsproblem. Bei diesen Methoden ist zur Ermittlung des Marktwertes des Eigenkapitals die Kenntnis der absoluten Höhe der zukünftigen Marktwerte des Fremdkapitals unabdingbar. Aufgrund der atmenden Finanzierung sind jedoch nur die zukünftigen Eigen- und Fremdkapitalquoten bekannt. Die absoluten Marktwerte des Fremdkapitals sind damit erst dann ermittelbar, wenn die gesuchten Marktwerte des Eigenkapitals bereits bekannt sind. Dieses Zirkularitätsproblem ist einfach zu umgehen, indem die WACC-Methode angewandt wird. Dies kann wie bei autonomer Finanzierung und der Anwendung der APV-Methode unmittelbar oder mittelbar erfolgen. Bei der unmittelbaren Anwendung wird die WACC-Methode von vornherein angewendet. Ein Zirkularitätsproblem besteht nicht, da die WACC-Methode nur die Kenntnis der Eigen- und Fremdkapitalquoten voraussetzt, nicht aber die absolute Höhe der Marktwerte. Mittelbar erfolgt die Anwendung der WACC-Methode, wenn zunächst entweder vom FTE-, APV- oder TCF-Verfahren ausgegangen wird und die jeweilige Bewertungsgleichung dann so umgeformt wird, dass die Zirkularität aufgelöst ist. Im Ergebnis entspricht dann diese umgeformte Bewertungsgleichung der Gleichung des WACC-Verfahrens. Im Ein-Perioden-Fall sowie im Rentenfall kann dies durch einfache Umformung der jeweiligen Bewertungsgleichung erfolgen, bei mehr als einer Periode muss im Nicht-Rentenfall eine Überführung in das WACC-Verfahren über ein rekursives Vorgehen (Roll-Back-Verfahren) erfolgen. Das Roll-Back-Verfahren wurde in Abschnitt 2.1.2.2.5 bei der Herleitung der Kapitalkostensätze im Fall der atmenden Finanzierung angewandt. Ausgangspunkt war zwar zunächst die APV-Methode, zur Umgehung des Zirkularitätsproblems wurde diese jedoch indirekt durch Umformungen mittels des Roll-Back-Verfahrens in die WACC-Methode überführt. Offensichtlicher wird dies, wenn man Gleichung (2.25) in Gleichung (2.29) aus Abschnitt 2.1.2.2.5 einsetzt, sodass man schließlich Gleichung (4.50) erhält, die bereits dem Kalkül der WACC-Methode entspricht:

$$V_{T-2}^{L}\cdot\left(1-\frac{r^{f}\cdot s\cdot FQ}{1+r^{f}}\right)=\frac{E\left[\widetilde{FCF}_{T-1}\right]}{1+k}+\frac{E\left[\widetilde{FCF}_{T}\right]}{(1+k)^{2}\cdot\left(1-\frac{r^{f}\cdot s\cdot FQ}{1+r^{f}}\right)}$$

$$\Leftrightarrow V_{T-2}^{L}=\frac{E\left[\widetilde{FCF}_{T-1}\right]}{(1+k)\cdot\left(1-\frac{r^{f}\cdot s\cdot FQ}{1+r^{f}}\right)}+\frac{E\left[\widetilde{FCF}_{T}\right]}{\left[(1+k)\cdot\left(1-\frac{r^{f}\cdot s\cdot FQ}{1+r^{f}}\right)\right]^{2}}. \quad (4.50)$$

Durch Fortführung dieses Vorgehens bis zum Zeitpunkt $t = 0$ erhält man schließlich den Marktwert V_0^L des verschuldeten Unternehmens anhand der WACC-Methode unter Nutzung von $WACC^{ME}$:

$$V_0^L = \sum_{t=1}^{T} \frac{E\left[\widetilde{FCF}_t\right]}{\left[(1+k)\cdot\left(1-\frac{r^f \cdot s \cdot FQ}{1+r^f}\right)\right]^t} = \sum_{t=1}^{T} \frac{E\left[\widetilde{FCF}_t\right]}{\left(1+WACC^{ME}\right)^t}. \tag{2.51}$$

Will man nicht die Roll-Back-Methode anwenden, kann auch alternativ auf ein Iterationsverfahren zurückgegriffen werden. In diesem Falle unterbleibt die Überführung der genannten Verfahren in die WACC-Methode.

Es bleibt somit festzustellen, dass aufgrund der skizzierten Zirkularitätsproblematik bei atmender Finanzierung die Anwendung der WACC-Methode erfolgen sollte.

Tabelle 3 fasst die Lösungsmöglichkeiten des Zirkularitätsproblems bei atmender Finanzierung zusammen.

Anzahl Perioden T	**DCF-Methode**	**Lösung durch ...**
T = 1 bzw. Rentenfall	WACC	*unmittelbare Anwendung (keine Zirkularität)*
	APV, TCF, FTE	einfache Umformung zu WACC-Ansatz
T = 2	WACC	*unmittelbare Anwendung (keine Zirkularität)*
	APV, TCF, FTE	Umformung zu WACC-Ansatz mittels Roll-Back-Verfahren
T > 2	WACC	*unmittelbare Anwendung (keine Zirkularität)*
	APV, TCF, FTE	Umformung zu WACC-Ansatz mittels Roll-Back-Verfahren

Tabelle 3: Lösung des Zirkularitätsproblems bei atmender Finanzierung[109]

2.2 Residualgewinnkonzept auf Basis einer kalkulatorischen Erfolgsrechnung

Der Unternehmenswert kann anstatt über Zahlungsrechnungen auch über sog. Residualgewinnverfahren ermittelt werden.[110] Als Residualgewinnverfahren bezeichnet man Rechnungen, bei denen Gewinne (bzw. allgemeiner: Überschüsse) bestimmt werden, die nach Abzug von Kapitalkosten verbleiben. Das wohl bekannteste Residualgewinnkonzept ist der Economic Value Added (EVA®) von Stern/Stewart.[111] Der EVA basiert auf der externen Gewinn- und Verlustrechnung, also auf dem durch die Differenz von Erträgen und Aufwendungen ermittelten Überschuss. Da in dieser Arbeit jedoch die interne kalkulatorische Erfolgsrechnung,

---

109 Die Anwendung eines iterativen Lösungsverfahrens ist in allen Fällen möglich. Aus gleichen Gründen wie bei Tabelle 2 wird jedoch auf die Nennung verzichtet (vgl. die Anmerkungen hierzu in Abschnitt 2.1.5.1).

110 Anhand der Residualgewinnverfahren kann ebenso wie anhand der DCF-Verfahren sowohl der Wert eines gesamten Unternehmens als auch der Wert von Strategien (bzw. Projekten, Aktivitäten) bestimmt werden. Aus Vereinfachungsgründen wird bei der Darstellung der Grundlagen der Residualgewinnverfahren wie bereits bei der Darstellung der Grundlagen der DCF-Verfahren meist nur vom Unternehmenswert gesprochen (vgl. Fußnote 21).

111 Vgl. Stewart (1999).

d.h. die Kosten- und Leistungsrechnung, zur Beurteilung von Unternehmen herangezogen werden soll, wird im Weiteren nicht näher auf das EVA-Konzept eingegangen. Anstatt dessen soll der Zusammenhang zwischen Zahlungsrechnung und kalkulatorischer Erfolgsrechnung dargestellt und verschiedene Residualgewinnverfahren auf Basis der kalkulatorischen Erfolgsrechnung vorgestellt werden. Hierzu ist jedoch im folgenden Abschnitt zunächst auf die Voraussetzungen einzugehen, die erfüllt sein müssen, damit anhand von kalkulatorischen Erfolgsrechnungen Unternehmenswerte ermittelt werden können.

2.2.1 Lücke-Theorem

Die Aussage, dass unter gewissen Bedingungen anhand von unterschiedlichen Basis-Rechnungssystemen bzw. Überschussgrößen des betrieblichen Rechnungswesens ein identischer Kapitalwert ermittelbar ist, wird im deutschen Sprachraum als *Lücke-Theorem* bezeichnet.[112]

Im Kontext dieser Arbeit soll das Lücke-Theorem dazu herangezogen werden, auf Basis von kalkulatorischen Erfolgen Kapitalwerte zu ermitteln, die den anhand von Zahlungsüberschüssen bestimmten Kapitalwerten bzw. Marktwerten gemäß DCF-Verfahren entsprechen.[113] Vor diesem Hintergrund besagt das Lücke-Theorem, dass eine derartige *Kapitalwertäquivalenz* vorliegt, wenn von den kalkulatorischen Erfolgen Zinskosten auf das gebundene Kapital in Abzug gebracht werden.[114] Bedingung hierfür ist erstens, dass das gebundene Kapital der Differenz aus kumulierten kalkulatorischen Erfolgen (vor Abzug von Zinskosten) und kumulierten Zahlungsüberschüssen entspricht. Zweitens muss das sog. Kongruenzprinzip gelten, d.h. über die Totalperiode gesehen muss die Summe der kalkulatorischen Erfolge (vor Abzug von Zinskosten) der Summe der Zahlungsüberschüsse entsprechen.[115] Wählt man nun die DCF-Methoden mit ihren spezifischen Zahlungsüberschussgrößen (FTE, FCF, TCF, TS) als Referenzverfahren zur Bewertung von Unternehmen, so können korrespondierende kalkulatorische Erfolgsgrößen definiert werden, die die Einhaltung des Kongruenzprinzips gewährleisten. Je nachdem, welches DCF-Verfahren bzw. welcher Zahlungsüberschuss als Referenz gewählt wird, lassen sich demnach entsprechende Residualgewinnverfahren formulieren, die zur geforderten Kapitalwertäquivalenz führen. Diese sollen im Folgenden vorgestellt werden. Da das mit der WACC-Methode korrespondierende Residualgewinnverfahren den größten Bekanntheitsgrad erlangt hat, wird diese Methode zuerst dargestellt.

---

[112] Vgl. Lücke (1955); Kloock (1981), S. 876 ff. Im angloamerikanischen Sprachraum wird sich auf Preinreich bezogen, der ein inhaltlich identisches Theorem bereits früher dargestellt hat (vgl. Preinreich (1937) und Preinreich (1938)). Aus diesem Grund wird in der deutschsprachigen Literatur teilweise auch vom Preinreich/Lücke-Theorem gesprochen.

[113] Stimmen die Kapitalwerte der unterschiedlichen Rechnungsgrößen überein, können – wie im Folgenden auch durchgeführt – die Begriffe Marktwert und Kapitalwert synonym verwandt werden.

[114] Zu beachten ist, dass die kalkulatorischen Erfolge im Weiteren entweder generell als Erfolge vor Abzug von Zinskosten (so bei den Entity-Verfahren, d.h. WACC-, TCF-, APV-Residualgewinnverfahren) oder vor Abzug der kalkulatorischen Eigenkapitalkosten, aber nach Abzug der effektiven Fremdkapitalzinskosten (so beim FTE-Residualgewinnverfahren) definiert werden.

[115] Unter dem Begriff Totalperiode wird der gesamte Zeitraum von der Gründung bis zur Liquidation eines Unternehmens (oder eines Projektes) verstanden.

2.2.2 WACC-Residualgewinnverfahren

Analog zu dem bei der WACC-Methode als Zählergröße verwendeten erwarteten Free Cash Flow als Zahlungsüberschuss des Leistungsbereiches eines unverschuldeten Unternehmens (vgl. Abschnitt 2.1.4.1) kann – als dessen Pendant – der erwartete kalkulatorische Erfolg KE_t^U der Periode t eines unverschuldeten Unternehmens *vor* Zinskosten aus der Differenz von erwarteten Leistungen L_t und Kosten K_t eines unverschuldeten Unternehmens definiert werden:

$$KE_t^U = L_t - K_t. \qquad (2.52)$$

Zu beachten ist, dass in der Kostenrechnung nur sachzielorientierte Zahlungen periodisiert werden. Aus diesem Grund darf, um dem Kongruenzprinzip zu entsprechen, der erwartete FCF_t ebenfalls nur sachzielorientierte Ein- und Auszahlungen beinhalten.[116] Zinskosten dürfen hierbei KE_t^U nicht schmälern, da anderenfalls das Kongruenzprinzip nicht gelten würde, weil auch die korrespondierende Zahlungsüberschussgröße FCF keine Zinszahlungen enthält. Die (erwarteten) Gewinnsteuern des unverschuldeten Unternehmens werden dagegen als Kosten betrachtet und schmälern somit den kalkulatorischen Erfolg KE_t^U. Da von einem unverschuldeten Unternehmen ausgegangen wird, ist der (erwartete) Steuervorteil aus der Fremdfinanzierung nicht im kalkulatorischen Erfolg enthalten.[117] Demnach werden die Kapitalstruktur und die daraus resultierenden Steuervorteile bei der Ermittlung des kalkulatorischen Erfolges vollständig ausgeblendet und analog zum WACC-(DCF-)Verfahren ausschließlich durch den Zinssatz berücksichtigt. Als Zinssatz für die Bestimmung der Kapitalkosten und zur Diskontierung der resultierenden Residualgewinne ist somit der gewichtete Gesamtkapitalkostensatz WACC des WACC-(DCF-)Verfahrens heranzuziehen, der das Tax Shield als Steuervorteil aus der Fremdfinanzierung beinhaltet.

Zur Marktwertermittlung wird im Weiteren ein Bewertungszeitpunkt τ definiert, auf den die Residualgewinne zu diskontieren sind. Dieser Bewertungszeitpunkt τ kann ein beliebiger Zeitpunkt der Totalperiode, d.h. des Zeitraums [0; T] sein. Da die Zahlungsrechnung die Grundlage der Marktwertermittlung ist, beziehen sich der Beginn (t = 0) und das Ende der Totalperiode (t = T) auf den Zeitpunkt des Anfalls des ersten bzw. den Zeitpunkt des Anfalls des letzten Zahlungsüberschusses. Definiert man nun den *Nettokapitalwert* bzw. *Net Present Value* als Marktwert NPV_τ^L des Unternehmens, der im Gegensatz zum *Bruttokapitalwert* V_τ^L

---

[116] In der Literatur zur wertorientierten Unternehmensführung bzw. Unternehmensbewertung wird in der Regel zwischen betriebsnotwendigem und nicht betriebsnotwendigem Vermögen differenziert. Vgl. z.B. Rappaport (1998), S. 33; Koller/Goedhart/Wessels (2005), S. 183. Die Cash Flows werden dann nur durch das betriebsnotwendige Vermögen generiert, während für das nicht betriebsnotwendige Vermögen approximativ Buchwerte als Marktwerte herangezogen werden. Setzt man die Begriffe „sachzielorientiert" und „betriebsnotwendig" inhaltlich gleich, führt dies zur Erfüllung des Kongruenzprinzips.

[117] Bezüglich verschiedener Definitionen des Kostenbegriffes und der Diskussion, ob Gewinnsteuern unter den Kostenbegriff fallen, vgl. Abschnitt 3.3.1.

den Zahlungsüberschuss des Bewertungszeitpunktes τ berücksichtigt[118], so gilt im *Ein-Phasen-Fall*[119] gemäß dem WACC-(DCF-) Verfahren:[120]

$$NPV_\tau^L = \sum_{t=\tau}^{T} \frac{FCF_t}{\prod_{s=\tau+1}^{t}(1+WACC_s)} = V_\tau^L + FCF_\tau$$

mit:

$$\prod_{s=\tau+1}^{\tau}(1+WACC_s) := 1.$$

Der Nettokapitalwert NPV_τ^L lässt sich nun gemäß Lücke-Theorem auch über das WACC-Residualgewinnverfahren ermitteln. Voraussetzung hierfür ist zunächst, dass die Summe der kalkulatorischen Erfolge der Summe der Zahlungsüberschüsse im betrachteten Zeitraum [τ; T] entspricht (Kongruenzprinzip). Eine weitere Voraussetzung ist, dass die Kapitalbindung $KB_{\tau-1}$ im Zeitpunkt $\tau - 1$ gleich null ist.

Somit muss gelten:

$$\sum_{s=\tau}^{T}(L_s - K_s) = \sum_{s=\tau}^{T} FCF_s, \qquad \text{(Kongruenzprinzip)} \quad (2.53)$$

sowie

$$KB_{\tau-1} = 0. \qquad (2.54)$$

Für den *Ein-Phasen-Fall* gilt dann:

$$NPV_\tau^L = \sum_{t=\tau}^{T} \frac{FCF_t}{\prod_{s=\tau+1}^{t}(1+WACC_s)} = \sum_{t=\tau}^{T} \frac{RG_t^{WACC}}{\prod_{s=\tau+1}^{t}(1+WACC_s)} \qquad (2.55)$$

mit:

$$RG_t^{WACC} = \underbrace{L_t - K_t}_{KE_t^U} - \underbrace{WACC_t \cdot KB_{t-1}}_{\text{Gesamtkapitalkosten}} \qquad (2.56)$$

$$KB_{t-1} = \sum_{s=\tau}^{t-1}(L_s - K_s) - \sum_{s=\tau}^{t-1} FCF_s \qquad t \in [\tau+1, T] \qquad (2.57)$$

mit den Symbolen:

RG_t^{WACC}: Residualgewinn gemäß WACC-Verfahren der Periode t

KB_{t-1}: (Gesamt-)Kapitalbindung zum Zeitpunkt t – 1

---

118 Die Bezeichnung Bruttokapitalwert bezieht sich ursprünglich auf den Kapitalwert, dessen Bewertungszeitpunkt eine logische Sekunde nach Auszahlung der zum Zeitpunkt t = 0 getätigten Anschaffungsauszahlung für ein Investitionsprojekt ist. Dieser beinhaltet somit nicht die Anschaffungsauszahlung, sodass es sich um eine Bruttogröße handelt.

119 Zur Phaseneinteilung vgl. Abschnitt 2.1.1 bzw. Fußnote 34.

120 Wird im Folgenden bei einer unsicheren Größe die Tilde weggelassen, handelt es sich um den Erwartungswert der Zufallsvariablen. Die in Abschnitt 2.1 vorgenommenen Erläuterungen zur Sicherheit/Unsicherheit der in die Bewertung in Abhängigkeit von der Finanzierungsstrategie eingehenden Variablen sind auf die Bewertungsgleichungen der Residualgewinnverfahren analog übertragbar.

Unter der zusätzlichen Bedingung $KE_\tau^U = 0$ gilt:

$$NPV_\tau^L = \sum_{t=\tau+1}^{T} \frac{RG_t^{WACC}}{\prod_{s=\tau+1}^{t}(1+WACC_s)} = \sum_{t=\tau}^{T} \frac{FCF_t}{\prod_{s=\tau+1}^{t}(1+WACC_s)}.$$

Der Nettokapitalwert im Zeitpunkt τ kann demnach unter den Bedingungen $KE_\tau^U = 0$ sowie $KB_{\tau-1} = 0$ auch durch die Diskontierung der zukünftigen (ab τ + 1 anfallenden) Residualgewinne ermittelt werden, wenn sich die Unterschiede zwischen Zahlungsrechnung und kalkulatorischer Erfolgsrechnung im betrachteten Zeitraum [τ; T] ausgleichen, d.h. die Zahlungen in der Kosten- und Leistungsrechnung lediglich unterschiedlich periodisiert werden. Zum Zeitpunkt T haben sich dann sämtliche Unterschiede in den beiden Rechnungssystemen ausgeglichen, sodass die Kapitalbindung im Zeitpunkt T gleich Null ist (dies ergibt sich unmittelbar aus dem Kongruenzprinzip (Gleichung (2.53)) sowie der Bestimmungsgleichung für die Kapitalbindung (Gleichung (2.57)). Die bei der Berechnung der Residualgewinne vom kalkulatorischen Erfolg einer Periode abzuziehenden kalkulatorischen Zinskosten besitzen somit eine Ausgleichsfunktion, die die Wirkung der unterschiedlichen Periodisierung der Zahlungsgrößen bei der Kapitalwertermittlung wieder egalisieren.[121]

Nun wird das Lücke-Theorem für den Fall erweitert, dass $KB_{\tau-1}$ einen beliebigen Wert annehmen kann. Dies ist insbesondere dann der Fall, wenn der Bewertungszeitpunkt τ nicht dem Gründungszeitpunkt des Projektes entspricht und somit einen von null verschiedenen Wert annehmen wird oder $KB_{\tau-1}$ – bspw. aus noch zu erörternden Steuerungsgesichtspunkten – in einer bestimmten Höhe vorgegeben werden soll. Für diesen Fall ist das Kongruenzprinzip insofern zu erweitern, dass nunmehr vorausgesetzt wird, dass sich die Summe der kalkulatorischen Erfolge von der Summe der Zahlungsüberschüsse des Betrachtungszeitraums [τ; T] genau um den Betrag der Kapitalbindung $KB_{\tau-1}$ unterscheidet:

$$\sum_{s=\tau}^{T}(L_s - K_s) = \sum_{s=\tau}^{T} FCF_s - KB_{\tau-1}. \qquad \text{(erweitertes Kongruenzprinzip) (2.58)}$$

Es gilt dann:

$$NPV_\tau^L = \sum_{t=\tau}^{T} \frac{RG_t^{WACC}}{\prod_{s=\tau+1}^{t}(1+WACC_s)} + (1+WACC_\tau)\cdot KB_{\tau-1} \qquad (2.59)$$

oder äquivalent:

$$NPV_\tau^L = \sum_{t=\tau+1}^{T} \frac{RG_t^{WACC}}{\prod_{s=\tau+1}^{t}(1+WACC_s)} + KE_\tau^U + KB_{\tau-1} \qquad (2.60)$$

---

121 Vgl. Lücke (1955), S. 315.

mit:

$$RG_t^{WACC} = \underbrace{L_t - K_t}_{KE_t^U} - \underbrace{WACC_t \cdot KB_{t-1}}_{\text{Gesamtkapitalkosten}} \tag{2.61}$$

$$KB_{t-1} = KB_{\tau-1} + \sum_{s=\tau}^{t-1}(L_s - K_s) - \sum_{s=\tau}^{t-1} FCF_s \qquad t \in [\tau+1, T] \tag{2.62}$$

Da sich der zunächst beschriebene Fall $KB_{\tau-1} = 0$ als Spezialfall darstellt, kann nun der allgemeine Beweis der Kapitalwertäquivalenz anhand der Gleichungen (2.58) bis (2.62) erfolgen. Dabei soll zunächst gezeigt werden, dass Gleichung (2.59) in Gleichung (2.60) überführt werden kann:

$$NPV_\tau^L = \sum_{t=\tau}^{T} \frac{RG_t^{WACC}}{\prod_{s=\tau+1}^{t}(1+WACC_s)} + (1+WACC_\tau) \cdot KB_{\tau-1}$$

$$= \sum_{t=\tau+1}^{T} \frac{RG_t^{WACC}}{\prod_{s=\tau+1}^{t}(1+WACC_s)} + \underbrace{KE_\tau^U - WACC_\tau \cdot KB_{\tau-1}}_{RG_\tau^{WACC}} + KB_{\tau-1} + WACC_\tau \cdot KB_{\tau-1}$$

$$= \sum_{t=\tau+1}^{T} \frac{RG_t^{WACC}}{\prod_{s=\tau+1}^{t}(1+WACC_s)} + KE_\tau^U + KB_{\tau-1}.$$

Nun ist zu zeigen, dass gilt:

$$\sum_{t=\tau}^{T} \frac{FCF_t}{\prod_{s=\tau+1}^{t}(1+WACC_s)} = \sum_{t=\tau}^{T} \frac{RG_t^{WACC}}{\prod_{s=\tau+1}^{t}(1+WACC_s)} + (1+WACC_\tau) \cdot KB_{\tau-1}.$$

Aufgrund der Kapitalbindungsformel (Gleichung (2.62)) muss gelten:

$$KE_t^U = L_t - K_t = FCF_t + KB_t - KB_{t-1}. \tag{2.63}$$

Der Residualgewinn RG_t^{WACC} der Periode t wird ermittelt durch:

$$RG_t^{WACC} = KE_t^U - WACC_t \cdot KB_{t-1}. \qquad \text{(vgl. (2.61))}$$

Einsetzen von KE_t^U aus Gleichung (2.63) in Gleichung (2.61) ergibt:

$$RG_t^{WACC} = FCF_t + KB_t - (1+WACC_t) \cdot KB_{t-1}.$$

Der Barwert des Residualgewinns RG_t^{WACC} der Periode t bezüglich des Bewertungszeitpunktes τ wird durch folgende Gleichung bestimmt:

$$\frac{RG_t^{WACC}}{\prod_{s=\tau+1}^{t}(1+WACC_s)} = \frac{FCF_t}{\prod_{s=\tau+1}^{t}(1+WACC_s)} + \frac{KB_t}{\prod_{s=\tau+1}^{t}(1+WACC_s)} - \frac{(1+WACC_t) \cdot KB_{t-1}}{\prod_{s=\tau+1}^{t}(1+WACC_s)}.$$

Für NPV_τ^L ergibt sich damit:

$$
\begin{aligned}
NPV_\tau^L &= \sum_{t=\tau}^{T} \frac{RG_t^{WACC}}{\prod\limits_{s=\tau+1}^{t}(1+WACC_s)} + (1+WACC_\tau)\cdot KB_{\tau-1} \\
&= FCF_\tau \boxed{+KB_\tau} \underbrace{-(1+WACC_\tau)\cdot KB_{\tau-1} + (1+WACC_\tau)\cdot KB_{\tau-1}}_{=0} \\
&\quad + \frac{FCF_{\tau+1}}{(1+WACC_{\tau+1})} \boxed{+\frac{KB_{\tau+1}}{(1+WACC_{\tau+1})}} - \boxed{\frac{(1+WACC_{\tau+1})\cdot KB_\tau}{(1+WACC_{\tau+1})}} \\
&\quad + \frac{FCF_{\tau+2}}{(1+WACC_{\tau+1})\cdot(1+WACC_{\tau+2})} \boxed{+\frac{KB_{\tau+2}}{(1+WACC_{\tau+1})\cdot(1+WACC_{\tau+2})}} \boxed{-\frac{KB_{\tau+1}}{(1+WACC_{\tau+1})}} \\
&\quad + \;\ldots\; + \boxed{\ldots} - \boxed{\ldots} \\
&\quad + \frac{FCF_{T-1}}{\prod\limits_{s=\tau+1}^{T-1}(1+WACC_s)} + \boxed{\frac{KB_{T-1}}{\prod\limits_{s=\tau+1}^{T-1}(1+WACC_s)}} \boxed{-\frac{KB_{T-2}}{\prod\limits_{s=\tau+1}^{T-2}(1+WACC_s)}} \\
&\quad + \frac{FCF_T}{\prod\limits_{s=\tau+1}^{T}(1+WACC_s)} + \underbrace{\frac{KB_T}{\prod\limits_{s=\tau+1}^{T}(1+WACC_s)}}_{=0} \boxed{-\frac{KB_{T-1}}{\prod\limits_{s=\tau+1}^{T-1}(1+WACC_s)}} \\
&= \sum_{t=\tau}^{T} \frac{FCF_t}{\prod\limits_{s=\tau+1}^{t}(1+WACC_s)}.
\end{aligned}
$$

Die (Netto-)Kapitalwertäquivalenz liegt vor, da aus dem (erweiterten) Kongruenzprinzip (Gleichung (2.58)) sowie der Bestimmungsgleichung für die Kapitalbindung (Gleichung (2.62)) folgt, dass die Kapitalbindung im Zeitpunkt T gleich null ist und die Summe der Kapitalbindungen der einzelnen Perioden null ergibt (siehe die sich jeweils eliminierenden, durch gleichartige Kästchen gekennzeichneten Terme).

Die Höhe von $KB_{\tau-1}$ ist somit für die Kapitalwertäquivalenz irrelevant und kann – ein aus Steuerungsgesichtspunkten interessanter Gesichtspunkt – frei gewählt werden.

Je höher der Wert von $KB_{\tau-1}$ festgesetzt wird, umso höher sind die Kapitalkosten. Ist $KB_{\tau-1}$ größer null, müssen zudem zusätzliche Abschreibungen angesetzt werden, damit das erweiterte Kongruenzprinzip erfüllt ist, d.h. damit die Summe der kalkulatorischen Erfolge über den Betrachtungszeitraum gerade um den Betrag von $KB_{\tau-1}$ niedriger ausfällt als die Summe der Zahlungsüberschüsse. Je höher $KB_{\tau-1}$ demnach gewählt wird, umso stärker muss sich das Management bemühen, um positive Residualgewinne zu erzielen. Eine willkürliche Festsetzung von $KB_{\tau-1}$ nach Projektbeginn (d.h. $\tau > 0$) ist jedoch insofern nachteilig, weil das Management die bereits vorhandene Planungsrechnung bezüglich des Projektes modifizieren muss (da sich geänderte Werte für die Abschreibungen und Kapitalkosten ergeben). Aus diesem Grunde sind Akzeptanzprobleme hinsichtlich einer modifizierten Planungsrechnung möglich. Wie noch in Abschnitt 5.3 darzulegen sein wird, bietet es sich jedoch an, die Kapitalbindung $KB_{\tau-1}$ zu Beginn eines Projektes als Zielvorgabe für dessen Wertbeitrag im Rahmen des wertorientierten Target Costing zu nutzen. Auf das erweiterte Lücke-Theorem ist demnach im Rahmen des Target Costing noch zurückzugreifen.

Nun ist noch auf die Ermittlung des *Bruttokapitalwertes* V_τ^L einzugehen, der im Gegensatz zum Nettokapitalwert nicht den Zahlungsüberschuss des Bewertungszeitpunktes berücksichtigt. Im Ein-Phasen-Fall gilt dann gemäß WACC-(DCF-)Verfahren (vgl. Abschnitt 2.1.4.1):

$$V_\tau^L = \sum_{t=\tau+1}^{T} \frac{FCF_t}{\prod_{s=\tau+1}^{t} (1 + WACC_s)}.$$

V_τ^L lässt sich – bei beliebiger Vorgabe von $KB_{\tau-1}$ – ebenfalls durch das WACC-Residualgewinnverfahren ermitteln, falls das erweiterte Kongruenzprinzip (Gleichung (2.58)) gilt:

$$V_\tau^L = \sum_{t=\tau+1}^{T} \frac{RG_t^{WACC}}{\prod_{s=\tau+1}^{t} (1 + WACC_s)} + KB_\tau. \qquad (2.64)$$

Die (Brutto-)Kapitalwertäquivalenz kann folgendermaßen gezeigt werden:

$$V_\tau^L = \sum_{t=\tau+1}^{T} \frac{RG_t^{WACC}}{\prod_{s=\tau+1}^{t}(1+WACC_s)} + KB_\tau$$

$$= \frac{FCF_{\tau+1}}{(1+WACC_{\tau+1})} + \boxed{\boxed{\frac{KB_{\tau+1}}{(1+WACC_{\tau+1})}}} - \boxed{\frac{(1+WACC_{\tau+1})\cdot KB_\tau}{(1+WACC_{\tau+1})}} + \boxed{KB_\tau}$$

$$+ \frac{FCF_{\tau+2}}{(1+WACC_{\tau+1})\cdot(1+WACC_{\tau+2})} + \boxed{\boxed{\boxed{\frac{KB_{\tau+2}}{(1+WACC_{\tau+1})\cdot(1+WACC_{\tau+2})}}}} - \boxed{\boxed{\frac{KB_{\tau+1}}{(1+WACC_{\tau+1})}}}$$

$$+ \quad \ldots \quad + \quad \boxed{\boxed{\boxed{\boxed{\ldots}}}} \quad - \quad \boxed{\boxed{\boxed{\ldots}}}$$

$$+ \frac{FCF_{T-1}}{\prod_{s=\tau+1}^{T-1}(1+WACC_s)} + \boxed{\boxed{\boxed{\boxed{\boxed{\frac{KB_{T-1}}{\prod_{s=\tau+1}^{T-1}(1+WACC_s)}}}}}} - \boxed{\boxed{\boxed{\boxed{\frac{KB_{T-2}}{\prod_{s=\tau+1}^{T-2}(1+WACC_s)}}}}}$$

$$+ \frac{FCF_T}{\prod_{s=\tau+1}^{T}(1+WACC_s)} + \underbrace{\frac{KB_T}{\prod_{s=\tau+1}^{T}(1+WACC_s)}}_{=0} - \boxed{\boxed{\boxed{\boxed{\boxed{\frac{KB_{T-1}}{\prod_{s=\tau+1}^{T-1}(1+WACC_s)}}}}}}$$

$$= \sum_{t=\tau+1}^{T} \frac{FCF_t}{\prod_{s=\tau+1}^{t}(1+WACC_s)}.$$

Die Bedingung, dass KB_T gleich null ist (Gleichung (2.58)), führt zur (Brutto-) Kapitalwertäquivalenz, da sich die Kapitalbindungen der einzelnen Perioden in obiger Gleichung gegeneinander aufheben (siehe die sich jeweils eliminierenden, durch gleichartige Kästchen gekennzeichneten Terme). Für den Sonderfall, dass $KE_\tau^U = 0$ sowie $KB_{\tau-1} = 0$ ist (dies wird im Allgemeinen bei der Verwendung des Lücke-Theorems angenommen), ergibt sich somit:

$$V_\tau^L = \underbrace{\sum_{t=\tau+1}^{T} \frac{RG_t^{WACC}}{\prod_{s=\tau+1}^{t}(1+WACC_s)}}_{NPV_\tau^L} + \underbrace{KB_\tau}_{FCF_\tau}.$$

Nachfolgende Tabelle 4 stellt noch einmal den Unterschied zwischen Brutto- und Nettokapitalwert und dessen Berechnung im Rahmen des WACC-(DCF-)Verfahrens und des korrespondierenden WACC-Residualgewinnverfahrens dar.

Verfahren / Art des Kapitalwertes	WACC-(DCF-) Verfahren	WACC-Residualgewinnverfahren
V_τ^L als Bruttokapitalwert	Summe der diskontierten zukünftigen Free Cash Flows	Summe der diskontierten zukünftigen Residualgewinne *zuzüglich* Kapitalbindung KB_τ des Bewertungszeitpunktes τ
NPV_τ^L als Nettokapitalwert	Summe der diskontierten zukünftigen Free Cash Flows *zuzüglich* Free Cash Flow FCF_τ des Bewertungszeitpunktes τ ($NPV_\tau^L = V_\tau^L + FCF_\tau$)	Summe der diskontierten zukünftigen Residualgewinne *zuzüglich* Residualgewinn RG_τ^{WACC} des Bewertungszeitpunktes τ *zuzüglich* der auf τ aufgezinsten Kapitalbindung $KB_{\tau-1}$ [*Sonderfall*, falls $KB_{\tau-1} = 0$ sowie kalkulatorischer Erfolg $KE_\tau^U = 0$: Summe der diskontierten zukünftigen Residualgewinne]

Tabelle 4: Bestimmung des Brutto- und Nettokapitalwertes

Das folgende Beispiel veranschaulicht nun die Ermittlung des Brutto- bzw. Netto-Kapitalwertes anhand des WACC-Residualgewinnverfahrens im Ein-Phasen-Fall.

Beispiel 1: WACC-Residualgewinnverfahren im Ein-Phasen-Fall

Ein Unternehmen erwägt, ein neuartiges Produkt zu entwickeln. Es wird erwartet, dass in $t = 0$ Entwicklungsauszahlungen in Höhe von 100 TEUR anfallen werden. In $t = 1$ ergeben sich für die Anschaffung von Maschinen Auszahlungen in Höhe von 120 TEUR. Die Nutzungsdauer der Maschinen beträgt 2 Perioden. Der Liquidationswert der Maschinen ist gleich null. Durch den Verkauf des Produktes entstehen in $t = 2$ und $t = 3$ einzahlungswirksame Umsatzerlöse von 244 TEUR bzw. 279,30 TEUR. Weiterhin fallen auszahlungswirksame Kosten des operativen Bereiches (z.B. Personal-, Material- und Steuerkosten) in $t = 2$ in Höhe von 100 TEUR und in $t = 3$ in Höhe von 110 TEUR an. In $t = 4$ entstehen einerseits zahlungswirksame Erlöse aus der teilweisen Wiederverwertung der Altprodukte in Höhe von 16,2 TEUR, andererseits fallen zahlungswirksame Kosten in Höhe von 12 TEUR an (insbesondere für die Entsorgung nicht wiederverwertbarer Bestandteile der Altprodukte). Der WACC beträgt 20%. In der kalkulatorischen Erfolgsrechnung sollen die in $t = 0$ und $t = 1$ erfolgten Auszahlungen aktiviert werden, sodass die Kapitalbindung durch deren Aktivierung in $t = 0$ gemäß Lücke-Theorem (Gleichung (2.62)) 100 TEUR und in $t = 1$ 220 TEUR beträgt. Die Abschreibung soll linear am Ende der zweiten und dritten Periode, d.h. in der Phase des Absatzes der Produkte, erfolgen, und beträgt demnach in t = 2 und t = 3 jeweils 220/2 = 110 TEUR. In Tabelle 5 sind die resultierenden Zahlungsüberschüsse, kalkulatorischen Erfolge und Residualgewinne zusammengefasst.

Zunächst sollen der Netto- und Bruttokapitalwert zum Zeitpunkt der Gründung des Projektes bestimmt werden. Der Bewertungszeitpunkt ist demnach $\tau = 0$. Wie bereits oben erläutert, ist die Höhe von $KB_{\tau-1}$ für die Kapitalwertäquivalenz irrelevant, falls das erweiterte Kongruenzprinzip (Gleichung (2.58)) gilt. In Abschnitt 5.3 wird dieser Sachverhalt für die Generierung von Zielvorgaben im wertorientierten Target Costing genutzt. Im Rahmen dieses Beispiels soll jedoch $KB_{-1} = 0$ gesetzt werden.

t	0	1	2	3	4
E_t^U	0,00	0,00	244,00	279,30	16,20
A_t^U	100,00	120,00	100,00	110,00	12,00
$\boldsymbol{FCF_t = E_t^U - A_t^U}$	***-100,00***	***-120,00***	***144,00***	***169,30***	***4,20***
L_t	0,00	0,00	244,00	279,30	16,20
K_t	0,00	0,00	210,00	220,00	12,00
$KE_t^U = L_t - K_t$	0,00	0,00	34,00	59,30	4,20
KB_t	100,00	220,00	110,00	0,00	0,00
$WACC_t \cdot KB_{t-1}$	0,00	20,00	44,00	22,00	0,00
$\boldsymbol{RG_t^{WACC} = KE_t^U - WACC_t \cdot KB_{t-1}}$	***0,00***	***-20,00***	***-10,00***	***37,30***	***4,20***

Tabelle 5: Residualgewinnermittlung bei $KB_{-1} = 0$ (Beispiel 1)

Gleichung (2.58) ist erfüllt, da gilt:

$$\sum_{s=0}^{T} FCF_s - KB_{\tau-1} = 97{,}5 - 0 = \sum_{s=0}^{T}\left(L_s - K_s\right) = 97{,}5 .$$

Der Nettokapitalwert des Projektes zum Zeitpunkt der ersten Auszahlung, d.h. zum Zeitpunkt der Gründung des Projektes, beträgt gemäß Gleichung (2.59):

$$NPV_0^L = \frac{-20}{1{,}2} + \frac{-10}{1{,}2^2} + \frac{37{,}30}{1{,}2^3} + \frac{4{,}20}{1{,}2^4} = 0 .$$

Der identische Nettokapitalwert ergibt sich über die Berechnung anhand der Free Cash Flows:

$$NPV_0^L = -100 + \frac{-120}{1{,}2} + \frac{144}{1{,}2^2} + \frac{169{,}30}{1{,}2^3} + \frac{4{,}20}{1{,}2^4} = 0.$$

Der Bruttokapitalwert enthält nicht den Free Cash Flow des Bewertungszeitpunktes t = 0, sodass gilt:

$$V_0^L = \frac{-120}{1{,}2} + \frac{144}{1{,}2^2} + \frac{169{,}30}{1{,}2^3} + \frac{4{,}20}{1{,}2^4} = 100 .$$

Alternativ berechnet über Residualgewinne nach Gleichung (2.64):

$$V_0^L = \frac{-20}{1{,}2} + \frac{-10}{1{,}2^2} + \frac{37{,}30}{1{,}2^3} + \frac{4{,}20}{1{,}2^4} + 100 = 100 .$$

Nun soll anhand des Beispiels noch gezeigt werden, dass die Höhe von $KB_{\tau-1}$ auch für den Fall, dass der Netto- und Bruttokapitalwert zum Bewertungszeitpunkt $\tau = 2$, also nach Projektbeginn, bestimmt werden, für die Kapitalwertäquivalenz irrelevant ist. Voraussetzung dafür ist, dass Gleichung (2.58) eingehalten wird.

Geht man davon aus, dass die Planungsrechnung unter der Annahme $KB_{-1} = 0$ vorgenommen wurde (vgl. Tabelle 5) und setzt man $KB_{\tau-1}$ in Höhe dieser Planungsrechnung an ($KB_1 = 220$ TEUR), so kann der Nettokapitalwert anhand des WACC-Residualgewinnverfahrens wiederum gemäß Gleichung (2.59) berechnet werden:

$$NPV_2^L = -10 + \frac{37,30}{1,2} + \frac{4,2}{1,2^2} + 1,2 \cdot 220 = 288.$$

Der identische Nettokapitalwert ergibt sich über die Berechnung anhand der Free Cash Flows:

$$NPV_2^L = 144 + \frac{169,30}{1,2} + \frac{4,20}{1,2^2} = 288.$$

Der Bruttokapitalwert enthält nicht den Free Cash Flow des Bewertungszeitpunktes $t = 0$, sodass gilt: $V_2^L = \frac{169,30}{1,2} + \frac{4,20}{1,2^2} = 144.$

Gemäß dem WACC-Residualgewinnverfahren (Gleichung (2.64)) ergibt sich ein identischer Wert: $V_2^L = \frac{37,30}{1,2} + \frac{4,20}{1,2^2} + 110 = 144.$

Auch im *Zwei-Phasen-Fall*[122] können der Netto- und Bruttokapitalwert durch die diskontierten Residualgewinne ermittelt werden. Unter der Voraussetzung

$$L_{T+1} - K_{T+1} = FCF_{T+1} \tag{2.65}$$

gilt:

$$NPV_\tau^L = \sum_{t=\tau}^{T} \frac{RG_t^{WACC}}{\prod_{s=\tau+1}^{t}(1+WACC_s)} + \frac{RG_{T+1}^{WACC}}{WACC_{T+1} \cdot \prod_{s=\tau+1}^{T}(1+WACC_s)} + (1+WACC_\tau) \cdot KB_{\tau-1} \tag{2.66}$$

sowie

$$V_\tau^L = \sum_{t=\tau+1}^{T} \frac{RG_t^{WACC}}{\prod_{s=\tau+1}^{t}(1+WACC_s)} + \frac{RG_{T+1}^{WACC}}{WACC_{T+1} \cdot \prod_{s=\tau+1}^{T}(1+WACC_s)} + KB_\tau \tag{2.67}$$

122 Zur Phaseneinteilung des Bewertungszeitraums vgl. Abschnitt 2.1.1.

mit:

$$RG_t^{WACC} = \underbrace{L_t - K_t}_{KE_t^U} - \underbrace{WACC_t \cdot KB_{t-1}}_{\text{Gesamtkapitalkosten}} \qquad \text{(vgl. (2.61))}$$

$$KB_t = KB_\tau + \sum_{s=\tau+1}^{t} \left(L_s - K_s\right) - \sum_{s=\tau+1}^{t} FCF_s \qquad \text{(vgl. (2.62))}$$

Die Gleichungen (2.66) und (2.67) erweitern die entsprechenden Gleichungen (2.59) bzw. (2.64) des Ein-Phasen-Falles um die zweite Phase, d.h. den Rentenfall.

Auf die Bedeutung der Gleichung (2.65) ist einzugehen: Die Zahlungsüberschüsse und kalkulatorischen Erfolge werden sich im Rentenfall, d.h. ab dem Zeitpunkt T + 1, nur dann approximativ entsprechen, wenn man davon ausgehen kann, dass jeweils die Höhe der Abschreibungen der Höhe der Investitionsauszahlungen bezüglich des Anlagevermögens entspricht, demnach keine Zusatz-, sondern lediglich Ersatzinvestitionen durchgeführt werden. Zu beachten ist weiterhin, dass auch sämtliche andere Positionen der kalkulatorischen Erfolgsrechnung zahlungswirksam sein müssen. Dies wird in der Regel nur bei stagnierenden Märkten der Fall sein. Die Realitätsnähe dieser Voraussetzung ist demnach im Einzelfall zu prüfen.

Im Folgenden soll die Kapitalwertäquivalenz unter obiger Voraussetzung (Gleichung (2.65)) bewiesen werden. Dabei wird ein analoges Vorgehen wie beim Ein-Phasen-Fall gewählt, sodass die Darstellung hier recht kurz gehalten und auf den Beweis der Bruttokapitalwertäquivalenz beschränkt werden kann.[123] Für den Bruttokapitalwert V_τ^L zum Bewertungszeitpunkt τ ergibt sich:

$$V_\tau^L = \sum_{t=\tau+1}^{T} \frac{RG_t^{WACC}}{\prod_{s=\tau+1}^{t}\left(1+WACC_s\right)} + KB_\tau + \frac{RG_{T+1}^{WACC}}{WACC_{T+1} \cdot \prod_{s=\tau+1}^{T}\left(1+WACC_s\right)}$$

$$= \frac{FCF_{\tau+1}}{\left(1+WACC_{\tau+1}\right)} + \boxed{\frac{KB_{\tau+1}}{\left(1+WACC_{\tau+1}\right)}} \underbrace{- \frac{\left(1+WACC_{\tau+1}\right)\cdot KB_\tau}{\left(1+WACC_{\tau+1}\right)} + KB_\tau}_{=0}$$

$$+ \frac{FCF_{\tau+2}}{\left(1+WACC_{\tau+1}\right)\cdot\left(1+WACC_{\tau+2}\right)} \boxed{+ \frac{KB_{\tau+2}}{\left(1+WACC_{\tau+1}\right)\cdot\left(1+WACC_{\tau+2}\right)}} \boxed{- \frac{KB_{\tau+1}}{\left(1+WACC_{\tau+1}\right)}}$$

$$+ \frac{FCF_{\tau+3}}{\left(1+WACC_{\tau+1}\right)\cdot\left(1+WACC_{\tau+2}\right)\cdot\left(1+WACC_{\tau+3}\right)}$$

$$\boxed{+ \frac{KB_{\tau+3}}{\left(1+WACC_{\tau+1}\right)\cdot\left(1+WACC_{\tau+2}\right)\cdot\left(1+WACC_{\tau+3}\right)}} \boxed{- \frac{KB_{\tau+2}}{\left(1+WACC_{\tau+1}\right)\cdot\left(1+WACC_{\tau+2}\right)}}$$

[123] Zum Beweis der Kapitalwertäquivalenz im Rahmen des EVA-Konzeptes bei konstanten Zinssätzen sowie T = 1 (detaillierte Planung über eine Periode) und nachfolgender ewiger Rente vgl. Hostettler (2002), S. 192-197. Hostettler nennt die Kapitalbindung zum Zeitpunkt t = 0 Substanzwert und spricht dann von „technischer Irrelevanz" dieses Wertes bezüglich der Unternehmensbewertung.

$$
+ \;\ldots\; + \boxed{\boxed{\boxed{\ldots}}} - \boxed{\boxed{\ldots}}
$$

$$
+\frac{FCF_T}{\prod_{s=\tau+1}^{T}(1+WACC_s)} + \boxed{\boxed{\boxed{\boxed{\frac{KB_T}{\prod_{s=\tau+1}^{T}(1+WACC_s)}}}}} \boxed{\boxed{\boxed{\boxed{-\frac{KB_{T-1}}{\prod_{s=\tau+1}^{T-1}(1+WACC_s)}}}}}
$$

$$
+\frac{FCF_{T+1}}{WACC_{T+1}\cdot\prod_{s=\tau+1}^{T}(1+WACC_s)} + \boxed{\boxed{\boxed{\boxed{\boxed{\frac{KB_{T+1}}{WACC_{T+1}\cdot\prod_{s=\tau+1}^{T}(1+WACC_s)}}}}}}
$$

$$
\boxed{\boxed{\boxed{\boxed{\boxed{-\frac{(1+WACC_{T+1})\cdot KB_T}{WACC_{T+1}\cdot\prod_{s=\tau+1}^{T}(1+WACC_s)}}}}}}. \qquad (2.68)
$$

Da bei Kapitalwertäquivalenz die diskontierten Kapitalbindungen wiederum per saldo null ergeben müssen (und sich offensichtlich alle Terme bis auf die drei letzten (gekennzeichnet durch fünffache Umrandung) gegenseitig eliminieren), muss gelten:

$$
\frac{KB_T}{\prod_{s=\tau+1}^{T}(1+WACC_s)} + \frac{KB_{T+1}}{WACC_{T+1}\cdot\prod_{s=\tau+1}^{T}(1+WACC_s)} - \frac{(1+WACC_{T+1})\cdot KB_T}{WACC_{T+1}\cdot\prod_{s=\tau+1}^{T}(1+WACC_s)} = 0
$$

$$
\Leftrightarrow \frac{1}{\prod_{s=\tau+1}^{T}(1+WACC_s)}\cdot\left(KB_T\cdot\left(1-\frac{1+WACC_{T+1}}{WACC_{T+1}}\right)+\frac{KB_{T+1}}{WACC_{T+1}}\right)=0
$$

$$
\Leftrightarrow \frac{1}{\prod_{s=\tau+1}^{T}(1+WACC_s)}\cdot\left(\frac{KB_{T+1}-KB_T}{WACC_{T+1}}\right)=0
$$

$$
\Leftrightarrow \frac{KB_{T+1}-KB_T}{WACC_{T+1}\prod_{s=\tau+1}^{T}(1+WACC_s)}=0
$$

$$
\Leftrightarrow KB_{T+1}=KB_T
$$

$$
\Leftrightarrow L_{T+1}-K_{T+1}=FCF_{T+1}.
$$

Diese Gleichung entspricht der o.g. Voraussetzung (Gleichung (2.65)). Somit ist festzustellen: Die Höhe von KB_τ ist wie im Ein-Phasen-Fall bezüglich der Kapitalwertäquivalenz irrelevant.

Schließlich ist analog zum Vorgehen bei den DCF-Verfahren eine getrennte Bewertung des Detailplanungszeitraums und des Residualzeitraums vorzunehmen. Dazu lässt sich gemäß Gleichung (2.68) der Bruttokapitalwert V_τ^L in zwei Terme aufspalten, für die gilt:

$$\sum_{t=\tau+1}^{T} \frac{RG_t^{WACC}}{\prod_{s=\tau+1}^{t}(1+WACC_s)} + KB_\tau = \sum_{t=\tau+1}^{T} \frac{FCF_t}{\prod_{s=\tau+1}^{t}(1+WACC_s)} + \frac{KB_T}{\prod_{s=\tau+1}^{T}(1+WACC_s)},$$

sowie:

$$\frac{RG_{T+1}^{WACC}}{WACC_{T+1} \cdot \prod_{s=\tau+1}^{T}(1+WACC_s)} =$$

$$\frac{FCF_{T+1}}{WACC_{T+1} \cdot \prod_{s=\tau+1}^{T}(1+WACC_s)} + \frac{KB_{T+1}}{WACC_{T+1} \cdot \prod_{s=\tau+1}^{T}(1+WACC_s)} - \frac{(1+WACC_{T+1}) \cdot KB_T}{WACC_{T+1} \cdot \prod_{s=\tau+1}^{T}(1+WACC_s)}.$$

Nun kann man beide Terme wieder zusammenfassen und die Gleichung so umformen, dass durch die Subtraktion und gleichzeitige Addition (sog. „nahrhafte Null") der auf den Bewertungszeitpunkt diskontierten Kapitalbindung KB_T offensichtlich ist, wie der Residualwert $RV_\tau = \frac{FCF_{T+1}}{WACC_{T+1} \cdot \prod_{s=\tau+1}^{T}(1+WACC_s)}$ mittels WACC-Residualgewinnverfahren ermittelt wird:

$$V_\tau^L = \underbrace{\sum_{t=\tau+1}^{T} \frac{RG_t^{WACC}}{\prod_{s=\tau+1}^{t}(1+WACC_s)} + KB_\tau - \frac{KB_T}{\prod_{s=\tau+1}^{T}(1+WACC_s)}}_{\sum_{t=\tau+1}^{T} \frac{FCF_t}{\prod_{s=\tau+1}^{t}(1+WACC_s)}}$$

$$+ \underbrace{\frac{RG_{T+1}^{WACC}}{WACC_{T+1} \cdot \prod_{s=\tau+1}^{T}(1+WACC_s)} + \frac{KB_T}{\prod_{s=\tau+1}^{T}(1+WACC_s)}}_{\frac{FCF_{T+1}}{WACC_{T+1} \cdot \prod_{s=\tau+1}^{T}(1+WACC_s)}}.$$

Demnach gilt für den Residualwert (Residual Value) RV_τ zum Bewertungszeitpunkt τ:

$$RV_\tau = \frac{RG_{T+1}^{WACC}}{WACC_{T+1} \cdot \prod_{s=\tau+1}^{T}(1+WACC_s)} + \frac{KB_T}{\prod_{s=\tau+1}^{T}(1+WACC_s)}. \qquad (2.69)$$

Für den Netto- bzw. Bruttokapitalwert ergibt sich:

$$NPV_\tau^L = \underbrace{\sum_{t=\tau}^{T} \frac{RG_t^{WACC}}{\prod_{s=\tau+1}^{t}(1+WACC_s)} + (1+WACC_\tau) \cdot KB_{\tau-1} - \frac{KB_T}{\prod_{s=\tau+1}^{T}(1+WACC_s)}}_{\text{Bewertung Detailplanungszeitraum}} + RV_\tau \qquad (2.70)$$

bzw.

$$V_\tau^L = \underbrace{\sum_{t=\tau+1}^{T} \frac{RG_t^{WACC}}{\prod_{s=\tau+1}^{t}(1+WACC_s)} - \frac{KB_T}{\prod_{s=\tau+1}^{T}(1+WACC_s)}}_{\text{Bewertung Detailplanungszeitraum}} + KB_\tau + RV_\tau . \tag{2.71}$$

Auch für den Zwei-Phasen-Fall soll ein Beispiel die Ermittlung des Brutto- bzw. Netto-Kapitalwertes anhand des WACC-Residualgewinnverfahrens veranschaulichen.

Beispiel 2: WACC-Residualgewinnverfahren im Zwei-Phasen-Fall

Es gelten bis auf folgende Modifikationen die Annahmen aus Beispiel 1.

Es wird nun davon ausgegangen, dass das neu entwickelte Produkt unendlich lange abgesetzt wird. Aus diesem Grunde wird angenommen, dass die Umsatzerlöse der dritten Periode i.H.v. 279,30 TEUR sowie die (zahlungswirksamen) Material- und Personalkosten der dritten Periode i.H.v. 110 TEUR ebenso in der vierten Periode und in allen weiteren Perioden ad infinitum anfallen. Um die Produktion aufrecht zu erhalten, wird zusätzlich angenommen, dass ab $t = 2$ ad infinitum auszahlungswirksame Ersatzinvestitionen in Höhe von 120 TEUR getätigt werden. Dieser Investitionsbetrag wird jeweils in den beiden Folgeperioden linear abgeschrieben (also erstmalig in der 3. Periode in Höhe von 60 TEUR). Auch die in Beispiel 1 angenommenen Entsorgungserlöse und -kosten i.H.v. 16,2 TEUR bzw. 12 TEUR sollen ab $t = 4$ unendlich lang anfallen. Die sich gegenüber Beispiel 1 ergebenden Änderungen bzgl. der Zahlungsrechnung bzw. der kalkulatorischen Erfolgsrechnung sind aus nachfolgender Tabelle 6 ersichtlich (siehe die in dieser Tabelle durch Umrandung gekennzeichneten Beträge). Sowohl die kalkulatorischen Erfolge als auch die Free Cash Flows sind für dieses Beispiel ab $t = 4$ identisch und fallen als ewige Rente an, sodass Gleichung (2.65) als Voraussetzung für die Kapitalwertäquivalenz erfüllt ist:[124] $L_4 - K_4 = 295{,}50 - 242 = 53{,}5 = FCF_4$.

Die Höhe von KB_τ ist somit für die Höhe des Kapitalwertes irrelevant. Setzt man $KB_{-1} = 0$, so ergeben sich die in Tabelle 6 aufgeführten Residualgewinne.

Der Nettokapitalwert des Projektes zum Bewertungszeitpunkt $\tau = 0$ beträgt gemäß Gleichung (2.66):

$$NPV_0^L = 0 + \frac{-20}{1{,}2} + \frac{-10}{1{,}2^2} + \frac{-46{,}70}{1{,}2^3} + \frac{17{,}50}{1{,}2^3 \cdot 0{,}2} + 0 \cdot 1{,}2 = 0$$

oder alternativ ermittelt anhand von Free Cash Flows:

$$NPV_0^L = -100 + \frac{-120}{1{,}2} + \frac{24}{1{,}2^2} + \frac{49{,}30}{1{,}2^3} + \frac{53{,}50}{1{,}2^3 \cdot 0{,}2} = 0 .$$

---

[124] Dieses Ergebnis wurde durch die Annahme erreicht, dass ab der 4. Periode die Abschreibungen den Auszahlungen für die Ersatzinvestitionen entsprechen.

t	0	1	2	3	4 ff.
	0,00	0,00	244,00	279,30	16,20
					279,30
E_t^U	0,00	0,00	244,00	279,30	295,50
	100,00	120,00	100,00	110,00	12,00
					110,00
			120,00	120,00	120,00
A_t^U	100,00	120,00	220,00	230,00	242,00
$\boldsymbol{FCF_t = E_t^U - A_t^U}$	***–100,00***	***–120,00***	***24,00***	***49,30***	***53,50***
	0,00	0,00	244,00	279,30	16,20
					279,30
L_t	0,00	0,00	244,00	279,30	295,50
	0,00	0,00	210,00	220,00	12,00
					110,00
				60,00	60,00
					60,00
K_t	0,00	0,00	210,00	280,00	242,00
$KE_t^U = L_t - K_t$	0,00	0,00	34,00	–0,70	53,50
KB_t	100,00	220,00	230,00	180,00	180,00
$WACC_t \cdot KB_{t-1}$	0,00	20,00	44,00	46,00	36,00
$\boldsymbol{RG_t^{WACC} = KE_t^U - WACC_t \cdot KB_{t-1}}$	***0,00***	***–20,00***	***–10,00***	***–46,70***	***17,50***

Tabelle 6: Residualgewinnermittlung bei $KB_{-1} = 0$ (Beispiel 2)

Der über WACC-Residualgewinne nach Gleichung (2.67) berechnete Bruttokapitalwert des Projektes beträgt zum Bewertungszeitpunkt $\tau = 0$:

$$V_0^L = \frac{-20}{1,2} + \frac{-10}{1,2^2} + \frac{-46,70}{1,2^3} + \frac{17,50}{1,2^3 \cdot 0,2} + 100 = 100 .$$

Auch der Residualwert lässt sich gleichermaßen über das WACC-Residualgewinnverfahren gemäß Gleichung (2.69) und über das korrespondierende WACC-(DCF-)Verfahren ermitteln:

$$RV_0 = \frac{17,50}{0,2 \cdot 1,2^3} + \frac{180}{1,2^3} = 154,80 \text{ bzw. } RV_0 = \frac{53,50}{0,2 \cdot 1,2^3} = 154,80 .$$

Nun wird willkürlich $KB_{\tau-1} = 50$ gesetzt. Anders als im Ein-Phasen-Fall muss dieser Betrag im Zwei-Phasen-Fall nicht zusätzlich abgeschrieben werden, da die Nebenbedingung für die Kapitalwertäquivalenz im Zwei-Phasen-Fall nunmehr $L_{T+1} - K_{T+1} = FCF_{T+1}$ lautet (vgl. Gleichung (2.65)). Die resultierenden Residualgewinne sind aus Tabelle 7 ersichtlich.

t	0	1	2	3	4 ff.
$FCF_t = E_t^U - A_t^U$	**-100,00**	**-120,00**	**24,00**	**49,30**	**53,50**
$KE_t^U = L_t - K_t$	0,00	0,00	34,00	-0,70	53,50
KB_t	150,00	270,00	280,00	230,00	230,00
$WACC_t \cdot KB_{t-1}$	10,00	30,00	54,00	56,00	46,00
$RG_t^{WACC} = KE_t^U - WACC_t \cdot KB_{t-1}$	**-10,00**	**-30,00**	**-20,00**	**-56,70**	**7,50**

Tabelle 7: Residualgewinnermittlung bei KB_{-1} = 50 (Beispiel 2)

Trotz der willkürlichen Festsetzung von KB_{-1} bleibt die Kapitalwertäquivalenz erhalten. Der Nettokapital- bzw. Bruttokapitalwert sowie der Residualwert des Projektes zum Bewertungszeitpunkt $\tau = 0$ betragen dann gemäß Gleichung (2.66) bzw. Gleichung (2.67) sowie Gleichung (2.69): $NPV_0^L = -10 + \frac{-30}{1,2} + \frac{-20}{1,2^2} + \frac{-56,70}{1,2^3} + \frac{7,50}{1,2^3 \cdot 0,2} + 50 \cdot 1,2 = 0$;

$V_0^L = \frac{-30}{1,2} + \frac{-20}{1,2^2} + \frac{-56,70}{1,2^3} + \frac{7,50}{1,2^3 \cdot 0,2} + 150 = 100$; $RV_0 = \frac{7,50}{0,2 \cdot 1,2^3} + \frac{230}{1,2^3} = 154,80$.

Die Irrelevanz der Höhe von $KB_{\tau-1}$ für die Kapitalwertäquivalenz gilt dementsprechend auch für einen Bewertungszeitpunkt nach Beginn des Projektes, d.h. $\tau > 0$.

In Tabelle 8 sind die Auswirkungen auf die Kapitalbindung und den Residualgewinn aufgeführt, die sich ergeben, falls willkürlich $KB_1 = 400$ gesetzt wird. Es ändern sich nur die Höhe der Kapitalkosten und somit die Residualgewinne, nicht aber die kalkulatorischen Erfolge vor Zinsen.

t	1	2	3	4 ff.
KB_t	400,00	410,00	360,00	360,00
$WACC_t \cdot KB_{t-1}$	30,00	80,00	82,00	72,00
RG_t^{WACC}	**-30,00**	**-46,00**	**-82,70**	**-18,50**

Tabelle 8: Residualgewinnermittlung bei KB_{-1} = 400 (Beispiel 2)

Der Nettokapitalwert NPV_2^L bzw. Bruttokapitalwert V_2^L wird für $KB_1 = 400$ wie folgt bestimmt:

$$NPV_2^L = \underbrace{-46 + \frac{-82,70}{1,2} + \frac{-18,50}{0,2 \cdot 1,2} + 400 \cdot 1,2}_{\text{WACC-Residualgewinnverfahren}} = 288 = \underbrace{24 + \frac{49,30}{1,2} + \frac{53,50}{0,2 \cdot 1,2}}_{\text{WACC-(DCF-)Verfahren}}$$

bzw.

$$V_2^L = \underbrace{\frac{-82,70}{1,2} + \frac{-18,50}{0,2 \cdot 1,2} + 410}_{\text{WACC-Residualgewinnverfahren}} = 264 = \underbrace{\frac{49,30}{1,2} + \frac{53,50}{0,2 \cdot 1,2}}_{\text{WACC-(DCF-)Verfahren}}.$$

Nachdem nun die Bewertungssystematik des WACC-Residualgewinnverfahrens im Ein-Phasen- und Zwei-Phasen-Fall eingehend dargestellt wurde, ist zu erörtern, wann sich der Einsatz dieses Verfahrens anbietet. Da wie auch beim WACC-(DCF-)Verfahren im Falle der autonomen Finanzierung ein Zirkularitätsproblem auftritt (zur Bestimmung des WACC müssen die durch das Verfahren erst noch zu ermittelnden Unternehmenswerte bekannt sein (vgl. Abschnitt 2.1.5)), bietet sich der Einsatz des WACC-Residualgewinnverfahrens bei atmender Finanzierung an.

Ein Vorteil dieses Residualgewinnverfahrens besteht darin, dass das Tax Shield als Steuervorteil der Fremdfinanzierung nicht den kalkulatorischen Erfolg KE_t^U beeinflusst. In der Regel wird der Erfolgsverantwortliche keinen Einfluss auf die Höhe der Fremdfinanzierung haben (da über die Kapitalstruktur bspw. auf höchster Hierarchieebene entschieden wird), sodass er für die Steuerwirkungen der Fremdfinanzierung auch nicht verantwortlich gemacht werden kann. Das Prinzip der „Controllability" würde somit beachtet werden.[125] Dies trifft allerdings nicht zu, wenn eine Beurteilung anhand des WACC-Residualgewinns erfolgt, da die Zinskosten des WACC-Residualgewinnverfahrens die Tax Shield-Wirkung beinhalten.

2.2.3 TCF-Residualgewinnverfahren

Ist der Steuervorteil der Fremdfinanzierung (Tax Shield TS_t) Bestandteil des kalkulatorischen Erfolges, wird also bei der Berechnung der Gewinnsteuern von der Fiktion eines unverschuldeten Unternehmens abgewichen, so wird im Folgenden vom kalkulatorischen Erfolg KE_t^L des verschuldeten Unternehmens in der Periode t gesprochen: $KE_t^L = L_t - K_t + TS_t$.

Die korrespondierende Zahlungsüberschussgröße, die für die Bestimmung der Kapitalbindung gemäß dem Lücke-Theorem herangezogen wird, ist in diesem Fall der Total Cash Flow TCF_t der Periode t, der als Zahlungsüberschuss des Leistungsbereichs eines verschuldeten Unternehmens ebenfalls das Tax Shield TS_t enthält (vgl. Abschnitt 2.1.4.2). Dabei wird davon ausgegangen, dass das Tax Shield nicht periodisiert wird, d.h. in der kalkulatorischen Erfolgsrechnung in identischer Höhe und zeitgleich wie in der Zahlungsrechnung angesetzt wird.[126] Für die Kapitalbindung KB_{t-1}^{TCF} in der Periode t gilt demnach gemäß Lücke-Theorem:

$$KB_{t-1}^{TCF} = KB_{\tau-1}^{TCF} + \sum_{s=\tau}^{t-1}\left(L_s - K_s + TS_s\right) - \sum_{s=\tau}^{t-1}\underbrace{\left(FCF_s + TS_s\right)}_{TCF_s}.$$

Offensichtlich heben sich die Tax Shields auf, sodass gilt:

---

125 Dieses Prinzip besagt, dass ein Verantwortungsträger nur anhand der von ihm beeinflussbaren Größen beurteilt werden sollte. Vgl. Ewert/Wagenhofer (2005), S. 342.

126 Eine Periodisierung des Tax Shields ist ohne Probleme möglich und würde identisch zur Periodisierung anderer Zahlungsgrößen durch den Ansatz von kalkulatorischen Zinsen im Rahmen des Lücke-Theorems ausgeglichen. So wird durch den Ansatz von latenten Steuern bei der Aufwands- und Ertragsrechnung im externen Rechnungswesen ebenfalls eine Periodisierung von Steuerzahlungen vorgenommen. Aus Vereinfachungsgründen wird hier jedoch von der Zahlungswirksamkeit der Gewinnsteuern als Kostenart (und damit der Tax Shields) ausgegangen.

$$KB_{t-1}^{TCF} = KB_{\tau-1} + \sum_{s=\tau}^{t-1}\left(L_s - K_s\right) - \sum_{s=\tau}^{t-1} FCF_s = KB_{t-1}.$$

Somit entsprechen sich die Kapitalbindungen im WACC- und TCF-Residualgewinnverfahren. Als Zinssatz für die Bestimmung der Kapitalkosten sowie zur Diskontierung der Residualgewinne ist – analog zum TCF-(DCF-)Verfahren – der gewichtete Gesamtkapitalkostensatz $WACC_t^*$ heranzuziehen. Dieser enthält nicht den Steuervorteil aus der Fremdfinanzierung, da das Tax Shield bereits im kalkulatorischen Erfolg enthalten ist. Somit ergibt sich für den Bruttokapitalwert im *Ein-Phasen-Fall*:[127]

$$V_\tau^L = \sum_{t=\tau+1}^{T} \frac{RG_t^{TCF}}{\prod_{s=\tau+1}^{t}\left(1 + WACC_s^*\right)} + KB_\tau \tag{2.72}$$

mit:

$$RG_t^{TCF} = \underbrace{L_t - K_t + TS_t}_{\substack{\text{Kalkulatorischer Erfolg } KE_t^L \\ \text{gem. TCF-Residualgewinn}}} - \underbrace{WACC_t^* \cdot KB_{t-1}}_{\substack{\text{Gesamtkapitalkosten} \\ \text{(ohne Steuervorteil)}}} \tag{2.73}$$

$$KB_{t-1} = KB_{\tau-1} + \sum_{s=\tau}^{t-1}\left(L_s - K_s\right) - \sum_{s=\tau}^{t-1} FCF_s \qquad t \in [\tau+1, T] \tag{2.74}$$

unter der Voraussetzung:

$$\sum_{s=\tau}^{T}\left(L_s - K_s\right) = \sum_{s=\tau}^{T} FCF_s - KB_{\tau-1} \tag{2.75}$$

Für den Zwei-Phasen-Fall gilt:

$$V_\tau^L = \sum_{t=\tau+1}^{T} \frac{RG_t^{TCF}}{\prod_{s=\tau+1}^{t}\left(1 + WACC_s^*\right)} + \frac{RG_{T+1}^{TCF}}{WACC_{T+1}^* \cdot \prod_{s=\tau+1}^{T}\left(1 + WACC_s^*\right)} + KB_\tau \tag{2.76}$$

unter der Voraussetzung:

$$L_{T+1} - K_{T+1} = FCF_{T+1} \tag{2.77}$$

Die Kapitalwertäquivalenz lässt sich analog zum WACC-Residualgewinnverfahren zeigen (vgl. Abschnitt 2.2.2).

Bezüglich der Eignung des TCF-Residualgewinnverfahrens zur Marktwertermittlung ist festzustellen, dass bei Anwendung des TCF-Residualgewinnverfahrens stets – wie auch beim TCF-(DCF-)Verfahren – ein Zirkularitätsproblem auftritt (vgl. Abschnitt 2.1.5). Bei autonomer Finanzierung sind zwar die Tax Shields bekannt, da die Marktwerte des Fremdkapitals vorgegeben werden. Zur Bestimmung des WACC* ist allerdings auch die Kenntnis der Eigen- oder Fremdkapitalquote notwendig, die bei autonomer Finanzierung jedoch nicht vorliegt. Im Falle der atmenden Finanzierung sind die Tax Shields unbekannt, sodass auch hier

---

[127] Bei der Darstellung der folgenden Residualgewinnverfahren wird nur noch auf die Ermittlung des Bruttokapitalwertes eingegangen.

ein Zirkularitätsproblem auftritt. Nachteilig ist ebenfalls, dass der kalkulatorische Erfolg KE_t^L dieses Verfahrens den steuerlichen Vorteil der Fremdfinanzierung beinhaltet und somit nicht frei von Finanzierungswirkungen ist. Falls der Erfolgsverantwortliche keinen Einfluss auf die Höhe der Fremdfinanzierung hat, widerspricht dies dem Prinzip der „Controllability" (vgl. Abschnitt 2.2.2 bzw. Fußnote 125). Aus diesen Gründen soll auf das TCF-Residualgewinnverfahren im Folgenden nicht mehr eingegangen werden.

2.2.4 APV-Residualgewinnverfahren

Beim APV-Residualgewinnverfahren wird analog zum APV-(DCF-)Verfahren zunächst der Marktwert des Unternehmens bzw. des Projekts unter der Annahme der reinen Eigenfinanzierung ermittelt, um schließlich durch die Addition des Barwertes der Tax Shields den Marktwert des verschuldeten Unternehmens zu erhalten. Da aus Vereinfachungsgründen angenommen wird, dass die Tax Shields in der kalkulatorischen Erfolgsrechnung nicht periodisiert werden[128], erfolgt die Barwertermittlung der zukünftigen Tax Shields wie beim APV-(DCF-)Verfahren. Bezüglich der Bestimmung des Barwertes der Tax Shields (in Abhängigkeit von der Finanzierungsweise (autonom/atmend)) wird demnach auf die entsprechenden Ausführungen in Abschnitt 2.1.4.3 verwiesen.

Somit wird lediglich die Ermittlung des Marktwertes bei reiner Eigenfinanzierung residualgewinnbasiert vorgenommen. Hierzu wird der Residualgewinn RG_t^{APV} eines unverschuldeten Unternehmens in der Periode t ermittelt, indem vom kalkulatorischen Erfolg KE_t^U eines unverschuldeten Unternehmens die Kapitalkosten eines unverschuldeten Unternehmens subtrahiert werden. Die Kapitalbindung entspricht der des WACC-Residualgewinnverfahrens, d.h. zu deren Ermittlung wird die Differenz aus kumulierten kalkulatorischen Erfolgen und kumulierten Free Cash Flows gebildet. Die Residualgewinne des unverschuldeten Unternehmens müssen dann mit dem Eigenkapitalkostensatz k des unverschuldeten Unternehmens auf den Bewertungszeitpunkt τ diskontiert werden. Der Marktwert des Unternehmens bzw. des Projektes V_τ^L zum Bewertungszeitpunkt τ setzt sich somit folgendermaßen zusammen:

$$V_\tau^L = V_\tau^U + V_\tau^{TS}.$$

Für den *Ein-Phasen-Fall* gilt:

$$V_\tau^U = \sum_{t=\tau+1}^{T} \frac{RG_t^{APV}}{(1+k)^{t-\tau}} + KB_\tau \qquad (2.78)$$

mit:

$$RG_t^{APV} = \underbrace{L_t - K_t}_{\substack{\text{Kalkulatorischer Erfolg } KE_t^U \\ \text{eines unverschuldeten Unternehmens}}} - \underbrace{k \cdot KB_{t-1}}_{\substack{\text{Kapitalkosten eines} \\ \text{unverschuldeten Unternehmens}}} \qquad (2.79)$$

128 Vgl. die Anmerkungen zur Periodisierung von Tax Shields im Rahmen der kalkulatorischen Erfolgsrechnung in Fußnote 126.

$$KB_{t-1} = KB_{\tau-1} + \sum_{s=\tau}^{t-1}\left(L_s - K_s\right) - \sum_{s=\tau}^{t-1} FCF_s \qquad t \in [\tau+1, T] \tag{2.80}$$

unter der Voraussetzung:

$$\sum_{s=\tau}^{T}\left(L_s - K_s\right) = \sum_{s=\tau}^{T} FCF_s - KB_{\tau-1} \tag{2.81}$$

sowie:

$$V_\tau^{TS} = \sum_{t=\tau+1}^{T} \frac{r^f \cdot s \cdot V_{t-1}^F}{\left(1+r^f\right)^{t-\tau}} \qquad \text{(autonome Finanzierung) (vgl. (2.45))}$$

$$V_\tau^{TS} = \sum_{t=\tau+1}^{T} \frac{r^f \cdot s \cdot V_{t-1}^F}{\left(1+k\right)^{t-\tau-1} \cdot \left(1+r^f\right)} \qquad \text{(atmende Finanzierung) (vgl. (2.47))}$$

Für den *Zwei-Phasen-Fall* gilt:

$$V_\tau^U = \sum_{t=\tau+1}^{T} \frac{RG_t^{APV}}{\left(1+k\right)^{t-\tau}} + \frac{RG_{T+1}^{APV}}{k \cdot \left(1+k\right)^{T-\tau}} + KB_\tau \tag{2.82}$$

unter der Voraussetzung:

$$L_{T+1} - K_{T+1} = FCF_{T+1} \tag{2.83}$$

sowie

$$V_\tau^{TS} = \sum_{t=\tau+1}^{T} \frac{r^f \cdot s \cdot V_{t-1}^F}{\left(1+r^f\right)^{t-\tau}} + \frac{s \cdot r^f \cdot V_T^F}{r^f \cdot \left(1+r^f\right)^{T-\tau}} \qquad \text{(autonome Finanzierung) (vgl. (2.45))}$$

$$V_\tau^{TS} = \sum_{t=\tau+1}^{T} \frac{r^f \cdot s \cdot V_{t-1}^F}{\left(1+k\right)^{t-\tau-1} \cdot \left(1+r^f\right)} + \frac{r^f \cdot s \cdot V_T^F}{k \cdot \left(1+k\right)^{T-\tau-1} \cdot \left(1+r^f\right)} \qquad \text{(atm. Finanzierung) (vgl. (2.47))}$$

Der Beweis der Kapitalwertäquivalenz erfolgt analog zum Beweis im Rahmen des WACC-Residualgewinnverfahrens (vgl. Abschnitt 2.2.2); anstatt des periodenspezifischen gewichteten Gesamtkapitalkostensatzes $WACC_t$ wird lediglich der konstante Eigenkapitalkostensatz k des unverschuldeten Unternehmens angesetzt.

Abschließend ist wiederum die Frage zu stellen, bei welcher Finanzierungsstrategie dieses Verfahren zur Kapitalwertermittlung geeignet ist. Bei Anwendung des APV-Residualgewinnverfahrens tritt im Falle der atmenden Finanzierung grundsätzlich – wie auch beim APV-(DCF-)Verfahren – aufgrund der Unkenntnis der Tax Shields ein Zirkularitätsproblem auf (vgl. Abschnitt 2.1.5). Bei autonomer Finanzierung ist das APV-Residualgewinnverfahren unter der Annahme der Kenntnis des Eigenkapitalkostensatzes k des unverschuldeten Unternehmens allerdings stets anwendbar. Positiv hervorzuheben ist die grundsätzliche Trennung zwischen dem Wert der Investitions- und dem Wert der Finanzierungsentscheidung (vgl. hierzu auch die Ausführungen im Rahmen des APV-(DCF-)Verfahrens in Abschnitt 2.1.4.3). Der dabei ausgewiesene Residualgewinn RG_t^{APV} ist als einziger der hier vorgestellten verschiedenen Residualgewinnkonzeptionen bar jeglicher Finanzierungswirkungen[129], sodass auch für den Fall, dass der Verantwortungsträger keinen Einfluss auf die Finanzierungspolitik hat, dem Prinzip der „Controllability" nachgekommen werden kann.

2.2.5 FTE-Residualgewinnverfahren

Bei den bisher betrachteten Residualgewinnverfahren wird stets der Marktwert des gesamten Unternehmens bzw. des gesamten Projektes ermittelt. Demnach sind diese als Entity-Verfahren zu klassifizieren (vgl. Abschnitt 2.1.4). Will man anhand der Entity-Verfahren den Marktwert des Eigenkapitals (Shareholder Value) bestimmen, muss – wie bei den entsprechenden DCF-Verfahren auch – der Marktwert des Fremdkapitals abgezogen werden. Dagegen wird im Rahmen des FTE-Residualgewinnverfahrens der Marktwert des Eigenkapitals unmittelbar bestimmt.

Aus diesem Grund wird der kalkulatorische Erfolg KE_t^E des verschuldeten Unternehmens aus Eignersicht so definiert, dass die effektiven, den Steuervorteil aus der Fremdfinanzierung berücksichtigenden Fremdkapitalkosten bei dessen Ermittlung in Abzug gebracht werden:[130]

$$KE_t^E = L_t - K_t + \underbrace{TS_t - r^f \cdot FK_{t-1}}_{\substack{\text{effektive} \\ \text{Fremdkapitalkosten}}}.$$

Auch die Vorgehensweise bei der Ermittlung der Kapitalbindung ändert sich. Während die Kapitalbindung bei den drei Entity-Verfahren identisch ist[131], wird im Rahmen des FTE-Residualgewinnverfahrens nur die Kapitalbindung aus Eignersicht betrachtet, d.h. die Eigenkapitalbindung. Ausgangspunkt bei der Ermittlung der Eigenkapitalbindung gemäß Lücke-Theorem sind demnach die kalkulatorischen Erfolge KE_t^E. Die korrespondierende Größe ist der Flow to Equity FTE, d.h. der Eignerzahlungsüberschuss des verschuldeten Unternehmens. Für die Bestimmung der Eigenkapitalbindung KB_{t-1}^{FTE} gemäß FTE-Residualgewinnverfahren zum Zeitpunkt $t-1$ gilt demnach:

$$KB_{t-1}^{FTE} = KB_{\tau-1}^{FTE} + \sum_{s=\tau}^{t-1}\left(L_s - K_s + TS_s - r^f \cdot FK_{s-1}\right) - \sum_{s=\tau}^{t-1} FTE_s \qquad t \in [\tau+1, T]. \tag{2.84}$$

Die Eigenkapitalkosten der Periode t werden ermittelt, indem die Kapitalbindung des Zeitpunktes $t-1$ mit dem als periodenspezifisch angenommenen Eigenkapitalkostensatz k_t^E des verschuldeten Unternehmens multipliziert wird. Für den Residualgewinn RG_t^{FTE} gilt dann:

---

129 Auch der im nächsten Abschnitt vorgestellte FTE-Residualgewinn wird sowohl von der Investitions- als auch von der Finanzierungsentscheidung beeinflusst und widerspricht somit dem Prinzip der „Controllability".

130 Bei der Tilgung bzw. der Aufnahme von Fremdkapital handelt es sich nicht um Kosten bzw. Leistungen, sodass diese Fremdkapitalgeberzahlungen nicht im kalkulatorischen Erfolg abgebildet werden.

131 Allerdings wird dann bei der Ermittlung der Kapitalkosten ein unterschiedlicher Zinssatz (WACC, WACC* bzw. k) angesetzt.

$$RG_t^{FTE} = \underbrace{L_t - K_t + \underbrace{TS_t - r^f \cdot FK_{t-1}}_{\text{effektive Fremdkapitalkosten}}}_{\substack{\text{Kalkulatorischer Erfolg } KE_t^E \\ \text{gem. Equity-Residualgewinn}}} - \underbrace{k_t^E \cdot KB_{t-1}^{FTE}}_{\text{Eigenkapitalkosten}} . \tag{2.85}$$

Der Marktwert des Eigenkapitals wird durch die Diskontierung der FTE-Residualgewinne mit dem Eigenkapitalkostensatz des verschuldeten Unternehmens auf den Bewertungszeitpunkt τ bestimmt. Im *Ein-Phasen-Fall* gilt demnach:

$$V_\tau^E = \sum_{t=\tau+1}^{T} \frac{RG_t^{FTE}}{\prod_{s=\tau+1}^{t}\left(1+k_s^E\right)} + KB_\tau^{FTE} \tag{2.86}$$

unter der Voraussetzung:

$$\sum_{s=\tau}^{T}\left(L_s - K_s + TS_s - r^f \cdot FK_{s-1}\right) = \sum_{s=\tau}^{T} FTE_s - KB_{\tau-1}^{FTE} \tag{2.87}$$

Für den Zwei-Phasen-Fall gilt:

$$V_\tau^E = \sum_{t=\tau+1}^{T} \frac{RG_t^{FTE}}{\prod_{s=\tau+1}^{t}\left(1+k_s^E\right)} + \frac{RG_{T+1}^{FTE}}{k_{T+1}^E \cdot \prod_{s=\tau+1}^{T}\left(1+k_s^E\right)} + KB_\tau^{FTE} \tag{2.88}$$

unter der Voraussetzung:

$$L_{T+1} - K_{T+1} + TS_s - r^f \cdot FK_{s-1} = FTE_{T+1} \tag{2.89}$$

Der Beweis der Kapitalwertäquivalenz erfolgt wiederum analog zum Beweis im Rahmen des WACC-Residualgewinnverfahrens (vgl. Abschnitt 2.2.2).

Die Anwendbarkeit des FTE-Residualgewinnverfahrens ist insofern eingeschränkt, dass grundsätzlich sowohl bei atmender Finanzierung (wegen Unkenntnis der Tax Shields bzw. der Fremdkapitalzinsen und der Fremdkapitalveränderungen) als auch bei autonomer Finanzierung (wegen der Unkenntnis der Eigen- bzw. Fremdkapitalquote und somit des Eigenkapitalkostensatzes) ein Zirkularitätsproblem auftritt (vgl. Abschnitt 2.1.5). Nur im Ein-Perioden-Fall bzw. Rentenfall bei autonomer Finanzierung ist diese Methode unter der Annahme der Kenntnis von k^E unmittelbar anwendbar.

Da die kalkulatorische Erfolgsgröße KE_t^E durch die Fremdfinanzierungsentscheidung beeinflusst wird, wird dem Prinzip der „Controllability“ nicht Genüge getan, wenn der Erfolgsverantwortliche keinen Einfluss auf diese Entscheidung hat. Somit ist dieses Verfahren auch in diesem Punkt negativ zu beurteilen.

Nachdem die DCF-Verfahren sowie die korrespondierenden Residualgewinnverfahren dargestellt wurden und deren Anwendbarkeit in Abhängigkeit von der Finanzierungsstrategie diskutiert wurde, soll im folgenden Kapitel dargelegt werden, inwiefern diese die konzeptionelle Basis einer wertorientierten Produktlebenszyklusrechnung bilden können.

3 Wertorientierte Produktlebenszyklusrechnung

Ziel dieses Kapitels ist die Ausgestaltung einer wertorientierten Produktlebenszyklusrechnung, die zur Integration der weiteren Instrumente des strategischen Kostenmanagements geeignet ist und auf den im vorherigen Kapitel dargestellten Methoden zur Ermittlung von Marktwerten bzw. Unternehmenswerten aufbaut. Der Abschnitt 3.1 dient zunächst der Einführung in die Grundlagen bzw. in die Terminologie des Lebenszyklusrechnungskonzeptes. Anschließend werden in Abschnitt 3.2 auf den DCF-Verfahren basierende Lebenszykluszahlungsrechnungen und in Abschnitt 3.3 auf den Residualgewinnverfahren basierende Lebenszykluskostenrechnungen konzipiert. In Abschnitt 3.4 erfolgt eine Darstellung ausgewählter Ansätze von Lebenszyklusrechnungen aus der Literatur, die hinsichtlich ihrer Wertorientierung untersucht werden. Das Kapitel schließt mit der Erörterung in Abschnitt 3.5, inwiefern der dargestellte zahlungsbasierte oder der residualgewinnbasierte Ansatz besser die an eine wertorientierte Produktlebenszyklusrechnung zu stellenden Anforderungen erfüllt.

3.1 Grundlagen und Begriffsabgrenzungen

Unter dem Begriff *Lebenszyklusrechnung* wird im Folgenden die Zurechnung von Erfolgsgrößen (und damit verbunden von Strom- und Bestandsgrößen) des betrieblichen Rechnungswesens zu den Lebenszyklusphasen eines Bezugsobjektes verstanden.[132] Werden die Erfolgsgrößen nicht weiter spezifiziert, wird in dieser Arbeit allgemein der Begriff *Lebenszyklusrechnung* gewählt. In der Literatur wird gleichbedeutend hiermit teilweise auch von *Lebenszykluskostenrechnung im weiteren Sinne* gesprochen.[133] Handelt es sich bei den Erfolgen um Zahlungsüberschüsse, so wird im Weiteren der Begriff Lebenszyklus*zahlungs*rechnung verwandt. Dementsprechend wird der Begriff Lebenszyklus*kosten*rechnung gewählt, wenn kalkulatorische Erfolge als Differenz aus Leistungen und Kosten herangezogen werden. Als *Lebenszyklus* eines Bezugsobjektes bezeichnet man den Zeitraum von dessen Entstehung bis zu dessen Elimination. Im Rahmen einer *Produkt*lebenszyklusrechnung – auf die Produktlebenszyklusrechnung wird sich in dieser Arbeit ausschließlich bezogen – wird ein *Produktprojekt* als Bezugsobjekt definiert. Darunter versteht man ein komplexes und in der Regel einmaliges Vorhaben, das sich auf alle Handlungen innerhalb des periodenübergreifenden Lebenszyklus eines Produktes bezieht und für das sowohl Anfangs- als auch Endtermin sowie Zielgrößen vorgegeben werden.[134] Der Lebenszyklus des Produktes bzw. des Produktprojektes wird in verschiedene Phasen eingeteilt, so bspw. in eine Vorlauf-, Markt- und Nachlaufphase. Zur Planung der Erfolgsgrößen bzw. deren Zurechnung zu den einzelnen Phasen sind die in diesen Phasen vorzunehmenden produktprojektbezogenen Handlungen zu planen (vgl. beispielhaft Tabelle 9). Durch diese Phaseneinteilung werden eine Strukturierung der Planung

---

132 Vgl. Kemminer (1999), S. 81.
133 Vgl. Zehbold (1996), S. 3.
134 Zur allgemeinen Definition von Projekten vgl. Hahn/Hungenberg (2001), S. 737. Riezler fasst in seiner Arbeit die Lebenszyklusrechnung als Instrument des Projektcontrolling auf und spricht im Rahmen der Produktlebenzyklusrechnung ebenfalls von Produktprojekten. Vgl. Riezler (1996).

sowie die Reduzierung der Planungskomplexität erreicht.[135] Die getrennte Bewertung der Phasen ermöglicht es zudem, den Phasen unterschiedliche Verantwortliche zuzuordnen, die das Phasenergebnis zu vertreten haben.[136]

Vorlaufphase (VP)	Entwurf eines Produktkonzeptes
	Marktforschung
	Produktentwicklung
	Produktkonstruktion
	Beschaffung/Umrüstung von Betriebsmitteln, Spezialwerkzeugen
	Beschaffung/Umsetzung/Schulung von Personal
	Erstellung von Stücklisten/Arbeitsplänen
	Lieferantenauswahl
	Nullserie durchführen
	Einführungswerbung
Marktphase (MP)	Beschaffung von Roh-, Hilfs- und Betriebsstoffen (RHB) sowie Komponenten
	Lagerhaltung
	Fertigung
	Absatz
	Produktvariation
	Instandsetzung/Wartung Anlagen
	Marketingmaßnahmen
Nachlaufphase (NP)	Anlagenabbruch/-veräußerung
	Umrüstung Altanlagen auf Ausgangszustand
	Kündigung von Verträgen
	Gewährleistung/Garantie (Reparatur)
	Produktentsorgung (-rücknahme)
	Ersatzteilgeschäft

Tabelle 9: Betriebliche Aktivitäten in den Produktlebenszyklusphasen
Quelle: In Anlehnung an Zehbold (1996), S. 154, bzw. Riezler (1996), S. 48-49.

Anschließend sind den Aktivitäten und damit den einzelnen Phasen die Erfolgswirkungen zuzurechnen. So fallen in der Vorlaufphase Vorleistungskosten bzw. -auszahlungen an, die Nutzungspotenziale für die nachfolgenden Phasen, insbesondere die Marktphase schaffen.[137] In der Marktphase fallen die mit dem Absatz und der Produktion des Produktes einhergehenden Zahlungsüberschüsse bzw. kalkulatorischen Erfolge an. Die Nachlaufphase ist vor allem gekennzeichnet durch Kosten bzw. Auszahlungen für die Entsorgung von Produkten, nicht mehr benötigte Produktionsanlagen etc. In Abbildung 3 wird beispielhaft eine auf Free Cash Flows basierende Lebenszykluszahlungsrechnung mit dem Verlauf der den einzelnen Phasen zugerechneten Ein- und Auszahlungen des Leistungsbereichs eines unverschuldeten Unternehmens dargestellt. Hierbei wird deutlich, dass sich die einzelnen Phasen in der Regel zeitlich überschneiden werden. So fallen bspw. für die zu Beginn der Marktphase abgesetzten

135 Vgl. Pfohl (2002), S. 92.
136 Vgl. Kemminer (1999), S. 160, der die Lebenszyklusphasen als Module definiert und dementsprechend von Modulverantwortlichen spricht.
137 Vgl. Kilger/Pampel/Vikas (2002), S. 211. Darunter fallen bspw. Auszahlungen/Kosten für produktbezogene Forschung und Entwicklung, für Marktforschung, Betriebsmittel etc. (vgl. Zehbold (1996), S. 161).

Produkte bereits Zahlungen für Gewährleistung oder Entsorgung an, bevor alle Produkte abgesetzt wurden und die Marktphase beendet wurde.[138]

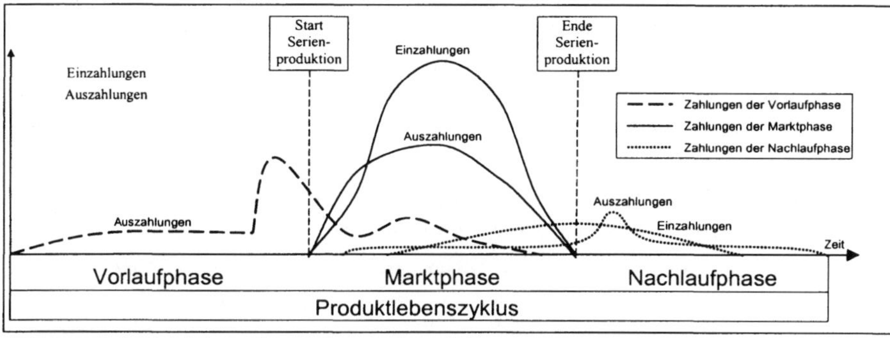

Abbildung 3: Produktlebenszyklus und zugeordnete Zahlungen
Quelle: In Anlehnung an Riezler (1996), S. 46.

Von einer *wertorientierten* Produktlebenszyklusrechnung wird im Weiteren gesprochen, wenn der Unternehmenswertbeitrag die (aggregierte) Zielgröße des Produktprojektes darstellt. Bei einer wertorientierten Produktlebenszyklusrechnung besteht der Zweck der Phasenzurechnung der Erfolgsgrößen in der Planung des Unternehmenswertbeitrages der Produktprojekte, der Produktprojektauswahl und der Steuerung und Kontrolle der mit dem betrachteten Produktprojekt im Zeitablauf verbundenen Entscheidungen zur Erreichung des übergeordneten Gesamtziels, d.h. der Maximierung des Shareholder Value.

In den beiden nun folgenden Abschnitten 3.2 und 3.3 werden – aufbauend auf den in Abschnitt 2 dargestellten DCF- bzw. Residualgewinnverfahren – die konzeptionellen Grundlagen einer wertorientierten Produktlebenszykluszahlungs- bzw. -kostenrechnung dargestellt.

3.2 Ausgestaltung der DCF-Verfahren als Produktlebenszykluszahlungsrechnungen

Soll eine Produktlebenszyklusrechnung als Zahlungsrechnung konzipiert werden, sind zunächst die Zahlungsüberschüsse bzw. Cash Flows zu definieren. Hierfür bietet es sich an, die in Abschnitt 2.1 zur Bewertung von Unternehmen (bzw. von Strategien oder Projekten) vorgestellten DCF-Verfahren mit ihren verschiedenen Cash Flow-Definitionen als Grundlage für eine Produktlebenszyklusrechnung heranzuziehen, sodass eine unmittelbare Wertorientierung vorliegt.[139] Da die Terminologie der DCF-Verfahren eine weite Verbreitung in Theorie und Praxis gefunden hat, dürfte eine Implementierung auf relativ geringe Akzeptanz- bzw. Verständnisprobleme stoßen. Ein weiterer Vorteil bei Anwendung der DCF-Verfahren im Rahmen einer Produktlebenszykluszahlungsrechnung besteht darin, dass sich die Bewertungssys-

[138] Vgl. Riezler (1996), S. 46.
[139] Vgl. Homburg/Weiß (2002), S. 226.

tematik und damit verbunden die Ermittlung der Diskontierungssätze unmittelbar aus der gewählten Cash Flow-Größe ergeben. Wie sich bei der Darstellung von ausgewählten Ansätzen zur Produktlebenszykluszahlungsrechnung in Abschnitt 3.4.1 noch zeigen wird, ist gerade auf dem Gebiet der theoretischen Fundierung der herangezogenen Diskontierungssätze ein Defizit in der Literatur ersichtlich.

Dabei beschränkt sich im Folgenden die Darstellung auf die APV- bzw. WACC-Methode, da bei Anwendung dieser Verfahren – in Abhängigkeit von der Finanzierungsstrategie – kein Zirkularitätsproblem auftritt. Außerdem sind diese Verfahren insofern positiv zu beurteilen, da der steuerliche Vorteil der Fremdfinanzierung nicht in die Zahlungsüberschussgröße einfließt, d.h. dem Prinzip der „Controllability" eher entsprochen wird als bei der TCF- bzw. FTE-Methode. Um nun beide Verfahren als Lebenszykluszahlungsrechnungen auszugestalten, bedarf es zusätzlich lediglich des getrennten Ausweises bzw. der getrennten Bewertung der einzelnen Lebenszyklusphasen.[140]

3.2.1 Zurechnung der Zahlungsüberschüsse zu den Lebenszyklusphasen

Zunächst ist die Totalperiode des Produktprojektes – wie bereits in Abschnitt 3.1 beschrieben – in eine Vorlauf-, Markt und Nachlaufphase zu gliedern. Anschließend sind die in diesen Phasen vorzunehmenden produktbezogenen Aktivitäten zu planen und die aus den Aktivitäten resultierenden phasenspezifischen Zahlungen zu prognostizieren. Der Beginn bzw. das Ende einer Phase kann durch den Zeitpunkt der erstmaligen bzw. letztmaligen Abbildung der phasenspezifischen Aktivitäten in der Zahlungsrechnung definiert werden. So stellt Abbildung 4 eine Zeitachse dar, in der der Zeitpunkt der ersten durch eine phasenspezifische Aktivität ausgelösten Zahlung den Beginn der jeweiligen Produktlebenszyklusphase und der Zeitpunkt der letzten Zahlung das Ende der Phase markiert.[141] Wie aus Abbildung 4 beispielhaft erkennbar ist, werden sich in der Regel die einzelnen Phasen zeitlich überschneiden.

---

[140] Da auf die Methodik der DCF-Verfahren bereits ausführlich in Abschnitt 2.1 eingegangen wurde, kann die nachfolgende Darstellung recht kurz gehalten werden.

[141] Der Beginn und das Ende der einzelnen Phasen in Abbildung 4 sind dem Zahlungsverlauf aus Abbildung 3 nachempfunden.

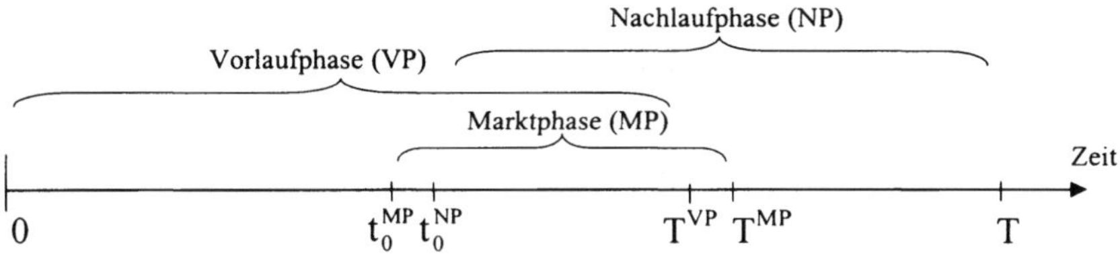

mit den Symbolen:

$t = 0$:	Beginn des Produktlebenszyklus und der Vorlaufphase
t_0^{MP} (T^{MP}):	Beginn (Ende) der Marktphase
t_0^{NP}:	Beginn der Nachlaufphase
T^{VP} :	Ende der Vorlaufphase
T:	Ende des Produktlebenszyklus und der Nachlaufphase

Abbildung 4: Zeitachse zur Einteilung der Produktlebenszyklusphasen

Quelle: In Anlehnung an Faßbender-Wynands (2001), S. 151 (dort jedoch ohne zeitliche Überschneidung der Lebenszyklusphasen).

In Tabelle 10 wird die Zuordnung der Free Cash Flows zu den einzelnen Phasen gemäß dem in Abschnitt 2.2.2 zur Erläuterung des Residualgewinnverfahrens eingeführten Beispiel 1 dargestellt. Bei diesem Beispiel existieren allerdings hinsichtlich der Zahlungsrechnung keine zeitlichen Überschneidungen der Phasen, sodass sich die tabellarische Darstellung vereinfacht.

	Vorlaufphase		Marktphase		Nachlaufphase
t	0	1	2	3	4
E_t^U	0,00	0,00	244,00	279,30	16,20
A_t^U	100,00	120,00	100,00	110,00	12,00
FCF_t	–100,00	–120,00	144,00	169,30	4,20

Tabelle 10: Produktlebenszykluszahlungsrechnung (Beispiel 1)

3.2.2 Produktlebenszykluszahlungsrechnung auf Basis des WACC-Verfahrens bei atmender Finanzierung

Die WACC-Methode ist zur Ermittlung des Nettokapitalwertes NPV_0^L des Produktprojektes heranzuziehen, wenn eine atmende Finanzierungsweise praktiziert wird.
Das Bewertungskalkül lautet dann:[142]

[142] Vgl. Abschnitt 2.1.4.1, Gleichung (2.38).

$$NPV_0^L = \underbrace{\sum_{t=0}^{T} \frac{FCF_t^{VP}}{\prod_{s=1}^{t}(1+WACC_s)}}_{\text{Bewertung der Vorlaufphase}} + \underbrace{\sum_{t=0}^{T} \frac{FCF_t^{MP}}{\prod_{s=1}^{t}(1+WACC_s)}}_{\text{Bewertung der Marktphase}} + \underbrace{\sum_{t=0}^{T} \frac{FCF_t^{NP}}{\prod_{s=1}^{t}(1+WACC_s)}}_{\text{Bewertung der Nachlaufphase}} \quad (3.1)$$

mit den Symbolen:

FCF_t^{VP} : erwarteter Free Cash Flow der Vorlaufphase in t

FCF_t^{MP} : erwarteter Free Cash Flow der Marktphase in t

FCF_t^{NP} : erwarteter Free Cash Flow der Nachlaufphase in t

Die den einzelnen Phasen zugeordneten erwarteten Free Cash Flows werden mit dem periodenspezifischen WACC auf den Bewertungszeitpunkt t = 0 diskontiert, sodass durch die separate Bewertung der einzelnen Phasen ein phasenspezifischer Nettokapitalwert ermittelbar ist.

3.2.3 Produktlebenszykluszahlungsrechnung auf Basis des APV-Verfahrens bei autonomer Finanzierung

Die APV-Methode ist bei autonomer Finanzierungsweise anzuwenden. Zunächst ist der Nettokapitalwert V_0^U des Produktprojektes unter der Annahme reiner Eigenfinanzierung zu ermitteln:[143]

$$NPV_0^U = \underbrace{\sum_{t=0}^{T} \frac{FCF_t^{VP}}{(1+k)^t}}_{\text{Bewertung der Vorlaufphase}} + \underbrace{\sum_{t=0}^{T} \frac{FCF_t^{MP}}{(1+k)^t}}_{\text{Bewertung der Marktphase}} + \underbrace{\sum_{t=0}^{T} \frac{FCF_t^{NP}}{(1+k)^t}}_{\text{Bewertung der Nachlaufphase}} . \quad (3.2)$$

Wird das Projekt teilweise fremdfinanziert, so ist zusätzlich der Barwert der daraus resultierenden Tax Shields in die Bewertung einzubeziehen. Soll der steuerliche Vorteil der Fremdfinanzierung bei der Bewertung der einzelnen Phasen berücksichtigt werden, so sind phasenspezifische Fremdkapitalbestände vorzugeben.[144] Für den phasenspezifischen Barwert der Tax Shields gilt dann:[145]

$$V_0^{TS,VP} = \sum_{t=1}^{T} \frac{r^f \cdot s \cdot V_{t-1}^{F,VP}}{(1+r^f)^t}; \quad V_0^{TS,MP} = \sum_{t=1}^{T} \frac{r^f \cdot s \cdot V_{t-1}^{F,MP}}{(1+r^f)^t}; \quad V_0^{TS,NP} = \sum_{t=1}^{T} \frac{r^f \cdot s \cdot V_{t-1}^{F,NP}}{(1+r^f)^t}.$$

Damit ergibt sich für den Nettokapitalwert des Produktprojektes:

$$NPV_0^L = \underbrace{\sum_{t=0}^{T} \frac{FCF_t^{VP}}{(1+k)^t} + V_0^{TS,VP}}_{\text{Bewertung der Vorlaufphase}} + \underbrace{\sum_{t=0}^{T} \frac{FCF_t^{MP}}{(1+k)^t} + V_0^{TS,MP}}_{\text{Bewertung der Marktphase}} + \underbrace{\sum_{t=0}^{T} \frac{FCF_t^{NP}}{(1+k)^t} + V_0^{TS,NP}}_{\text{Bewertung der Nachlaufphase}} . \quad (3.3)$$

---

143 Vgl. Abschnitt 2.1.4.3, Gleichung (2.44).

144 Vorstellbar ist bspw., dass diese Fremdkapitalbestände den jeweiligen Phasenverantwortlichen zur Finanzierung der phasenspezifischen Aktivitäten vorgegeben werden.

145 Vgl. Abschnitt 2.1.4.3, Gleichung (2.45). Für V_t^F und V_t^{TS} wird ein zusätzlicher Phasenindex eingeführt.

3.2.4 Berücksichtigung von Inflation

Bei der Planung der zukünftigen Zahlungsüberschüsse sowie bei der Bestimmung des Kapitalkostensatzes der Lebenszyklusperioden muss die Preisentwicklung im Zeitablauf berücksichtigt werden.[146] So führt eine Inflation zwar in der Regel zu steigenden Zahlungsüberschüssen des Leistungsbereichs eines Unternehmens, andererseits kann es jedoch trotzdem zu einer Kaufkraftminderung kommen, wenn die inflationsbedingte Wachstumsrate der Zahlungsüberschüsse niedriger ist als die allgemeine Inflationsrate.[147] Ebenfalls ist es möglich, dass der Zahlungsüberschuss preissteigerungsbedingt stärker oder in gleichem Ausmaß steigt wie die allgemeine Inflationsrate.[148] Für eine genaue Prognose der nominalen Zahlungsüberschüsse bietet es sich an, die Inflationswirkung auf die Ein- und Auszahlungspositionen jeweils getrennt zu analysieren.

Weiterhin hat die Inflation Auswirkung auf den (Nominal-)Zinssatz, da die Kapitalgeber die allgemeine Geldentwertung bei ihren Zinsforderungen berücksichtigen werden. Gemäß der sog. Fisher-Hypothese (Fisher-Effekt) weisen Nominal- und Realzinssatz folgende Beziehung auf:[149]

$$(1+i)=\left(1+i^{real}\right)\cdot(1+inf) \qquad (3.4)$$

mit den Symbolen:

i: Nominalzinssatz

i^{real}: Realzinssatz

inf: allgemeine Inflationsrate

Allgemein kann die Berücksichtigung der Inflation bei der Kapitalwertberechnung anhand einer *Nominal-* oder einer *Realrechnung* erfolgen. Bei einer Nominalrechnung werden Zahlungsüberschüsse (Zählergröße) und Zinssätze (Nennergröße) einer Periode zum Kaufkraftniveau der jeweiligen Periode prognostiziert, d.h. es handelt sich um Nominalgrößen. Dagegen werden bei einer Realrechnung reale Zahlungsüberschüsse mit dem realen Zinssatz diskontiert.[150] Dieses Vorgehen entspricht in der Unternehmensbewertung dem Grundsatz der Kaufkraftäquivalenz, wonach Zähler- und Nennergrößen sich auf das gleiche Kaufkraftniveau beziehen müssen.[151] Konkret ergibt sich demnach für die Berechnung des Nettokapitalwertes:[152]

---

146 Vgl. Fabrycky/Blanchard (1991), S. 137 ff. Da in der Realität die Inflation wesentlich häufiger auftritt, wird im Folgenden nur dieser Fall betrachtet.

147 Dies ist z.B. dann der Fall, wenn die Beschaffungspreise der im Produktionsprozess eingesetzten Rohstoffe stärker steigen als die Absatzpreise eines Unternehmens.

148 Vgl. Mandl/Rabel (1997), S. 190-191.

149 Vgl. Schneider (1992), S. 389 ff; Franke/Hax (2004), S. 217.

150 Vgl. Drukarczyk (2003), S. 501.

151 Vgl. Mandl/Rabel (1997), S. 77.

152 Vgl. Eisenführ (1998), S. 159 f.; Franke/Hax (2004), S. 216.

$$NPV_0^L = \underbrace{\sum_{t=0}^{T} \frac{FCF_t}{\prod_{s=1}^{t}(1+WACC_s)}}_{\text{Nominalrechnung}} = \sum_{t=0}^{T} \frac{\dfrac{FCF_t}{\prod_{s=1}^{t}(1+inf_t)}}{\dfrac{\prod_{s=1}^{t}(1+WACC_s)}{\prod_{s=1}^{t}(1+inf_t)}} = \underbrace{\sum_{t=0}^{T} \frac{FCF_t^{real}}{\prod_{s=1}^{t}(1+WACC_s^{real})}}_{\text{Realrechnung}} \tag{3.5}$$

mit den Symbolen:

FCF_t:	nominaler Free Cash Flow der t-ten Periode vor Gewinnsteuern
FCF_t^{real}:	realer Free Cash Flow der t-ten Periode (auf Basis des Preisniveaus in t = 0) vor Gewinnsteuern
$WACC_t$:	nominaler gewichteter Gesamtkapitalkostensatz der Periode t
$WACC_t^{real}$:	realer gewichteter Gesamtkapitalkostensatz der Periode t
inf_t:	Inflationsrate der Periode t

Es stellt sich nun die Frage, welche der beiden Rechnungen vorzuziehen ist. Zunächst soll auf die Zählergröße, d.h. die Zahlungsüberschüsse eingegangen werden. Für den Fall, dass die Preiskomponente sämtlicher Ein- und Auszahlungen mit der allgemeinen Inflationsrate steigt, ist eine Realrechnung einfacher zu vollziehen als eine Nominalrechnung. Es ist dann lediglich die Mengenkomponente der jeweiligen zukünftigen Zahlung mit den Preisen des Bewertungszeitpunktes zu bewerten, um die realen Zahlungen zu ermitteln.[153] Dieser Fall wird jedoch in der Realität kaum auftreten, sodass alle Ein- und Auszahlungen mit ihren spezifischen Preissteigerungsraten geplant werden müssen, d.h. es muss zunächst eine Nominalrechnung durchgeführt werden. Um anschließend die Realrechnung zu vollziehen, sind die nominalen Zahlungsüberschüsse mit der erwarteten Inflationsrate auf den Bewertungszeitpunkt zu deflationieren.[154] Auch zur Bestimmung der Ertragsteuerzahlungen ist eine Nominalrechnung durchzuführen, da die Steuerbemessungsgrundlage auf nominalen Größen basiert.[155] Wenn aber ohnehin eine Nominalrechnung durchgeführt werden muss, wird durch eine Realrechnung die Planungskomplexität nur unnötig erhöht und kann somit unterbleiben.[156] Bezüglich der Nennergröße einer Realrechnung ist zu konstatieren, dass am Kapitalmarkt lediglich nominale Zinssätze unmittelbar beobachtbar sind.[157] Auch hier bietet sich eine Nominalrechnung demnach an. Da zudem das Management eher vertraut ist, mit nominalen Größen zu planen, und somit diese besser kommunizierbar sind[158], ist die Nominalrechnung insgesamt zu präferieren.

---

153 Vgl. Drukarczyk (2003), S. 502.
154 Vgl. Aders/Schröder (2004), S. 100; Baetge/Niemeyer/Kümmel (2005), Rz. 540.
155 Vgl. Drukarczyk (2003), S. 502.
156 Vgl. Aders/Schröder (2004), S. 100.
157 Vgl. Koller/Goedhart/Wessels (2005), S. 131.
158 Vgl. Koller/Goedhart/Wessels (2005), S. 131.

Im Folgenden wird auf der Grundlage von Beispiel 1 (vgl. Abschnitt 2.2.2) zunächst die Äquivalenz von Real- und Nominalrechnung dargelegt. In erster Linie soll jedoch untersucht werden, ob bei einem Kapitalwert von null neben der angemessen Verzinsung des eingesetzten Kapitals die Wiederbeschaffung der eingesetzten Potenzialfaktoren bei Inflation gewährleistet wird und somit deren in der Regel im Zeitablauf stattfindende Preissteigerungen im Kalkül einbezogen werden. Das Ergebnis dient insbesondere als Basis für die im Rahmen der Produktlebenszykluskostenrechnung in Abschnitt 3.3.5 erfolgende Diskussion, inwiefern der Ansatz von Wiederbeschaffungspreisen bei der Ermittlung der Abschreibungen und der Kapitalbindung aus wertorientierter Sicht sinnvoll ist.

Beispiel 3: Lebenszykluszahlungsrechnung (WACC-Methode) und Inflation

Für dieses Beispiel gilt zusätzlich zu den in Beispiel 1 getroffenen Annahmen:[159]
Konstante Zielkapitalstruktur, vorgegeben durch die Eigenkapitalquote EQ = 50%;
Konst. nominaler Eigenkapitalkostensatz des verschuldeten Unternehmens $k^E = 28\%$;
Konst. nominaler risikofreier Zinssatz als nominaler Fremdkapitalkostensatz $r^f = 16\%$;
Konst. Steuersatz des Unternehmens s = 25%;
Konst. allgemeine Inflationsrate inf = 10% p.a.
Der wegen der konstanten Zielkapitalstruktur konstante gewichtete nominale Gesamtkapitalkostensatz beträgt somit WACC = 20% (= 16% · 0,75 · 0,5 + 28% · 0,5).
Der konstante reale Eigenkapitalkostensatz des verschuldeten Unternehmens ist dann gemäß Gleichung (3.4) $k^{E,real} = 16,\overline{36}\%\left(= (1+0,28)/(1+0,1)-1\right)$; der konstante reale Gesamtkapitalkostensatz beträgt $WACC^{real} = 9,\overline{09}\%$. Wegen der hier vorliegenden atmenden Finanzierung in Verbindung mit einem mehr als 2 Perioden umfassenden Planungszeitraum ist im Folgenden die WACC-Methode anzuwenden, da bei den anderen DCF-Verfahren ein Zirkularitätsproblem vorliegt (vgl. Abschnitt 2.1.5.2). Zunächst soll anhand dieser Methode gezeigt werden, dass Nominal- und Realrechnung zu identischen Ergebnissen führen.
Um eine *Realrechnung* durchzuführen, sind die nominalen Free Cash Flows aus Beispiel 1 in reale Überschüsse zum Kaufkraftniveau des Zeitpunktes t = 0 umzurechnen und anschließend mit dem realen gewichteten Gesamtkapitalkostensatz $WACC^{real}$ zu diskontieren. So lauten die realen Free Cash Flows:

$FCF_1^{real} = -120/1,1 = -109,\overline{09}$; $FCF_2^{real} = 144/1,1^2 = 119,008264$;

$FCF_3^{real} = 169,3/1,1^3 = 127,197596$; $FCF_4^{real} = 4,2/1,1^4 = 2,868657$.

Gemäß Realrechnung ergibt sich:

$$NPV_0^{L,real} = -100 - 109,\overline{09}/1,\overline{09} + 119,008264/1,\overline{09}^2 + 127,197596/1,\overline{09}^3 + 2,868657/1,\overline{09}^4 = 0.$$

[159] Die recht hohen Zinssätze ergeben sich durch die aus didaktischen Gründen gewählte Inflationsrate in Höhe von 10% (die zumindest für die Länder der Europäischen Währungsunion nicht repräsentativ ist).

Anhand einer *Nominalrechnung* ergibt sich (vgl. Beispiel 1):

$NPV_0^L = -100 - 120/1{,}2 + 144/1{,}2^2 + 169{,}30/1{,}2^3 + 4{,}2/1{,}2^4 = 0.$

Die Bruttokapitalwerte lauten: $V_0^L = 100; V_1^L = 240; V_2^L = 144; V_3^L = 3{,}5.$

Um zu veranschaulichen, dass die Eigner bei einem Kapitalwert von null sowohl eine angemessene Verzinsung ihres eingesetzten Kapitals als auch (hier am Ende der Totalperiode) ihr eingesetztes Kapital einschließlich Inflationsausgleich zurückerhalten, soll nun die FTE-Methode auf Basis nominaler Größen angewandt werden. In Tabelle 11 sind die resultierenden Zahlungen an bzw. von den Fremdkapitalgebern in Form von Zinszahlung/Tilgung/Fremdkapitalaufnahme aufgeführt, die sich aus den durch die Zielkapitalstruktur in Verbindung mit den oben berechneten Marktwerten V_t^L des Unternehmens vorgegebenen Marktwerten V_0^F des Fremdkapitals ergeben: $V_0^F = 0{,}5 \cdot 100 = 50; V_1^F = 120; V_2^F = 72; V_3^F = 1{,}75.$

Nach Abzug dieser Zahlungen von den Free Cash Flows und die Addition des Tax Shields erhält man die Eignerzahlungsüberschüsse FTE (vgl. Abschnitt 2.1.3) vor Ergänzungsinvestitionen.[160]

Es wird unterstellt, dass in der Vorlaufphase keine Dividendenzahlung vorgenommen werden soll, da dem Unternehmen in dieser Phase keine ausreichende Liquidität zur Verfügung steht. Das Produkt aus Realzinssatz und dem auf t = 1 inflationierten eingesetzten Eigenkapital ergibt dann die in t = 1 einbehaltene Dividende (bzw. einbehaltene Eigenkapitalzinszahlung) in Höhe von 9 TEUR ($16{,}\overline{36}\% \cdot 50 \cdot 1{,}1$).

160 Man beachte, dass in t = 1 der Investitionsbetrag für die Maschinen i.H.v. 120 TEUR nur zu $46{,}\bar{6}\%$ (absolut 56 TEUR) von den Eignern finanziert wird, obwohl von einer 50%igen Fremdfinanzierung ausgegangen wird. Dies liegt daran, dass die Zielkapitalstruktur auf Basis von Marktwerten vorgegeben wird und nicht auf Basis von Buchwerten.

Zeitpunkt t	Vorlaufphase		Marktphase		Nachlaufphase
	0	1	2	3	4
FCF_t	−100,00	−120,00	144,00	169,300	4,20000
− Zinsen		−8,00	−19,20	−11,520	−0,28000
+ Tax Shield		2,00	4,80	2,880	0,07000
+ Kreditaufnahme bzw.	50,00	70,00			
− Kredittilgung			−48,00	−70,250	−1,75000
FTE_t vor Ergänzungsinvestition	−50,00	−56,00	81,60	90,410	2,24000
Ergänzungsinvestition 1			−50,10		82,08384
Ergänzungsinvestition 2				−68,432	87,59296
Dadurch Transformation in:					
(1) Eignereinzahlung	−50,00	−56,00			
(2) Zinsen bzw. Dividende			31,50	21,978	24,17580
(3) Eignerauszahlung				0,000	147,74100
(4) = (1) + (2) + (3) = FTE_t	−50,00	−56,00	31,50	21,978	171,91680

Tabelle 11: Transformierte nominale Eigner-Zahlungsüberschüsse (Beispiel 3)

Am Ende der ersten Periode der Marktphase in t = 2 wird diese Dividendenzahlung (samt Zinseszinsen) i.H.v. 11,52 TEUR ($= 9 \cdot 1,1 \cdot 1,16\overline{36}$) nachgeholt sowie zusätzlich ein Betrag i.H.v. 19,98 TEUR[161] als Dividende ausgeschüttet, sodass in t = 2 insgesamt 31,50 TEUR ausgeschüttet werden. Die Differenz in Höhe von 50,10 TEUR zwischen dem FTE vor Ergänzungsinvestitionen und der Dividendenzahlung wird in t = 2 annahmegemäß in Ergänzungsprojekte (bspw. in weitere Produkte, die sich in der Vorlaufphase befinden) investiert, deren nominaler interner Zinssatz dem nominalen Eigenkapitalkostensatz in Höhe von 28% entspricht.[162] In t = 3 wird eine Dividende i.H.v. 21,978 TEUR[163] gezahlt und der Differenzbetrag (68,432 TEUR) aus FTE vor Ergänzungsinvestitionen und der Dividendenzahlung wiederum in Ergänzungsprojekte investiert. Durch diese Wiederanlageprämisse wird der FTE vor Ergänzungsinvestitionen so transformiert, dass am Ende der Nachlaufphase ein Betrag zur Verfügung steht, der genau der Summe der inflationierten Eignereinzahlungen in t = 1 und t = 2 entspricht ($50 \cdot 1,1^4 + 56 \cdot 1,1^3 = 147,741$).[164] Die Eigner erhalten demnach am Ende des

161 19,98 TEUR entsprechen $16,\overline{36}$ % auf die auf t = 2 inflationierte (Eigen-)Kapitalbindung i.H.v. 122,10 TEUR ($= 50 \cdot 1,1^2 + 56 \cdot 1,1$).

162 Falls eine Verzinsung in Höhe des nominalen Eigenkapitalkostensatzes nicht erreicht werden kann, müssten die jeweiligen Beträge an die Eigenkapitalgeber ausgeschüttet werden. Da im Rahmen des Beispiels jedoch gezeigt werden soll, dass am Ende des Projektes unternehmensseitig ein Betrag „angespart" werden kann, der für eine Ersatzinvestition in ein gleichartiges Projekt zur Verfügung steht, soll aus didaktischen Gründen von einer derartigen Ausschüttung abgesehen werden und die unternehmensinterne adäquate Verzinsung angenommen werden.

163 21,978 TEUR entsprechen $16,\overline{36}$ % auf die auf t = 3 inflationierte (Eigen-)Kapitalbindung i.H.v. 134,31 TEUR ($= 50 \cdot 1,1^3 + 56 \cdot 1,1^2$).

164 Außerdem wird in t = 4 eine Dividende i.H.v. 24,1758 TEUR gezahlt ($16,\overline{36}$ % auf das in der vierten Periode gebundene inflationierte (Eigen-)Kapital i.H.v. 147,741).

Projektes ihr eingesetztes Kapital einschließlich Inflationsausgleich zurück.[165] Steigen die Preise der Maschine bzw. der Aktivitäten der Entwicklungsabteilung im gleichen Ausmaß wie die allgemeine Inflationsrate, dann reicht dieser Betrag in Höhe von 147,741 TEUR für die Ersatzinvestition genau aus. In Tabelle 12 werden zur Veranschaulichung dieses Sachverhalts die Zahlungen des Nachfolgeprojektes dargestellt, das im Zeitpunkt 4 beginnt und von dem angenommen wird, dass es identische, allerdings mit der Inflationsrate gewachsene Zahlungsüberschüsse generiert (sodass sich diese aus der Multiplikation der Werte aus Tabelle 11 mit dem Faktor $1{,}1^4$ ergeben).[166] Falls nun die Eigner obigen, am Ende des Projektes verfügbaren Betrag i.H.v. 147,741 TEUR reinvestieren, wird am Ende der Nachlaufphase ein Teil davon (73,205 TEUR) für die das Nachfolgeprodukt betreffende Entwicklungsauszahlung und der restliche Betrag (147,741 – 73,205 = 74,536) für eine Ergänzungsinvestition verwandt, so dass insgesamt der eigenfinanzierte Anteil der Investitionsauszahlungen in der Vorlaufphase des Nachfolgeprodukts durch die aus dem Vorgängerprodukt generierten Zahlungsüberschüsse finanziert wird. Um die Zielkapitalstruktur einzuhalten, muss zusätzlich das für das Nachfolgeprodukt aufzunehmende Fremdkapital der mit dem Faktor $1{,}1^4$ multiplizierten Fremdkapitalaufnahme des Vorgängerprodukts entsprechen.

	Vorlaufphase		Marktphase		Nachlaufphase
Zeitpunkt t	4	5	6	7	8
FCF_t	–146,410	–175,692	210,830	247,872	6,149
– Zinsen		–11,713	–28,111	–16,866	–0,410
+ Tax Shield		2,928	7,028	4,217	0,102
+ Kreditaufnahme bzw.	73,205	102,487			
– Kredittilgung			–70,277	–102,853	–2,562
FTE_t vor Ergänzungsinvestition	–73,205	–81,990	119,471	132,369	3,280
Ergänzungsinvestition 1	–74,536	95,406			
Ergänzungsinvestition 2		–13,416			28,136
Ergänzungsinvestition 3			–56,178		92,043
Ergänzungsinvestition 4				–100,191	128,245
Dadurch Transformation in:					
(1) Eignereinzahlung	–147,741				
(2) Zinsen bzw. Dividende			63,292	32,178	35,396
(3) Eignerauszahlung					216,308
(4) = (1) + (2) + (3) = FTE_t	–147,741	0,000	63,292	32,178	251,703

Tabelle 12: Transformierte nominale Eigner-Zahlungsüberschüsse des Nachfolgeproduktes (Beispiel 3)

---

165 Der Marktwert V_0^E des Eigenkapitals beträgt entsprechend der Zielkapitalstruktur 50 TEUR und lässt sich sowohl durch die Eignerzahlungsüberschüsse FTE vor als auch nach Ergänzungsinvestitionen bestimmen. So gilt bspw.: $V_0^E = -56/1{,}28 + 31{,}5/1{,}28^2 + 21{,}98/1{,}28^3 + 171{,}9168/1{,}28^4 = 50$.

166 Die Ergebnisse in Tabelle 12 wurden der besseren Übersichtlichkeit wegen gerundet. Da die jeweiligen Folgeberechnungen (bspw. die Berechnung der Position „FTE_t vor Ergänzungsinvestitionen“) jedoch anhand eines Tabellenkalkulationsprogramms mit exakten Werten durchgeführt wurden, können Rundungsdifferenzen resultieren, falls diese Berechnungen anhand der gerundeten Werte erfolgen.

Im Rahmen dieses Beispiels wurde veranschaulicht, dass bei einem Kapitalwert von null eine angemessene Verzinsung des Kapitaleinsatzes erreicht und zusätzlich durch geeignete Ergänzungsinvestitionen ein Betrag angespart wird, der für die Wiederbeschaffung der eingesetzten Potenzialfaktoren (hier Maschinen und Entwicklungsleistungen) ausreicht. Bedingung ist hier, dass deren Preise mit der allgemeinen Inflationsrate anwachsen und die Kapitalstruktur identisch bleibt, d.h. das Fremdkapitalvolumen ebenfalls mit der Inflationsrate wächst. Falls jedoch die Preise der Potenzialfaktoren stärker steigen als die allgemeine Inflation, muss zusätzliches Kapital am Ende der Nutzungsdauer aufgenommen werden, wenn das Investitionsprojekt erneut durchgeführt werden soll. Für den Fall, dass im Gegensatz dazu die Zahlungsüberschüsse der Markt- und Nachlaufphase nur mit dem Prozentsatz der allgemeinen Inflationsrate steigen, würde dies zwangsläufig bedeuten, dass der Kapitalwert negativ wird. Die Ersatzinvestition sollte dann aus wertorientierter Sicht unterbleiben.

3.3 Ausgestaltung der Residualgewinnverfahren als Produktlebenszykluskostenrechnungen

Zur Sicherstellung der Kapitalwertäquivalenz sollte eine Produktlebenszykluskostenrechnung auf den in Abschnitt 2.2 vorgestellten Residualgewinnverfahren basieren. Dabei hat der in einer Lebenszykluskostenrechnung verwendete Kostenbegriff unmittelbare Auswirkungen auf die Kapitalwertäquivalenz des Ansatzes, sodass im folgenden Abschnitt 3.3.1 näher auf unterschiedliche Definitionen des Kostenbegriffes einzugehen ist. Daran anschließend wird in Abschnitt 3.3.2 analog zum Vorgehen bei der Lebenszykluszahlungsrechnung (vgl. Abschnitt 3.2.1) auf die Zurechnung der aus den phasenspezifischen Aktivitäten resultierenden Kosten und Leistungen sowie auf die Zurechnung der Kapitalbindung auf die einzelnen Phasen eingegangen. In den beiden darauf folgenden Abschnitten werden die Ausgestaltung des aufgrund der Zirkularitätsproblematik im Falle atmender Finanzierung anzuwendenden WACC-Residualgewinnverfahrens und die Ausgestaltung des im Falle autonomer Finanzierung anzuwendenden APV-Residualgewinnverfahrens als Lebenszykluskostenrechnung dargestellt.

3.3.1 Kostenbegriff

Unter Kosten versteht man in der Betriebswirtschaftslehre den bewerteten sachzielbezogenen Güterverbrauch einer Periode.[167] Die bedeutendsten Kostenbegriffe sind der *pagatorische*, der *wertmäßige* und der *entscheidungsorientierte* Kostenbegriff.[168] *Pagatorische Kosten* liegen vor, wenn der Güterverbrauch anhand von *Beschaffungsmarktpreisen* bewertet wird. Dabei kann es sich um in der Vergangenheit gezahlte oder in der Zukunft voraussichtlich zu zahlende Anschaffungspreise handeln, d.h. der pagatorische Kostenbegriff hat einen direkten Bezug

---

[167] Vgl. Homburg (2002), Sp. 1051.

[168] Vgl. Schneeweiß (1993), S. 1025. Analoge Überlegungen sind auch für Leistungen als bewertete sachzielbezogene Gütererstellungen einer Periode möglich. Bezüglich des Leistungsbegriffes unterscheidet man dann zwischen pagatorischen und kostenorientierten Leistungen. Vgl. Kloock et al. (2005), Abschnitt I.E.4.c).

zu Zahlungsvorgängen.[169] Der wertmäßige Kostenbegriff dagegen lässt bei der Bewertung des Güterverzehrs große Freiheitsgrade zu.[170] So kann der Güterverbrauch bspw. mit dem *monetären Grenznutzen* bewertet werden. Der als Lenkungspreis aufzufassende monetäre Grenznutzen ergibt sich dabei durch die Summe aus dem Beschaffungspreis einer Mengeneinheit des Gutes bzw. Produktionsfaktors und den Opportunitätskosten des Güterverzehrs.[171] Diese Opportunitätskosten sind gleich null, wenn die zur Verfügung stehende bzw. beschaffbare Menge des Gutes für alle seine Verwendungen mit positivem Zielbeitrag ausreicht; bei Knappheit des Einsatzfaktors und weiteren Verwendungsmöglichkeiten mit positivem Zielbeitrag sind die Opportunitätskosten dagegen positiv.[172] Auch der Ansatz von kalkulatorischen Zusatzkosten wie dem kalkulatorische Unternehmerlohn oder den kalkulatorischen Eigenkapitalkosten entspricht dem Opportunitätskostenkalkül des wertmäßigen Kostenbegriffes; es handelt sich dabei nicht um pagatorische Kosten, da sie höchstens mittelbar aus Zahlungsvorgängen abgeleitet sind. Weitere Preisansätze sind beim wertmäßigen Kostenbegriff vorstellbar, bspw. der Ansatz von Festpreisen.[173] Während sich die beiden Kostenbegriffe anhand der unterschiedlichen Preisansätze bei der Bewertung unterscheiden, ist der Zeitpunkt der Kostenentstehung bei beiden der Verbrauch des Produktionsfaktors.[174] Die großen Freiheitsgrade bei der Bewertung gemäß dem wertmäßigen Kostenbegriff können sich auf die Gültigkeit des Kongruenzprinzips des Lücke-Theorems auswirken. Während das Kongruenzprinzip unter Verwendung des pagatorischen Kostenbegriffes erfüllt ist und somit die Kapitalwertäquivalenz stets vorliegt, kann bspw. der Ansatz von Opportunitätskosten im Rahmen des wertmäßigen Kostenbegriffes dazu führen, dass die Kongruenzbedingung nun nicht mehr erfüllt wird. Durch den Ansatz von Opportunitätskosten, die den Nutzenentgang bei anderweitiger betrieblicher Nutzung widerspiegeln, werden entgangene Erlöse zu wertmäßigen Kosten umgewidmet.[175] Bei Anwendung des wertmäßigen Kostenbegriffes wird somit ein anderer Periodenerfolg ausgewiesen als bei Ansatz pagatorischer Kosten. Falls diese Opportunitätskosten nun nicht in gleicher Höhe in der Zahlungsrechnung als Auszahlungen angesetzt werden, führt dies zu unterschiedlichen Totalerfolgen bei der auf dem wertmäßigen Kostenbegriff aufbauenden Kosten- und Leistungsrechnung und der Zahlungsrechnung, sodass das Kongruenzprinzip nicht erfüllt ist. Letztendlich wird allerdings durch den Ansatz kalkulatorischer Zinsen bei Anwendung des Lücke-Theorems auch beim pagatorischen Kostenbegriff eine Erweiterung um einen Opportunitätskostenbestandteil vorgenommen, um den Residualgewinn zu ermitteln und damit die Kapitalwertäquivalenz sicherzustellen.

---

[169] Vgl. Männel (1992b), S. 416 f. In diesem Sinne widerspricht der Ansatz von Wiederbeschaffungspreisen nicht dem pagatorischen Kostenbegriff. Vgl. Kloock et al. (2005), Abschnitt I.E.4.b).

[170] Vgl. Homburg (2002), Sp. 1052.

[171] Vgl. Adam (1970), S. 35.

[172] Vgl. Friedl (2004), S. 29.

[173] Diese werden aus Kontrollgründen für mehrere Perioden beibehalten, um die mengenmäßige Wirtschaftlichkeit in den Kostenstellen einfacher kontrollieren zu können. Vgl. Friedl (2004), S. 28.

[174] Vgl. Kloock (1997), S. 59.

[175] Vgl. Vodrazka (1992), S. 30.

Gemäß dem *entscheidungsorientierten Kostenbegriff* nach Riebel[176] wird die Wertkomponente wie bei den pagatorischen Kosten anhand von Beschaffungsmarktpreisen abgeleitet. Der Zeitpunkt der Kostenentstehung richtet sich beim entscheidungsorientierten Kostenbegriff nach dem Zeitpunkt der Beschaffung bzw. dem Zeitpunkt der Entstehung der Zahlungsverpflichtung und nicht, wie beim pagatorischen und wertmäßigen Kostenbegriff, nach dem Zeitpunkt des Güterverbrauchs.[177] Aus diesem Grunde ist die relative Einzelkosten- und Deckungsbeitragsrechnung, auf der der entscheidungsorientierte Kostenbegriff basiert, auch keine reine Zahlungsrechnung. Wird z.B. bei Abschluss eines Arbeitsvertrages (als Beschaffungsakt) eine dreimonatige Kündigungsfrist vereinbart, so fallen mit der Beschaffungsentscheidung unter Berücksichtigung der dreimonatigen Bindungsfrist nach Riebel (entscheidungsorientierte) Kosten in Höhe der Summe aus den drei monatlichen Auszahlungen als Zahlungsverpflichtung an. Der Zeitpunkt der Auszahlung ist deswegen – anders als bei einer Zahlungsrechnung – irrelevant.[178] Auch bei der Verwendung des entscheidungsorientierten Kostenbegriffes stellt sich die Frage, ob die Kapitalwertäquivalenz erfüllt ist. Hierzu ist festzustellen, dass der entscheidungsorientierte Kostenbegriff auf Auszahlungen basiert. Durch die Modifikation der relativen Einzelkostenrechnung hinsichtlich der exakten Berücksichtigung der Auszahlungszeitpunkte und die Diskontierung mit einem adäquaten Zinssatz ist somit unmittelbar der Kapitalwert ermittelbar.

Die in dieser Arbeit in den folgenden Abschnitten vorgestellte Konzeption einer Lebenszykluskostenrechnung soll auf dem die Kapitalwertäquivalenz ermöglichenden pagatorischen Kostenbegriff basieren. Im Gegensatz zum entscheidungsorientierten Kostenbegriff nach Riebel, der sich in der Praxis nicht durchsetzen konnte[179], ermöglicht ein derartiger Ansatz die leichtere Umsetzbarkeit im Rahmen der bisher in der Praxis hauptsächlich verwendeten Kostenrechungssysteme.

Im Weiteren stellt sich die Frage, ob Ertragsteuern unter den Kostenbegriff fallen. In der Kostenrechnungsliteratur werden Ertragsteuern oftmals als Gewinnverwendung und nicht als Kosten aufgefasst.[180] Vor dem Hintergrund, dass die Realisation des unternehmerischen Sachziels nicht möglich wäre, wenn ein Unternehmen keine Ertragsteuern zahlen würde, sollen in dieser Arbeit auch Ertragsteuern unter den Kostenbegriff fallen.[181] Eine Nichteinbeziehung von Ertragsteuern in die Lebenszykluskostenrechnung stünde dem Ziel der Integration

---

176 Dieser Kostenbegriff basiert auf der von Paul Riebel konzipierten relativen Einzelkosten- und Deckungsbeitragsrechnung. Vgl. Riebel (1994), S. 409 ff.

177 Vgl. Kloock (1997), S. 125. Deshalb wird in der Literatur auch teilweise vom beschaffungsorientierten Kostenbegriff gesprochen. Vgl. Maltry (1989), S. 16.

178 Vgl. Riebel (1994), S. 89 f.

179 In einer 1991 durchgeführten Befragung deutscher Industrieunternehmen zur Ausgestaltung der Kostenrechnung gab keines der antwortenden 52 Unternehmen an, die relative Einzelkostenrechnung nach Riebel anzuwenden. Vgl. Schehl (1994), S. 258-259. Bei einer im Jahr 1997 durchgeführten Studie wurde die relative Einzelkostenrechnung von vornherein im Erhebungskonzept nicht berücksichtigt, da dieses Kostenrechnungssystem nach Einschätzung von Industriebranchenverbänden in der Praxis nicht anzutreffen sei. Vgl. Währisch (1998), S. 95.

180 Vgl. Kilger/Pampel/Vikas (2002), S. 322.

181 Vgl. Kloock et al. (2005), Abschnitt II.B.7.a); Keilus/Maltry (2000), S. 101.

von strategischem Kostenmanagement und Shareholder Value-Konzepten entgegen. Aufgrund des sog. Steuerparadoxons und der damit verbundenen Entscheidungsrelevanz von Gewinnsteuern ist deren notwendige Einbeziehung in die Investitionsrechnung in der Literatur nahezu unbestritten.[182] So kann der vor der Berücksichtigung von Gewinnsteuern negative Kapitalwert unter Einbeziehung von Steuern positiv werden, da der Kalkulationszinssatz aufgrund der ebenfalls mit dem Steuersatz zu versteuernden Alternativanlage sinkt (vgl. Abschnitt 2.1.2.1.1).[183] Da im Rahmen des in dieser Arbeit angenommenen Steuersystems Fremdkapitalzinsen auf Unternehmensebene, nicht jedoch auf Anteilseignerebene absetzbar sind, kommt als weiterer wertrelevanter Aspekt der Steuervorteil aus der Fremdfinanzierung (Tax Shield) hinzu (vgl. Abschnitt 2.1.2.2.2). Aus diesen Gründen sollten die Ertragsteuern des Unternehmens als Kosten in die Produktlebenszykluskostenrechnung Eingang finden.[184]

3.3.2 Zurechnung der Kosten und Leistungen sowie der Kapitalbindung zu den Lebenszyklusphasen

Analog zur Lebenszykluszahlungsrechnung kann bei der Lebenszykluskostenrechnung der Beginn bzw. das Ende einer Phase durch den Zeitpunkt der erstmaligen bzw. letztmaligen Abbildung der phasenspezifischen Aktivitäten (vgl. Tabelle 9, Abschnitt 3.1) in der Residualgewinnrechnung definiert werden.[185]

Eine grundlegende Unterscheidung ist hinsichtlich des zeitlichen Anfalls der Kosten und Erlöse und der periodenerfolgswirksamen Verrechnung vorzunehmen. Dies betrifft die Kosten der Vor- und Nachlaufphase, die erfolgswirksam den Perioden zugerechnet werden können, in denen die Produkte abgesetzt werden (d.h. in der Marktphase), zeitlich jedoch vor- bzw. nachgelagert anfallen. So ist aus der Grenzplankostenrechnung die Vorgehensweise bekannt, sog. Vorleistungskosten (z.B. Erschließungskosten, Forschungs- und Entwicklungskosten, Kosten für Werbeaktivitäten, Schulungskosten etc.) als Sondereinzelkosten zu betrachten, die projektweise geplant und kontrolliert werden.[186] Für diese Projekte werden jeweils Auftragsnummern vergeben bzw. Konten geführt, anhand derer die Kosten geplant sowie die Ist-Kosten gesammelt und kontrolliert werden. Die auf den Konten gesammelten Vorleistungskosten gehen in die Bestandsrechnung unter den unfertigen Erzeugnissen (noch nicht weiterverrechnete bzw. abgerechnete Aufträge) ein. Dementsprechend belasten diese aktivierten

---

182 Vgl. Blohm/Lüder (1995), S. 120, mit weiteren Verweisen.

183 Dieser auf den Kapitalwert positiv wirkende Zinseffekt wird durch den negativ wirkenden Volumeneffekt (Senkung der Zahlungsüberschüsse durch die Steuerzahlungen) begrenzt bzw. übertroffen. Vgl. Bitz (2005), S. 128-130.

184 Vgl. Mellwig (2002), Sp. 1836 f.

185 Bspw. ist der Beginn einer Lebenszyklusphase in der Lebenszykluskostenrechnung dann als der Zeitpunkt definiert, bei dem eine der Phasenaktivitäten zum ersten Mal im Rahmen der Kapitalbindung bzw. des kalkulatorischen Erfolges in der Residualgewinnrechnung abgebildet wird. Da der Beginn einer Lebenszyklusphase in der Lebenszykluszahlungsrechnung durch den Zeitpunkt definiert wurde, bei dem eine der Phasenaktivitäten zum ersten Mal im Rahmen des Zahlungsüberschusses abgebildet wird, können Phasenbeginn, Phasenende und Phasenlänge bei der Lebenszykluskostenrechnung und -zahlungsrechnung divergieren. Aufgrund der Gültigkeit des Lücke-Theorems bleibt die Kapitalwertäquivalenz jedoch erhalten.

186 Vgl. Kilger/Pampel/Vikas (2002), S. 211-214.

Vorleistungskosten nicht die Periodenerfolge. Erst bei Absatz der Produkte werden die Konten entlastet, d.h. die Kosten erfolgswirksam.[187]
Ein analoges Vorgehen bietet sich für die Lebenszykluskostenrechnung an. Hierfür ist zunächst das Produktprojekt in einzelne Teilprojekte zu zerlegen. So können die in Tabelle 9 (vgl. Abschnitt 3.1) aufgeführten phasenspezifischen Aktivitäten (z.B. die Produktentwicklung) in Teilprojekten zusammengefasst werden, auf deren Auftragsnummern die Kosten geplant, gesammelt und kontrolliert werden. Die Weiterverrechnung auf die Kostenträger erfolgt bei Absatz der Produkte, sodass die Vorlaufkosten erst in diesen Perioden erfolgswirksam verrechnet werden. Dabei können die Vorlaufkosten entweder periodenbezogen (pro rata temporis) verrechnet werden, d.h. die Kosten werden wie zeitabhängige Abschreibungen auf die Perioden der Marktphase verteilt, oder produktionsvolumenbezogen zugerechnet werden, indem sie vergleichbar mit leistungsabhängigen Abschreibungen stückbezogen bei Absatz der Produkte verrechnet werden.[188] Analog sollte auch bezüglich der Nachlaufkosten vorgegangen werden. Auch hier können die (Nachlauf-)Aktivitäten in Teilprojekten zusammengefasst werden. Die geplanten Kosten sollten dann – ähnlich wie Rückstellungen im externen Rechnungswesen – die Perioden des Absatzes belasten, d.h. es erfolgt eine Passivierung der geplanten Kosten der Nachlaufphase. Da die aktivierten bzw. passivierten Kosten erfolgsrechnerisch den Perioden zugerechnet werden, in denen die Erlöse für die Produkte anfallen, die diese Kosten beansprucht haben, wird der Ausweis eines periodengerechten Erfolges (im Rahmen der Kostenträgerzeitrechnung) sichergestellt.[189] Durch die Aktivierung von Vorlaufkosten und die Passivierung von Nachlaufkosten und die Verrechnung dieser Kosten auf die Kostenträger wird weiterhin eine beanspruchungsgerechtere Kalkulation (Kostenträgerstückrechnung) ermöglicht, da nur die Kosten den Kostenträgern zugerechnet werden, die durch diese beansprucht wurden. Die aus der Aktivierung bzw. Passivierung der Vor- und Nachlaufkosten resultierende kalkulatorische Vermögensaufstellung, die dann als Grundlage der Kapitalkostenberechnung dient, ähnelt der dynamischen Bilanz von Schmalenbach, der dementsprechend die Aktiva als schwebende Vorleistungen, die Passiva als schwebende Nachleistungen bezeichnet.[190] Da nahezu alle Erlöse – sieht man einmal von Serviceerlösen ab – in der Marktphase anfallen, ist demnach auch der Großteil der Vor- und Nachlaufkosten erfolgsrechnerisch den Perioden der Marktphase zuzurechnen.[191] Ungeachtet der erfolgsrechnerischen Phasenzurechnung sollen diese Kosten aber als Vor- und Nachlaufkosten aufgefasst

---

187 Vgl. Kilger (1986), S. 31. Vgl. zur Aktivierung fixer Kosten auch Böhm (1955), S. 430-431.
188 Männel spricht in diesem Zusammenhang von perioden- bzw. produktionsvolumenbezogenen Deckungslasten. Vgl. Männel (1994), S. 110.
189 Würden die Vor- und Nachlaufkosten in der Periode des zeitlichen Anfalls erfolgswirksam verrechnet, würde dies zu einer Verfälschung des Periodenerfolges führen, da diese Kosten die Erlöse von Produkten belasten, die mit dem Kostenanfall in keinerlei Beziehung stehen. Vgl. Männel (1994), S. 109.
190 Vgl. Schmalenbach (1962), S. 66-72, bzw. Ewert/Wagenhofer (2005), S. 300.
191 Etwaige Verschrottungserlöse können als negative Verschrottungskosten der Nachlaufphase aufgefasst werden, die zu einer Reduzierung der zu passivierenden Nachlaufkosten führen.

werden und nicht etwa als Kosten der Marktphase.[192] Durch die Nachverrechnung der Vorlaufkosten verschiebt sich in der Lebenszykluskostenrechnung das Ende der Vorlaufphase in spätere Perioden bzw. durch die Vorverrechnung der Nachlaufkosten der Beginn der Nachlaufphase in frühere Perioden.[193]

In Tabelle 13 wird die Zuordnung der Leistungen und Kosten zu den einzelnen Phasen exemplarisch anhand von Beispiel 1 aus Abschnitt 2.2.2 dargestellt. Dabei stehen L_t^{VP} bzw. K_t^{VP} für die erwarteten Leistungen bzw. Kosten der Vorlaufphase in der Periode t.[194] Während bei Alternative 1 die erfolgswirksame Verrechnung der Entwicklungskosten auf die Perioden 2 und 3 erfolgt, unterbleibt dies bei Alternative 2.[195]

	Vorlaufphase				Nachlaufphase
			Marktphase		
t	0	1	2	3	4
L_t^{VP}	0,00	0,00	0,00	0,00	0,00
L_t^{MP}	0,00	0,00	244,00	279,30	0,00
L_t^{NP}	0,00	0,00	0,00	0,00	16,20
Alternative 1): K_t^{VP}	0,00	0,00	110,00	110,00	0,00
Alternative 2): K_t^{VP}	0,00	100,00	60,00	60,00	0,00
K_t^{MP}	0,00	0,00	100,00	110,00	0,00
K_t^{NP}	0,00	0,00	0,00	0,00	12,00
Alternative 1): KB_t	100,00	220,00	110,00	0,00	0,00
Alternative 2): KB_t	100,00	120,00	60,00	0,00	0,00

Tabelle 13: Zurechnung der Kosten und Leistungen zu den Lebenszyklusphasen (Beispiel 1)

Anders als in der Produktlebenszykluszahlungsrechnung überschneiden sich die Vorlauf- und die Marktphase aufgrund der Verrechnung der Vorlaufkosten auf die Perioden 2 und 3. Die Vorlaufphase endet somit – wie die Marktphase – erst nach Ablauf der dritten Periode.

---

192 Die folgende, sich auf Beispiel 1 beziehende Tabelle 13 verdeutlicht die Phaseneinteilung im Rahmen der Lebenszykluskostenrechnung.

193 So können bspw. die Entwicklungskosten aus Beispiel 1 entweder in der Periode ihres zeitlichen Anfalls (t = 1) oder in den Perioden des Absatzes der Produkte (t = 2 und t = 3) erfolgswirksam verrechnet werden. Lässt man die Abschreibungskosten als weitere Vorlaufkosten von Beispiel 1 außer Betracht, endet im ersten Fall die Vorlaufphase gemäß Kostenrechnung in t = 1, im zweiten Fall in t = 3.

194 Die Indizes MP bzw. NP kennzeichnen dementsprechend die Kosten- und Leistungen der Markt- bzw. Nachlaufphase. Bei den Nachlaufkosten wird im Rahmen des Beispiels auf deren Vorverrechnung in der Marktphase verzichtet.

195 Aufgrund der Gültigkeit des Lücke-Theorems wird sich jedoch der Kapitalwert der Residualgewinne nicht unterscheiden.

3.3.3 Produktlebenszykluskostenrechnung auf Basis des WACC-Residualgewinnverfahrens bei atmender Finanzierung

Nachdem die erwarteten Kosten und Leistungen sowie die Kapitalbindung den einzelnen Phasen zugerechnet worden sind, können die daraus resultierenden phasenspezifischen Residualgewinne gemäß dem WACC-Residualgewinnverfahren mit dem periodenspezifischen WACC diskontiert werden, um schließlich den Wertbeitrag des Produktprojektes, ggf. getrennt nach Lebenszyklusphasen, zu ermitteln. Der Nettokapitalwert NPV_0^L des Produktprojektes wird dabei anhand des WACC-Residualgewinnverfahrens wie folgt berechnet:[196]

$$
\begin{aligned}
NPV_0^L = & \underbrace{\sum_{t=1}^{T} \frac{L_t^{VP} - K_t^{VP} - WACC_t \cdot KB_{t-1}^{VP}}{\prod_{s=1}^{t}(1+WACC_s)} + KB_{-1}^{VP}}_{\text{Bewertung der Vorlaufphase}} \\
& + \underbrace{\sum_{t=1}^{T} \frac{L_t^{MP} - K_t^{MP} - WACC_t \cdot KB_{t-1}^{MP}}{\prod_{s=1}^{t}(1+WACC_s)} + KB_{-1}^{MP}}_{\text{Bewertung der Marktphase}} \\
& + \underbrace{\sum_{t=1}^{T} \frac{L_t^{NP} - K_t^{NP} - WACC_t \cdot KB_{t-1}^{NP}}{\prod_{s=1}^{t}(1+WACC_s)} + KB_{-1}^{NP}}_{\text{Bewertung der Nachlaufphase}}
\end{aligned}
\tag{3.6}
$$

mit:

$$KB_{t-1}^{VP} = KB_{-1}^{VP} + \sum_{s=0}^{t-1}\left(L_s^{VP} - K_s^{VP}\right) - \sum_{s=0}^{t-1} FCF_s^{VP} \tag{3.7}$$

$$KB_{t-1}^{MP} = KB_{-1}^{MP} + \sum_{s=0}^{t-1}\left(L_s^{MP} - K_s^{MP}\right) - \sum_{s=0}^{t-1} FCF_s^{MP} \tag{3.8}$$

$$KB_{t-1}^{NP} = KB_{-1}^{NP} + \sum_{s=0}^{t-1}\left(L_s^{NP} - K_s^{NP}\right) - \sum_{s=0}^{t-1} FCF_s^{NP} \tag{3.9}$$

unter der Voraussetzung:[197]

$$L_0^{VP}, K_0^{VP}, L_0^{MP}, K_0^{MP}, L_0^{NP}, K_0^{NP} := 0 \tag{3.10}$$

Die Gleichungen (3.7) bis (3.9) stellen sicher, dass die Nettokapitalwerte der einzelnen Phasen gemäß Residualgewinnrechnung mit denen gemäß Zahlungsrechnung übereinstimmen. Demnach ist zu beachten, dass die Aktivitäten in den Rechnungssystemen nicht unterschiedlichen Phasen zugeordnet werden. Falls bspw. in der Zahlungsrechnung die Beschaffung von

---

[196] Vgl. Abschnitt 2.2.2., Gleichung (2.60) bis (2.62).

[197] Diese Voraussetzung stellt sicher, dass KE_0 gleich null ist und somit – anders als in Gleichung (2.60) – nicht in die Bestimmungsgleichung einbezogen werden muss.

Betriebsmitteln und somit die Anschaffungsauszahlung der Vorlaufphase zugerechnet wird, müssen auch in der Kostenrechnung die daraus resultierenden Abschreibungen als Vorlaufkosten und nicht etwa als Kosten der Marktphase betrachtet werden.

3.3.4 Produktlebenszykluskostenrechnung auf Basis des APV-Residualgewinnverfahrens bei autonomer Finanzierung

Bei Anwendung des APV-Residualgewinnverfahrens muss zunächst der Nettokapitalwert NPV_0^U des Produktprojektes unter der Annahme der vollständigen Eigenfinanzierung ermittelt werden:[198]

$$\begin{aligned} NPV_0^U = & \underbrace{\sum_{t=1}^{T} \frac{L_t^{VP} - K_t^{VP} - k \cdot KB_{t-1}^{VP}}{(1+k)^t} + KB_{-1}^{VP}}_{\substack{\text{Bewertung} \\ \text{der Vorlaufphase}}} \\ & + \underbrace{\sum_{t=1}^{T} \frac{L_t^{MP} - K_t^{MP} - k \cdot KB_{t-1}^{MP}}{(1+k)^t} + KB_{-1}^{MP}}_{\substack{\text{Bewertung} \\ \text{der Marktphase}}} \\ & + \underbrace{\sum_{t=1}^{T} \frac{L_t^{NP} - K_t^{NP} - k \cdot KB_{t-1}^{NP}}{(1+k)^t} + KB_{-1}^{NP}}_{\substack{\text{Bewertung} \\ \text{der Nachlaufphase}}} \end{aligned} \qquad (3.11)$$

unter der Voraussetzung:

$$L_0^{VP}, K_0^{VP}, L_0^{MP}, K_0^{MP}, L_0^{NP}, K_0^{NP} := 0 \qquad \text{(vgl. (3.10))}$$

Wird das Projekt teilweise fremdfinanziert, so ist zusätzlich der phasenspezifische Barwert der Tax Shields in die Bewertung einzubeziehen (vgl. hierzu Abschnitt 3.2.3):

$$V_0^{TS,VP} = \sum_{t=1}^{T} \frac{r^f \cdot s \cdot V_{t-1}^{F,VP}}{\left(1+r^f\right)^t}; \quad V_0^{TS,MP} = \sum_{t=1}^{T} \frac{r^f \cdot s \cdot V_{t-1}^{F,MP}}{\left(1+r^f\right)^t}; \quad V_0^{TS,NP} = \sum_{t=1}^{T} \frac{r^f \cdot s \cdot V_{t-1}^{F,NP}}{\left(1+r^f\right)^t}.$$

Damit ergibt sich für den Nettokapitalwert des Produktprojektes:

198 Vgl. Abschnitt 2.2.4, Gleichungen (2.78) und (2.79), dort allerdings als Bruttokapitalwert definiert.

$$
\begin{aligned}
NPV_0^L = & \underbrace{\sum_{t=1}^{T} \frac{L_t^{VP} - K_t^{VP} - k \cdot KB_{t-1}^{VP}}{(1+k)^t} + KB_{-1}^{VP} + V_0^{TS,VP}}_{\substack{\text{Bewertung} \\ \text{der Vorlaufphase}}} \\
& + \underbrace{\sum_{t=1}^{T} \frac{L_t^{MP} - K_t^{MP} - k \cdot KB_{t-1}^{MP}}{(1+k)^t} + KB_{-1}^{MP} + V_0^{TS,MP}}_{\substack{\text{Bewertung} \\ \text{der Marktphase}}} \\
& + \underbrace{\sum_{t=1}^{T} \frac{L_t^{NP} - K_t^{NP} - k \cdot KB_{t-1}^{NP}}{(1+k)^t} + KB_{-1}^{NP} + V_0^{TS,NP}}_{\substack{\text{Bewertung} \\ \text{der Nachlaufphase}}}.
\end{aligned}
\tag{3.12}
$$

3.3.5 Berücksichtigung von Inflation durch Bewertung des Güterverzehrs mit Wiederbeschaffungspreisen

Wie in Abschnitt 2.2.2 allgemein (Lücke-Theorem) sowie beispielhaft (Beispiel 1) gezeigt wurde, stimmt der Kapitalwert der Residualgewinne mit dem Kapitalwert der Zahlungsüberschüsse überein, falls die Vermögensgegenstände des Anlage- und Umlaufvermögens und somit der Güterverzehr mit historischen Anschaffungspreisen bewertet werden und der Nominalzinssatz für die Ermittlung der Zinskosten herangezogen wird.

Nun stellt sich die Frage, ob das Kongruenzprinzip und damit das Lücke-Theorem auch bei dem oftmals in der Kostenrechnungspraxis vorgenommenen Ansatz von Wiederbeschaffungspreisen gilt, wobei sich die Wiederbeschaffungspreise entweder auf den prognostizierten Zeitpunkt der tatsächlichen Wiederbeschaffung oder auf den Zeitpunkt des Güterverzehrs (aktuelle Wiederbeschaffungspreise zum Zeitpunkt des Faktoreinsatzes als tagesnahe Bewertung) beziehen können.[199] Die weiteren Ausführungen beziehen sich auf die tagesnahe Bewertung, die bspw. in der Grenzplankostenrechnung vorgeschlagen und aus diesem Grunde in der Praxis recht häufig anzutreffen ist.[200]

Weiterhin beschränkt sich die Analyse im Weiteren auf den Ansatz von Wiederbeschaffungspreisen für das sachzielnotwendige Anlagevermögen, da das sachzielnotwendige Umlaufvermögen im Gegensatz zum Anlagevermögen in der Regel nur kurz im Unternehmen gebunden ist und sich deswegen Anschaffungs- und Wiederbeschaffungspreise kaum unterscheiden

---

199 Vgl. Kloock et al. (2005), Abschnitt II.B.4.a); Keilus/Maltry (2000), S. 94; Schweitzer/Ziolkowski (1999), S. 20.

200 In der bereits in Fußnote 179 erwähnten empirischen Untersuchung zur Ausgestaltung der Kostenrechnung bei deutschen Industrieunternehmen gaben 19,4% der 52 Unternehmen an, die Grenzplankostenrechnung anzuwenden. Vgl. Schehl (1994), S. 259. Auch eine jüngere Untersuchung von Gerling et al. kommt zu dem Ergebnis, dass sich „bei den Nicht-Dienstleistern [unter den befragten Unternehmen des Composite DAX (CDAX)] eine hohe Affinität zum Einsatz der Grenzplankostenrechnung“ zeigt. Gerling et al. (2004), S. 466.

werden.[201] Generell können jedoch die Aussagen bezüglich des Wertansatzes des Anlagevermögens auch auf das Umlaufvermögen bezogen werden.

In den folgenden Abschnitten wird nun gezeigt, dass unter gewissen Bedingungen auch der Ansatz wiederbeschaffungspreisbasierter Abschreibungen zur Kapitalwertäquivalenz führt. Dafür ist es zunächst notwendig, das Lücke-Theorem auf Realwertbasis zu formulieren. Die realen Residualgewinne bilden dann die Ausgangsbasis für die anschließende Überführung in eine Nominalrechnung. Schließlich wird untersucht, ob auch bei einer Ermittlung der Abschreibungskosten anhand von Substanzerhaltungskonzeptionen die Kapitalwertäquivalenz stets gewährleistet ist, da diese Konzeptionen zur Begründung des Ansatzes von wiederbeschaffungspreisbasierten Abschreibungen herangezogen werden.

3.3.5.1 Reale Wiederbeschaffungspreise und Kapitalwertäquivalenz

Bei der tagesnahen Bewertung sind die Betriebsmittel mit den Preisen zu bewerten, die man für deren (fiktive) Wiederbeschaffung am Ende der betrachteten Periode t bezahlen müsste.[202] Aufgrund der im Inflationsfall periodenspezifischen Abschreibungsbasis W_t sind die wiederbeschaffungspreisbasierten Abschreibungen trotz angenommener linearer Abschreibung ebenfalls periodenspezifisch.
Zur allgemeinen Darstellung der Ermittlung wiederbeschaffungspreisbasierter Abschreibungen wird angenommen, dass eine Maschine zum Zeitpunkt t0 innerhalb der Totalperiode (Zeitraum [0; T]) angeschafft wird, deren Nutzungsdauer ND im Zeitpunkt T0 endet (vgl. die Zeitachse in Abbildung 5).

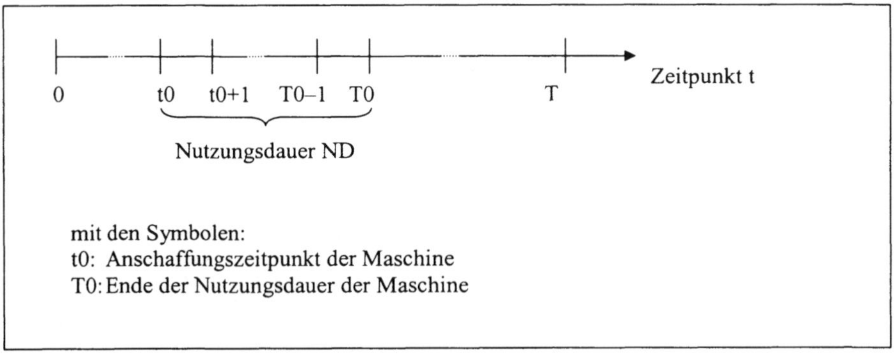

Abbildung 5: Zeitachse bezüglich Nutzungsdauer einer Maschine

[201] Vgl. Maltry/Keilus (2001), S. 103. Diese Tendenz wird sich in Zeiten verstärkter Just-in-Time-Produktion und sinkender Lagerbestände noch verstärken. Vgl. Riezler (1996), S. 165.

[202] Vgl. Kilger (1993), S. 218. In der Neuauflage dieses Werkes (Kilger/Pampel/Vikas (2002)) wurde auf die zitierte Textpassage verzichtet.

Nun soll der Wiederbeschaffungspreis W_{t0+1} zum Zeitpunkt t0 + 1 ermittelt werden. Dafür ist der Anschaffungspreis A_{t0} auf den Zeitpunkt t0 + 1 mit der periodenspezifischen allgemeinen Inflationsrate inf_{t0+1} zu inflationieren. Es ergibt sich: $W_{t0+1} = A_{t0} \cdot (1 + inf_{t0+1})$ bzw. allgemein:

$$W_t = A_{t0} \cdot \prod_{s=t0+1}^{t} (1 + inf_s) \qquad \text{für } t = t0 + 1, \ldots, T0. \qquad (3.13)$$

W_t stellt die Abschreibungsbasis für die wiederbeschaffungspreisbasierten nominalen Abschreibungen AB_t^{WP} in der Periode t dar:

$$AB_t^{WP} = \frac{A_{t0} \cdot \prod_{s=t0+1}^{t} (1 + inf_s)}{ND}. \qquad (3.14)$$

Die Ermittlung der wiederbeschaffungspreisbasierten Abschreibungen kann anhand von Beispiel 1 veranschaulicht werden (unter der zusätzliche Annahme, dass die Inflationsrate 10% beträgt). Für die im Zeitpunkt 1 (t0 = 1) beschafften Maschinen ergeben sich dann folgende wiederbeschaffungspreisbasierten Abschreibungsreihen:

$$AB_2^{WP}(\text{Maschinen}) = \frac{120 \cdot (1 + 0{,}1)}{2} = 66;$$

$$AB_3^{WP}(\text{Maschinen}) = \frac{120 \cdot (1 + 0{,}1)^2}{2} = 72{,}6.$$

Für die im Zeitpunkt 0 (t0 = 0) aktivierten Entwicklungsauszahlungen:

$$AB_2^{WP}(\text{Entwicklung}) = \frac{100 \cdot (1 + 0{,}1)^2}{2} = 60{,}5;$$

$$AB_3^{WP}(\text{Entwicklung}) = \frac{100 \cdot (1 + 0{,}1)^3}{2} = 66{,}55.$$

Will man die wiederbeschaffungspreisbasierten Abschreibungen AB_t^{WP} auf Basis der Preise zum Beschaffungszeitpunkt t0 bewerten, werden diese im Umkehrschritt wieder deflationiert, sodass sich letztendlich wiederum die anschaffungspreisbasierten Abschreibungen AB_t ergeben: $AB_t^{WP,real(t0)} = \dfrac{AB_t^{WP}}{\prod_{s=t0+1}^{t} (1 + inf_s)} = \dfrac{A_{t0}}{ND} = AB_t$

mit dem Symbol:

$AB_t^{WP,real(t0)}$: wiederbeschaffungspreisbasierte Abschreibung in t mit Preisbasis t0

Bezüglich Beispiel 1 ergeben sich folgende wiederbeschaffungspreisbasierten, auf das Preisniveau in t0 bezogenen Abschreibungsreihen.

Für die in t = 1 (t0 = 1) beschafften Maschinen:

$$AB_2^{WP,real(t0)}(\text{Maschinen}) = \frac{66}{(1 + 0{,}1)} = 60; \quad AB_3^{WP,real(t0)}(\text{Maschinen}) = \frac{72{,}6}{(1 + 0{,}1)^2} = 60.$$

Für die in t = 0 (t0 = 0) aktivierten Entwicklungsauszahlungen:

$$AB_2^{WP,real(t0)}(\text{Entwicklung}) = \frac{60{,}5}{(1+0{,}1)^2} = 50;$$

$$AB_3^{WP,real(t0)}(\text{Entwicklung}) = \frac{66{,}55}{(1+0{,}1)^3} = 50.$$

Dies entspricht den auf nominalen Anschaffungspreisen basierenden Abschreibungen AB_t, die in Abschnitt 2.2.2 im Rahmen von Beispiel 1 ermittelt wurden.

Geht man nun einen Schritt weiter und deflationiert die auf Wiederbeschaffungspreisen basierenden Abschreibungen AB_t^{WP} der Periode t, die aus einer Investition zum Zeitpunkt t0 resultieren, oder deflationiert man gleichbedeutend die auf den Anschaffungspreisen in t0 basierenden Abschreibungen AB_t auf den Bewertungszeitpunkt t = 0, so führt dies zu den Abschreibungen $AB_t^{WP,real}$ der Periode t mit Preisbasis t = 0:

$$AB_t^{WP,real} = \frac{AB_t^{WP}}{\prod_{s=1}^{t}(1+\inf_s)} = \frac{A_{t0}\cdot\prod_{s=t0+1}^{t}(1+\inf_s)}{ND\cdot\prod_{s=1}^{t}(1+\inf_s)} = \frac{A_{t0}}{ND\cdot\prod_{s=1}^{t0}(1+\inf_s)}$$

$$= \frac{AB_t}{\prod_{s=1}^{t0}(1+\inf_s)} = \frac{A_{t0}^{real}}{ND}$$

mit den Symbolen:

A_t^{real}: Auszahlung in t auf Basis realer Anschaffungspreise (Preisbasis t = 0)

$AB_t^{WP,real}$: Abschreibungen in t auf Basis realer Wiederbeschaffungspreise

Daraus wird ersichtlich, dass die Summe der auf realen Wiederbeschaffungspreisen basierenden Abschreibungen dem realen Anschaffungspreis entspricht: $ND \cdot AB_t^{WP,real} = A_{t0}^{real}$. Demnach gilt allgemein: $\sum_{t=0}^{T} A_t^{real} = \sum_{t=0}^{T} AB_t^{WP,real}$. Dies kann man als das auf Realwertbasis formulierte Kongruenzprinzip des Lücke-Theorems auffassen.[203] Daraus resultiert, dass der anhand realer Anschaffungsauszahlungen A_t^{real} mit der Preisbasis t = 0 berechnete Nettokapitalwert $NPV_0^{A,real}$ dem Nettokapitalwert $NPV_0^{AB,real}$ entspricht, zu dessen Ermittlung neben den Kapitalkosten Abschreibungen $AB_t^{WP,real}$ diskontiert werden, die auf realen Wiederbeschaffungspreisen (Preisbasis t = 0) basieren. Gemäß Lücke-Theorem gilt:

---

[203] Vgl. im Folgenden die auf der Betrachtung von Endwerten beruhenden Ausführungen bei Sieben/Maltry (2002), S. 415, unter der Annahme konstanter Zinssätze und Inflationsraten.

Mit

$$NPV_0^{A,real} = \sum_{t=0}^{T} \frac{A_t^{real}}{\prod_{s=1}^{t}\left(1+WACC_s^{real}\right)} \tag{3.15}$$

$$NPV_0^{AB,real} = \sum_{t=0}^{T} \frac{AB_t^{WP,real} + WACC_t^{real} \cdot KB_{t-1}^{WP,real}}{\prod_{s=1}^{t}\left(1+WACC_s^{real}\right)} \tag{3.16}$$

und

$$KB_{t-1}^{WP,real} = \sum_{s=0}^{t-1}\left(A_s^{real} - AB_s^{WP,real}\right) \tag{3.17}$$

gilt:

$NPV_0^{A,real} = NPV_0^{AB,real}$, da

$$\sum_{t=0}^{T} A_t^{real} = \sum_{t=0}^{T} AB_t^{WP,real} \qquad \text{(Kongruenzprinzip)} \tag{3.18}$$

erfüllt ist.

(Mit den Symbolen:

$NPV_0^{A,real}$: Nettokapitalwert auf Basis realer Anschaffungsauszahlungen (Preisbasis t = 0)

$NPV_0^{AB,real}$: Nettokapitalwert auf Basis realer Abschreibungen (Preisbasis t = 0)

$KB_{t-1}^{WP,real}$: Kapitalbindung zum Zeitpunkt t – 1 auf Basis realer Wiederbeschaffungspreise)

Der Beweis erfolgt analog zum Äquivalenzbeweis des auf Nominalwertbasis formulierten Lücke-Theorems in Abschnitt 2.2.2.[204]

Aufgrund der Kapitalbindungsformel (Gleichung (3.17)) muss gelten:

$$AB_t^{WP,real} = A_t^{real} + KB_{t-1}^{WP,real} - KB_t^{WP,real}. \tag{3.19}$$

Gleichung (3.16) kann nun in Gleichung (3.15) umgeformt werden, indem man $AB_t^{WP,real}$ aus Gleichung (3.19) in Gleichung (3.16) einsetzt:

[204] Zur Vereinfachung wird hier jedoch $KB_{-1} = 0$ gesetzt.

$$
\begin{aligned}
NPV_0^{AB,real} &= \sum_{t=0}^{T} \frac{A_t^{real} - KB_t^{WP,real} + \left(1+WACC_t^{real}\right)\cdot KB_{t-1}^{WP,real}}{\prod_{s=1}^{t}\left(1+WACC_s^{real}\right)} \\
&= A_0^{real} \boxed{-KB_0^{WP,real}} \\
&+ \frac{A_1^{real}}{\left(1+WACC_1^{real}\right)} \boxed{\boxed{-\frac{KB_1^{WP,real}}{\left(1+WACC_1^{real}\right)}}} + \boxed{\frac{\left(1+WACC_1^{real}\right)\cdot KB_0^{WP,real}}{\left(1+WACC_1^{real}\right)}} \\
&+ \frac{A_2^{real}}{\left(1+WACC_1^{real}\right)\cdot\left(1+WACC_2^{real}\right)} \boxed{\boxed{\boxed{-\frac{KB_2^{WP,real}}{\left(1+WACC_1^{real}\right)\cdot\left(1+WACC_2^{real}\right)}}}} \boxed{\boxed{+\frac{KB_1^{WP,real}}{\left(1+WACC_1^{real}\right)}}} \\
&+ \quad \ldots \quad - \boxed{\boxed{\boxed{\ldots}}} + \boxed{\boxed{\ldots}} \\
&+ \frac{A_{T-1}^{real}}{\prod_{s=1}^{T-1}\left(1+WACC_s^{real}\right)} \boxed{\boxed{\boxed{\boxed{-\frac{KB_{T-1}^{WP,real}}{\prod_{s=1}^{T-1}\left(1+WACC_s^{real}\right)}}}}} \boxed{\boxed{\boxed{+\frac{KB_{T-2}^{WP,real}}{\prod_{s=1}^{T-2}\left(1+WACC_s^{real}\right)}}}} \\
&+ \frac{A_T^{real}}{\prod_{s=1}^{T}\left(1+WACC_s^{real}\right)} + \underbrace{\frac{KB_T^{WP,real}}{\prod_{s=1}^{T}\left(1+WACC_s^{real}\right)}}_{=0} \boxed{\boxed{\boxed{\boxed{+\frac{KB_{T-1}^{WP,real}}{\prod_{s=1}^{T-1}\left(1+WACC_s^{real}\right)}}}}} \\
&= \sum_{t=0}^{T} \frac{A_t^{real}}{\prod_{s=1}^{t}\left(1+WACC_s^{real}\right)}.
\end{aligned}
$$

Der Nettokapitalwert NPV_0^A auf Basis nominaler Anschaffungsauszahlungen A_t entspricht dem Nettokapitalwert $NPV_0^{A,real}$ auf Basis realer Anschaffungsauszahlungen A_t^{real} (und somit ebenfalls $NPV_0^{AB,real}$). Bedingung ist allerdings, dass die nominalen Anschaffungsauszahlungen durch die Inflationierung mit der allgemeinen Inflationsrate ermittelt werden:[205]

$$
\begin{aligned}
NPV_0^{AB,real} = NPV_0^{A,real} &= \sum_{t=0}^{T} \frac{A_t^{real}}{\prod_{s=1}^{t}\left(1+WACC_s^{real}\right)} = \sum_{t=0}^{T} \frac{A_t^{real}\cdot\prod_{s=1}^{t}\left(1+inf_s\right)}{\prod_{s=1}^{t}\left(1+WACC_s^{real}\right)\cdot\prod_{s=1}^{t}\left(1+inf_s\right)} \\
&= \sum_{t=0}^{T} \frac{A_t}{\prod_{s=1}^{t}\left(1+WACC_s^{nom}\right)} = NPV_0^A.
\end{aligned}
$$

---

205 Da nur die allgemeine Inflationsrate in der Nennergröße (Zinssatz) angesetzt werden darf und sich die Inflationsraten in Zähler und Nenner für die Überleitung entsprechen müssen.

Als *Zwischenfazit* lässt sich festhalten, dass auch bei wiederbeschaffungspreisbasierten Abschreibungen das Kongruenzprinzip gilt, wenn man sowohl die wiederbeschaffungspreisbasierten Abschreibungen als auch die Anschaffungsauszahlungen mit der allgemeinen Inflationsrate auf den Bewertungszeitpunkt deflationiert, also von einem realen Kalkül ausgeht. Bedingung ist außerdem, dass die Wiederbeschaffungspreise mittels der allgemeinen Inflationsrate bestimmt werden.[206]

3.3.5.2 Nominale Wiederbeschaffungspreise und Kapitalwertäquivalenz

Die Gleichung zur Ermittlung des Nettokapitalwertes $NPV_0^{AB,real}$ soll nun so umgeformt werden, dass die Abschreibungen nicht mehr auf Basis von realen, sondern auf Basis von nominalen Wiederbeschaffungspreisen in die Kapitalwertberechnung eingehen:[207]

$$
\begin{aligned}
NPV_0^{AB,real} &= \sum_{t=0}^{T} \frac{\left(AB_t^{WP,real} + WACC_t^{real} \cdot KB_{t-1}^{WP,real}\right)}{\prod_{s=1}^{t}\left(1+WACC_s^{real}\right)} \\
&= \sum_{t=0}^{T} \left(\frac{AB_t^{WP}}{\prod_{s=1}^{t}\left(1+WACC_s^{real}\right)\cdot\prod_{s=1}^{t}\left(1+inf_s\right)} + \frac{WACC_t^{real} \cdot KB_{t-1}^{WP}}{\prod_{s=1}^{t}\left(1+WACC_s^{real}\right)\cdot\prod_{s=1}^{t}\left(1+inf_s\right)} \right) \\
&= \sum_{t=0}^{T} \left(\frac{AB_t^{WP}}{\prod_{s=1}^{t}\left(1+WACC_s^{nom}\right)} + \frac{WACC_t^{real} \cdot KB_{t-1}^{WP}}{\prod_{s=1}^{t}\left(1+WACC_s^{nom}\right)} \right) \\
&= \sum_{t=0}^{T} \frac{AB_t^{WP} + WACC_t^{real} \cdot KB_{t-1}^{WP}}{\prod_{s=1}^{t}\left(1+WACC_s^{nom}\right)} = NPV_0^{AB,nom} \qquad (3.20)
\end{aligned}
$$

mit dem Symbol:

$NPV_0^{AB,nom}$: Nettokapitalwert auf Basis nominaler wiederbeschaffungspreisbasierter Abschreibungen

Zur Herleitung der Gleichung (3.20) wurde die Kapitalbindung KB_{t-1}^{WP} zum Zeitpunkt $t-1$ auf Basis nominaler Wiederbeschaffungspreise wie folgt definiert:

$$KB_{t-1}^{WP} := KB_{t-1}^{WP,real} \cdot \prod_{s=1}^{t}\left(1+inf_s\right). \qquad (3.21)$$

---

206 Demnach muss dem in der Literatur oft geäußerten allgemeinen Einwand, dass bei Ansatz von Wiederbeschaffungspreisen das Kongruenzprinzip des Lücke-Theorems nicht gilt (vgl. z.B. Hax (1989), S. 159 und 168 f.; Baden (1997), S. 74 und S. 101; Richter (1999), S. 196; Siefke (1999), S. 118; Mussnig (2001a), S. 150; Ewert/Wagenhofer (2005), S. 68) widersprochen werden.

207 Vgl. die auf der Betrachtung von Endwerten beruhenden Ausführungen bei Sieben/Maltry (2002), S. 415, unter der Annahme konstanter Zinssätze, konstanter Inflationsraten sowie lediglich einer Anschaffungsauszahlung in t = 0.

Nach Einsetzen von (3.17) in (3.21) und weiteren Umformungen ergibt sich für KB_{t-1}^{WP}:

$$KB_{t-1}^{WP} = \sum_{\tau=0}^{t-1}\left(A_\tau^{real} - AB_\tau^{WP,real}\right)\cdot\prod_{s=1}^{t}\left(1+inf_s\right)$$

$$= \sum_{\tau=0}^{t-1}\left(\frac{A_\tau}{\prod_{v=1}^{\tau}\left(1+inf_v\right)} - \frac{AB_\tau^{WP}}{\prod_{v=1}^{\tau}\left(1+inf_v\right)}\right)\cdot\prod_{s=1}^{t}\left(1+inf_s\right)$$

$$= \sum_{\tau=0}^{t-1}\left(A_\tau - AB_\tau^{WP}\right)\cdot\prod_{s=\tau+1}^{t}\left(1+inf_s\right) \quad (3.22)$$

bzw.

$$KB_t^{WP} = \sum_{\tau=0}^{t}\left(A_\tau - AB_\tau^{WP}\right)\cdot\prod_{s=\tau+1}^{t+1}\left(1+inf_s\right)$$

$$= \left(\sum_{\tau=0}^{t-1}\left(A_\tau - AB_\tau^{WP}\right)\cdot\prod_{s=\tau+1}^{t}\left(1+inf_s\right)\right)\cdot\left(1+inf_{t+1}\right) + \left(A_t - AB_t^{WP}\right)\cdot\left(1+inf_{t+1}\right)$$

$$= \left(KB_{t-1}^{WP} + A_t - AB_t^{WP}\right)\cdot\left(1+inf_{t+1}\right). \quad (3.23)$$

Als *Fazit* lässt sich festhalten:

Für den Fall der wiederbeschaffungspreisbasierten Abschreibungen wurde gezeigt, dass das Lücke-Theorem relativ robust gegenüber Modifikationen ist.[208] So bleibt die Kapitalwertäquivalenz auch dann bestehen, wenn wiederbeschaffungspreisbasierte nominale Abschreibungen in die Residualgewinne eingehen (vgl. Gleichung (3.20)).[209] Die Kapitalkosten der betreffenden Betriebsmittel sind dann durch das Produkt aus realem Zinssatz und dem gebundenen Kapital zu berechnen. Das bezüglich der betreffenden Betriebsmittel gebundene Kapital wird anhand nominaler, die allgemeine Inflationsrate berücksichtigender Wiederbeschaffungspreise bestimmt (vgl. Gleichung (3.23)). Die Diskontierung erfolgt mit dem nominalen Zinssatz.

Exemplarisch soll die Kapitalwertäquivalenz im Rahmen einer Lebenszykluskostenrechnung (LZKR) anhand von Beispiel 4 veranschaulicht werden.

---

208 Inwiefern diese Robustheit auch gegenüber weiteren Modifikationen gegeben ist, muss im Einzelfall untersucht werden. Wie der Fall des Ansatzes von Wiederbeschaffungspreisen zeigt, sollte jedoch nicht vorschnell die Gültigkeit des Lücke-Theorems verneint werden (vgl. hierzu Fußnote 206).

209 Auch in einem Beitrag von Kloock aus dem Jahre 1981 wird die Kapitalwertäquivalenz bei Bewertung zu Wiederbeschaffungspreisen festgestellt. Vgl. Kloock (1981), S. 878-880. Dies wird dort allerdings durch eine Anpassung der Zahlungsrechnung erreicht, indem ein Geldbetrag für die Ersatzbeschaffung des Betriebsmittels als zusätzliche Auszahlung am Ende der Totalperiode in der Zahlungsrechnung angesetzt wird, der genau der kumulierten Differenz zwischen wiederbeschaffungs- und anschaffungspreisbasierten Abschreibungen entspricht. Eine zusätzliche Auszahlung ist in der Zahlungsrechnung zur Substanzerhaltung jedoch nur dann anzusetzen, falls die betriebsmittelspezifische Inflationsrate über der allgemeinen Inflationsrate liegt. Entspricht die betriebsmittelspezifische Inflationsrate der allgemeinen Inflationsrate, ist schon bei einem Kapitalwert von null die Ersatzbeschaffung gewährleistet (vgl. Beispiel 3 in Abschnitt 3.2.4).

Beispiel 4: LZKR und Wiederbeschaffungspreise unter Beachtung der Kapitalwertäquivalenz

Es gelten die Annahmen von Beispiel 1 in Verbindung mit den ergänzenden Annahmen von Beispiel 3. Der Free Cash Flow wird im Rahmen dieses Beispiels in den Free Cash Flow des operativen Bereichs und den Free Cash Flow des Investitionsbereichs getrennt (zu diesen Begrifflichkeiten vgl. Abschnitt 2.1.1). Analog dazu wird die Trennung des Gesamt-Residualgewinns in beide Bereiche vorgenommen (vgl. im Folgenden Tabelle 14). Hierdurch wird die unterschiedliche Vorgehensweise bei der Ermittlung der Abschreibungen und der Kapitalbindung im Anlagevermögen (wiederbeschaffungspreisbasiert) und der Kapitalbindung im Umlaufvermögen (anschaffungspreisbasiert) transparent.[210]

Die wiederbeschaffungspreisbasierten nominalen Abschreibungen betragen (s.o.):

$$\left.\begin{aligned} AB_2^{WP}(\text{Maschinen}) &= \frac{120\cdot(1+0{,}1)}{2} = 66 \\ AB_2^{WP}(\text{Entwicklung}) &= \frac{100\cdot(1+0{,}1)^2}{2} = 60{,}5 \end{aligned}\right\} \quad AB_2^{WP} = 126{,}50$$

$$\left.\begin{aligned} AB_3^{WP}(\text{Maschinen}) &= \frac{120\cdot(1+0{,}1)^2}{2} = 72{,}6 \\ AB_3^{WP}(\text{Entwicklung}) &= \frac{100\cdot(1+0{,}1)^3}{2} = 66{,}55. \end{aligned}\right\} \quad AB_3^{WP} = 139{,}15$$

Die Kapitalbindung KB_t^{WP} lautet gemäß Gleichung (3.22) bzw. (3.23):

$$KB_0^{WP} = (0+100-0)\cdot 1{,}1 = 110;\ KB_1^{WP} = (110+120-0)\cdot 1{,}1 = 253;$$
$$KB_2^{WP} = (253+0-126{,}5)\cdot 1{,}1 = 139{,}15;\ KB_3^{WP} = (139{,}15+0-139{,}15)\cdot 1{,}1 = 0;\ KB_4^{WP} = 0.$$

Durch die Multiplikation von KB_t^{WP} mit dem realen Zinssatz $WACC^{real}$ in Höhe von $9{,}0\overline{9}\,\%$ ergeben sich die Kapitalkosten, zu denen die wiederbeschaffungspreisbasierten Abschreibungen addiert werden, um die Residualgewinne des Investitionsbereiches zu erhalten. Durch deren Diskontierung mit dem nominalen Zinssatz ergibt sich der Nettokapitalwert $NPV_0^{AB,nom}$, der dem Nettokapitalwert NPV_0^{A} der nominalen Free Cash Flows des Investitionsbereichs entspricht: $NPV_0^{AB,nom} = -\frac{10}{1{,}2} - \frac{149{,}5}{1{,}2^2} - \frac{151{,}8}{1{,}2^3} + 0 = -200 = -100 - \frac{120}{1{,}2} = NPV_0^{A}$.

Addiert man die Residualgewinne des operativen Bereiches zu den Residualgewinnen des Investitionsbereiches, erhält man die Gesamt-Residualgewinne (vgl. Tabelle 14), deren Nettokapitalwert wiederum mit dem Nettokapitalwert der Gesamt-Free Cash Flows identisch ist:

$$NPV_0^{L} = -\frac{10}{1{,}2} - \frac{5{,}5}{1{,}2^2} + \frac{17{,}5}{1{,}2^3} + \frac{4{,}2}{1{,}2^4} = 0 = -100 - \frac{120}{1{,}2} + \frac{144}{1{,}2^2} + \frac{169{,}30}{1{,}2^3} + \frac{4{,}2}{1{,}2^4}.$$

210 Bei diesem Beispiel liegt keine Kapitalbindung im operativen Bereich vor, da sich annahmegemäß Zahlungsüberschüsse und kalkulatorische Erfolge entsprechen.

t	Vorlaufphase 0	Vorlaufphase 1	Marktphase 2	Marktphase 3	Nachlaufphase 4
Operativer Bereich (OB):					
$E_t^{U,OB}$	0,00	0,00	244,00	279,30	16,20
$A_t^{U,OB}$	0,00	0,00	100,00	110,00	12,00
$\boldsymbol{FCF_t^{OB} = E_t^{U,OB} - A_t^{U,OB}}$	***0,00***	***0,00***	***144,00***	***169,30***	***4,20***
L_t^{OB}	0,00	0,00	244,00	279,30	16,20
K_t^{OB}	0,00	0,00	100,00	110,00	12,00
$KE_t^{U,OB} = L_t^{OB} - K_t^{OB}$	0,00	0,00	144,00	169,30	4,20
KB_t^{OB}	0,00	0,00	0,00	0,00	0,00
$WACC_t \cdot KB_{t-1}^{OB}$	0,00	0,00	0,00	0,00	0,00
$\boldsymbol{RG_t^{WACC,OB} = KE_t^{U,OB} - WACC_t \cdot KB_{t-1}^{OB}}$	***0,00***	***0,00***	***144,00***	***169,30***	***4,20***
Investitionsbereich (IB):					
$E_t^{U,IB}$	0,00	0,00	0,00	0,00	0,00
$A_t^{U,IB}$	100,00	120,00	0,00	0,00	0,00
$\boldsymbol{FCF_t^{IB} = E_t^{U,IB} - A_t^{U,IB}}$	***–100,00***	***–120,00***	***0,00***	***0,00***	***0,00***
AB_t^{WP}	0,00	0,00	126,50	139,15	0,00
KB_t^{WP}	110,00	253,00	139,15	0,00	0,00
$WACC_t^{real} \cdot KB_{t-1}^{WP}$	0,00	10,00	23,00	12,65	0,00
$\boldsymbol{RG_t^{WACC,IB} = -AB_t^{WP} - WACC_t^{real} \cdot KB_{t-1}^{WP}}$	0,00	–10,00	–149,50	–151,80	0,00
Gesamt-FCF$_t$	***–100,00***	***–120,00***	***144,00***	***169,30***	***4,20***
Gesamt-RG$_t^{WACC}$	***0,00***	***–10,00***	***–5,50***	***17,50***	***4,20***

Tabelle 14: Residualgewinnreihe bei wiederbeschaffungspreisbasierten Abschreibungen (Beispiel 4)

3.3.5.3 Substanzerhaltung und Durchbrechung der Kapitalwertäquivalenz

Bisher wurde angenommen, dass die Wiederbeschaffungspreise für die eingesetzten Potenzialfaktoren anhand der allgemeinen Inflationsrate bestimmt werden. Es konnte gezeigt werden, dass die Kapitalwertäquivalenz in diesem Fall erhalten bleibt. Nun wird jedoch in der Praxis meist die betriebsmittelspezifische Inflationsrate bei der Ermittlung der wiederbeschaffungspreisbasierten Abschreibungen und der Kapitalbindung angesetzt, die in der Regel von der für die Investoren relevanten allgemeinen Inflationsrate abweicht. So wird bspw. aus einer aus dem Jahr 1997 stammenden Analyse der Richtlinien fünf namhafter deutscher Industrieverbände bezüglich der Ermittlung der Wiederbeschaffungswerte in der Kostenrechnung deutlich, dass sämtliche Verbände ihren Mitgliedern die betriebsmittelspezifische Inflationsrate empfehlen.[211] Dieses Vorgehen wird begründet durch den Rückgriff auf sog. Substanzerhaltungskonzeptionen.

Das Ziel der Substanzerhaltungskonzeptionen ist es, durch Abschreibungen von Wiederbeschaffungspreisen auf das abnutzbare Sachanlagevermögen sowie den Ansatz von Zinskosten auf das zu Wiederbeschaffungspreisen bewertete gebundene Kapital zu erreichen, dass am Ende der Nutzungsdauer ein Betrag zur Verfügung steht, der gerade zur Ersatzbeschaffung ausreicht. Indem die Preise so kalkuliert werden, dass durch die Umsatzerlöse die Abschreibungs- und Zinskosten in jeder Periode gedeckt werden, sollen durch die Einbehaltung bzw. Ansparung dieser Mittel die Ersatzinvestitionen finanziert werden.[212] Decken die Erlöse die Kosten, müssen die Eigner bei der Wiederbeschaffung keine weiteren Mittel investieren, d.h. es muss kein zusätzliches Eigenkapital aufgenommen werden. Von der gewählten Substanzerhaltungskonzeption hängt es dann ab, ob zur Ersatzbeschaffung zusätzliches Fremdkapital aufgenommen werden muss. Im Rahmen der *Nettosubstanzerhaltung* soll die auf den fremdfinanzierten Teil entfallende Preiserhöhung der Vermögensgegenstände durch die zusätzliche Aufnahme von Fremdkapital gedeckt werden, im Falle der *Bruttosubstanzerhaltung* sollen dagegen sämtliche Preissteigerungen durch entsprechend kalkulierte Absatzpreise gedeckt werden.[213] Das Konzept der Bruttosubstanzerhaltung führt demnach ceteris paribus zu höheren Abschreibungs- und Zinskosten und – da der Fremdkapitalbestand konstant bleibt – zu einer steigenden Eigenkapitalquote.

Ziel einer wertorientierten Unternehmensführung ist jedoch nicht die Wiederbeschaffung der Betriebsmittel, sondern die angemessene Verzinsung des eingesetzten Kapitals bzw. die Maximierung des Marktwertes des Eigenkapitals (des Kapitalwertes). Ist der Kapitalwert positiv, sollte das Projekt durchgeführt werden. Ein Kapitalwert von null beinhaltet zwar die angemessene Verzinsung sowie die Rückzahlung des eingesetzten Kapitals samt Inflationsausgleich, bedeutet jedoch nicht automatisch, dass die Wiederbeschaffung der Potenzialfaktoren ermöglicht wird.

Wie aus dem in Abschnitt 3.2.4 vorgestellten Beispiel 3 ersichtlich, wird bei einem Kapitalwert von null die Wiederbeschaffung der Potenzialfaktoren nur dann gewährleistet, falls die betriebsmittelspezifische Inflationsrate mit der allgemeinen Inflationsrate übereinstimmt. Die Eigner müssen in diesem Fall kein zusätzliches Eigenkapital zuführen. Ist die betriebsmittelspezifische Inflationsrate höher als die allgemeine Inflationsrate, muss bei einem Kapitalwert von null zusätzliches Kapital aufgenommen werden, um die Ersatzinvestition zu gewährleisten.

---

[211] Vgl. Pampel/Viertelhaus (1997), S. 15 (Abbildung 1).

[212] Vgl. Zimmermann (1992), S. 1417 f.

[213] Vgl. Sieben/Maltry (2003), S. 731. Die Nettosubstanzerhaltung wird in jüngster Zeit vor allem im Rahmen der Kalkulation von Netznutzungsentgelten in regulierten Märkten wie der Strom- und Telekommunikationsindustrie stark diskutiert. Zur gegenwärtigen Diskussion über Netznutzungsentgelte für Unternehmen der öffentlichen Energieversorgung vgl. bspw. Sieben/Maltry (2003) und für Telekommunikationsdienstleistungen Busse von Colbe (2002).

Setzt man jedoch die von der allgemeinen Inflationsrate abweichende betriebsmittelspezifische Inflationsrate an, so liegt keine Kapitalwertäquivalenz mehr vor. Aus diesem Grunde werden folgende Fehlentscheidungen getroffen, wenn sich diese am Kapitalwert der Residualgewinne orientieren:[214]

Ist die allgemeine Inflationsrate höher als die betriebsmittelspezifische Inflationsrate, so werden aus Investorensicht bei der Kapitalwertbestimmung durch die Berechnung der Wiederbeschaffungspreise anhand der betriebsmittelspezifischen Inflationsrate zu niedrige Abschreibungen und zu niedrige Kapitalkosten angesetzt. Demnach ist der durch Residualgewinne errechnete Kapitalwert höher als der gemäß Zahlungsrechnung bestimmte Kapitalwert, d.h. man „rechnet sich reich". Dies kann dazu führen, dass Projekte, die ihre Kapitalkosten eigentlich nicht erwirtschaften, als vorteilhaft ausgewiesen werden. Im umgekehrten Fall, d.h. wenn die allgemeine Inflationsrate niedriger ist als die betriebsmittelspezifische Inflationsrate, werden zu hohe Abschreibungen und Kapitalkosten bestimmt und der durch Residualgewinne errechnete Kapitalwert ist niedriger als der gemäß Zahlungsrechnung bestimmte Kapitalwert, d.h. man „rechnet sich arm".[215]

Das folgende Beispiel soll darlegen, dass bei Ansatz der betriebsmittelspezifischen anstatt der allgemeinen Inflationsrate die Kapitalwertäquivalenz nicht mehr vorliegt.

Beispiel 5:	**LZKR und Durchbrechung der Kapitalwertäquivalenz durch wiederbeschaffungspreisbasierte Abschreibungen**

Nun sollen ausgehend von Beispiel 4 die Auswirkungen auf den Kapitalwert dargestellt werden, falls nicht die allgemeine Inflationsrate inf in Höhe von 10%, sondern die betriebsmittelspezifische Inflationsrate inf^{BM} in Höhe von 5% bei der Ermittlung der wiederbeschaffungspreisbasierten Abschreibungen in Gleichung (3.14) angesetzt wird.

Für $inf^{BM} = 5\%$ ergibt sich:

$$\left.\begin{aligned} AB_2^{WP}(\text{Maschinen}) &= \frac{120\cdot(1+0{,}05)}{2} = 63 \\ AB_2^{WP}(\text{Entwicklung}) &= \frac{100\cdot(1+0{,}05)^2}{2} = 55{,}125 \end{aligned}\right\} \quad AB_2^{WP} = 118{,}125$$

$$\left.\begin{aligned} AB_3^{WP}(\text{Maschinen}) &= \frac{120\cdot(1+0{,}05)^2}{2} = 66{,}15 \\ AB_3^{WP}(\text{Entwicklung}) &= \frac{100\cdot(1+0{,}05)^3}{2} = 57{,}88125. \end{aligned}\right\} \quad AB_3^{WP} = 124{,}03125$$

---

[214] Dabei wird davon ausgegangen, dass die Zinskosten auf das zu Wiederbeschaffungspreisen bewertete gebundene Kapital anhand des realen Zinssatzes ermittelt werden und dass die Inflationsrate größer null ist.

[215] Vgl. die Argumentation bei Swoboda (1996), S. 365, der im Kontext der staatlichen Preisregulierung für Monopole feststellt, dass im Falle des Ansatzes einer höheren betriebsmittelspezifischen Inflationsrate (als die allgemeine Inflationsrate) bei der Bestimmung der Wiederbeschaffungspreise Überrenditen, im umgekehrten Fall Unterrenditen die Folge sind (Deckung der wiederbeschaffungspreisbasierten Abschreibungen und Zinskosten durch Erlöse angenommen).

Die Kapitalbindung KB_t^{WP} lautet gemäß Gleichung (3.22) bzw. (3.23):

$KB_0^{WP} = (0+100-0) \cdot 1,05 = 105; KB_1^{WP} = (105+120-0) \cdot 1,05 = 236,25;$

$KB_2^{WP} = (236,25+0-118,125) \cdot 1,05 = 124,03125;$

$KB_3^{WP} = (124,03125+0-124,03125) \cdot 1,05 = 0; KB_4^{WP} = 0.$

Die daraus resultierenden Gesamt-Residualgewinne sind Tabelle 15 zu entnehmen.

	Vorlaufphase				Nachlaufphase
			Marktphase		
t	0	1	2	3	4
AB_t^{WP}	0,00	0,00	118,13	124,03	0,00
KB_t^{WP}	105,00	236,25	124,03	0,00	0,00
$WACC_t^{real} \cdot KB_{t-1}^{WP}$	0,00	9,55	21,48	11,28	0,00
$RG_t^{WACC,IB} = -AB_t^{WP} - WACC_t^{real} \cdot KB_{t-1}^{WP}$	***0,00***	***-9,55***	***-139,60***	***-135,31***	***0,00***
$Gesamt - RG_t^{WACC}$	***0,00***	***-9,55***	***4,40***	***33,99***	***4,20***

Tabelle 15: Residualgewinnreihe bei wiederbeschaffungspreisbasierten Abschreibungen und $inf^{BM} = 5\%$ (Beispiel 5)

Diskontiert man die Residualgewinne (Investitionsbereich) mit dem nominalen WACC, ergibt sich der Nettokapitalwert $NPV_0^{AB,nom}$, der nun *höher* ist als der Nettokapitalwert NPV_0^A der nominalen Free Cash Flows des Investitionsbereichs:

$NPV_0^{AB,nom} = -9,55/1,2 - 139,6/1,2^2 - 135,31/1,2^3 + 0 = -183,21 > NPV_0^A = -200.$

Somit fällt auch der Nettokapitalwert der Gesamt-Residualgewinne höher aus als der Nettokapitalwert der Gesamt-Free Cash Flows.[216]

3.3.5.4 Zusammenfassender Überblick sowie Auswahl eines geeigneten Ansatzes der Inflationsberücksichtigung

Eine im Jahr 1997 durchgeführte Befragung von 153 deutschen Industrieunternehmen ergab, dass 41% der Unternehmen Tagesbeschaffungspreise als Abschreibungsbasis ansetzen.[217] Keines dieser Unternehmen verwendet jedoch Realzinssätze zur Ermittlung der Kapitalkosten.[218] Geht man davon aus, dass diese Unternehmen bei der Ermittlung der Kapitalbindung ebenfalls Tagesbeschaffungspreise heranziehen (dies wurde in der Studie nicht erfasst), führt eine Kapitalwertberechnung anhand von Residualgewinnen stets zu einem zu niedrigen Wert. Das Periodenergebnis dieser Unternehmen fällt dementsprechend aus wertorientierter Sicht stets zu niedrig aus. Generell geht aus dieser empirischen Studie hervor, dass „die Ermittlung

---

216 Der Nettokapitalwert der Gesamt-Residualgewinne beträgt dann fälschlicherweise 16,79 ($= -9,55/1,2 + 4,4/1,2^2 + 33,99/1,2^3 + 4,2/1,2^4$) anstatt richtigerweise 0.

217 Vgl. Währisch (1998), S. 102 f.

218 Vgl. Währisch (1998), S. 109.

der kalkulatorischen Zinsen in der betrieblichen Praxis als heterogen – insbesondere in Bezug auf die Zinssätze – bezeichnet werden [kann]", sowie „dass die Ansatzweise der beiden Kostenarten [kalkulatorische Zinsen und Abschreibungen] in der Praxis weitgehend unabhängig voneinander ist", gleichwohl „aus theoretischer Sicht hingegen ... zu fordern [wäre], die Ansatzweise im Sinne einer einheitlichen betriebswirtschaftlichen Konzeption aufeinander abzustimmen, um die Zusammenhänge der Kostenarten zu berücksichtigen".[219] Aus diesem Grunde wird im Folgenden zusammenfassend dargestellt, welche Vorgehensweisen die Kapitalwertäquivalenz der Kostenrechnung sicherstellen:

Die Vermögensgegenstände des sachzielnotwendigen Anlagevermögens werden mit *historischen Anschaffungskosten* bewertet, die Abschreibungen werden auf Basis dieser historischen Anschaffungskosten ermittelt und das korrespondierende gebundene Kapital wird mit dem *Nominalzinssatz* verzinst. Die Diskontierung der Residualgewinne erfolgt ebenfalls mit dem *Nominalzinssatz* [vgl. Abschnitt 2.2.2].

Die Vermögensgegenstände des sachzielnotwendigen Anlagevermögens werden mit fortgeführten realen Tagesbeschaffungspreisen (mit dem Bewertungszeitpunkt als Preisbasis) bewertet, die die allgemeine Inflationsrate berücksichtigen. Die Abschreibungen werden auf Basis dieser fortgeführten realen Tagesbeschaffungspreise ermittelt und das korrespondierende gebundene Kapital wird mit dem Realzinssatz verzinst. Die Diskontierung der Residualgewinne erfolgt ebenfalls mit dem Realzinssatz [vgl. Abschnitt 3.3.5.1].

Die Vermögensgegenstände des sachzielnotwendigen Anlagevermögens werden mit fortgeführten nominalen Tagesbeschaffungspreisen bewertet, die die allgemeine Inflationsrate berücksichtigen. Die Abschreibungen werden auf Basis dieser fortgeführten Tagesbeschaffungspreise ermittelt und das korrespondierende gebundene Kapital wird mit dem Realzinssatz verzinst. Die Diskontierung der Residualgewinne erfolgt mit dem Nominalzinssatz [vgl. Abschnitt 3.3.5.2].

In allen anderen Fällen führt der Nettokapitalwert NPV_{RG} der Residualgewinnreihe im Vergleich zum Nettokapitalwert NPV_{CF} der Zahlungsüberschuss-(Cash Flow-)Reihe zu einem zu hohen bzw. zu niedrigen Kapitalwert. In der nachfolgenden Tabelle 16 wird hierzu ein Überblick über die verschiedenen Möglichkeiten bezüglich Abschreibungs- und Zinskostenermittlung und deren Auswirkung auf die Kapitalwertäquivalenz gegeben.[220]

Abschließend ist die Frage zu beantworten, welche der genannten Möglichkeiten für eine Produktlebenszykluskostenrechnung sinnvoll sind. Eine Realrechnung gemäß Vorgehensweise 2 scheidet aus den gleichen Gründen wie bei einer Zahlungsrechnung aus (vgl. Abschnitt 3.2.4). Da Ertragsteuern in die Lebenszykluskostenrechnung einbezogen werden sollen, ist der Ansatz von Wiederbeschaffungspreisen gemäß Vorgehensweise 3 ebenfalls nicht zu empfehlen, da bei der Ermittlung von Ertragsteuern nur historische Anschaffungspreise in die Ermittlung der Abschreibungen eingehen dürfen. Demnach verbleibt als einzige sinnvolle Vor-

---

[219] Währisch (1998), S. 111.

[220] Dabei wird von einer stets positiven Inflationsrate und stets positiver Kapitalbindung ausgegangen.

gehensweise die erste der genannten Möglichkeiten, d.h. die Bewertung mit historischen Anschaffungswerten.

Zinssatz bei Ermittlung der Zinskosten / **Preisansatz bei Ermittlung von gebundenem Kapital und Abschreibungen**	**Nominalzinssatz**	**Realzinssatz**
1. Nominale historische Anschaffungspreise (Annahme: Diskontierung der resultierenden Residualgewinne mit Nominalzinssatz)	**Kapitalwert-äquivalenz**	$NPV_{CF} < NPV_{RG}$
2. Reale, anhand der allgemeinen Inflationsrate ermittelte Tagesbeschaffungspreise bzw. reale historische Anschaffungspreise (Annahme: Diskontierung der resultierenden Residualgewinne mit Realzinssatz)	$NPV_{CF} > NPV_{RG}$	**Kapitalwert-äquivalenz**
3. Nominale, anhand der allgemeinen Inflationsrate ermittelte Tagesbeschaffungspreise (Annahme: Diskontierung der resultierenden Residualgewinne mit Nominalzinssatz)	$NPV_{CF} > NPV_{RG}$	**Kapitalwert-äquivalenz**
4. Nominale, anhand der betriebsmittelspezifischen Inflationsrate ermittelte Tagesbeschaffungspreise (Annahme: Diskontierung der resultierenden Residualgewinne mit Nominalzinssatz)	1. Fall: $inf^{BM} > inf$: $NPV_{CF} > NPV_{RG}$ 2. Fall: $inf^{BM} < inf$: unbestimmt	1. Fall: $inf^{BM} > inf$: $NPV_{CF} > NPV_{RG}$ 2. Fall: $inf^{BM} < inf$: $NPV_{CF} < NPV_{RG}$

Tabelle 16: Interdependenz von Abschreibungen, Zinskosten und Kapitalwertäquivalenz

3.4 Ansätze von Produktlebenszyklusrechnungen in der Literatur

In den vorangegangenen Abschnitten wurden die konzeptionellen Grundlagen einer wertorientierten Produktlebenszyklusrechnung dargestellt. Als grundlegende konzeptionelle Merkmale bzw. Abgrenzungskriterien wurden das verwendete Rechnungssystem (Zahlungsüberschüsse bzw. kalkulatorische Erfolge) sowie der Kapitalwert bzw. der Unternehmenswertbeitrag als Zielgröße hervorgehoben. Es wurde verdeutlicht, dass auch die Einbeziehung von Gewinnsteuern und damit verbunden der steuerliche Vorteil aus der Fremdfinanzierung (Tax Shield) ein konstitutives Merkmal einer wertorientierten Produktlebenszyklusrechnung ist.[221] Anhand dieser Kriterien werden im Folgenden ausgewählte Ansätze aus der Literatur zur Lebenszyklusrechnung verglichen und in einer Synopse gegenübergestellt (vgl. Tabelle 17 in Abschnitt 3.4.1 bezüglich zahlungsbasierter und Tabelle 18 in Abschnitt 3.4.2 bezüglich kostenbasierter Lebenszyklusrechnungen). Dabei wird sich hauptsächlich auf anbieterorientierte Konzepte (Produktlebenszyklusrechnungen) bezogen.[222] Die Bestandsaufnahme soll dazu

[221] Wenn auch in dieser Arbeit die Einbeziehung unter der vereinfachten Voraussetzung erfolgt, dass Steuern ausschließlich auf Unternehmensebene erhoben werden.

[222] Bei den aus dem angelsächsischen Sprachraum stammenden Ansätzen werden auch nachfragerorientierte Konzepte analysiert.

dienen, auf Schwachpunkte der bisherigen Konzeptionen hinzuweisen und hieraus eine neue Konzeption zu motivieren.

3.4.1 Ausgewählte Ansätze zur Produktlebenszykluszahlungsrechnung

Festzustellen ist zunächst, dass in der deutschsprachigen Literatur im Vergleich zum englischsprachigen Schrifttum auffallend wenige rein zahlungsorientierte Produktlebenszyklusrechnungen vertreten sind. Rückle/Klein weisen im Rahmen ihres zahlungsbasierten Ansatzes darauf hin, dass eine projektspezifische Erfassung von Zahlungen im internen Rechnungswesen nicht üblich ist und somit ein Ausbau der Finanzrechnung zur Umsetzung einer Lebenszykluszahlungsrechnung notwendig erscheint. So fordern sie die Zurechnung von Zahlungen zu Bereichen, Stellen und Trägern, wie sie innerhalb der Kostenrechnung im Rahmen der Zurechnung von Kosten bzw. Erlösen bereits üblich ist.[223] In diesem Kontext weisen sie auf den Einsatz eines relationalen Datenbanksystems hin.[224] Diesbezüglich ist jedoch festzustellen, dass bereits die originäre Erstellung von Cash Flow-Rechnungen, in denen Zahlungen direkt bei der Erfassung des Geschäftsvorfalles anhand von Buchungssätzen dem Umsatz-, Investitions- und Finanzierungsbereich zugeordnet werden, in der Unternehmenspraxis äußerst selten ist.[225] Ob vor diesem Hintergrund die wesentlich komplexere Zuordnung von Zahlungen zu Bereichen, Stellen und Trägern in die Praxis Eingang finden kann, scheint mehr als fraglich. Auf die Art des im Rahmen der Kapitalwertberechnung anzusetzenden Diskontierungssatzes gehen die Autoren nicht näher ein.[226] Die Einbeziehung von Steuern bzw. des Steuervorteils aus der Fremdfinanzierung wird nicht thematisiert.

Auch Riezler wählt eine zahlungsbasierte Konzeption, obwohl er die Vorteile bei der Verwendung periodisierter Rechengrößen (wie Kosten und Leistungen) durch die erleichterte Datenintegration mit dem Rechnungswesen erkennt.[227] Als großen Vorteil einer zahlungsbasierten Rechnung nennt er die mögliche Verknüpfung mit der Finanzplanung des gesamten Unternehmens sowie die höhere Rechengenauigkeit aufgrund der exakten Erfassung von Zinswirkungen.[228] Die Integration der Zahlungsrechnung in das laufende periodenorientierte Rechnungswesen wird von ihm deswegen als notwendige Bedingung für die Praktikabilität seines zahlungsorientierten Ansatzes angesehen.[229] Aufgrund der mangelnden projektweisen originären Zuordnung von Zahlungsgrößen im Rechnungswesen muss allerdings auch Riezler einräumen, dass zumindest für die Abbildung innerbetrieblicher Leistungsprozesse und für

223 Vgl. Rückle/Klein (1994), S. 356.
224 Vgl. Rückle/Klein (1994), S. 357.
225 Vgl. Gebhardt (2001), Tz. 82.
226 Rückle/Klein setzen einen Kalkulationszinsfuß in Höhe von 10% an, ohne auf dessen Ermittlung einzugehen. Vgl. Rückle/Klein (1994), S. 359.
227 Vgl. Riezler (1996), S. 136.
228 Die Verknüpfung mit der Liquiditätsplanung wird von ihm später jedoch relativiert, weil auch in seinem Ansatz aus Praktikabilitätsgründen teilweise auf periodisierte Größen zurückgegriffen werden muss. In diesem Zusammenhang betont er dann, dass die Lebenszyklusrechung eine Erfolgsrechnung und keine Liquiditätsrechnung sei. Vgl. Riezler (1996), S. 172.
229 Vgl. Riezler (1996), S. 137.

Kontrollrechnungen „hilfsweise“ auf die Kosten- und Leistungen zurückgegriffen werden muss, wenn ein derartiges Integrationskonzept (noch) nicht realisiert ist.[230] Konzeptionell basiert die Lebenszykluszahlungsrechnung von Riezler auf der WACC-Methode. Er verwendet – ohne dies explizit zu nennen – Free Cash Flows als zu diskontierende Periodenüberschüsse.[231] Problematisch ist jedoch, dass es sich hierbei – „aus Vereinfachungsgründen“ – ausdrücklich um einen Zahlungsüberschuss *vor* Ertragsteuern handelt.[232] In Abschnitt 3.3.1 wurde diesbezüglich bereits erläutert, dass Steuerzahlungen aufgrund ihrer Entscheidungsrelevanz in eine strategische Rechnung – wie sie die Lebenszyklusrechnung darstellt – zu integrieren sind. Als weiterer konzeptioneller Mangel ist die von Riezler vorgenommene Diskontierung der Zahlungsüberschüsse mit dem durchschnittlichen Kapitalkostensatz des Unternehmens (WACC) zu nennen, der den steuerlichen Vorteil aus der Fremdfinanzierung (Tax Shield) berücksichtigt.[233] Zwar nimmt Riezler nicht explizit dazu Stellung, ob dieser Fremdfinanzierungsvorteil in den durchschnittlichen Kapitalkosten enthalten ist. Er verweist allerdings auf eine entsprechende Textstelle bei Hahn[234], bei der die Tax Shield-Wirkung im WACC berücksichtigt wird. Somit handelt es sich bei dem Kapitalwertkalkül von Riezler weder um eine reine Vor- noch um eine reine Nachsteuerrechnung, sodass das Kriterium der Kapitalwertäquivalenz nicht erfüllt ist.

Der Beitrag von Stratmann bezieht sich ausdrücklich auf Free Cash Flows als Überschussgrößen der Lebenszyklusrechnung. Folgerichtig wird als Diskontierungssatz der WACC angesetzt, sodass offensichtlich die WACC-Methode angewandt wird und eine Unternehmenswertorientierung gewährleistet ist.[235] Da in seiner Arbeit jedoch hauptsächlich die Sicherstellung der Informationsversorgungsfunktion des Controlling im Rahmen der Produktlebenszyklusrechnung thematisiert wird, stellt sich die Frage, warum nicht näher auf eine Lebenszyklus*kosten*rechnung eingegangen wird.[236] So erörtert Stratmann mehrmals die fehlende Verfügbarkeit von produktbezogenen Zahlungsgrößen in der Unternehmenspraxis und die somit notwendige Transformation von Kosten- in Auszahlungsgrößen mittels approximativer Überleitungsrechnungen.[237] Derartige Überleitungen wären bei einer originären Verwendung von Kostengrößen im Rahmen eines Residualgewinnansatzes offensichtlich überflüssig, sodass es

---

230 Vgl. Riezler (1996), S. 172.

231 Vgl. das „Beispiel einer Checkliste für Ein- und Auszahlungswirkungen von Produktprojekten industrieller Serienproduktion“, Schaubild VI.2, bei der – analog der Ermittlungsweise von Free Cash Flows – keine Finanzierungszahlungen aufgeführt werden; Riezler (1996), S. 194-196.

232 Riezler (1996), S. 212.

233 Vgl. Riezler (1996), S. 212 f.

234 Vgl. Hahn (1994), S. 300 f.

235 Vgl. Stratmann (2001), S. 212 f. bzw. S. 99 f.

236 Die Integration von Kosten- und Investitionsrechnung wird nur kurz diskutiert (vgl. Stratmann (2001), S. 143 f.).

237 Stratmann fordert die Transformation der Prozess- bzw. der Grenzplankosten in Auszahlungsgrößen (vgl. Stratmann (2001), S. 193 bzw. S. 198) und regt den Entwurf einer „Prozessauszahlungsrechnung“ an (vgl. Stratmann (2001), S. 169). Er räumt ein, dass „zahlungsorientierte Rechnungen [...] in Unternehmungen weit weniger ausgebaut [sind] als Kosten- und Erlösrechnungen des periodenorientierten Rechnungswesens“ (Stratmann (2001), S. 238). Aus diesem Grunde geht er auf den Seiten 237-240 seiner Arbeit genauer auf die (approximative) Transformation von Kosten in Auszahlungen ein.

gerade bezüglich des Aspektes der Informationsversorgung bzw. -verfügbarkeit offen bleibt, warum sich für „periodenübergreifende Wirtschaftlichkeitsbetrachtungen und somit auch für Wirtschaftlichkeitsanalysen von Produkten über ihren Lebenszyklus [...] **Investitionsrechnungen auf Basis von Zahlungen** [Fettdruck im Original] als generell zweckmäßiger" erweisen.[238]

In den englischsprachigen Beiträgen zur Produktlebenszykluszahlungsrechnung werden oftmals lediglich allgemeine Kriterien entwickelt, die eine Lebenszyklusrechnung erfüllen bzw. die bei der Anwendung beachtet werden sollten.[239] Da dort meist nicht auf die hier zu untersuchende genaue Ausgestaltung des Erfolgsbegriffes oder den Diskontierungssatz eingegangen wird, werden im Weiteren auch Konzepte der Lebenszyklusrechnung untersucht, die sich nicht unmittelbar auf den Lebenszyklus eines Produktes, sondern allgemein auf den Lebenszyklus von Anlagen (Investitionsgütern) oder anderen Objekten aus Sicht des Nachfragers dieser Objekte beziehen (Kundensicht).[240]

Festzustellen ist grundsätzlich, dass eine begriffliche Unterscheidung zwischen Kosten und Auszahlungen, wie sie in Deutschland üblich ist, in der englischsprachigen Literatur im Rahmen der strategisch ausgerichteten Lebenszyklusrechnung im Allgemeinen nicht vorgenommen wird.[241] Unter der Annahme der Zahlungswirksamkeit der Kosten werden dort zahlungsbasierte Ansätze dargestellt.[242]

So wird in dem bereits aus dem Jahre 1970 stammenden Konzept von Kaufman, das im angelsächsischen Sprachraum u.a. als grundlegender Beitrag zur Lebenszyklusrechnung angesehen wird[243], keine Unterscheidung zwischen Kosten und Zahlungen vorgenommen. Dabei ist zumindest fraglich, ob die von Kaufman genannten Kostenkategorien tatsächlich alle zahlungswirksam sind, so z.B. Raumkosten („space costs"), in denen typischerweise auch Abschreibungen für die genutzten Gebäude enthalten sind.[244] Diese werden zwar entsprechend dem Kapitalwertkalkül diskontiert, auf den Diskontierungsfaktor wird jedoch nicht näher eingegangen. Kaufman setzt beispielhaft einen Diskontierungsfaktor in Höhe von 10% an, ohne dies zu begründen.[245] Ob Ertragsteuern berücksichtigt werden oder unter den aufgeführten

---

238 Stratmann (2001), S. 99.

239 So z.B. bei Berliner/Brimson (1988), S. 139-158; Shields/Young (1991), S. 39-52; Susman (1992), Chapter G1, S. 1-15.

240 Auf die Darstellung von Ansätzen zu speziellen Objekten wie Bauprojekten, militärischen Projekten etc. wird an dieser Stelle verzichtet. Vgl. hierzu bspw. die Übersicht bei Sherif/Kolarik (1981), S. 290 oder bei Kemminer (1999), S. 105.

241 Vgl. Emblemsvåg (2003), S. 28. Während in den meisten untersuchten Ansätzen ausschließlich von Kosten gesprochen wird, werden die Begriffe „Cash Flows" und „Costs" in dem weiter unten dargestellten Beitrag von Woodward parallel mit der gleichen Bedeutung verwendet. Vgl. Woodward (1997).

242 Vgl. Emblemsvåg (2003), S. 281. Der weiter unten dargestellte eigene Ansatz von Emblemsvåg stellt insofern eine Ausnahme dar, da er einen Mittelweg wählt, indem er sowohl Zahlungen als auch Kosten betrachtet.

243 So Woodward (1997), S. 336.

244 Vgl. Kaufman (1970), S. 22.

245 Vgl. Kaufman (1970), S. 26 f.

„Taxes" als Kostenkategorie lediglich Substanz- und Verbrauchsteuern fallen, bleibt ebenfalls offen.

Der Ansatz von Blanchard beruht auf „economic costs", die aus Ausgaben („expenditures") abgeleitet werden.[246] Die Begriffe Kosten und Ausgaben werden jedoch im weiteren Verlauf der Arbeit von Blanchard ebenfalls synonym verwandt, was sich unmittelbar auch darin zeigt, dass Abschreibungen bei der Anwendung des Kapitalwertkalküls nicht berücksichtigt werden.[247] Die Zahlungswirksamkeit der Kosten wird demnach auch hier unterstellt (unter der Annahme der inhaltlichen Identität der Begriffe Ausgaben und Auszahlungen). Auf die Höhe des Diskontierungssatzes wird nicht eingegangen, sondern auf die spezielle Finanzierungsliteratur verwiesen.[248] Ebenso wird der Ansatz von Steuern nicht thematisiert. Steuern sind als Kostenkategorie in der Kostenübersicht („cost breakdown structure") von Blanchard nicht aufgeführt.[249] Auch die spätere, von Blanchard in Zusammenarbeit mit Fabrycky entstandene Arbeit zur Lebenszykluskostenrechnung gibt über den verwendeten Kostenbegriff bzw. den Diskontierungssatz keine weiteren Hinweise.[250] Dass in der englischsprachigen Literatur meist wenig Auskunft über die Art des Diskontierungssatzes gegeben wird, muss gerade bei der Verwendung von Zahlungsüberschüssen als Erfolgsgrößen der Lebenszyklusrechnung verwundern. Beim Ansatz von Zahlungsüberschüssen liegt doch die Verbindung zu den in den angelsächsischen Ländern weit verbreiteten DCF-Verfahren nahe, die explizit über die Berechnung des anzusetzenden Kapitalkostensatzes Auskunft geben. So wird auch in einem Beitrag von Woodward festgestellt, dass die einschlägige Literatur aus dem Bereich der Lebenszyklusrechnung keine klaren Empfehlungen bezüglich des Diskontierungssatzes gibt. Im Weiteren nennt Woodward zwar Möglichkeiten, die die Art des anzusetzenden Zinssatzes betreffen, verweist aber schließlich auf die notwendige Hilfe des „financial management" bei der exakten Festlegung.[251] Auf den Ansatz von steuerlichen Abschreibungsmöglichkeiten („tax allowances") aufgrund der Anschaffung einer Anlage geht Woodward im Rahmen eines Schaubildes ein. Die steuerlichen Wirkungen der weiteren Auszahlungen (z.B. der „operating

---

246 Als weitere Kostenkategorie nennt er „non-economic costs" (wie „social costs", „political costs" etc.), bei denen nur schwer eine monetäre Bewertung möglich ist. Vgl. Blanchard (1978), S. 24. Den „economic costs" würde in Deutschland wohl am ehesten der Begriff der pagatorischen Kosten entsprechen.

247 Vgl. Blanchard (1978), S. 50-59 sowie die in der Arbeit aufgeführten Fallstudien.

248 Vgl. Blanchard (1978), S. 51, Fußnote 12.

249 Vgl. Blanchard (1978), S. 192.

250 Ebenso werden bei dieser Arbeit Steuern nicht als Kostenkategorie aufgeführt. Vgl. Fabrycky/Blanchard (1991), S. 333.

251 Als Beispiele für weit verbreitete Zinssätze nennt er:
den erwarteten Fremdkapitalkostensatz des Unternehmens,
den Zinssatz, den das Unternehmen verlangen könnte, wenn es selbst als Kreditgeber auftritt,
den Opportunitätskostensatz aus Unternehmenssicht,
den niedrigsten Fremdkapitalsatz für ein zahlungsfähiges Unternehmen,
den Zinssatz von risikofreien Wertpapieren.
Die kapitalmarkttheoretische Ermittlung über das CAPM wird von ihm nicht genannt.
Vgl. Woodward (1997), S. 338.

costs") werden nicht einbezogen, obwohl diese gleichermaßen die Steuerzahlungen reduzieren.[252]

Ein Ansatz, der u.a. auch die Produzentensicht einschließt und die Produktlebenszyklusrechnung mit der Prozesskostenrechnung verbindet, stammt von Emblemsvåg. Dieser differenziert – wohl auch zwangsläufig aufgrund der Anwendung der Prozesskostenrechnung – explizit zwischen dem Kosten- und Zahlungsbegriff.[253] Bezüglich der Lebenszykluskosten nimmt er eine Unterscheidung zwischen fünf Kategorien vor: „Usual", „Hidden", „Liability", „Less tangible" und „Externalities".[254] Die ersten vier Kategorien werden als relevant für eine Produktlebenszykluskostenrechnung eingestuft.[255] Parallel dazu wird auch eine Zahlungsrechnung durchgeführt, die zur Bestimmung des Kapitalwertes des Produktprojektes dient. Im Rahmen der Zahlungsrechnung wird die WACC-Methode angewandt, sodass die Ertragsteuern in der Zählergröße und der Steuervorteil der Fremdfinanzierung in der Nennergröße (Diskontierungssatz) berücksichtigt werden.[256] Offen bleibt allerdings, warum sowohl eine strategische Zahlungs- als auch eine Kostenanalyse durchgeführt werden müssen[257], obwohl doch beide Ansätze – wie Emblemsvåg an anderer Stelle hervorhebt[258] – zum gleichen Kapitalwert führen. Die Begründung, dass in jedem Fall viele Kostenbestandteile nicht durch Cash Flows berücksichtigt werden können[259], wird nicht weiter belegt und ist in diesem Kontext unverständlich.

Auch Reichmann/Fröhling beziehen sowohl die Kosten- und Leistungsrechnung als auch die Zahlungsrechnung in ihr Konzept ein, wobei sie sich im Rahmen ihres Beitrages zunächst auf die Ermittlung und Verrechnung von Vor- und Nachlaufkosten konzentrieren. Die zur Erfüllung der Kapitalwertäquivalenz zwingend zu berücksichtigenden Zinseffekte werden in ihr Kalkül an dieser Stelle nicht integriert.[260] Nachfolgend werden dann kapitalwertorientierte Auswertungsrechnungen vorgestellt, bei denen vereinfachend die Zahlungswirksamkeit der Kosten angenommen und sich somit einer Zahlungsrechnung bedient wird.[261] Als Diskontierungssatz wird der WACC oder alternativ der Eigenkapitalkostensatz des verschuldeten Unternehmens gemäß CAPM sowie der Durchschnittszinssatz einer längerfristigen Kapitalaufnahme genannt, wobei offen bleibt, wann welcher Zinssatz anzuwenden ist.[262] Zur Berücksichtigung des Tax Shields bzw. des Ansatzes von Ertragsteuern werden keinerlei Angaben

[252] Vgl. Woodward (1997), S. 342.
[253] Vgl. Emblemsvåg (2003), S. 28.
[254] Wie auch in dem Beitrag von Faßbender-Wynands, auf den noch in Abschnitt 3.4.2 eingegangen wird, werden somit durch externe Effekte entstehende Kosten aufgrund von Umweltbelastungen („Externalities") mit in den Kostenbegriff je nach Zwecksetzung der Kostenrechnung integriert. Vgl. Emblemsvåg (2003), S. 34, bzw. Faßbender-Wynands (2001), S. 16.
[255] Vgl. Emblemsvåg (2003), S. 30.
[256] Vgl. Emblemsvåg (2003), S. 168.
[257] Vgl. Emblemsvåg (2003), S. 282.
[258] Vgl. Emblemsvåg (2003), S. 169.
[259] Vgl. Emblemsvåg (2003), S. 283.
[260] Vgl. Reichmann/Fröhling (1994), S. 286-320.
[261] Vgl. Reichmann/Fröhling (1994), S. 320-329.
[262] Vgl. Reichmann/Fröhling (1994), S. 322 f.

gemacht. Im letzten Kapitel ihres Beitrages gehen Reichmann/Fröhling dann auf lebenszyklusorientierte zahlungsbasierte Kontrollrechnungen ein.[263] Dabei wird jedoch nicht wie bei den bereits oben beschriebenen Ansätzen von Rückle/Klein bzw. Riezler problematisiert, dass die produktprojektweise Erfassung der Ist-Zahlungsüberschüsse in der Regel nicht durch das interne Rechnungswesen gewährleistet ist.

Einen Überblick über die betrachteten Ansätze gibt nachfolgende Tabelle 17 (deren Rangfolge entspricht der Reihenfolge der Erörterung im Text).

Autor/en	**Kalkulationszinsfuß bei Kapitalwertermittlung**	**Berücksichtigung** **a) Ertragsteuern** **b) Tax Shield**
Rückle/Klein (1994)	k.A.	a) k.A. b) k.A.
Riezler (1996)	WACC	a) nein b) ja
Stratmann (2001)	WACC	a) ja b) ja
Kaufman (1970)	keine näheren Angaben	a) offen b) k.A.
Blanchard (1978) bzw. Fabrycky/Blanchard (1991)	keine näheren Angaben	a) nein b) k.A.
Woodward (1997)	beispielhafte Nennungen	a) unvollständig b) k.A.
Emblemsvåg (2003)	WACC	a) ja b) ja
Reichmann/Fröhling (1994)	beispielhafte Nennungen	a) k.A. b) k.A.

(k.A. = keine Angabe)

Tabelle 17: Synopse ausgewählter Produktlebenszykluszahlungsrechnungen

Zusammenfassend ist zu konstatieren, dass lediglich die zahlungsorientierten Beiträge von Stratmann und Emblemsvåg hinsichtlich der genannten Kriterien als wertorientiert einzustufen sind.

Bei den beiden zuletzt genannten Arbeiten (Emblemsvåg und Reichmann/Fröhling) mit ihrer parallelen Einbeziehung von Kosten in die Lebenszyklusrechnungskonzeption stellt sich bereits die Frage, ob auch rein kostenbasierte Ansätze diskutiert werden. Der nächste Abschnitt befasst sich deswegen mit ausgewählten Ansätzen von Produktlebenszyklus*kosten*rechnungen.

3.4.2 Ausgewählte Ansätze zur Produktlebenszykluskostenrechnung

Sämtliche der im Folgenden untersuchten Lebenszyklusrechnungskonzeptionen entstammen dem deutschen Sprachraum. Dass hier Lebenszyklusrechnungen auf Basis von Kosten und Leistungen im Vordergrund stehen, ist wohl darauf zurückzuführen, dass in Deutschland

---

[263] Vgl. Reichmann/Fröhling (1994), S. 326-330.

(bzw. im deutschen Sprachraum) im internen Rechnungswesen kostenrechnerische Informationen eine sehr große bzw. dominierende Rolle spielen und insgesamt die Kostenrechnung einen sehr hohen Entwicklungsstand aufweist.[264]

Ähnlich wie bei den zahlungsbasierten Ansätzen zunächst der verwendete Cash Flow-Begriff erläutert werden sollte, um die korrespondierende Diskontierungsgröße theoretisch fundieren zu können, sollte aus gleichen Gründen auch bei den kostenrechnerischen Ansätzen zunächst der verwendete Kostenbegriff (vgl. Abschnitt 3.3.1) definiert werden. Anders als bei den im vorherigen Abschnitt dargestellten Zahlungskonzeptionen, bei denen die verwendete Zahlungsüberschussgröße überwiegend nicht näher definiert wurde, wird diese konzeptionelle Begriffsklärung in den kostenbasierten Ansätzen in der Regel durchgeführt. So wird lediglich bei Senti[265] bzw. Siegwart/Senti[266] und Zehbold[267] auf eine eindeutige begriffliche Klarstellung des verwendeten Kostenbegriffes verzichtet.

Bei dem Konzept von Kemminer handelt es sich um eine integrierte Finanz- und Erfolgsrechnung. Auch hier werden also wie bei Emblemsvåg sowohl Zahlungsüberschüsse als auch kalkulatorische Erfolge den Lebenszyklusphasen (Kemminer spricht von „Modulen"[268]) des Produktes zugerechnet.[269] Da sich jedoch der Großteil seiner Ausführungen auf die Kosten-/Erlösseite bezieht, wird sein Ansatz hier der Gruppe der Produktlebenszykluskostenrechnungen zugeordnet. Kemminer wählt dabei den Weg einer eigenständigen Kostendefinition, indem er produktspezifische Kosten als auf den Periodenerfolg wirksame Auszahlungen definiert, die um kalkulatorische Zinsen auf das gebundene Kapital der Vorperiode ergänzt werden.[270] Damit erweitert er den pagatorischen Kostenbegriff um kalkulatorische Zinskosten. Das Konzept von Kemminer entspricht im Weiteren inhaltlich dem FTE-Residualgewinnkonzept, nachdem sich die Kapitalbindung aus der Differenz von kumulierten (kalkulatorischen) Erfolgen nach Abzug von Fremdkapitalzinskosten und kumulierten Eignerzahlungsüberschüssen ergibt.[271] Die somit ermittelten FTE-Residualgewinne müssten mit dem Eigenkapitalkostensatz des verschuldeten Unternehmens diskontiert werden (vgl. Abschnitt 2.2.5).[272] Als Diskontierungssatz wählt Kemminer jedoch den Kapitalmarktzinssatz für langfristiges Fremdkapital,

---

264 Vgl. Sharman (2003), S. 38. Währisch konstatiert im Rahmen seiner empirischen Studie zur Kostenrechnungspraxis in der deutschen Industrie, dass sich „empirisch ... eine weite Verbreitung der Kostenrechnung in Unternehmen mit mehr als 100 Mitarbeitern beobachten [lässt]" (Währisch (1998), S. 79). Sämtliche, selbst kleinere der befragten Unternehmen der Automobil-, Stahl- und Bauindustrie nutzten eine Kostenrechnung. Vgl. Währisch (1998), S. 79.

265 Vgl. Senti (1994).

266 Vgl. Siegwart/Senti (1995).

267 Vgl. Zehbold (1996).

268 Vgl. Kemminer (1999), S. 163-164.

269 Vgl. Kemminer (1999), S. 225. Aus diesem Grunde fordert er eine produktspezifische Erfassung der Zahlungsvorgänge im Unternehmen. Zur Sicherstellung der Wirtschaftlichkeit der Erfassung weist er dann aber darauf hin, dass in der Unternehmenspraxis Näherungslösungen unumgänglich sein werden. Vgl. Kemminer (1999), S. 223.

270 Vgl. Kemminer (1999), S. 220. Korrekterweise müssten sich die kalkulatorischen Zinsen auf das gebundene Kapital der betrachteten Periode und nicht auf das der Vorperiode beziehen.

271 Vgl. die (recht umständlich formulierten) Ausführungen bei Kemminer (1999), S. 244.

272 Kemminer selbst geht in seiner Arbeit weder auf das FTE-(DCF-)Verfahren noch auf das FTE-Residualgewinnverfahren ein.

falls die durchschnittlichen Kapitalkosten nicht erheblich über diesem Kapitalmarktzinssatz liegen würden.[273] Es ist dann offensichtlich, dass der gewählte Ansatz mit der DCF-Bewertungsmethodik inkompatibel ist. Ohnehin schließt Kemminer kapitalmarkttheoretische Ansätze für sein Konzept des lebenszyklusorientierten Kosten- und Erlösmanagements aus.[274] In diesem Kontext bleibt allerdings offen, wie die durchschnittlichen Kapitalkosten sonst bestimmt werden können. In seinen Ausführungen zur Einbeziehung von Steuerwirkungen geht Kemminer nicht auf die mögliche Entstehung eines Tax Shields ein. Durch die Berücksichtigung eines unternehmerischen Durchschnittssteuersatzes soll lediglich die Besteuerung der Alternativanlage auf dem Kapitalmarkt berücksichtigt werden.[275]

Der älteste Beitrag der hier diskutierten Konzepte stammt von Back-Hock, die als einzige der hier untersuchten Ansätze den entscheidungsorientierten Kostenbegriff nach Riebel verwendet.[276] Aus ihren Ausführungen geht jedoch nicht hervor, ob Ertragsteuern als Kostenkategorie angesetzt werden.[277] Gleiches gilt für die Berücksichtigung des Steuervorteils aus der Fremdfinanzierung. Eine Kapitalwertermittlung wird bei Back-Hock nicht vorgenommen. Lediglich für Produktfolgeentscheidungen wird die Berechnung von Barwerten im Sinne einer Investitionsrechnung empfohlen. Auf den Kalkulationszinsfuß bzw. dessen Bestimmung wird in diesem Kontext jedoch nicht eingegangen.[278]

Senti verwendet wohl den wertmäßigen Kostenbegriff.[279] Bezüglich des Ansatzes von Ertragsteuern und der Berücksichtigung des Tax Shields in der kalkulatorischen Erfolgsgröße werden keine Angaben gemacht. Zur Kapitalwertermittlung werden Kosten und Erlöse diskontiert, dies erfolgt jedoch nicht unter Heranziehung des Lücke-Theorems, sodass die Kapitalwertäquivalenz allenfalls zufällig vorliegt.[280] Auch der anzusetzende Diskontierungssatz wird nicht näher spezifiziert. Möglich sind nach Senti z.B. der Zinssatz langfristiger Kredite, die Finanzierungskosten der Unternehmung oder die gewünschte Gesamtverzinsung. Welcher Satz sich für welchen Fall anbietet, bleibt jedoch offen.[281] Die auf dieser Arbeit aufbauende, ein Jahr später erschienene und in Zusammenarbeit mit Siegwart entstandene Monografie zur Produktlebenszyklusrechnung gibt bezüglich dieser unklaren Punkte ebenfalls keine näheren Auskünfte.[282]

---

273 Vgl. Kemminer (1999), S. 251.

274 Vgl. Kemminer (1999), S. 250.

275 Vgl. Kemminer (1999), S. 252-254.

276 Vgl. Back-Hock (1988), S. 4.

277 Vgl. Back-Hock (1988), S. 26 und S. 53. Der Ansatz von Ertragsteuern als entscheidungsorientierte Kosten ist jedoch denkbar. Vgl. Geese (1972), S. 15-18.

278 Vgl. Back-Hock (1988), S. 116 ff.

279 Vgl. Senti (1994), S. 128, der bei der Definition des Kostenbegriffes auf Kilger (1987), S. 8 verweist. Kilger bezieht sich an dieser Stelle u.a. auf den Unterschied zwischen Kosten und Aufwendungen und meint damit vor allem „einige Korrekturbeträge der Kostenrechnung“ (als kalkulatorische Zusatz- bzw. Anderskosten).

280 Vgl. die Anmerkungen zu den aktivierten Vorleistungskosten und die daraus resultierenden Zinsen und Abschreibungen bei Senti (1994), S. 320. Senti plädiert in diesem Kontext für eine Nichtberücksichtigung der kalkulatorischen Abschreibungen und Zinskosten.

281 Vgl. Senti (1994), S. 318 f.

282 Eher das Gegenteil ist der Fall. Siegwart/Senti spezifizieren den von ihnen verwendeten Kostenbegriff nicht und gehen wohl von der Zahlungswirksamkeit der Kosten und Erlöse aus, ohne dies zu thematisieren. Be-

In der Konzeption von Zehbold wird der verwendete Kostenbegriff nicht spezifiziert und keine Kapitalwertberechnungen durchgeführt. Es handelt sich um einen Versuch, herkömmliche Deckungsbeitragsrechnungen für die Lebenszyklusrechnung zu nutzen, ohne Zinswirkungen zu betrachten.[283] Bezüglich des Ansatzes von Steuern bzw. der Berücksichtigung des Tax Shields werden keine Angaben gemacht.

Auch bei dem sich auf den wertmäßigen Kostenbegriff beziehenden Ansatz von Pfohl werden keine Kapitalwertberechnungen durchgeführt.[284] Zur Einbeziehung von Gewinnsteuern in den Kostenbegriff werden keine Angaben gemacht. Ebenso wird nicht die Höhe bzw. die Art des Zinssatzes zur Ermittlung der Kapitalkosten im Rahmen des wertmäßigen Kostenbegriffes diskutiert. Zwar nennt Pfohl die Anwendung des Lücke-Theorems als grundsätzliche Integrationsmöglichkeit von Kosten- und Investitionsrechnung auch im Rahmen der Produktlebenszyklusrechnung, verweist dann aber auf die abstrakte theoretische Ebene dieses Integrationsansatzes, sodass auf eine weitere Diskussion in seiner Arbeit verzichtet wird.[285]

Das Augenmerk der Arbeiten von Mussnig, Schmidt und Schild ist auf die Verbindung von Lebenszyklusrechnung und Target Costing gerichtet. Schmidt schließt in seinem Beitrag den Ansatz kalkulatorischer Kostenelemente (auch den Ansatz von Wiederbeschaffungspreisen) kategorisch aus und verwendet den pagatorischen Kostenbegriff.[286] Zwar erwähnt Schmidt zu Beginn seiner Arbeit das Lücke-Theorem[287], nennt dabei jedoch nicht die wichtige Ausgleichsfunktion der Kapitalkosten. Im weiteren Verlauf seiner Arbeit verzichtet er dementsprechend auf die Einbeziehung von kalkulatorischen Zinsen.[288] Werden nun bspw. die pagatorischen Kosten der Produktionsphase (die definitionsgemäß auch nicht zahlungswirksame Bestandteile enthalten können) wie von Schmidt vorgeschlagen diskontiert, führt dies aufgrund der Vernachlässigung von Kapitalkosten zu Fehlbewertungen.[289] Der anzuwendende Diskontierungssatz entspricht der Zielgewinnrate; auf den beim statischen Target Costing vorgenommenen Ansatz von Stück-Zielgewinnen wird verzichtet.[290] Als Anhaltspunkt zur Ermittlung der Zielgewinnrate kann nach Schmidt bspw. die Durchschnittsverzinsung des eingesetzten Kapitals der Konkurrenten herangezogen werden. Kapitalmarktbasierte Zinssätze

---

züglich des Kalkulationszinsfußes wird nun lediglich von der „unternehmenspolitisch erwünschten Verzinsung“ gesprochen. Vgl. Siegwart/Senti (1995), S. 213 ff.

283 Vgl. Zehbold (1996), S. 195 ff.

284 Vgl. Pfohl (2002), S. 91 f.

285 Vgl. Pfohl (2002), S. 89.

286 Vgl. Schmidt (2000), S. 32-40 (insbesondere S. 40). In Abschnitt 3.3.1 wurde bereits darauf hingewiesen, dass der Ansatz von Wiederbeschaffungspreisen dem pagatorischen Kostenbegriff nicht grundsätzlich widerspricht.

287 Vgl. Schmidt (2000), S. 32-33.

288 So geht er bspw. bei der Ermittlung der Kosten der Produktionsphase nicht weiter auf die Einbeziehung von Zinskosten im Rahmen der variablen Kosten (vgl. Schmidt (2000), S. 225-227) bzw. im Rahmen der fixen Kosten (vgl. Schmidt (2000), S. 245 ff.) ein.

289 Der von Schmidt verwendete pagatorische Kostenbegriff beinhaltet keine kalkulatorischen Zinskosten als Opportunitätskosten. Aus diesem Grunde geht er wohl auch nicht auf die Einbeziehung von Zinskosten in der Produktionsphase im Rahmen der Bestimmung der variablen Kosten (vgl. Schmidt (2000), S. 225-227) bzw. der Bestimmung der fixen Kosten (vgl. Schmidt (2000), S. 245 ff.) ein.

290 Vgl. Schmidt (2000), S. 210.

könnten lediglich zur Festsetzung einer Mindestverzinsung dienen.[291] Zur Einbeziehung von Ertragsteuern bzw. der Berücksichtigung des Tax Shields werden keinerlei Angaben gemacht. Mussnig bezieht sich wie Schmidt auf den pagatorischen Kostenbegriff. Die Diskontierung der Kosten- und Erlösgrößen wird explizit unter Berücksichtigung des Lücke-Theorems vorgenommen.[292] In einer Fußnote nimmt er dabei Bezug auf die Art des anzusetzenden Zinssatzes, und nennt beispielhaft u.a. den WACC oder die von Kemminer (s.o.) vorgeschlagenen Diskontierungssätze.[293] Bei den formalen Darstellungen geht er jedoch von einem einheitlichen Zinssatz für Eigen- und Fremdkapital aus, was den Gültigkeitsbereich der Gleichungen einengt und eine Verbindung zur DCF-Bewertungsmethodik verhindert (vgl. hierzu auch die Anmerkungen im Rahmen der Darstellung seines Target Costing-Ansatzes in Abschnitt 5.2.7). Entsprechen sich jedoch Eigen- und Fremdkapitalkostensatz, muss auch der Finanzierungsvorteil (Tax Shield) aus der Fremdfinanzierung unberücksichtigt bleiben. Ertragsteuern werden dagegen in seinem Ansatz berücksichtigt.[294]

Die Arbeit von Schild stellt den jüngsten der hier untersuchten Beiträge zur Lebenszyklusrechnung dar, in der u.a. recht ausführlich ein Überblick über deren verschiedene Gestaltungsalternativen gegeben wird.[295] Bezüglich der Gestaltungsalternative „Verwendete Rechnungsgrößen" kommt er zu dem Schluss, „daß der Differenzierung zwischen kosten- und zahlungsorientierter Herangehensweise [...] letztlich keine so gravierende Bedeutung zukommt".[296] Er resümiert, dass sich das Rechnungswesen in der Lebenszyklusrechnung „an nicht periodisierten, pagatorischen Kosten [orientiere], was im Ergebnis bei den unterstellten Annahmen zur Vereinfachung zu den gleichen Größen wie bei Verwendung von Zahlungen führt".[297] Als Vereinfachungen werden u.a. die Nicht-Berücksichtigung von Lagerhaltung, die Nicht-Beachtung von Zahlungszielen sowie die Zuordnung von Zahlungen zu äquidistanten Zeitpunkten angesehen.[298] Demnach stellt Schild auf die zahlungswirksamen Kosten bzw. Leistungen als der Lebenszyklusrechnung zugrunde liegenden Erfolgsgrößen ab.[299] Durch die Gleichsetzung von Erlösen und Kosten (soweit diese nicht offensichtlich auf periodisierten Zahlungen basieren wie bspw. Abschreibungen) mit Ein- und Auszahlungen kann folgerichtig auf die Berücksichtigung der Kapitalbindung verzichtet werden, sodass Schild im weiteren Verlauf der Arbeit – u.a. bei der Integration von Zielkostenmanagement und Lebenszyklus-

291 Vgl. Schmidt (2000), S. 212. Dass die Ermittlung der Durchschnittsverzinsung des eingesetzten Kapitals der Konkurrenten nicht unbedingt praktikabel ist, wird von Schmidt selbst eingeräumt. Vgl. Schmidt (2000), S. 212, Fußnote 28.

292 Vgl. Mussnig (2001a), S. 176-188.

293 Vgl. Mussnig (2001a), S. 179 f., Fußnote 15.

294 Vgl. Mussnig (2001a), S. 185.

295 Vgl. Schild (2005), S. 193-254.

296 Schild (2005), S. 236. Aus diesem Grunde könnte Schilds Konzeption auch unter den zahlungsorientierten Ansätzen aufgeführt werden. Da jedoch thematisch eine Nähe zu den Ansätzen von Mussnig und Schmidt besteht, wird diese Arbeit unter den Lebenszykluskostenrechnungen aufgeführt.

297 Schild (2005), S. 236.

298 Vgl. Schild (2005), S. 191 f.

299 Eine Aktivierung bzw. Passivierung von Vor- bzw. Nachlaufkosten ist aus diesem Grunde in Schilds Ansatz nicht vorgesehen. Vgl. Schild (2005), S. 286.

rechnung – auf die Kosten der Kapitalbindung nicht mehr eingeht. Die Realitätsnähe dieser vereinfachenden Annahmen (d.h. die Nicht-Berücksichtigung von Zahlungszielen und Lagerhaltung) ist jedoch zu hinterfragen. So spielt die Senkung der Kapitalbindung im Rahmen des Kapitalkostenmanagements in der Praxis eine wichtige Rolle.[300] Treffen die Annahmen Schmidts also nicht zu, sind Fehlbewertungen und die Ausblendung des Wertsteigerungspotenzials, das durch Maßnahmen des Kapitalkostenmanagements ausgeschöpft werden kann, die Folge. Bei der Erörterung des anzusetzenden Zinssatzes nennt Schild als Möglichkeiten einen durch die Unternehmensführung festgelegten pauschalen Diskontierungssatz, der aufgrund der Unsicherheit der zu diskontierenden Überschussgrößen oberhalb des sicheren Zinssatzes liegen muss, sowie einen auf kapitalmarkttheoretischen Erkenntnissen, d.h. auf dem CAPM basierenden Zinssatz.[301] Hier führt er sowohl den aus dem CAPM abgeleiteten Eigenkapitalkostensatz des verschuldeten Unternehmens als auch den WACC als gewichteten Gesamtkapitalkostensatz auf, ohne allerdings die notwendige Konsistenz bzw. den Zusammenhang von Nenner- und Zählergröße zu thematisieren. Auf den Ansatz von Steuern und die Berücksichtigung eines Tax Shields wird nicht eingegangen.

Faßbender-Wynands entwickelt eine Lebenszykluskostenrechnung zur Unterstützung des Umweltkosten- und -leistungsmanagements, sodass ihre Arbeit einen Spezialfall der hier untersuchten Produktlebenszykluskostenrechnungen darstellt. Sie bezieht sich – je nach Umfang, in dem Umweltkosten in den Kostenbegriff integriert werden – auf den pagatorischen oder wertmäßigen Kostenbegriff.[302] Als Diskontierungssatz der Kosten und Erlöse wird unter Anwendung des Lücke-Theorems der risikoadjustierte Zinssatz der Alternativanlage vorgeschlagen.[303] Steuern werden nur im Rahmen der Marktphase als Kosten berücksichtigt.[304] Die Berücksichtigung des Tax Shields wird nicht thematisiert.

Abschließend werden die betrachteten Ansätze in Tabelle 18 gegenübergestellt (deren Rangfolge entspricht der Reihenfolge der Nennung im Text). Es wird ersichtlich, dass kein Ansatz die dargelegten konzeptionellen Anforderungen in Gänze erfüllt.

---

300 Dies bestätigt eine Studie der Unternehmensberatung Horváth & Partners aus dem Jahre 2003, in der 104 Unternehmen aus Deutschland, der Schweiz und Österreich befragt wurden: Zwei Drittel der befragten Unternehmen nehmen an, dass die Bedeutung des Managements von Forderungen, Vorräten und Verbindlichkeiten zukünftig steigen wird, da hierdurch eine Steigerung des Unternehmenswertes erzielt werden kann (vgl. Alexandre/Sasse/Weber (2004), S. 127). Die Autoren der Studie stellen ebenfalls fest, dass die Unternehmen bestrebt sind, Wertmanagementkonzepte und Working Capital Management Ansätze zu integrieren (vgl. Alexandre/Sasse/Weber (2004), S. 129). Vgl. zur Integration von Kapitalkostenmanagement und Lebenszyklusrechnung auch Abschnitt 4.4.

301 Vgl. Schild (2005), S. 241-242.

302 Vgl. Faßbender-Wynands (2001), S. 16 sowie S. 149 ff. Anders als bei Schmidt (s.o. bzw. Fußnote 286) umfasst ihr Verständnis des pagatorischen Kostenbegriffes auch den Ansatz von Wiederbeschaffungspreisen.

303 Vgl. Faßbender-Wynands (2001), S. 146 f. In Fußnote 426, S. 147, ihrer Arbeit weist sie dabei auch auf die notwendige Risikoäquivalenz der Anlagemöglichkeiten hin, sodass „unterschiedliche Risiken bei Alternativanlage und Einlage im Unternehmen auszugleichen sind".

304 Vgl. Faßbender-Wynands (2001), S. 99 ff.

Autor/en	Kostenbegriff	Kalkulationszinsfuß bei Kapitalwertermittlung	Berücksichtigung a) Ertragsteuern b) Tax Shield
Kemminer (1999)	„zahlungsorientierter" (entspricht dem um kalkulatorische Zinsen erweiterten pagatorischen Kostenbegriff)	durchschnittliche Kapitalkosten oder Kapitalmarktzinssatz für langfristiges Fremdkapital	a) ja b) k.A.
Back-Hock (1988)	entscheidungsorientierter	keine Angabe	a) k.A. b) k.A.
Senti (1994) bzw. Siegwart/Senti (1995)	wohl wertmäßiger	beispielhafte Nennungen bzw. „unternehmungspolitisch erwünschte Verzinsung"	a) k.A. b) k.A.
Zehbold (1996)	offen	keine Kapitalwertermittlung	a) k.A. b) k.A.
Pfohl (2002)	wertmäßiger	keine Angabe	a) k.A. b) k.A.
Schmidt (2000)	pagatorischer	beispielhafte Nennungen	a) k.A. b) k.A.
Mussnig (2001a)	pagatorischer	beispielhafte Nennungen	a) ja b) k.A.
Schild (2005)	zahlungswirksame Kosten	durch Unternehmensführung vorgegebene Verzinsung, Eigenkapitalkostensatz des verschuldeten Unternehmens, WACC	a) k.A. b) k.A.
Faßbender-Wynands (2001)	pagatorischer/wertmäßiger	risikoadjustierter Zinssatz der Alternativanlage	a) unvollständig (nur innerhalb der Marktphase) b) k.A.

(k.A. = keine Angabe)

Tabelle 18: Synopse ausgewählter Produktlebenszykluskostenrechnungen

3.5 Vergleich von wertorientierter Produktlebenszykluszahlungs- und Produktlebenszykluskostenrechnung sowie eigener Ansatz

Um dem Ziel der wertorientierten Unternehmensführung nachzukommen, den Shareholder Value zu maximieren, sollte anhand der Lebenszyklusrechnung der Unternehmenswertbeitrag eines Produktprojektes über dessen Totalperiode ermittelbar sein. Die Basisanforderung an eine Lebenszyklusrechnung ist deswegen aus wertorientierter Sicht die *Kapitalwertäquivalenz*, d.h. der Kapitalwert der einer Entscheidung zugerechneten Erfolgsgrößen sollte mit dem zahlungsbasierten Kapitalwert bzw. dem Unternehmenswertbeitrag dieser Entscheidung übereinstimmen. Bei einer analog zu den DCF-Verfahren aufgebauten Lebenszykluszahlungsrechnung ist diese Anforderung unmittelbar erfüllt. In Abschnitt 2.2 wurde jedoch gezeigt, dass auch der auf Basis kalkulatorischer Erfolge unter Berücksichtigung von Kapitalkosten ermittelte Kapitalwert bei Beachtung des Kongruenzprinzips mit dem anhand der DCF-Verfahren ermittelten Marktwert übereinstimmt. Um allerdings die Kapitalkosten bzw. die Kapitalbindung exakt zu ermitteln, ist die Kenntnis der Zahlungsüberschüsse notwendig. Sind jedoch die Zahlungsüberschüsse bekannt, erübrigt sich die Bestimmung der Residualgewinne. Der Ansatz einer Lebenszykluszahlungsrechnung ist demnach hinsichtlich des Kriteriums der *Kapitalwertäquivalenz* zu präferieren. Fraglich ist, ob eine Zahlungsrechnung auch das Kriterium der *Praktikabilität* erfüllt. Dies soll nachfolgend anhand der Kriterien *Datenverfügbarkeit, Akzeptanz* und *Durchgängigkeit der Rechnung* geprüft werden.[305] So ist hinsichtlich der *Datenverfügbarkeit* zu konstatieren, dass von einer Kenntnis produktbezogener Zahlungsinformationen in der Unternehmenspraxis kaum auszugehen ist.[306] Dagegen weist die Kosten- und Leistungsrechnung in vielen Unternehmen – zumindest im deutschsprachigen Raum – einen sehr hohen Entwicklungsstand auf, sodass in der Regel detaillierte kostenrechnerische Informationen vorhanden sind.[307] Ein Rückgriff auf diese Datengrundlage im Rahmen der Lebenszyklusrechnung liegt also nahe.[308] In diesem Falle müssten die Kapitalkosten jedoch approximativ ermittelt werden, da die Zahlungsüberschüsse nicht bekannt sind.[309] Dabei sollte beachtet werden, dass bei einer approximativen Ermittlung bzw. Planung der Kapitalbindung im Rahmen einer residualgewinnbasierten Kapitalwertberechnung der berechnete Kapitalwert eine Näherungslösung darstellt. Je genauer die Kapitalbindung bestimmt wird, desto genauer wird auch der Kapitalwert bzw. der Wertbeitrag ermittelt.[310] Will man trotz der fehlenden Datenbasis an einer zahlungsbasierten Lebenszyklusrechnung festhalten, könnte man auch versuchen, die Disaggregation von Zahlungsüberschüssen auf unterschiedliche Kalkulations- bzw. Bezugsobjekte indirekt über die zur Verfügung stehenden Kosteninformationen vorzunehmen. So schlägt Knorren vor, den Cash Flow auf Ebene von Geschäftseinheiten (bzw. hierarchisch noch tiefer zugeordneten Einheiten) ausgehend vom geplanten zukünftigen kalkulatorischen Erfolg (Betriebsergebnis) zu ermitteln, sodass bei der Überleitung vom Betriebsergebnis zum Free Cash Flow u.a. die kalkulatorischen Zinsen und Abschreibungen als nicht auszahlungswirksame Kosten zu addieren und Investitionen ins Anlage- und Nettoumlaufvermögen (Auszahlungen, jedoch keine Kosten der Periode) zu subtrahieren sind.[311] Allerdings ist fraglich, ob eine derartige exakte Rückrechnung überhaupt möglich ist. Beispielsweise ist aus den im Rahmen der innerbetrieblichen Leistungsverrechnung zugerechneten

---

305 Vgl. zu diesen Kriterien Pfohl (2002), S. 99.

306 Vgl. Rückle/Klein (1994), S. 356; Riezler (1996), S. 136; Zehbold (1996), S. 192; Knorren (1998), S. 160 f. sowie 164-166; Stratmann (2001), S. 238; Homburg/Weiß (2002), S. 224; Pfohl (2002), S. 99; Horváth (2003), S. 535; Schild (2005), S. 235.

307 Vgl. die Quellenverweise in Fußnote 264.

308 Vgl. Faßbender-Wynands (2001), S. 146.

309 Vgl. Homburg/Weiß (2002), S. 224.

310 Vgl. Kilger/Pampel/Vikas (2002), S. 152.

311 Vgl. Knorren (1997), S. 207 f. (Knorrens Vorschlag bezieht sich allerdings nicht auf eine Lebenszyklusrechnung). Auch in dem bereits in Abschnitt 3.4.1 kurz vorgestellten zahlungsbasierten Ansatz von Stratmann wird eine derartige approximative indirekte Ermittlung der Free Cash Flows präferiert (vgl. hierzu die Quellenverweise in Fußnote 237).

Gemeinkosten nicht mehr ersichtlich, welche (nicht auszahlungswirksamen) Primärkostenarten im jeweiligen Verrechnungssatz enthalten sind, sodass hieraus zwangsläufig Ungenauigkeiten bei der Überleitung in (Gemein-) Auszahlungsgrößen resultieren werden.[312] Noch stärkere Ungenauigkeiten resultieren aus dem Vorschlag, vereinfachend nur zwischen zahlungswirksamen (z.B. Material- und Personalkosten) und nicht zahlungswirksamen Kostenarten (z.B. kalkulatorische Abschreibungen, Zinskosten, passivierte Auszahlungen etc.) zu differenzieren und lediglich die zahlungswirksamen Kostenarten in der Lebenszykluszahlungsrechnung als Auszahlungen anzusetzen (so bspw. bei dem in Abschnitt 3.4.2 vorgestellten Ansatz von Schild). Implizit wird damit die Annahme getroffen, dass keine Lagerhaltung und somit keine dadurch verursachte Kapitalbindung existiert.[313] Wenn jedoch eine Kapitalbindung von vornherein negiert wird, ist davon auszugehen, dass das Ergebnis der Planung in der Regel ungenauer sein wird als bei einer zumindest approximativen Erfassung der Kapitalbindung. Zusätzlich besteht bei der Gleichsetzung von Kosten und Auszahlungen bzw. deren begrifflichen Vermengung die Gefahr von terminologischen Missverständnissen.[314] Weiterhin ist davon auszugehen, dass – im Vergleich zum Zahlungsbegriff – in der Praxis auch bei Mitarbeitern ohne eine kaufmännische Ausbildung eine recht große Vertrautheit im Umgang mit Kostengrößen bzw. eine umfangreiche Planungserfahrung auf Basis von Kostengrößen vorliegt, sodass bei einem residualgewinnbasierten Ansatz die innerbetriebliche Kommunikation bzw. die Planung erheblich erleichtert werden dürfte.[315] Insgesamt ist also von einer höheren *Akzeptanz* des Kostenbegriffes in der Praxis auszugehen. Auch hinsichtlich des Kriteriums der *Durchgängigkeit der Rechnung* ist ein residualgewinnorientierter Ansatz zu präferieren.[316] So vereinfacht eine residualgewinnbasierte Lebenszyklusrechnung den Einsatz weiterer Instrumente des Kostenmanagements, wie z.B. den Einsatz der Prozesskostenrechnung oder des Target Costing, die ebenfalls auf dem Kostenbegriff basieren.[317] Anhand dieser Instrumente

---

312 Vgl. Stratmann (2001), S. 240.

313 Vgl. die Annahme bei Schild (2005), S. 191, bzw. die Anmerkungen zum Ansatz von Schild in Abschnitt 3.4.2.

314 Vgl. Stratmann (2001), S. 240, der aus diesem Grunde ebenfalls eine klare Begriffsabgrenzung fordert.

315 Zur Planungserfahrung des Managements mit Kostengrößen vgl. Mussnig (2001b), S. 140. Auch Pfaff/Weber betonen die erleichterte Kommunikation zwischen Kaufleuten (Controllern) und Technikern bei Nutzung des Kostenbegriffes. Ein Grund dafür sei, „daß die den Technikern vertraute Mengenebene in der Kostenrechnung die herausragende Rolle spielt" (Pfaff/Weber (1998), S. 160). Der Umgang mit Kosten dürfte bspw. auch aufgrund der in der Regel in allen Unternehmensbereichen im Rahmen der kurzfristigen Erfolgsrechnung durchgeführten Kostenstellenrechnung bzw. Gemeinkostenplanung geläufig sein. Ein guter Indikator für die Vertrautheit der Techniker mit dem Kostenbegriff ist in diesem Zusammenhang die VDI-Richtlinie 2234 „Wirtschaftliche Grundlagen für den Konstrukteur". Diese hat zum Ziel, „dem Konstrukteur Grundkenntnisse der **Kosten-** und Wirtschaftlichkeitsrechnung [zu] vermitteln, die er für eine sinnvolle Entwicklung und Anwendung von Hilfsmitteln zum **kosten**günstigen Konstruieren ... braucht [Hervorhebungen nicht im Original]" (VDI (1990), S. 3). Auf Zahlungsgrößen wird in dieser Richtlinie nicht eingegangen. Entsprechend heißt es im Rahmen der Darstellung der Wirtschaftlichkeitsrechnung bzgl. der dynamischen Investitionsrechnungsverfahren: „bei dynamischen Verfahren [werden] durch Diskontierung (Abzinsung) die **zeitlichen** Unterschiede im Anfall der **Kosten** und Erlöse wertmäßig berücksichtigt [Hervorhebungen nicht im Original]" (VDI (1990), S. 30). Vgl. auch zum in der Praxis verbreiteten Denken in Kostengrößen Lücke (1955), S. 315; Mussnig (2001b), S. 140.

316 Vgl. Pfohl (2002), S. 99.

317 Vgl. Pfohl (2002), S. 91.

kann, wie in den beiden folgenden Kapiteln noch dargelegt wird, durch Gestaltungsmaßnahmen die Vorteilhaftigkeit eines Produktprojektes gesteigert bzw. erreicht werden. Eine Integration dieser Instrumente mit den Shareholder Value-Konzepten ist demnach auf Basis einer residualgewinnbasierten Lebenszyklusrechnung wesentlich leichter, da bei einer Lebenszykluszahlungsrechnung erst noch Überleitungsrechnungen zu Zahlungsgrößen durchgeführt werden müssten.[318] Ebenso ist aufzuführen, dass die Ertragsteuerbemessung auf Basis von Periodengewinnen bzw. periodisierten Ein- und Auszahlungen vollzogen wird, sodass der Periodenerfolg gemäß Kosten- und Leistungsrechnung in der Regel eine bessere Näherungsgröße für die Steuerbemessungsgrundlage darstellen dürfte als der Zahlungsüberschuss einer Periode. Auch die Durchführung von Kontrollhandlungen bezüglich des Produktprojektes wird vereinfacht, wird doch in der betrieblichen Praxis eine Kosten- und keine Auszahlungskontrolle vorgenommen.

Ein weiteres Argument für die Verwendung einer residualgewinnbasierten Rechnung ist das Kriterium der *Wirtschaftlichkeit*. Wie bereits thematisiert, existiert in den meisten Unternehmen bereits ein auf kalkulatorischen Erfolgen basierendes Informationssystem. Ein Ersatz durch ein zahlungsbasiertes Informationssystem erscheint nun wenig sinnvoll, da Kostengrößen wegen deren Relevanz für kurzfristige Planungsrechnungen bzw. für den Ausweis eines periodengerechten Erfolges weiterhin benötigt werden.[319] So ist anhand von Zahlungsgrößen zwar eine Aussage über die absolute Vorteilhaftigkeit eines Produktprojektes möglich, nicht jedoch über den Erfolgsbeitrag einzelner Perioden.[320] Auch wäre der auf die Interessenharmonisierung von Management und Kapitalgebern hinzielende Einsatz des Residualgewinns als periodenbezogene Beurteilungsgröße für die Manager bei einer reinen Zahlungsrechnung die Grundlage entzogen.[321] Wie bereits hinsichtlich des Kriteriums der Akzeptanz erwähnt, würde zudem die betriebliche Kommunikation bei einem Verzicht auf den Kostenbegriff erschwert.[322] Demnach käme also nur die Erweiterung des bereits vorhandenen betrieblichen kostenbasierten Planungs- und Kontrollsystems um Zahlungsinformationen in Frage. Dann fallen jedoch zusätzliche einmalige Kosten aufgrund der Implementierung und zusätzliche laufende Kosten aufgrund der Pflege des nun umfangreicheren Informationssystems an.[323] Die

---

318 Vgl. Schild (2005), S. 129. Dieser trennt zwischen Entscheidungsrechnungen und Gestaltungsrechnungen, wobei er die zahlungsbasierte Investitionsrechnung der Entscheidungs- und die vollkostenbasierten Instrumente des Kostenmanagements der Gestaltungsebene zurechnet (vgl. Schild (2005), S. 133). Da die Gestaltungsmaßnahmen aber erst die Vorteilhaftigkeit einer Entscheidung bewirken können, sind sie unmittelbar mit der Entscheidungsebene verknüpft, sodass es fraglich ist, ob aufgrund dieser Interdependenz eine derartig strikte Trennung zweckmäßig ist und den Einsatz unterschiedlicher Überschussgrößen (kalkulatorische Erfolge und Zahlungsüberschüsse) rechtfertigt.

319 Vgl. Troßmann (1999), S. 102.

320 Vgl. Steiner (1981), S. 91.

321 Vgl. zur Verwendung des Residualgewinns als Bemessungsgrundlage für die Managemententlohnung Ewert/Wagenhofer (2005), S. 70 sowie S. 481 ff.

322 Pfaff/Weber stellen fest, dass „eine reine Zahlungsrechnung hingegen .. den Nachteil [hätte], daß ihr der für Techniker so wichtige Ressourcenverbrauch fehlt" (Pfaff/Weber (1998), S. 162).

323 Aus diesem Grunde besteht in der Praxis auch die Tendenz, an bereits existierenden Informationssystemen festzuhalten. Vgl. Küpper (1998), S. 536.

Ergänzung des Informationssystems um Zahlungsinformationen würde aber den Ausweis von sowohl produktbezogenen Kosten- als auch produktbezogenen Auszahlungsgrößen bedeuten, was in der betrieblichen Praxis wiederum (zumindest anfangs) zu terminologischen Verwirrungen bzw. Verständigungsproblemen und somit zu Transaktionskosten führen würde.

Allerdings kann der Rückgriff auf das bestehende Kostenrechnungssystem auch zu Opportunitätskosten führen, wenn im Rahmen der mittel- bis langfristigen Planung wegen der approximativen Ermittlung der Kapitalbindung nur suboptimale Entscheidungen getroffen werden.

In die Entscheidung über die Ausgestaltung der Lebenszyklusrechnung sind somit die Kosten der Implementierung dem Nutzen gegenüberzustellen. In dieser Arbeit wird davon ausgegangen, dass die Implementierungskosten einer zahlungsbasierten produktbezogenen Planungs- und Kontrollrechnung höher sind als die Opportunitätskosten bei Rückgriff auf das bestehende kostenbasierte Informationssystem. Aus diesem Grunde wird – im Einklang mit den meisten deutschsprachigen Beiträgen zur Lebenszyklusrechnung (vgl. Abschnitt 3.4) – die Integration der weiteren Instrumente des strategischen Kostenmanagements mittels einer auf nominalen Größen basierenden Produktlebenszykluskostenrechnung erfolgen. Dabei wird der pagatorische Kostenbegriff verwendet, der jedoch um die kalkulatorischen Zinskosten gemäß Lücke-Theorem zu erweitern ist und Ertragsteuern beinhalten muss. Auf den Ansatz von Wiederbeschaffungspreisen bei der Ermittlung der Kapitalbindung und der Abschreibungen ist aus den in Abschnitt 3.3.5.4 genannten Gründen im Folgenden zu verzichten.

Diese Konzeption einer Lebenszykluskostenrechnung bildet den Rahmen, um die über den Lebenszyklus eines Produktes auftretenden dynamischen Entwicklungen abzubilden und in eine Planungsrechnung zu integrieren. Das nächste Kapitel widmet sich nun u.a. der Planung dieser Lebenszykluskosten eines Produktes anhand einer Prozesskostenrechnung.

4 Wertorientierte Prozesskostenrechnung

Ziel dieses Kapitels ist die wertorientierte Ausgestaltung der Prozesskostenrechnung vor dem Hintergrund der im vorherigen Abschnitt konzipierten wertorientierten Lebenszykluskostenrechnung. Im anschließenden Abschnitt 4.1 wird hierzu zunächst auf die Grundlagen der Prozesskostenrechnung eingegangen, bevor in Abschnitt 4.2 die grundsätzliche Eignung der Prozesskostenrechnung für die Planung der Kosten der einzelnen Lebenszyklusphasen untersucht wird. Im nachfolgenden Abschnitt 4.3 wird dann dargestellt, wie Lernkurveneffekte in die Prozesskostenrechnung einbezogen werden können. Dies ermöglicht die Berücksichtigung dynamischer Kostenverläufe bei der Planung der Prozesskosten. Mittels der zusätzlichen Integration von Zinseffekten kann in Abschnitt 4.4 abschließend eine mehrstufige Wertbeitragsrechnung sowie eine wertorientierte lebenszyklusbezogene Deckungsbeitragsrechnung hergeleitet werden.

4.1 Grundlagen der Prozesskostenrechnung

Im Mittelpunkt der Prozesskostenrechnung stehen die Kosten der sog. indirekten Leistungsbereiche, d.h. solcher Unternehmensbereiche, die nicht direkt an der Erstellung der absatzbestimmten Güter beteiligt sind.[324] Da hier fixe Gemeinkosten dominieren, lässt sich zur Verrechnung der Kosten auf die Kalkulationsobjekte – anders als im direkten Leistungsbereich bei Anwendung der Grenzplankostenrechnung – nicht auf das Verursachungsprinzip zurückgreifen. Aus diesem Grunde wird bei der Verrechnung der Kosten auf die Kalkulationsobjekte im Rahmen der Prozesskostenrechnung in erster Linie das Beanspruchungsprinzip herangezogen. Während beim Verursachungsprinzip ein direkter Zusammenhang zwischen Kostenentstehung und Kalkulationsobjekt existiert, da die Kosten nicht anfallen, soweit auf die Erstellung des Kalkulationsobjektes verzichtet wird, liegt beim Beanspruchungsprinzip lediglich ein schwächerer Zusammenhang vor. Zwar beanspruchen die Kalkulationsobjekte den Güterverzehr, und diese Beanspruchung ist auch mittels sog. Beanspruchungskoeffizienten ermittelbar, bei einem Verzicht auf die Erstellung des Kalkulationsobjektes würden diese Kosten kurzfristig jedoch trotzdem anfallen.[325] Mithin werden beschäftigungsunabhängige (fixe) Kosten auf die Kalkulationsobjekte verrechnet, sodass sich eine Prozesskostenrechnung nicht für kurzfristige Entscheidungsrechnungen eignet.[326] Die Prozesskostenrechnung ist vielmehr mittel- bis langfristig ausgerichtet, d.h. man geht davon aus, dass diese Kosten langfristig beeinfluss-

---

324 Hierzu gehören bspw. die Bereiche Materialwirtschaft, Logistik, Konstruktion, Produktionsplanung und -steuerung, Qualitätskontrolle, Vertrieb, Rechnungswesen. Vgl. Horváth/Mayer (1989), S. 214.

325 Vgl. Kloock et al. (2005), Abschnitt I.F.2.a).

326 Es sei denn, bei der Zurechnung auf die Kalkulationsobjekte wird explizit zwischen beschäftigungsabhängigen (variablen) und beschäftigungsunabhängigen (fixen) Prozesskosten unterschieden, sodass diese getrennt in die kurzfristig ausgerichtete Zielfunktion (Maximierung des Gesamtdeckungsbeitrages) eingehen können. Alternativ kann gemäß dem sog. Adam-Theorem durch den Einbezug von Leerkosten (als Strafkosten für die ungenutzte Kapazität) in die Zielfunktion auch bei einem Ansatz von fixen Stückprozesskosten, die mittels Beanspruchungsprinzip zugerechnet werden, eine Eignung der Prozesskostenrechnung für kurzfristige Planungsaufgaben erreicht werden. Vgl. Adam (1970), S. 92 ff.; Kloock (1993), S. 59 f.; Schiller/Lengsfeld (1998), S. 541 f.

bar sind, also beispielsweise wegfallen, sobald die Prozessmengen nicht mehr durch die Kalkulationsobjekte beansprucht werden. Dies ist jedoch nur dann der Fall, wenn bspw. aus der geringeren Prozessinanspruchnahme keine Leerkosten als Kosten der ungenutzten Kapazität resultieren, die Ressourcen also anderweitig genutzt bzw. deren Kapazität ohne weitere Kosten reduziert werden kann.[327] Diese implizite Annahme, dass die Ressourcen beliebig und ohne Anpassungskosten flexibel sind, ist ein wesentlicher Kritikpunkt an der Prozesskostenrechnung.[328] Ein weiterer Kritikpunkt ist, dass analog zur statischen Investitionsrechnung Kostenänderungen im Zeitablauf sowie Zinseffekte nicht in das Kalkül einbezogen werden.[329] Demnach sind die mittels einer Prozesskostenrechnung getroffenen strategischen Entscheidungen als Näherungslösungen zu betrachten, deren Qualität jedoch durch Modifikationen gesteigert werden kann. So können Kapazitätsanpassungskosten zumindest approximativ in der Prozesskostenrechnung berücksichtigt werden.[330] In dieser Arbeit soll die Prozesskostenrechnung insofern modifiziert werden, dass Lernerfolge bezüglich der Prozessdurchführung anhand von sinkenden Beanspruchungskoeffizienten abgebildet werden, die ceteris paribus bei einer Erhöhung der kumulierten Prozessmengen zu sinkenden Prozessstückkosten führen (vgl. hierzu Abschnitt 4.3). Eine weitere Modifikation bildet die Einbeziehung von Zinseffekten (vgl. Abschnitt 4.4).

Konzeptionell lassen sich Prozesskostenrechnungssysteme hinsichtlich des Umfangs der auf die Produkteinheit verrechneten Kosten unterscheiden. Bei einer Prozessvollkostenrechnung werden sämtliche Kosten auf die Produkteinheit verrechnet, sodass neben den beanspruchungsgerechten Schlüsselgrößen auch willkürliche (beliebige) Bezugsgrößen gemäß dem Durchschnittsprinzip herangezogen werden. Eine Prozessteilkostenrechung dagegen verrechnet nur einen Teil der Kosten auf die Produkteinheiten. Dieser Konzeption soll hier gefolgt werden, indem bei der Verrechnung auf die Kalkulationsobjekte ausschließlich das Beanspruchungsprinzip herangezogen wird. Wird bspw. eine Ressourcenkapazität nicht ausgelastet, folgt daraus ein Ausweis von Leerkosten, da sich diese gemäß Beanspruchungsprinzip nicht einer Mengeneinheit einer Produktart zurechnen lassen. Haben unterschiedliche Kalkulationsobjekte (z.B. Produktarten) die Ressource beansprucht, können diese Leerkosten willkürfrei (d.h. gemäß Beanspruchungsprinzip) nur diesen Kalkulationsobjekten gemeinsam zugerechnet werden. Es wird demnach sukzessive eine höhere Hierarchieebene (z.B. Produktart, Produktgruppe, Unternehmensbereich, Unternehmen) geschaffen, die es ermöglicht, alle Kosten eines Unternehmens gemäß Beanspruchungsprinzip zuzurechnen, sodass die Kosten im Ge-

---

327 Vgl. Homburg (2001), S. 246.

328 Vgl. Schneeweiß/Steinbach (1996), S. 471-472; Homburg (2001), S. 255.

329 Vgl. bspw. Kloock (1992), S. 239.

330 Aus diesem Grund führt Homburg einen ‚dynamischen Kostentreiber' auf Produktprogrammebene ein, der die aus Kapazitätsnachfrageschwankungen resultierenden Ressourcenkosten approximativ erfasst und dem gesamten Produktprogramm zurechnet, sodass die Planungsqualität der Prozesskostenrechnung erhöht wird. Vgl. Homburg (2001), S. 271-281 und Homburg (2004), S. 332-343.

gensatz zu einer Vollkostenrechnung unverzerrt wiedergegeben werden.[331] Augenscheinlich resultiert aus der stufenweisen Zurechnung der Prozesskosten eine mehrstufige Deckungsbeitrags- bzw. Fixkostendeckungsrechnung.[332] Dies entspricht auch der strategischen Ausrichtung der Prozesskostenrechnung, Kosten auf der Ebene komplexer Kalkulationsobjekte (wie z.B. einer Produktvariante, einer Produktgruppe oder dem gesamten Produktionsprogramm) mithilfe einer Kostentreiberhierarchie zuzuordnen.[333]

4.1.1 Ziele

Die Prozesskostenrechnung dient in erster Linie der kostenrechnerischen Fundierung strategischer Entscheidungen im Sinne einer strategischen (Kosten-)Kalkulation sowie dem Gemeinkostenmanagement:

Strategische Kalkulation

Im Gegensatz zur herkömmlichen Zuschlagskalkulation, die zur Verrechnung der Kosten des indirekten Bereichs auf die Kalkulationsobjekte mehr oder weniger willkürliche Schlüsselgrößen (in der Regel Wertschlüssel wie z.B. Materialeinzelkosten oder Herstellkosten) heranzieht, werden die Kosten in der Prozessteilkostenrechnung gemäß dem Prozessbedarf der Kalkulationsobjekte anhand von Beanspruchungskoeffizienten zugerechnet.[334] In der Literatur werden in diesem Zusammenhang der Allokations-, Komplexitäts- und Degressionseffekt einer Prozesskostenrechnung genannt.[335] Während sich der Allokationseffekt allgemein auf die beanspruchungsgerechtere Zurechnung der Gemeinkosten und somit auf deren im Vergleich zur Zuschlagskalkulation unterschiedlichen Allokation bezieht, konkretisieren der Komplexitäts- und der Degressionseffekt diese Allokationswirkungen. So führt der höhere Prozessbedarf von komplexen Kalkulationsobjekten (bspw. von Produkten, die auf Grund einer hohen Teile- bzw. Komponentenzahl umfangreiche Steuerungsmaßnahmen in Fertigung und Logistik hervorrufen[336]) zu einem – verglichen mit der Zuschlagskalkulation – höheren Kostenausweis (Komplexitätseffekt).[337] Der Degressionseffekt resultiert daraus, dass im Rahmen der Prozesskostenrechnung losfixe Kosten (also Kosten, die unabhängig von der Größe eines Loses anfallen, wie z.B. Bestell- oder Rüstkosten pro Bestell- bzw. Rüstvorgang) auch nur losgrößenunabhängigen Bezugsgrößen bzw. Kostentreibern (z.B. Anzahl der Bestellvorgänge) zugerechnet werden. Bezieht man dann die insgesamt einer Produktart zuge-

---

[331] Dabei verhindert der gesonderte Ausweis von Leerkosten das sog. „Herauskalkulieren aus dem Absatzmarkt", da die den Mengeneinheiten einer Produktart zugerechneten Prozesskosten von der Auslastung der Kapazitäten unabhängig sind (vgl. Kaplan (1994a), S. 108).

[332] Dierkes spricht in diesem Zusammenhang von einer differenziert-mehrstufigen Fixkostendeckungsrechnung, wobei der Zusatz „differenziert" aus dem expliziten Ausweis von Leerkosten resultiert. Vgl. Dierkes (1998), S. 76-81.

[333] Vgl. Homburg (2001), S. 246 bzw. S. 249-251.

[334] Vgl. Dierkes (1998), S. 9.

[335] Vgl. Coenenberg/Fischer (1991), S. 32 f.

[336] Vgl. Adam/Rollberg (1995), S. 667.

[337] Vgl. Dierkes (1998), S. 9.

rechneten losgrößenfixen Kosten auf die Anzahl der produzierten Mengeneinheiten, so sind die ausgewiesenen Stückkosten umso niedriger, je höher die Losgröße ist. Dagegen werden bei der Zuschlagskalkulation zur Ermittlung der Gemeinkostenverrechnungssätze auch die losgrößenfixen Kosten pauschal auf die Material- bzw. Fertigungseinzelkosten geschlüsselt, sodass der Stückkostendegressionseffekt hoher Losgrößen in der Kalkulation nicht abgebildet werden kann.

Aufgrund der genaueren Kostenzurechnung kann die Prozesskostenrechnung somit wichtige Signale für strategische Entscheidungen wie Preis-, Make-or-Buy- und Produktprogrammentscheidungen geben.[338]

Permanentes Gemeinkostenmanagement

Bereits die Bestimmung der Prozesse anhand einer Tätigkeitsanalyse führt zu einer höheren Transparenz hinsichtlich der Abläufe im Unternehmen.[339] Durch die Erfassung der (bewerteten) Ressourceninanspruchnahme der Prozesse wird ersichtlich, welche Prozesse im Unternehmen von großer Bedeutung sind und einer Effizienzanalyse bzw. Optimierungsanstrengungen unterzogen werden sollten. Anhaltspunkte hierzu kann der inner- bzw. außerbetriebliche Vergleich der erfassten Prozessdaten (Prozessbenchmarking) geben.[340] Durch den gesonderten Ausweis von Leerkosten werden zudem unmittelbar Kostensenkungspotenziale bzw. Engpassfaktoren offenbar. Geht man davon aus, dass die Kapazitäten mittel- bis langfristig durch das Management beeinflussbar sind, eignet sich die Prozesskostenrechnung auch zur Gemeinkostenbudgetierung, indem ausgehend von den erwarteten Produktionsmengen über die Prozessbedarfskoeffizienten der Produkte die Prozessmengen und damit der Ressourcenbedarf budgetiert werden können.[341] Ein weiterer Vorteil der Prozesskostenrechnung ist, dass die Prozessmengen und ihre Ressourcenverbräuche kontinuierlich ermittelt werden, sodass die Gemeinkosten im Gegensatz zu projektorientierten Gemeinkostensenkungsverfahren (z.B. der Gemeinkostenwertanalyse) permanent verfolgt bzw. kontrolliert und gezielt beeinflusst werden können.[342]

4.1.2 Vorgehensweise bei der Implementierung einer Prozesskostenrechnung

Den Ausgangspunkt der Implementierung einer Prozesskostenrechnung bildet eine Prozessanalyse in den Kostenstellen des indirekten Leistungsbereichs, bei denen vornehmlich repetitive Tätigkeiten mit relativ geringem Entscheidungsspielraum anfallen, da deren Output mit-

---

338 Vgl. Homburg (2001), S. 246.

339 Vgl. im Folgenden Horváth et al. (1993), S. 612.

340 In diesem Zusammenhang können ineffiziente Prozessstrukturen mittels der sog. Data Envelopment Analysis (DEA) bestimmt werden, wobei der Vorteil dieser Methode u.a. darin liegt, dass nicht zwangsläufig auf monetäre Größen zurückgegriffen werden muss, um die Effizienz der Benchmarking-Partner zu ermitteln. Vgl. hierzu allgemein Homburg/Eichin (1998) sowie bspw. speziell zur Anwendung von DEA vor dem Hintergrund des Krankenhausmanagements Kuntz/Scholtes (1999) und Kuntz/Scholtes (2000).

341 Vgl. Cooper/Kaplan (1992), S. 11 f.; Dambrowski/Hieber (1997), S. 303-310; Kaplan/Cooper (1998), S. 301-322.

342 Vgl. hierzu auch Dierkes (1998), S. 10.

tels Bezugsgrößen (Kostentreibern) quantifizierbar ist.[343] Die Prozessanalyse umfasst u.a. die Identifikation und Dekomposition von Prozessen.[344] So können ausgehend von allgemeinen Referenzprozessen (wie z.B. „Produkt entwickeln“) die unternehmensspezifischen Hauptprozesse abgeleitet und identifiziert werden. Anschließend sind die Prozesse in Teilprozesse bzw. Tätigkeiten der einzelnen Kostenstellen zu zerlegen. In der Regel wird dies auf Basis von Gesprächen mit den Mitarbeitern auf Kostenstellenebene durchgeführt.[345] Diese Befragung dient auch der Identifikation vorher nicht in die Betrachtung einbezogener Hauptprozesse, sodass bis zur Ermittlung der endgültigen Prozessstruktur mehrere Schleifen durchlaufen werden.[346] Dabei ermöglicht die Kenntnis der Referenzprozesse bereits zu Beginn der Tätigkeitsanalyse die gezieltere Befragung der Mitarbeiter. Die identifizierten Tätigkeiten werden anschließend zu Teilprozessen zusammengefasst, die dann wiederum zu Hauptprozessen verdichtet werden. Ein Teilprozess ist dabei als eine Sequenz homogener Aktivitäten aufzufassen, die einem oder mehreren Hauptprozessen zugerechnet werden kann.[347] Grundsätzlich ist zwischen leistungsmengeninduzierten (lmi) und leistungsmengenneutralen (lmn) Teilprozessen zu unterscheiden. Während sich lmi-Prozesse in Abhängigkeit vom Leistungsvolumen der jeweiligen Kostenstelle mengenvariabel verhalten (also deren Häufigkeit vom abzuwickelnden Leistungsvolumen der entsprechenden Kostenstelle abhängt), fallen lmn-Prozesse unabhängig vom Leistungsvolumen an, wobei lmn-Prozesse in der Regel durch nicht repetitive Tätigkeiten hervorgerufen werden.[348] Für die lmi-Prozesse sind nun Kostentreiber als Bezugsgrößen (Maßgrößen der Kostenbeanspruchung) zu definieren, die gleichzeitig die Prozessmenge quantifizieren. So handelt es sich bspw. bei dem Teilprozess „Materialeinlagerung“ der Kostenstelle Materiallager um einen lmi-Prozess, dessen Menge sich etwa durch die Anzahl der Bestellungen als Kostentreiber quantifizieren lässt, während bspw. eine Quantifizierung beim lmn-Prozess „Materiallager leiten“ nicht möglich ist, sodass für diesen Prozess auch kein Kostentreiber identifiziert werden kann. Um den einzelnen Teilprozessen nun die Kosten zuzurechnen, ist mittels Beanspruchungskoeffizienten die Ressourcenbeanspruchung je Kostentreibereinheit des Teilprozesses zu ermitteln und anschließend zu bewerten.[349] Aus dem Bewertungsakt resultieren dann die Teilprozesskostensätze. Wird die Ressourcenbeanspruchung in Zeiteinheiten gemessen und gibt der Beanspruchungskoeffizient die benötigten Zeiteinheiten pro Teilprozess wieder, so wird in jüngster Zeit von „Time-Driven Activity-Based Costing“ gesprochen.[350] Letztlich greift dieser „neue“[351] Ansatz der Prozesskostenrechnung jedoch lediglich auf das Beanspruchungsprinzip zurück, durch dessen Anwendung, wie unter Ab-

---

343 Vgl. Fandel et al. (2004), S. 394.
344 Vgl. Kajüter (2002), S. 256 f.
345 Vgl. Fandel et al. (2004), S. 395.
346 Vgl. Horváth/Mayer (1993), S. 20.
347 Vgl. Horváth/Mayer (1993), S. 17.
348 Vgl. Horváth/Mayer (1989), S. 216.
349 Die getrennte Planung der Mengen- und Wertkomponente entspricht einer produktionsanalytischen Kostenplanung. Vgl. Dierkes (1998), S. 41.
350 Vgl. Kaplan/Anderson (2003) bzw. Kaplan/Anderson (2004).
351 Kaplan/Anderson bezeichnen diesen Ansatz als „The New ABC“ (Kaplan/Anderson (2004), S. 132).

schnitt 4.1 bereits dargelegt, eine willkürliche Schlüsselung der Kosten vermieden wird. Aus gleichem Grunde soll im Folgenden auch auf eine Umlage der Kosten der lmn-Teilprozesse auf die lmi-Teilprozesse – wie in der Literatur teilweise vorgeschlagen[352] – verzichtet werden.[353] Nachdem nun die Teilprozesskostensätze ermittelt wurden, kann die kostenstellenübergreifende Aggregation der sachlich zusammengehörenden lmi-Teilprozesse zu Hauptprozessen (vgl. Abbildung 6) sowie die Ermittlung der Hauptprozesskostensätze erfolgen.[354]

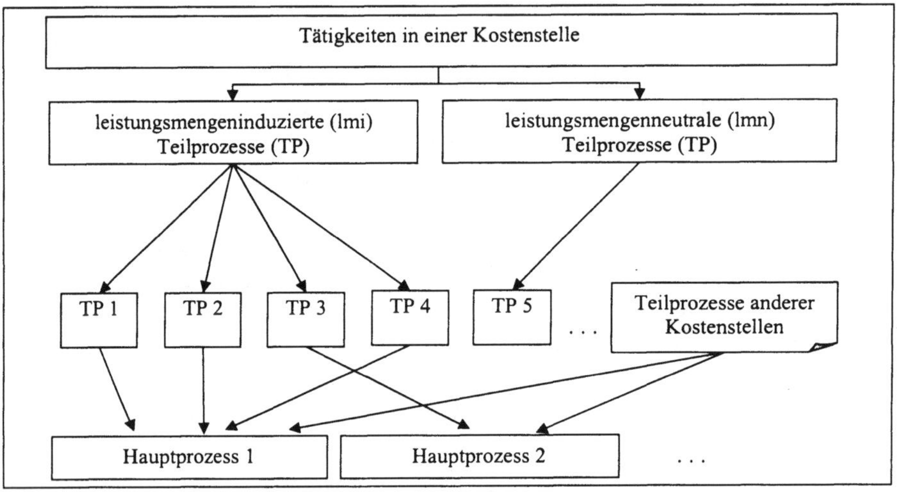

Abbildung 6: Kostenstellenübergreifende Aggregation von Teil- zu Hauptprozessen

Falls sich kein geeigneter gemeinsamer Kostentreiber für alle Teilprozesse eines Hauptprozesses finden lässt, eine Aufspaltung des betrachteten Hauptprozesses (durch die Aussonderung der Teilprozesse mit jeweils gleichem Kostentreiber) bzw. die Verwendung mehrerer Kostentreiber je Hauptprozess jedoch aus Komplexitätsgründen vermieden werden soll, muss im Rahmen der Hauptprozessbildung eine Kostentreiberersetzung vorgenommen werden. Dies führt zu einem Genauigkeitsverlust, wenn keine Übereinstimmung bezüglich der relativen Nutzungen der betrachteten Kostentreiber hinsichtlich aller Kalkulationsobjekte vorliegt.[355] Abschließend können anhand der ermittelten Hauptprozesskostensätze die Prozesskosten den Kalkulationsobjekten proportional zu den von ihnen beanspruchten Kostentreibermengen zugerechnet werden.[356] Der nachfolgende Abschnitt 4.1.3 dient nun der formalen Beschreibung der Prozesskostenermittlung.

---

[352] So z.B. Horváth/Mayer (1989), S. 217.

[353] Vgl. Homburg/Zimmer (1999), S. 1044 bzw. Homburg (2001), S. 251.

[354] Vgl. Coenenberg (2003b), S. 213 f.

[355] Vgl. Homburg/Zimmer (1999), S. 1046. Dieser Genauigkeitsverlust kann jedoch vermieden bzw. minimiert werden, wenn ein Kostentreiber durch eine Kombination von Kostentreibern ersetzt wird. Vgl. zu einem allgemeinen Optimierungsmodell bezüglich der Auswahl von Kostentreibern Homburg/Zimmer (1999), S. 1049 ff.

[356] Vgl. Homburg/Zimmer (1999), S. 1042.

4.1.3 Formale Darstellung der Prozesskostenrechnung

Im Folgenden soll formal dargestellt werden, wie die Prozesskosten für die Kalkulationsobjekte „Mengeneinheit einer Produktart" und „Produktart" ermittelt werden, d.h. es werden zwei unterschiedliche Hierarchiestufen der mehrstufigen Deckungsbeitragsrechnung betrachtet. Dabei wird sich auf die Darstellung von Hauptprozessen beschränkt, d.h. es wird angenommen, dass die kostenrechnerische Aggregation der Teilprozesse zu Hauptprozessen bereits vorgenommen wurde. Insgesamt liegen J Prozesse bzw. J unterschiedliche Kostentreiber vor, wobei jedem Prozess genau ein Kostentreiber j (j = 1, ..., J) mit einem Kostentreiber- bzw. Prozesskostensatz $\pi_{j,t}$ (pro Kostentreibereinheit) der Periode t zugeordnet wird.[357] Der Periodenindex t ist hier zu ergänzen, da im Rahmen der mehrperiodigen Lebenszykluskostenrechnung – in die die Prozesskostenrechnung integriert wird – von einem periodenspezifischen Ressourcen- und Prozessbedarf sowie von periodenspezifischen Ressourcenkosten auszugehen ist.[358]

Weiterhin existieren S unterschiedliche Ressourcen (Input), die von den Prozessen beansprucht werden. Deren (Nutz-)Kosten sind nun mittels der Prozesskostenrechnung auf die Mengeneinheit einer Produktart i bzw. die gesamte Produktionsmenge $x_{i,t}$ der i-ten Produktart in der t-ten Periode zu verrechnen (i = 1, ..., I).

Geht man davon aus, dass es sich um (produktions-) volumenabhängige Kostentreiber (wie z.B. die Anzahl von Materialbestellungen bei fixen Bestelllosgrößen) handelt, so lässt sich der Prozessbedarf $m_{i,j,t}$ einer Einheit der Produktart i hinsichtlich des j-ten Prozesses – gemessen in Kostentreibereinheiten – in der Periode t willkürfrei, d.h. unter Heranziehung des Beanspruchungsprinzips, ermitteln. Durch die Multiplikation mit der Produktionsmenge $x_{i,t}$ der i-ten Produktart ergibt sich dann der Prozessbedarf $M_{i,j,t}$ der gesamten Produktionsmenge der Produktart i in der Periode t: $M_{i,j,t} = x_{i,t} \cdot m_{i,j,t}$ (vgl. im Folgenden Abbildung 7). Handelt es sich um volumenunabhängige Kostentreiber (z.B. Anzahl Rahmenverträge bei der Materialbestellung), so lässt sich der Prozessbedarf $m_{i,j,t}$ einer Einheit der Produktart i nur unter Anwendung des Durchschnittsprinzips bestimmen. Da dies aus bereits erläuterten Gründen unterbleiben soll, ist bei volumenunabhängigen Kostentreibern der Ausgangspunkt der Prozesskostenermittlung unmittelbar der Prozessbedarf $M_{i,j,t}$ der gesamten Produktionsmenge der Produktart i (vgl. in Abbildung 7 den Prozess bzw. Kostentreiber 2, für den sich aufgrund der Volumenunabhängigkeit des Kostentreibers kein Stück-Prozessbedarf ermitteln lässt). Somit gilt:

$$M_{i,j,t} = \begin{cases} x_{i,t} \cdot m_{i,j,t} & \text{falls stückbezogener Prozess,} \\ \text{Prozessbedarf der Produktart sonst.} \end{cases}$$

357 Die Symbolik ist im Folgenden angelehnt an Homburg (2001), S. 251-254.

358 Vgl. Homburg (2001), S. 253. Der periodenspezifische Ressourcenbedarf wird bei der Integration des Lernkurvenkonzeptes in die Prozesskostenrechnung in Abschnitt 4.3 modelliert.

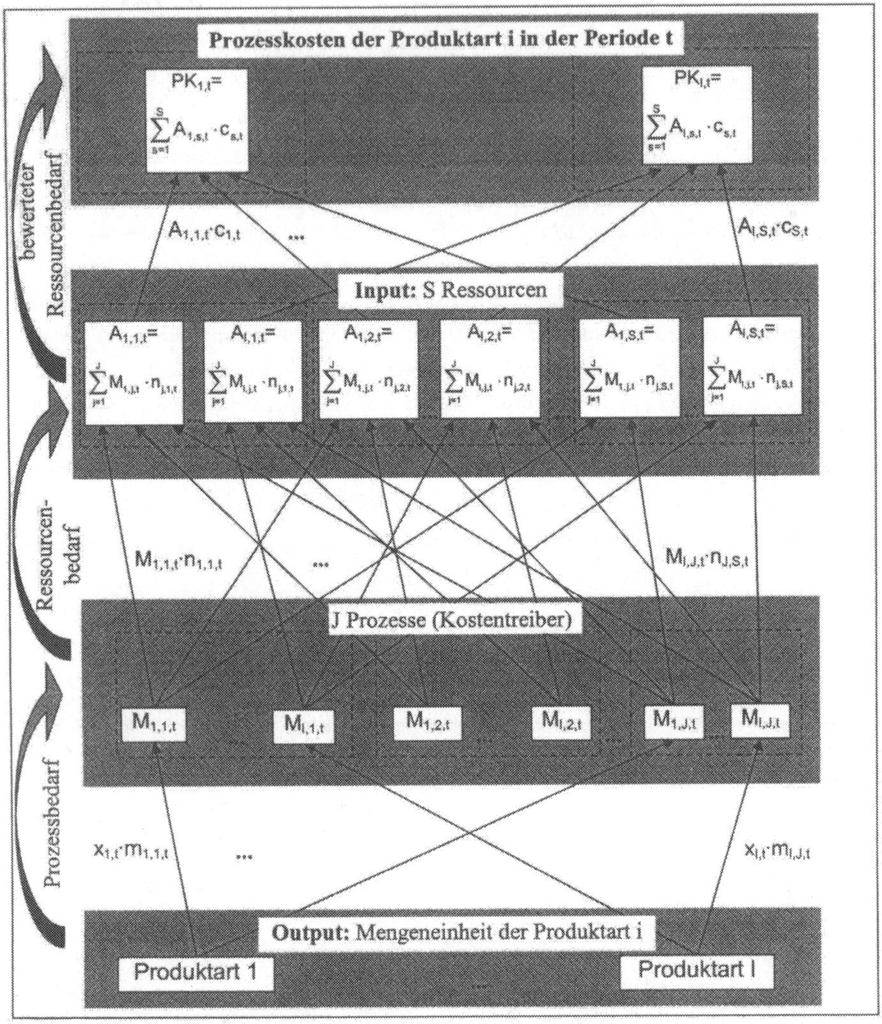

Abbildung 7: Bewerteter Prozessbedarf als Prozesskosten der Produktarten

Ein Ausweis der Prozesskosten erfolgt im Fall eines volumenunabhängigen Kostentreibers nur auf der Hierarchiestufe „Produktart" (und nicht auf der Ebene „Mengeneinheit einer Produktart").

Indem der Gesamt-Kostentreiberbedarf $M_{i,j,t}$ mit dem Ressourcenbedarf $n_{j,s,t}$ einer Einheit des Kostentreibers j an Kapazitätseinheiten der Ressource s multipliziert wird, kann die Mengenkomponente ($= M_{i,j,t} \cdot n_{j,s,t}$) der Kosten der Inanspruchnahme des j-ten Prozesses durch die gesamte Produktionsmenge der i-ten Produktart bestimmt werden. Da ggf. noch weitere Prozesse auf die Ressource s zurückgreifen, ist der Bedarf $A_{i,s,t}$ der Gesamtmenge der i-ten Produktart bezüglich der Ressource s durch die Summation der Ressourcenbedarfe über sämtliche Prozesse zu ermitteln: $A_{i,s,t} = \sum_{j=1}^{J} n_{j,s,t} \cdot M_{i,j,t}$. Dabei lässt sich $A_{i,s,t}$ auch als Verbrauchskoeffizient für die Gesamtmenge der i-ten Produktart bezüglich der Ressource s interpretieren.[359] Bewertet man nun $A_{i,s,t}$ mit dem Kostensatz $c_{s,t}$ je Kapazitätseinheit der Ressource s, lassen sich die Prozesskosten $PK_{i,t}$ der Produktart i wie folgt ermitteln:

$$PK_{i,t} = \sum_{s=1}^{S} A_{i,s,t} \cdot c_{s,t} = \sum_{s=1}^{S} \sum_{j=1}^{J} n_{j,s,t} \cdot M_{i,j,t} \cdot c_{s,t}.$$

Mit $a_{i,s,t}$ als Verbrauchskoeffizient für eine Mengeneinheit der i-ten Produktart bezüglich der Ressource s lassen sich die Stück-Prozesskosten $pk_{i,t}$ der i-ten Produktart analog ermitteln:

$$pk_{i,t} = \sum_{s=1}^{S} a_{i,s,t} \cdot c_{s,t} = \sum_{s=1}^{S} \sum_{j=1}^{J} n_{j,s,t} \cdot m_{i,j,t} \cdot c_{s,t}.$$

Der Prozesskostensatz je Einheit des Kostentreibers j bestimmt sich aus $\pi_{j,t} = \sum_{s=1}^{S} n_{j,s,t} \cdot c_{s,t}$, sodass für die Prozesskosten $PK_{i,t}$ bzw. $pk_{i,t}$ auch gilt:

$$PK_{i,t} = \sum_{j=1}^{J} M_{i,j,t} \cdot \pi_{j,t} \text{ sowie } pk_{i,t} = \sum_{j=1}^{J} m_{i,j,t} \cdot \pi_{j,t}.$$

Wie bereits in Abschnitt 4.1 dargelegt, ist ein wesentliches Merkmal der hier vorgestellten Prozesskostenrechnung, dass die Leerkosten als Kosten der ungenutzten Kapazität gesondert in der mehrstufigen Deckungsbeitragsrechnung ausgewiesen werden, d.h. die gesamten fixen Kosten $KF_{s,t}$ der s-ten Ressource werden in die Nutzkosten $KFN_{s,t}$ sowie die Leerkosten $KFL_{s,t}$ zerlegt: $KF_{s,t} = KFN_{s,t} + KFL_{s,t}$.

Die Leerkosten sollen als Einzelkosten gemäß dem Beanspruchungsprinzip zugerechnet werden, d.h. sie werden dem Bezugsobjekt einer Hierarchiestufe (z.B. einer Produktart oder einer Produktgruppe) nur dann zugerechnet, wenn sie direkt (ohne Heranziehung von Beanspruchungskoeffizienten) zugerechnet werden können, weil sie nur von genau diesem Objekt beansprucht werden (da z.B. andere Produktarten bzw. Produktgruppen nicht die betrachtete Ressource in Anspruch nehmen).[360]

Zur Ermittlung der Nutzkosten $KFN_{s,t}$ ist zunächst der Gesamtbedarf an Kapazitätseinheiten der Ressource s zur Erstellung des Produktionsprogramms in der Periode t zu ermitteln, d.h. es ist die Summe aus den Gesamt-Verbrauchskoeffizienten $A_{i,s,t}$ hinsichtlich Ressource s über alle Produktarten zu bilden: $A_{s,t} = \sum_{i=1}^{I} A_{i,s,t}$. Dann ist der Gesamtbedarf $A_{s,t}$ mit dem Kostensatz $c_{s,t}$ je Kapazitätseinheit zu bewerten (vgl. Abbildung 8): $KFN_{s,t} = \sum_{i=1}^{I} A_{i,s,t} \cdot c_{s,t} = A_{s,t} \cdot c_{s,t}$.

---

359 Vgl. Homburg (2001), S. 253.

360 Vgl. Kloock et al. (2005), Abschnitt I.F.2.b). In der Vorauflage der zitierten Quelle wurden derartige Kosten als Einzelkosten gemäß dem Einwirkungsprinzip klassifiziert. Vgl. Kloock/Sieben/Schildbach (1999), S. 59.

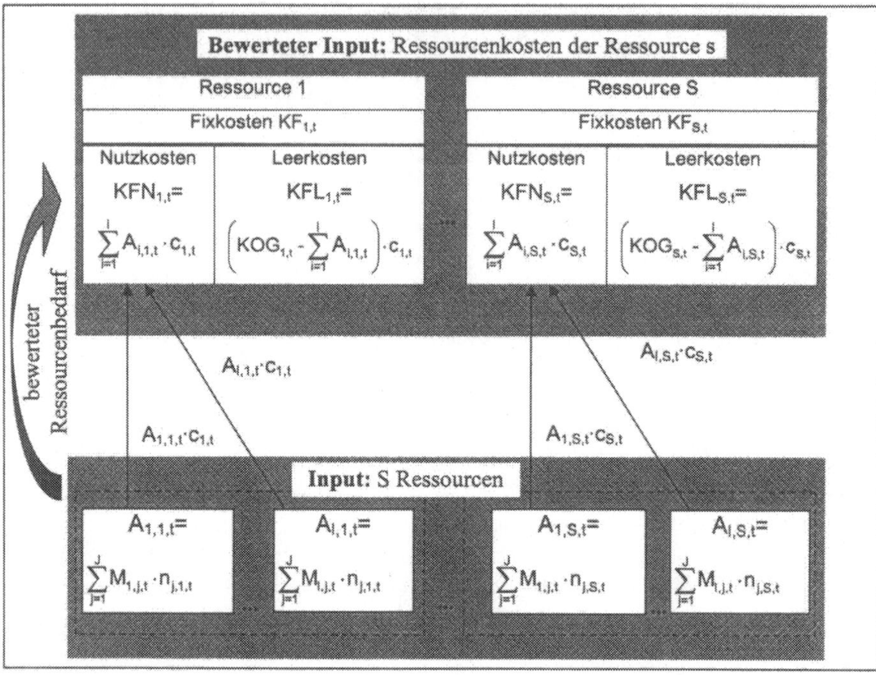

Abbildung 8: Bewerteter Ressourcenbedarf der Prozesse als Nutzkosten der Ressourcen

Die Leerkosten der s-ten Ressource ergeben sich analog durch die Bewertung der ungenutzten Kapazitätseinheiten mit dem Kostensatz $c_{s,t}$, d.h. $KFL_{s,t} = (KOG_{s,t} - A_{s,t}) \cdot c_{s,t}$, wobei $KOG_{s,t}$ die Kapazitätsobergrenze der s-ten Ressource darstellt.[361] Diese Leerkosten lassen sich als Einzelkosten gemäß dem Beanspruchungsprinzip der Gruppe von Produktarten zurechnen, die auf die Ressource s zurückgreifen.[362]

4.1.4 Ausweis der Prozesskosten in einer mehrstufigen und mehrperiodigen Deckungsbeitragsrechnung im Rahmen einer Lebenszyklusrechnung

Abschließend soll dargestellt werden, wie die Prozesskostenrechnung in eine mehrstufige mehrperiodige Deckungsbeitragsrechnung integriert werden kann (vgl. zu den nachfolgenden Erläuterungen Abbildung 9).[363] Im Weiteren wird beispielhaft zwischen den hierarchisch an-

---

361 Bezüglich des Kapazitätsbegriffes kann zwischen einer Maximalkapazität, einer kostenoptimalen Kapazität und einer Normalkapazität unterschieden werden (vgl. hierzu Kilger/Pampel/Vikas (2002), S. 261). Kaplan/Anderson schlagen bei der Darstellung ihres Konzeptes des „Time-Driven Activity-Based Costing" vor, die Kapazitätsobergrenze über die maximale Prozessmenge einer vergangenen Periode zu bestimmen, bei der sich noch keine Qualitätsverluste, Produktionsverzögerungen oder übermäßige physische bzw. psychische Belastung der Mitarbeiter ergeben haben. Vgl. Kaplan/Anderson (2004), S. 133.

362 Greift nur eine Produktart auf die Ressource zurück, so sind dementsprechend die Leerkosten dieser Ressource als Einzelkosten der Produktart gemäß dem Beanspruchungsprinzip zuzurechnen.

363 Vgl. hierzu die einperiodige mehrstufige Deckungsbeitragsrechnung bei Kloock (1997), S. 116 (ohne Einbezug von Prozesskosten), bzw. Dierkes (1998), S. 78.

geordneten Bezugsobjekten Unternehmen, Produktgruppe, Produktart und Mengeneinheit einer Produktart unterschieden.[364] Dabei wird davon ausgegangen, dass im direkten Leistungsbereich variable Kosten dominieren und aus diesem Grunde die Grenzplankostenrechnung angewandt wird.[365] Ergänzend hierzu wird angenommen, dass die Fixkosten des direkten Bereichs in Nutz- und Leerkosten aufgespalten werden können, sodass deren getrennter Ausweis auf den einzelnen Hierarchiestufen möglich ist.[366]

Ausgangspunkt der mehrstufigen Deckungsbeitragsrechnung ist der Absatzstückpreis, von dem zunächst auf der untersten Hierarchiestufe die variablen und fixen Stückkosten des direkten Leistungsbereichs subtrahiert werden.[367] Weiterhin sind auf dieser Stufe die Prozess-Stückkosten in Abzug zu bringen, die annahmegemäß keine lmn-Prozesskosten enthalten, da diese als Einzelkosten gemäß dem Beanspruchungsprinzip verrechnet werden sollen und dies auf der untersten Stufe (Mengeneinheit einer Produktart) nicht möglich ist. Als erstes Stufenergebnis lässt sich sodann der Stückdeckungsbeitrag ermitteln, der multipliziert mit der Absatzmenge den Deckungsbeitrag I je Produktart ergibt. Zu diesem werden die produktartspezifischen Erlöse (z.B. aus dem Ersatzteilgeschäft) addiert. Von diesem subtrahiert werden die produktartspezifischen Fix- bzw. Nutzkosten sowie die produktartspezifischen Prozesskosten als Nutzkosten des indirekten Bereichs, die auch diejenigen lmn-Prozesskosten beinhalten, die sich direkt (überschneidungsfrei) einer Produktart zurechnen lassen. Abschließend sind die Leerkosten des direkten und indirekten Bereichs abzuziehen, die direkt der jeweiligen Produktart zurechenbar sind. Das Ergebnis ist der Deckungsbeitrag II je Produktart, sodass anschließend die Deckungsbeiträge der zu einer Produktgruppe gehörenden Produktarten addiert werden können, um nach Addition der produktgruppenspezifischen Erlöse analog die produktgruppenspezifischen Nutz- und Leerkosten in Abzug zu bringen und einen Deckungsbeitrag III je Produktgruppe ausweisen zu können. Auf der obersten Stufe sind dann die unternehmensspezifischen Nutz- und Leerkosten zu subtrahieren, d.h. die Kosten, die bisher noch keiner Hierarchiestufe zugerechnet wurden, sodass schließlich der Periodenerfolg des Unternehmens ausgewiesen wird. Auf dieser obersten Ebene werden die Kosten der Kostenstellen

---

364 Somit bildet gemäß der genannten Reihenfolge das Bezugsobjekt „Mengeneinheit einer Produktart" die „unterste" Hierarchieebene. Diese Bezeichnung sollte jedoch nicht darüber hinwegtäuschen, dass der Kostenausweis der untersten Stufe (d.h. in diesem Fall die Stückkosten) im Tableau der mehrstufigen Deckungsbeitragsrechnung zuerst erfolgt (vgl. Abbildung 9).

365 Vgl. zu dieser Annahme (und der daraus resultierenden Beschränkung der Anwendung der Prozesskostenrechnung auf den indirekten Bereich) Dierkes (1998), S. 25.

366 Vgl. zur Aufspaltung der Fixkosten in Nutz- und Leerkosten im Rahmen einer mehrstufigen Deckungsbeitragsrechnung ohne Rückgriff auf die Prozesskostenrechnung Kloock (1997), S. 115-118.

367 Obwohl hier von einem mehrperiodigen (mehrjährigen) Planungszeitraum ausgegangen wird, soll eine Unterscheidung zwischen variablen und fixen Kosten analog zur Grenzplankostenrechnung vorgenommen werden, die in der Regel von einem Fristigkeitsgrad der Planung bis zu einem Jahr ausgeht (vgl. Kilger/Pampel/Vikas (2002), S. 107). Als variabel werden im Folgenden somit die Kosten einer Periode (z.B. eines Jahres) bezeichnet, die ausgehend von den geplanten Kapazitäten zu Anfang der betreffenden Periode aus Sicht dieser Periode beschäftigungsabhängig sind. Diese Übernahme der Terminologie aus der operativen Planung erleichtert die Kommunizierbarkeit der Planungsrechnung und dient somit der Integration von strategischer und operativer Planung, darf allerdings nicht zu der falschen Vorstellung führen, dass für den gesamten Planungszeitraum (in Abbildung 9 ist dies der Zeitraum t_1 bis t_Z) lediglich diese Kosten beeinflussbar sind.

(z.B. Vorstand, Controlling, interne Revision, Grundlagenforschung usw.) dargestellt, deren Tätigkeiten weder einen repetitiven Charakter haben (und die sich somit einer Prozessanalyse von vornherein entziehen) noch einen Bezug zu den Bezugsobjekten der unteren Hierarchiestufen aufweisen. Da es sich um einen mehrjährigen Planungshorizont handelt, ist davon auszugehen, dass sich das Produktprogramm im Zeitablauf ändert. In Abbildung 9 wird dieser Sachverhalt durch die Eliminierung der jeweiligen Produktart aus dem Deckungsbeitragsschema bei Einstellung der Produktion (neuartige Produktarten erhalten demgegenüber eine fortlaufende Nummer) bzw. durch den Zusatz „N“ zur Produktartnummer veranschaulicht, falls es sich um ein Nachfolgeprodukt handelt. Bei der abgebildeten mehrperiodigen und mehrstufigen Deckungsbeitragsrechnung handelt es sich demnach um die aggregierte Darstellung der Lebenszykluskostenrechnungen sämtlicher Produktarten des Unternehmens einschließlich der produktgruppen- und unternehmensspezifischen Kosten bzw. Erlöse. Unter Beachtung des Lücke-Theorems eignet sich eine derartige Zusammenstellung für die Ermittlung des Unternehmenswertes mittels Diskontierung der Periodenerfolge. Dabei wird offen gelassen, ob die Kosten der Vor- bzw. Nachlaufphase des Lebenszyklus einer Produktart oder Produktgruppe aktiviert bzw. passiviert werden und dementsprechend den Perioden der Marktphase erfolgswirksam zugerechnet werden (Fall 1) oder zum Zeitpunkt ihres zeitlichen Anfalls den Periodenerfolg belasten (Fall 2, vgl. zu diesen beiden Fällen auch Abschnitt 3.3.2). Würden im ersten Fall (Aktivierung/Passivierung) diese Kosten auf Basis der (geplanten) abgesetzten Mengeneinheiten den Produktarten zugerechnet[368], so müsste der Ausweis auf der Ebene der fixen Stückkosten erfolgen. Alternativ ist es möglich, diese Kosten den Perioden der Marktphase pro rata temporis (zeitanteilig) zuzurechnen. Der Ausweis müsste dann auf der Ebene der produktart- oder evtl. der produktgruppenspezifischen Fixkosten vorgenommen werden. Im zweiten Fall (erfolgswirksame Verrechnung zum Zeitpunkt des Güterverzehrs) müsste der Ausweis ebenfalls auf der Ebene der produktart- oder produktgruppenspezifischen Fixkosten erfolgen. Falls jedoch die Aktivitäten (z.B. die Forschungsaktivitäten in der Vorleistungsphase) in keinem Zusammenhang zu den Bezugsobjekten der unteren Hierarchiestufen stehen, verbleibt letztlich nur der Ausweis unter den unternehmensspezifischen Fixkosten.

In den drei folgenden Abschnitten soll nun auf die Einsatzmöglichkeiten der Prozesskostenrechnung zur Planung der Kosten der Aktivitäten der einzelnen Lebenszyklusphasen eingegangen werden.

---

[368] Vgl. zu diesem Vorschlag Senti (1994), S. 194-195.

Unternehmen															
Periode	t_1							…	t_Z						
Produktgruppen	1			2				…	1			2			
Produktarten	1	2	3	4	5	6	7	…	1N	2	8	4N	5	6N	9
Absatzstückpreis								…							
– variable Stückkosten (direkter LB)								…							
– fixe Stückkosten (direkter LB)								…							
– Prozess-Stückkosten								…							
= Stückdeckungsbeitrag								**…**							
· Absatzmengen								…							
= Deckungsbeitrag I je Produktart								**…**							
+ produktartspezifische Erlöse															
– produktartspezifische Fixkosten								…							
– produktartspezifische Prozesskosten								…							
– produktartspezifische Leerkosten								…							
= Deckungsbeitrag II je Produktart								**…**							
Summe der Deckungsbeiträge II je Produktgruppe								…							
+ produktgruppenspezifische Erlöse															
– produktgruppenspezifische Fixkosten								…							
– produktgruppenspezifische Prozesskosten								…							
– produktgruppenspezifische Leerkosten								…							
= Deckungsbeitrag III je Produktgruppe								**…**							
Summe der Deckungsbeiträge III je Periode								…							
– unternehmensspezifische Fixkosten								…							
– unternehmensspezifische Prozesskosten								…							
– unternehmensspezifische Leerkosten								…							
= Periodenerfolg des Unternehmens								**…**							

(in der Periode t_Z stellen die Produktarten 1N, 4N und 6N die Nachfolgeprodukte der Produktarten 1, 4 und 6 dar; die Produktarten 3 und 7 wurden eliminiert und die Produktgruppe 1 durch die neue Produktart 8 sowie die Produktgruppe 2 durch die neue Produktart 9 ergänzt)

Abbildung 9: Mehrstufige mehrperiodige Deckungsbeitragsrechnung auf Basis einer Prozesskostenrechnung im indirekten Leistungsbereich
Quelle: In Anlehnung an die einperiodige mehrstufige Deckungsbeitragsrechnung bei Kloock (1997), S. 116 (ohne Einbezug von Prozesskosten), bzw. Dierkes (1998), S. 78.

4.2 Anwendung der Prozesskostenrechnung bei der Planung der Kosten der Produktlebenszyklusphasen

Nachdem dargelegt wurde, wie die Prozesskosteninformationen in eine mehrstufige und mehrperiodige Deckungsbeitragsrechnung integriert werden können, ist zu analysieren, für welche Phasen des Produktlebenszyklus sich die Kostenplanung anhand einer Prozesskostenrechnung besonders anbietet (vgl. im Folgenden Abbildung 10). Da sich die Prozesskostenrechnung nur für repetitive Tätigkeiten eignet, die in ähnlicher Weise (Prozessstandardisierung) relativ häufig (Prozesshäufigkeit) durchgeführt werden, ist ihr Anwendungspotenzial in der Vorlaufphase am geringsten. So stellt bspw. die Entwicklung von komplexen Produktarten mit hohem Innovationsgrad eine neuartige Aufgabe dar. Auch die weiteren betrieblichen Aktivitäten der Vorlaufphase (vgl. Tabelle 9 in Abschnitt 3.1) sind eher eingeschränkt für eine Prozessanalyse geeignet. Falls jedoch auch im Entwicklungs- und Konstruktionsbereich standardisierte Arbeitsabläufe definiert werden können und diese Tätigkeiten in ähnlicher oder gleicher Form häufiger auftreten, kann auch für diese Phase die Prozesskostenrechnung eingesetzt werden.[369]

Inwiefern sich die Tätigkeiten der Nachlaufphase wiederholen und sich somit zur Anwendung der Prozesskostenrechnung eignen, hängt u.a. vom Standardisierungsgrad des Produktprogramms ab. Die Reparaturen von modular aufgebauten Produktarten lassen sich bspw. als repetitive Tätigkeiten auffassen, da die defekten Teile bei modularer Konstruktion lediglich ausgetauscht werden müssen. Die Tätigkeiten der Ersatzteilverwaltung, Reparaturdurchführung und Produktentsorgung werden dagegen umso komplexer und wiederholen sich umso weniger, je individueller das einzelne Produkt gestaltet ist und je höher die Variantenvielfalt im Unternehmen ist.[370] In der Marktphase ist das Anwendungspotenzial der Prozesskostenrechnung aufgrund der hohen Anzahl repetitiver Tätigkeiten sicherlich am höchsten.[371] Zusammenfassend ist festzustellen, dass der große Vorteil bei der Anwendung der Prozesskostenrechnung im Rahmen der Lebenszyklusrechnung in der mengenorientierten Planung der Kosten liegt, sodass eine Planung pauschaler Kostenbudgets vermieden werden kann.[372] Dieser Vorteil wird durch die im folgenden Abschnitt vorgenommene Abbildung von Lerneffekten bezüglich der Kostentreibernutzung (d.h. der Mengenkomponente) und deren Einbeziehung in die Lebenszykluskostenrechnung zusätzlich unterstrichen.

---

369 Vgl. Senti (1994), S. 172. Zu den Einsatzmöglichkeiten der Prozesskostenrechnung in der Entwicklung vgl. Senti (1994), S. 169-182.

370 Zum möglichen Einsatz der Prozesskostenrechnung für die Planung der Kosten der Nachlaufphase vgl. Senti (1994), S. 212-216.

371 Für einen Überblick über mögliche Kostentreiber in den einzelnen Lebenszyklusphasen vgl. Stratmann (2001), S. 164.

372 Vgl. Stratmann (2001), S. 167.

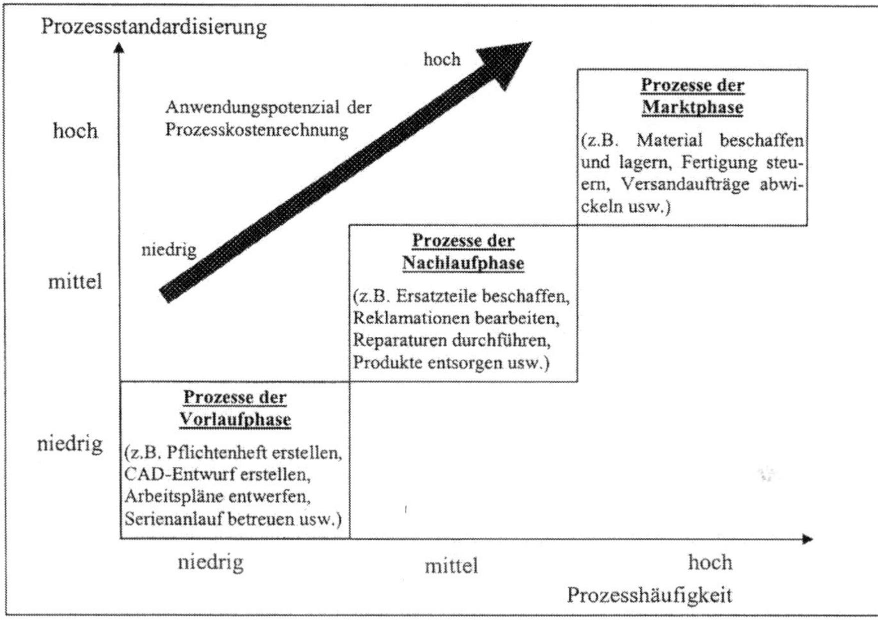

Abbildung 10: Eignung der Prozesskostenrechnung für die Planung der phasenspezifischen Kosten

4.3 Integration von Prozesskostenrechnung und Erfahrungskurvenkonzept

Mittels des Erfahrungskurvenkonzeptes können im Kontext der Lebenszykluskostenrechnung dynamische Kostenverläufe über den Lebenszyklus eines Produktes abgebildet bzw. geplant werden. Das Konzept unterstellt, dass die Anzahl der gefertigten Einheiten eines Produktes ein geeignetes Maß für die Erfahrung darstellt, die zu einer Stückkostensenkung führt.[373] Die Erfahrungskurve beschreibt somit den realen (d.h. inflationsbereinigten) Kostenverlauf pro produzierter Einheit als Funktion der kumulierten Produktionsmenge.[374] Der Ansatz basiert auf der *Hypothese*, dass mit jeder Verdoppelung der kumulierten Produktionsmengen die auf die Wertschöpfung bezogenen realen Stückkosten um einen bestimmten Prozentsatz sinken.[375] Die Erfahrungseffekte können vielfältigen Ursprungs sein, wobei im Weiteren das Augenmerk auf die aus Lerneffekten resultierende Stückkostendegression gerichtet wird.[376] In diesem Zusammenhang gibt die Lernkurve die aus der kumulierten Produktionsmenge resultierenden Übungs- und Spezialisierungseffekte wieder, die zu niedrigeren Bearbeitungszeiten je Mengeneinheit und somit zu sinkenden Stückkosten führen.[377] In dieser Arbeit soll das

---

373 Vgl. Simon (1992), S. 280.
374 Vgl. Coenenberg (2003b), S. 185.
375 Vgl. Henderson (1984), S. 19.
376 Vgl. weitere Effekte bei Kloock/Sabel/Schuhmann (1987), S. 9 ff.; Coenenberg (2003b), S. 186-187.
377 Vgl. Lengsfeld (1998), S. 1. Zu Studien, die die empirische Gültigkeit des Lernkurvenkonzeptes belegen, vgl. Welge/Al-Laham (1992), S. 72.

Lernkurvenkonzept auf die Prozesskostenrechnung übertragen werden, da gerade die auf repetitiven Tätigkeiten basierenden lmi-Prozesse derartigen Übungseffekten unterliegen.[378] Dies bedeutet, dass nunmehr nicht die Anzahl der gefertigten Einheiten der Produktarten, sondern die Anzahl der kumulierten Prozess- bzw. Kostentreibermengen als Maß für die Erfahrung dient. Aus den Lerneffekten resultiert dann, dass die prozessbezogenen Ressourcenbedarfskoeffizienten bei einer Verdoppelung der beanspruchten kumulierten Prozessmenge um die Lernrate sinken. Zunächst erfolgt hierzu die formale Darstellung dieser auf Ressourcenbedarfskoeffizienten bezogenen Lernkurve.[379] Anschließend erfolgt die Veranschaulichung anhand eines Beispiels.

Zunächst wird lediglich von einer Periode ausgegangen, sodass vorerst auf den Periodenindex t verzichtet werden kann. Zur formalen Darstellung sind M_j^X und M_j^Y als zwei Prozessmengen des Prozesses j mit $M_j^X < M_j^Y$ zu definieren. In folgender Gleichung gibt n die Anzahl der Verdoppelungen zwischen diesen Prozessmengen an:

$$M_j^Y = M_j^X \cdot 2^n . \tag{4.1}$$

Durch beidseitiges Logarithmieren der Gleichung ergibt sich für n:

$$n = \frac{\ln M_j^Y - \ln M_j^X}{\ln 2} . \tag{4.2}$$

Da der Ressourcenbedarfskoeffizient gemäß obiger Hypothese bei einer Verdoppelung der kumulierten Prozessmenge um die prozessspezifische Lernrate α_j sinkt[380], gilt folgender Zusammenhang zwischen den auf die Ressource s bezogenen Bedarfskoeffizienten $n_{j,s}^X$ und $n_{j,s}^Y$ der jeweils letzten Prozesseinheit der Prozessmenge M_j^X bzw. M_j^Y:

$$n_{j,s}^Y = n_{j,s}^X \cdot \left(1-\alpha_j\right)^n \tag{4.3}$$

bzw. nach beidseitiger Logarithmierung:

$$\ln n_{j,s}^Y = \ln n_{j,s}^X + n \cdot \ln\left(1-\alpha_j\right) . \tag{4.4}$$

Durch Einsetzen von Gleichung (4.2) in Gleichung (4.4) resultiert:

$$\ln n_{j,s}^Y = \ln n_{j,s}^X + \frac{\ln\left(1-\alpha_j\right)}{\ln 2} \cdot \left(\ln M_j^Y - \ln M_j^X\right) . \tag{4.5}$$

Mit $b_j = -\frac{\ln\left(1-\alpha_j\right)}{\ln 2}$ als Degressionsfaktor lässt sich Gleichung (4.5) umformen zu

---

378 Die Einbindung des Lernkurvenkonzeptes in die Prozesskostenrechnung durch die Bestimmung von Prozesszeiten unter Beachtung von Lernerfolgen wird auch von Seiten der Unternehmenspraxis gefordert. Vgl. Birgel (1995), S. 334.

379 Vgl. hierzu die formale Darstellung der auf Stückkosten bezogenen Lernkurve bei Coenenberg (2003b), S. 187-191.

380 Von ressourcenspezifischen Lernraten wird abgesehen. Wird im Rahmen der Durchführung eines Prozesses auf unterschiedliche Ressourcen (z.B. auf Personal und EDV-Ressourcen) zurückgegriffen, sinken die Ressourcenbedarfskoeffizienten bei der Verdoppelung der kumulierten Prozessmenge demnach um die gleiche Lernrate.

$$\ln n_{j,s}^{Y} = \ln n_{j,s}^{X} + \ln\left(M_j^Y\right)^{-b_j} - \ln\left(M_j^X\right)^{-b_j}$$

$$\Leftrightarrow \ln n_{j,s}^{Y} = \ln\left(\frac{n_{j,s}^{X} \cdot \left(M_j^Y\right)^{-b_j}}{\left(M_j^X\right)^{-b_j}}\right).$$

Exponentiert man beide Seiten zur Basis e, ergibt sich:

$$n_{j,s}^{Y} = \frac{n_{j,s}^{X} \cdot \left(M_j^Y\right)^{-b_j}}{\left(M_j^X\right)^{-b_j}}. \tag{4.6}$$

Falls die kumulierte Prozessmenge M_j^X eins beträgt, gilt: $\left(M_j^X\right)^{-b_j} = 1$. In diesem Falle entspricht $n_{j,s}^{X}$ dem noch keinen Lerneffekten unterworfenen Ressourcenbedarfskoeffizienten $n_{j,s}^{0}$ der ersten Einheit von Prozess j, sodass man zu folgender allgemeiner Darstellung des auf Ressourcenverbräuchen basierenden Grundmodells der Lernkurve gelangt:

$$n_{j,s}\left(M_j\right) = n_{j,s}^{0} \cdot \left(M_j\right)^{-b_j}. \tag{4.7}$$

Gleichung (4.7) drückt die funktionale Abhängigkeit des prozessspezifischen Ressourcenbedarfskoeffizienten $n_{j,s}$ von der gesamten nachgefragten Menge M_j des Prozesses j aus.[381]

Der Ressourcenverzehr $N_{j,s}$ für die Gesamtmenge M_j des Prozesses j bezüglich Kapazitätseinheiten der Ressource s lässt sich wie folgt bestimmen:

$$N_{j,s}\left(M_j\right) = \sum_{x=1}^{M_j} n_{j,s}^{0} \cdot x^{-b_j}. \tag{4.8}$$

Diese Summenschreibweise kann aus Vereinfachungsgründen durch eine Integralschreibweise als Näherungslösung ersetzt werden, sodass Gleichung (4.8) approximativ auch wie folgt dargestellt werden kann:[382]

$$N_{j,s}\left(M_j\right) = \int_0^{M_j} n_{j,s}^{0} x^{-b_j}\, dx = \left[\frac{n_{j,s}^{0}}{1-b_j} \cdot x^{1-b_j}\right]_0^{M_j} = \frac{n_{j,s}^{0}}{1-b_j} \cdot M_j^{1-b_j}. \tag{4.9}$$

Durch die Bewertung von $N_{j,s}$ mit dem Ressourcenkostensatz c_s und anschließender Summation über die Ressourcenarten lassen sich die für das gesamte Produktionsprogramm hinsichtlich des Prozesses j anfallenden Kosten bestimmen, sodass sich folgende Kostenfunktion ergibt:

$$K_j\left(M_j\right) = \sum_{s=1}^{S} N_{j,s}\left(M_j\right) \cdot c_s. \tag{4.10}$$

---

381 Diese Gleichung kann auch in eine logarithmische Darstellung überführt werden, aus der ein linearer Kurvenverlauf (der die bei einer empirischen Herleitung der Lernkurve durchzuführende Regressionsanalyse vereinfacht) folgt: $\ln n_{j,s} = \ln n_{j,s}^{0} - b_j \cdot \ln M_j$. Vgl. Henfling (1978), S. 57 f. Die o.g. Grundhypothese wird aus diesem Grunde auch als Linearhypothese bezeichnet. Vgl. Henfling (1978), S. 59.

382 Bei der Integraldarstellung wird unterstellt, dass es sich um eine stetige Funktion handelt, obwohl tatsächlich eine Treppenfunktion vorliegt. Vgl. Henfling (1978), S. 63.

Die einer Produktart aus der Inanspruchnahme des Prozesses j zuzurechnenden Kosten hängen nun davon ab, wie hoch die gesamte Prozessmenge ist, die wiederum von der Gesamtausbringung aller auf diesen Prozess zurückgreifenden Produktarten abhängt. Ohne die Produktionsmengen dieser Produktarten zu kennen, können somit die Prozesskosten einer einzelnen Produktart nicht ermittelt werden. Zwischen den Produktarten liegt demnach ein Erfolgsverbund vor. Weiterhin ergibt sich ein Zurechnungsproblem der Kosten auf die Mengeneinheiten der Produktarten aufgrund der vorliegenden Kuppelproduktion: Die Beanspruchung eines Prozesses führt sowohl zur Produktion einer Mengeneinheit einer Produktart als auch zu einem Aufbau an Erfahrung.[383] Dieses Zurechnungsproblem wird im Folgenden dadurch gelöst, dass zur Zurechnung der Prozesskosten zu den Mengeneinheiten der Produktarten ein durchschnittlicher Prozesskostensatz π_j ermittelt wird, indem die unter Berücksichtigung der Lernkurveneffekte für das gesamte Produktionsprogramm anfallenden Kosten K_j des Prozesses j durch die Prozessmenge M_j dividiert werden:

$$\pi_j = \frac{K_j(M_j)}{M_j}. \tag{4.11}$$

Im Falle mehrerer Perioden ist zu berücksichtigen, dass der Ressourcenverzehr $N_{j,s,t}$ einer Periode t auch vom Prozessbedarf der Produktionsprogramme der Vorperioden, d.h. der bis zum Zeitpunkt t – 1 kumulierten Prozessmenge $M_{j,t-1}^{kum}$, abhängt.[384] Neben dem bereits angesprochenen intratemporalen wird somit ein intertemporaler Erfolgsverbund wirksam.

Gleichung (4.8) ist dementsprechend periodenspezifisch zu formulieren, d.h., nunmehr muss als untere Summationsgrenze die kumulierte Prozessmenge $M_{j,t-1}^{kum}$ der Vorperioden zuzüglich einer Mengeneinheit des Prozesses j sowie als obere Summationsgrenze $M_{j,t-1}^{kum}$ zuzüglich der in der Periode t beanspruchten Prozessmenge $M_{j,t}$ angesetzt werden:

$$N_{j,s,t}(M_{j,t}) = \sum_{M_{j,t-1}^{kum}}^{M_{j,t-1}^{kum}+M_{j,t}} n_{j,s}^0 \cdot x^{-b_j} \tag{4.12}$$

mit $M_{j,t-1}^{kum} = \sum_{\tau=1}^{t-1} M_{j,\tau}$.

Im Falle der Näherungslösung (Gleichung (4.9)) muss $M_{j,t-1}^{kum}$ als untere sowie $M_{j,t-1}^{kum} + M_{j,t}$ als obere Integrationsgrenze angesetzt werden:

$$N_{j,s,t}(M_{j,t}) = \int_{M_{j,t-1}^{kum}}^{M_{j,t-1}^{kum}+M_{j,t}} n_{j,s}^0 \cdot x^{-b_j}\, dx = \frac{n_{j,s}^0}{1-b_j} \cdot \left(\left(M_{j,t-1}^{kum} + M_{j,t}\right)^{1-b_j} - \left(M_{j,t-1}^{kum}\right)^{1-b_j} \right). \tag{4.13}$$

Die gesamten Prozesskosten $K_{j,t}$ einer Periode t sowie der periodenspezifische Prozesskostensatz $\pi_{j,t}$ werden demgemäß wie folgt ermittelt:[385]

---

383 Vgl. Maltry (1989), S. 96.

384 Soweit es sich um einen Prozess handelt, der bereits in den Vorperioden beansprucht wurde.

385 Vgl. die Gleichungen (4.10) und (4.11), deren Symbole lediglich durch den Periodenindex t ergänzt wurden.

$$K_{j,t}\left(M_{j,t}\right)=\sum_{s=1}^{S}N_{j,s,t}\left(M_{j,t}\right)\cdot c_{s,t} \tag{4.14}$$

bzw.

$$\pi_{j,t}=\frac{K_{j,t}\left(M_{j,t}\right)}{M_{j,t}}. \tag{4.15}$$

Durch die Multiplikation des Prozesskostensatzes mit dem Gesamtprozessbedarf $M_{i,j,t}$ der i-ten Produktart können nun die der gesamten Produktionsmenge einer Produktart i aus der Beanspruchung eines Prozesses j zuzurechnenden Kosten $PK_{i,j,t}$ bestimmt werden:

$$PK_{i,j,t}=\pi_{j,t}\cdot M_{i,j,t}. \tag{4.16}$$

Die Prozesskosten $PK_{i,t}$ aller in der Periode t produzierten Einheiten der Produktart i werden ermittelt durch:

$$PK_{i,t}=\sum_{j=1}^{J}\pi_{j,t}\cdot M_{i,j,t}. \tag{4.17}$$

Der Lerneffekt führt dazu, dass die Ressourcenbeanspruchung (z. B. die Arbeitszeit, die für eine Prozessdurchführung notwendig ist) nach jeder Prozesswiederholung verringert wird. Bei konstanten Ressourcenpreisen sinken demnach die Prozesskostensätze im Zeitablauf. In Abbildung 11 ist ein Verlauf der lmi-Prozesskosten bei konstanter Produktionsmenge je Periode veranschaulicht. Die Kurve der kontinuierlich fallenden leistungsmengeninduzierten Kosten zeigt den Verantwortlichen Kosteneinsparpotenziale auf, die durch die Effizienzsteigerung eines Prozesses entstehen. Sie kann auch als Zielvorgabe für die beteiligten Mitarbeiter dienen. Prozessverbesserungen sind allerdings nicht nur das Resultat von Automatismen (wie bspw. das Lernen durch Übung), sondern vor allem das Ergebnis von systematischen Prozessanalysen sowie der Kommunikation der Prozessanforderungen und der Probleme der Prozessdurchführung innerhalb der involvierten Kostenstellen, also eines kontinuierlichen Prozessmanagements.[386] Wird realistischerweise unterstellt, dass Ressourcenanpassungen (hier bspw. Personalkürzungen oder -umsetzungen) jeweils nur zu Beginn der nächsten Periode vorgenommen werden können, so ist eine Kostenremanenz zu beobachten, die zu einer treppenförmigen Kostenfunktion führt.

---

[386] Vgl. Hudak (1991), S. 567 f.; Pfohl (2002), S. 111.

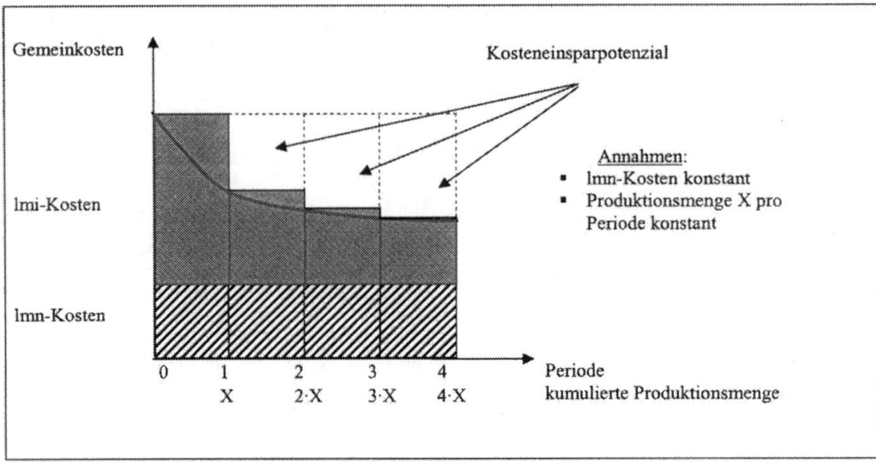

Abbildung 11: Wirkung der Lerneffekte auf die lmi-Prozesskosten

Die Kosten oberhalb der Lernkurve stellen Leerkosten dar, die in der nächsten Periode abgebaut werden können, indem Kapazitäten reduziert werden.

Ein Beispiel soll im Folgenden die formalen Ausführungen veranschaulichen.

Beispiel 6: Integration von Prozesskostenrechnung und Lernkurve

Ein Unternehmen steht vor der Einführung der beiden Produktarten „Standard" (i = 1) und „Luxus" (i = 2), deren Plan-Produktionsmengen in Tabelle 19 angegeben werden. Man geht davon aus, dass die Produktionsmengen im Rahmen des Planungszeitraums von 4 Jahren (Dauer der Marktphase) konstant sind und mit den Absatzmengen der jeweiligen Perioden übereinstimmen.

Periode t / Produktart i	1	2	3	4
„Standard" (i = 1)	5.000	5.000	5.000	5.000
„Luxus" (i = 2)	1.000	1.000	1.000	1.000

Tabelle 19: Plan-Produktionsmengen (Beispiel 6)

Mit der Markteinführung der beiden Produktarten soll der Beschaffungsprozess restrukturiert werden, sodass dieser als ein Beispiel für einen innovativen Prozess betrachtet werden kann, der bisher noch keinen Lerneffekten ausgesetzt war. Dieser Hauptprozess „Material beschaffen und lagern" (j = 1) könnte sich bspw. aus den in Abbildung 12 dargestellten Teilprozessen bzw. Tätigkeiten zusammensetzen. Im Folgenden werden die Auswirkungen der Lerneffekte auf die Ressourcenbeanspruchung des Hauptprozesses und die daraus resultierenden Kosten beispielhaft analysiert.

Hauptprozess „Material beschaffen und lagern“				
Angebote einholen		Bestellung durchführen	Materialeinlagerung	
Anfragen versenden	Angebote vergleichen und Auswahl	Bestellen	Material prüfen	Einlagern

Abbildung 12: Zusammensetzung des Hauptprozesses „Material beschaffen und lagern“ (Beispiel 6)
Quelle: Homburg/Weiß (2004), S. 49.

Als Kostentreiber des Prozesses wird die Anzahl der Bestellungen identifiziert, die vom Materialbedarf in den jeweiligen Perioden abhängt, sodass zunächst der Materialbedarf zu ermitteln ist. Bei der Herstellung der Produkte sollen 3 Materialien (s = 1, 2, 3) eingesetzt werden, die jeweils bei verschiedenen Lieferanten bestellt werden müssen. Pro Bestellung werden voraussichtlich 1.000 Mengeneinheiten (ME) von Materialart 1, 100 ME von Materialart 2 und 500 ME von Materialart 3 bestellt und geliefert. Die Verbrauchskoeffizienten $a^0_{i,s}$ für die erste produzierte Einheit der i-ten Produktart bezüglich der 3 Materialarten sind in Tabelle 20 angegeben.

Ressourcenart s / Produktart i	1	2	3
1	9	0	0
2	0	4	8

Tabelle 20: Matrix der Verbrauchskoeffizienten der Nullserie (Beispiel 6)

Es wird davon ausgegangen, dass aufgrund von Lerneffekten in der Fertigung der Ausschuss sinkt, sodass bei einer Verdoppelung der kumulierten Produktionsmenge die Verbrauchskoeffizienten um 10% sinken.[387] Somit kann bspw. der Gesamtbedarf $A_{i,s,t}$ für die erste Materialart (s = 1) zur Erstellung der Gesamtmenge der ersten Produktart (i = 1) in der ersten Periode (t = 1) näherungsweise wie folgt berechnet werden:[388]

$$A_{1,1,1} = \frac{9}{\left(1-\left(-\frac{\ln(1-0{,}1)}{\ln 2}\right)\right)}\left(5.000^{1-\left(-\frac{\ln(1-0{,}1)}{\ln 2}\right)} - 0\right) = 14.539{,}96504.$$

Die Ergebnisse bzgl. des Materialbedarfs sind in Tabelle 21 abgebildet. Der Gesamtmaterialbedarf wird zentral erfasst und dient als Basis für die Planung der Beschaffungsprozesse.

387 Diese Lernrate bezüglich des Materialverbrauchs sei unabhängig von der Material- und Produktart.

388 Für die Ermittlung der Gesamtbedarfe ist die Symbolik aus Gleichung (4.13) folgendermaßen zu übertragen: $A_{i,s,t}(x_{i,t}) = \int_{x^{kum}_{i,t-1}}^{x^{kum}_{i,t-1}+x_{i,t}} a^0_{i,s}\cdot x^{-b}\,dx$. Dabei stellt $x^{kum}_{i,t-1}$ die bis zum Zeitpunkt t – 1 kumulierte Produktionsmenge der Produktart i dar.

Periode t	Produktart „Standard“ (i = 1) Gesamtbedarf [ME]	Produktart „Luxus“ (i = 2) Gesamtbedarf [ME]	
	s = 1	s = 2	s = 3
1	14.539,97	1.650,66	3.301,31
2	11.631,97	1.320,52	2.641,05
3	10.739,48	1.219,20	2.438,41
4	10.198,07	1.157,74	2.315,48

Tabelle 21: Gesamtmaterialbedarf für die Produktion von „Standard“ und „Luxus“ (Beispiel 6)[389]

Ausgehend vom Gesamtmaterialbedarf kann anhand der oben genannten Bestelllosgrößen die Anzahl der Materialbestellungen als Plan-Prozessmenge bestimmt werden (siehe Tabelle 22). Unter der Annahme der festen Bestelllosgrößen bildet sich jeweils am Ende einer Periode ein Lagerbestand, der bei der Ermittlung der Anzahl der Bestellungen in der nachfolgenden Periode zu berücksichtigen ist. So werden bspw. in der ersten Periode insgesamt 14.539,97 ME von Materialart 1 benötigt, sodass bei einer Bestellmenge von jeweils 1.000 ME insgesamt 15 Bestellungen durchgeführt werden müssen. Am Ende der ersten Periode liegt dann bezüglich dieser Materialart ein Lagerbestand i.H.v. 460,03 ME vor, sodass bei einem Bedarf von 11.631,97 ME in der zweiten Periode insgesamt 11.171,94 ME bestellt werden müssen und somit 12 Bestellungen vonnöten sind.

Periode t	s = 1	s = 2	s = 3	$M_{1,1,t}$	$M_{2,1,t}$	$M_{1,t} = M_{1,1,t} + M_{2,1,t}$	$M_{1,t}^{kum} = M_{1,t-1}^{kum} + M_{1,t}$
1	15	17	7	15	24	39	39
2	12	13	5	12	18	30	69
3	10	12	5	10	17	27	96
4	11	12	5	11	17	28	124

Tabelle 22: Geplante Anzahl Materialbestellungen (Beispiel 6)

Für die erste Durchführung des Prozesses „Material beschaffen und lagern“ werden 240 Arbeitszeitminuten der Gehaltsstufe I (s = 4) sowie 60 Arbeitszeitminuten der Gehaltsstufe II (s = 5) benötigt, wobei das Gehalt der Stufe I (GS I) 0,50 €/min beträgt, das der Stufe II (GS II) dagegen 0,70 €/min. Gleichzeitig werden für diese erstmalige Prozessdurchführung für eine Zeitdauer von 180 Minuten Computerkapazitäten (s = 6) nachgefragt (Abschreibungs- und Stromkosten hierfür insgesamt 0,01 €/min).[390] Die Lernrate α_1 des Prozesses wird auf 5% geschätzt. Der Bedarf $N_{1,s,t}$ der gesamten durch das Produktionsprogramm in der Periode t beanspruchten Menge des Prozesses 1 bezüglich Kapazitätseinheiten der Ressourcen s = 4, 5, 6 berechnet sich gemäß Gleichung (4.13) und ist in Tabelle 23 aufgeführt.

[389] Die Zwischenergebnisse in den nachfolgenden Tabellen wurden zum Zweck der besseren Übersichtlichkeit (in Tabelle 21 bspw. auf zwei Nachkommastellen) gerundet. Die Folgeberechnungen wurden jedoch anhand eines Tabellenkalkulationsprogramms mit exakten Werten durchgeführt.

[390] Weitere Ressourcennutzungen, wie z.B. die Nutzung von Transportfahrzeugen (Gabelstaplern) bei der Materialeinlagerung, sind im Rahmen des betrachteten Prozesses vorstellbar, aus Vereinfachungsgründen soll jedoch auf deren Einbeziehung verzichtet werden.

Ressource s \ Periode t	1	2	3	4
Personal I (s = 4)	7.707,71	5.365,24	4.676,40	4.746,78
Personal II (s = 5)	1.926,93	1.341,31	1.169,10	1.186,69
Computer (s = 6)	5.780,78	4.023,93	3.507,30	3.560,08

Tabelle 23: Bedarf der gesamten Prozessmenge an Einheiten der Ressourcen 4, 5 und 6 (Beispiel 6)

Beispielhaft ergibt sich für $N_{1,4,1}$:

$$N_{1,4,1}\left(M_{1,1}\right) = \int_{M_{1,0}^{kum}}^{M_{1,0}^{kum}+M_{1,t}} n_{1,4}^{0} \cdot x^{-b_1}\, dx$$

$$\Rightarrow N_{1,4,1}\left(42\right) = \int_{0}^{0+39} 240 \cdot x^{-0,07400058}\, dx = \frac{240}{1-0,07400058} \cdot \left(39^{1-0,07400058}\right) = 7.707,71.$$

Aus Tabelle 23 wird ersichtlich, dass der Ressourcenbedarf aufgrund der Lerneffekte im Zeitablauf abnimmt. Um die Prozesskosten zu ermitteln, ist dieser Ressourcenbedarf nun zu bewerten.

Geht man davon aus, dass die Gehälter ab t = 2 jährlich um 1% steigen, der Kostensatz für die Computernutzung jedoch konstant bleibt, ergeben sich die aus folgender Tabelle 24 ersichtlichen Kapazitätskosten $c_{s,t}$ je Einheit der Ressource s in der Periode t:

Ressource s \ Periode t	Personal I (s = 4)	Personal II (s = 5)	Computer (s = 6)
1	0,500000	0,700000	0,01
2	0,505000	0,707000	0,01
3	0,510050	0,714070	0,01
4	0,515151	0,721211	0,01

Tabelle 24: Kosten je Einheit der Ressourcen 4, 5, 6 in den einzelnen Perioden (Beispiel 6)

Gemäß Gleichung (4.14) lassen sich dann die Kosten $K_{j,t}$ des Prozesses j durch die Multiplikation des Gesamt-Ressourcenbedarfs mit den Kosten je Ressourceneinheit und anschließender Summation über die Ressourcenarten ermitteln (vgl. Tabelle 25).[391]

[391] Alternativ lässt sich eine Matrizenrechnung durchführen, indem obige Tabellen als Matrizen interpretiert werden: Tabelle 24 multipliziert mit Tabelle 23 ergibt als Ergebnis die letzte Zeile der Tabelle 25 als Spaltenvektor.

Periode t / Ressource s	1	2	3	4
Personal I (s = 4)	3.853,86	2.709,45	2.385,20	2.445,30
Personal II (s = 5)	1.348,85	948,31	834,82	855,86
Computer (s = 6)	57,81	40,24	35,07	35,60
Summe (= $K_{1,t}$)	5.260,51	3.697,99	3.255,09	3.336,76

Tabelle 25: Periodenspezifische Prozesskosten (Beispiel 6)

Nun lassen sich unter Nutzung der Gleichung (4.15) die periodenspezifischen Prozesskostensätze $\pi_{1,t}$ (vgl. Tabelle 26) bestimmen.

t	1	2	3	4
Prozesskosten $K_{1,t}$	5.260,51	3.697,99	3.255,09	3.336,76
Prozessmenge $M_{1,t}$	39,00	30,00	27,00	28,00
Prozesskostensatz $\pi_{1,t}$	134,88	123,27	120,56	119,17

Tabelle 26: Periodenspezifische Prozesskostensätze (Beispiel 6)

Anschließend erfolgt durch die Multiplikation der Prozesskostensätze $\pi_{1,t}$ mit dem Gesamt-Kostentreiberbedarf $M_{1,1,t}$ bzw. $M_{2,1,t}$ der beiden Produktarten (siehe Gleichung (4.16)) die Ermittlung der perioden- und produktartspezifischen Prozesskosten $PK_{i,1,t}$ des ersten Prozesses (vgl. Tabelle 27).

t	1	2	3	4
Prozesskosten $PK_{1,t}$ Standard	2.023,27	1.479,20	1.205,59	1.310,87
Prozesskosten $PK_{2,t}$ Luxus	3.237,24	2.218,80	2.049,50	2.025,89

Tabelle 27: Periodenspezifische Prozesskosten je Produktart (Beispiel 6)

Aufgrund der Lerneffekte sinken die nominalen periodenspezifischen Prozesskosten der beiden Produktarten im Zeitablauf (trotz einer Erhöhung der Gehälter um ein Prozent).[392] Werden nun die Ressourcenkapazitäten nicht angepasst oder die niedrigere Ressourcenbeanspruchung des Beschaffungsprozesses nicht durch weitere Prozesse ausgeglichen, führt dies zu Leerkosten in den entsprechenden Perioden. Nur durch geeignete Steuerungsmaßnahmen kann somit eine Kostenremanenz vermieden werden. Der große Vorteil der Integration von Prozesskostenrechnung und Lernkurveneffekten besteht augenscheinlich darin, schon frühzeitig dieses Kostenreduktionspotenzial prozessspezifisch auszuweisen, sodass ein Beitrag zur Operationalisierung zukünftiger Kostensenkungsmaßnahmen geleistet werden kann.

392 Dass die Prozesskosten der Produktart „Standard" in der vierten Periode im Vergleich zur dritten Periode leicht steigen, ist bedingt durch die konstanten Bestelllosgrößen und den damit verbundenen Auf- bzw. Abbau eines Lagerbestands, sodass (trotz des im Zeitablauf sinkenden Materialbedarfs) in der dritten Periode 10 Bestellungen und in der vierten Periode 11 Bestellungen durchzuführen sind.

4.4 Planung der Kapitalkosten unter Anwendung der Prozesskostenrechnung

Bislang wurde offen gelassen, wie die Kapitalkosten als Bindeglied zwischen kalkulatorischer Erfolgsrechnung und Zahlungsrechnung den Kalkulationsobjekten einer Lebenszyklusrechnung zugerechnet werden. Dass eine Zurechnung zwingend ist, um die Kapitalwertäquivalenz gemäß Lücke-Theorem herzustellen, wurde in den Abschnitten 2.2 und 3.3.2. bis 3.3.4 bereits eingehend erläutert. Im Folgenden soll dargestellt werden, wie die Kapitalkosten anhand einer Prozesskostenrechnung beanspruchungsgerecht auf die Kalkulationsobjekte verrechnet werden können, sodass eine im Vergleich zu traditionellen Kostenrechnungssystemen wesentlich differenziertere Berücksichtigung von Kapitalkosten ermöglicht wird.[393] Durch die Einbeziehung der Kapitalkosten wird gleichzeitig dem bereits in Abschnitt 1 erörterten Kritikpunkt an einer Prozesskostenrechnung Rechnung getragen, dass diese lediglich einen statischen Charakter habe, da Zinseffekte nicht berücksichtigt würden.

Wie bereits in Abschnitt 4.2 herausgestellt, bietet sich vor allem in der Marktphase einer Produktart die Anwendung der Prozesskostenrechnung bei der Planung der Kosten an, da hier die Anzahl von standardisierten und relativ häufig durchzuführenden Tätigkeiten sehr hoch ist. Aus diesem Grunde beziehen sich die nachfolgenden Ausführungen auf diese Phase, wobei eine Übertragung auf die Vor- und Nachlaufphase ohne Weiteres möglich ist.

Im Rahmen des WACC- bzw. APV-Residualgewinnverfahrens wird die Kapitalbindung bei der Ermittlung des Nettokapitalwertes $NPV_0^{L,MP}$ bzw. $NPV_0^{U,MP}$ der Marktphase des Produktprojektes gemäß Gleichung (3.6) bzw. (3.11) wie folgt berücksichtigt:[394]

$$NPV_0^{L,MP} = \sum_{t=1}^{T} \frac{L_t^{MP} - K_t^{MP} - WACC_t \cdot KB_{t-1}^{MP}}{\prod_{s=1}^{t}(1 + WACC_s)} + KB_{-1}^{MP}$$

bzw.

$$NPV_0^{U,MP} = \sum_{t=1}^{T} \frac{L_t^{MP} - K_t^{MP} - k \cdot KB_{t-1}^{MP}}{(1+k)^t} + KB_{-1}^{MP}$$

mit

$$KB_{t-1}^{MP} = KB_{-1}^{MP} + \sum_{s=0}^{t-1}\left(L_s^{MP} - K_s^{MP}\right) - \sum_{s=0}^{t-1} FCF_s^{MP} .$$

---

393 Vgl. Homburg/Weiß (2004), S. 49.

394 Soll bei Anwendung der APV-Methode auch der Wert der Finanzierungsentscheidung bei der Bewertung des Produktprojektes berücksichtigt werden, ist bei dieser Methode zusätzlich der Barwert der Tax Shields der Marktphase zu addieren. Da angenommen wird, dass die Tax Shields in Zahlungs- und Kostenrechnung zeitgleich verrechnet werden, d.h. im Rahmen der Kostenrechnung keine Periodisierung der Steuervorteile vorgenommen wird (vgl. die entsprechenden Ausführungen in Abschnitt 2.2.4), können keine Kapitalbindung und Zinskosten resultieren. Aus diesem Grund wird an dieser Stelle nicht weiter auf den Barwert der Tax Shields eingegangen.

Eine exakte Berechnung der Kapitalbindung KB_{t-1}^{MP} als Mengenkomponente der Kapitalkosten würde die Kenntnis der Zahlungsüberschüsse FCF_s^{MP} voraussetzen, d.h. die Zahlungsüberschüsse sowie die kalkulatorischen Erfolge müssten zumindest tagesgenau geplant werden.[395] In diesem Falle würde sich allerdings die Ermittlung der Kapitalbindung erübrigen, da bei Kenntnis der produktbezogenen Zahlungsüberschüsse direkt eine Lebenszykluszahlungsrechnung durchgeführt werden könnte (vgl. hierzu die Ausführungen in Abschnitt 3.5). Der unternehmerischen Realität entspricht es vielmehr, die Kapitalbindung approximativ anhand geplanter Durchschnittsbestände des gebundenen Kapitals, bspw. als Mittelwert der (geplanten) Bestandswerte zweier zeitlich aufeinander folgender kalkulatorischer Vermögens- und Kapitalrechnungen, zu bestimmen.[396] Falls eine derartige Vermögensaufstellung – interpretiert als kalkulatorische interne Bilanz – nicht vom internen Rechnungswesen des Unternehmens generiert wird, kann zur Vereinfachung die Planung der Kapitalbindung anhand von (geplanten) Handelsbilanzwerten vorgenommen werden. Dabei ist allerdings zu berücksichtigen, dass Handelsbilanzen auf dem handelsrechtlichen Ertrags-/Aufwandsbegriff basieren und sich in der Regel Unterschiede zum Leistungs-/Kostenbegriff ergeben werden (bspw. unterscheiden sich handelsrechtliche und kalkulatorische Abschreibungen), was dann den approximativen Charakter der Kapitalkostenermittlung zusätzlich unterstreicht.[397] Grundsätzlich lassen sich sämtliche Handelsbilanzpositionen (soweit sie dem Betriebszweck des Unternehmens dienen) mit Ausnahme der passivierten Einzahlungen von Eignern und Fremdkapitalgebern (die definitionsgemäß nicht im Free Cash Flow als Zahlungsüberschuss des Leistungsbereichs (unter der Annahme der reinen Eigenfinanzierung) enthalten sind) entweder dem gebundenen Kapital (Aktivseite) oder dem Abzugskapital (als negatives gebundenes Kapital auf der Passivseite) zuordnen. Der Saldo aus Aktiv- und Passivpositionen ergibt dann das effektiv zum Bilanzstichtag gebundene Kapital gemäß dem Lücke-Theorem. So resultiert bspw. aus den Geschäftsvorfällen 1 bis 4 aus Tabelle 28 eine Differenz zwischen kalkulatorischer Erfolgsrechnung und Zahlungsrechnung, die durch die Aktivierung bzw. Passivierung in der Bilanz abgebildet wird. Dagegen tangiert Geschäftsvorfall 5 weder die kalkulatorische Erfolgsrechnung noch die Zahlungsrechnung, führt also gemäß Lücke-Theorem zu keiner Kapitalbindung. Trotzdem wird dieser Geschäftsvorfall in der Bilanz abgebildet, allerdings in gleicher Höhe sowohl auf der Aktiv- als auch auf der Passivseite (Bilanzverlängerung), sodass sich die Positionen bei der Ermittlung der Kapitalbindung gegenseitig eliminieren und wiederum die Kapitalbindung per saldo durch die Bilanz richtig wiedergegeben wird.[398]

---

395 Passagen dieses Abschnitts sind im Folgenden an Homburg/Weiß (2004) angelehnt.

396 Ein Entwurf für eine kalkulatorische Vermögens- und Kapitalrechnung findet sich bei Krökel (1981), S. 184-187.

397 Falls im Rahmen der Lebenszykluskostenrechnung Vorlaufkosten aktiviert und Nachlaufkosten passiviert werden, sollten diese ergänzend zu den Handelsbilanzpositionen bei der Bestimmung der Kapitalbindung berücksichtigt werden.

398 Aus diesem Grunde liefert das Lücke-Theorem eine theoretische Fundierung für die Berücksichtigung des Abzugskapitals bei der Ermittlung der Kapitalbindung. Soweit dies – wie in der Kostenrechnungsliteratur

Geschäftsvorfall	Interpretation	Kapitalbindung nach Lücke	Bsp. Bilanzposition
1. Verkauf Fertigprodukte auf Ziel	Leistung, (noch) keine Einzahlung	positiv (Leistung > Einzahlung)	Forderungen (Aktivseite)
2. Barkauf von Maschinen	Auszahlung, (noch) keine Kosten	positiv (Auszahlung > Kosten)	Sachanlagevermögen (Aktivseite)
3. Barkauf und Lagerung von Rohstoffen	Auszahlung, (noch) keine Kosten	positiv (Auszahlung > Kosten)	Vorräte (Aktivseite)
4. Lagerraummiete wird erst in der Folgeperiode beglichen	Kosten, (noch) keine Auszahlung	negativ (Kosten > Auszahlung)	Sonst. Verbindlichkeiten (Passivseite) ⇒ Abzugskapital
5. Kauf von Rohstoffen auf Ziel und Lagerung	weder die Zahlungs- noch die Kostenrechnung werden tangiert	gleich null (weder Kosten noch Auszahlung)	Ausweis unter Vorräten und Verbindlichkeiten in gleicher Höhe

Tabelle 28: Positive und negative Kapitalbindung[399]
Quelle: In Anlehnung an Homburg/Weiß (2004), S. 50.

Der Anfangs- (AB) und Endbestand (EB) der Bilanzposititionen kann nun zur Bestimmung der durchschnittlichen Kapitalbindung gemittelt werden.[400] Anschließend ist zu bestimmen, wie die Prozesse die einzelnen Bilanzpositionen prozentual beanspruchen. Die Bilanzwerte sowie deren prozentuale Beanspruchung können dabei bspw. approximativ mittels Rückgriff auf Erfahrungswerte der Vergangenheit unter Berücksichtigung der geplanten Beschäftigung bzw. anderer geplanter Einflussgrößen der Kapitalbindung bestimmt werden. Diese indirekte (bilanzbezogene) Ermittlungsweise der prozessspezifischen Kapitalbindung soll im Folgenden exemplarisch anhand des bereits aus Beispiel 6 bekannten Beschaffungsprozesses „Material beschaffen und lagern" veranschaulicht werden. Alternativ bietet es sich an, die Kapitalbindung der einzelnen Prozesse direkt zu planen. Dieser Weg ist jedoch relativ aufwändig und soll aus diesem Grunde im Weiteren nicht betrachtet werden.

Beispiel 7: Zurechnung der Kapitalkosten zu den Prozessen

Ein wesentlicher Bestandteil der Kapitalbindung des betrachteten Beschaffungsprozesses ist der Lagerbestand der Roh-, Hilfs- und Betriebsstoffe. Für dieses Beispiel wird angenommen, dass zu Beginn der ersten Periode für jede Materialart jeweils eine Bestellung vorgenommen wird, sodass der Wert dieser drei Bestellungen den Anfangsbestand der Bilanzposition bil-

---

teilweise präferiert (vgl. bspw. Krökel (1981), S. 194; Haberstock (2005), S. 98) – nicht berücksichtigt wird, können aus wertorientierter Sicht Fehlsignale die Folge sein.

399 Es wird (wie im Rahmen der Unternehmensbewertung üblich – vgl. Abschnitt 2.1.1) angenommen, dass der Kassen- bzw. Geldbestand konstant bleibt. Ceteris paribus muss dann beim zweiten und dritten Geschäftsvorfall eine Eigen- oder Fremdfinanzierung des Barkaufs vorliegen.

400 Da der Anfangsbestand einer Bilanzposition dem Endbestand der Vorperiode entspricht (sog. Grundsatz der Bilanzidentität), können auch die Endbestände zweier aufeinander folgender Bilanzen gemittelt werden.

det.[401] Die Endbestände der nachfolgenden Perioden resultieren aus den angenommenen festen Bestelllosgrößen und dem divergierenden Perioden-Materialbedarf. Zur Bestimmung der Bestandswerte ist die Kenntnis der Einstandspreise der Materialarten notwendig, deren Einstandspreisentwicklung aus Tabelle 29 entnehmbar ist (es wird im Zeitablauf von einer Preissteigerungsrate i.H.v. 3% für die erste, von 2,5% für die zweite und von 3,5% für die dritte Materialart ausgegangen).

Materialart s / Periode t	s = 1	s = 2	s = 3
1	61,8000	66,6250	77,6250
2	63,6540	68,2906	80,3419
3	65,5636	69,9979	83,1538
4	67,5305	71,7478	86,0642

Tabelle 29: Periodenspezifische Einstandspreise der Materialarten [€/ME] (Beispiel 7)

Aus Tabelle 30 geht hervor, in welcher prozentualen Höhe der Beschaffungsprozess die einzelnen Bestandspositionen beansprucht, wobei der Prozentsatz in den vier Perioden als konstant unterstellt wird.[402] So beansprucht bspw. der Beschaffungsprozess in der ersten Periode insgesamt eine Kapitalbindung (KB) in Höhe von 403.526,15 €, wodurch bei einem beispielhaft angenommenen Eigenkapitalkostensatz k des unverschuldeten Unternehmens in Höhe von 10% die Kapitalkosten 40.352,62 € betragen.[403] Das Augenmerk ist nun auf die Ermittlung eines geeigneten Kostentreibers zur Verrechnung der Kapitalkosten auf die Kalkulationsobjekte zu richten. Die Anzahl der Bestellungen bietet sich hier nicht als Kostentreiber an, da bspw. eine Senkung der Anzahl der Bestellvorgänge bei gegebenen Produktionsplänen zu einer Erhöhung der Bestellmenge je Bestellzeitpunkt und damit zu einer Erhöhung des durchschnittlich gebundenen Bestands an Roh-, Hilfs-, und Betriebsstoffen führt. Ein zweckmäßigerer Kostentreiber für die Kapitalkosten stellen die mit der geplanten durchschnittlichen Lagerdauer gewichteten Materialeinzelkosten dar.[404] Dem Verantwortlichen für den Beschaffungsprozess wird durch diesen Kostentreiber direkt signalisiert, dass er durch eine Ver-

---

401 Auch bei diesem Beispiel wurden die Ergebnisse in den nachfolgenden Tabellen gerundet, um die Darstellung übersichtlich zu gestalten. Da die jeweiligen Folgeberechnungen jedoch anhand eines Tabellenkalkulationsprogramms mit exakten Werten durchgeführt wurden, können Rundungsdifferenzen resultieren, falls die Folgeberechnungen anhand der gerundeten Werte vollzogen werden.

402 Im Folgenden werden die Bilanzpositionen, die zwar ebenfalls zur Kapitalbindung in der Periode beitragen, jedoch nicht durch den Beschaffungsprozess beansprucht werden, der Einfachheit halber nicht aufgeführt.

403 Zu beachten ist, dass die Verbindlichkeiten aus Lieferungen und Leistungen (LuL) als Abzugskapital mit negativem Vorzeichen in die Berechnung der Kapitalbindung eingehen.

404 Alternativ ist es möglich, die durch die Aktivierung der Beschaffungsgemeinkosten bei Lagerung der fertigen bzw. unfertigen Erzeugnisse entstehende Kapitalbindung ebenfalls dem Beschaffungsprozess zuzurechnen, sodass als Kostentreiber die mit der geplanten durchschnittlichen Lagerdauer gewichteten *Materialkosten* herangezogen werden müssten (vgl. Homburg/Weiß (2004), S. 50 f.). Hier wird davon ausgegangen, dass diese Kapitalbindung dem Absatzprozess zugerechnet wird (ohnehin wird im Rahmen von Beispiel 6 sowie Beispiel 7 davon ausgegangen, dass Produktion und Absatz der Fertigerzeugnisse in jeder Periode übereinstimmen).

ringerung der durchschnittlichen Lagerdauer bzw. durch geringere Einstandspreise bezüglich der Materialarten die Kapitalkosten des Prozesses senken kann.[405]

Periode / Bilanzposition	1 AB	1 EB	2 EB	3 EB	4 EB
Roh-/Hilfs-/Betriebsstoffe	107.275,00	47.140,97	59.308,58	16.395,63	90.001,05
Durchschnittsbestand	77.207,99		53.224,78	37.852,11	53.198,34
Anteil Beschaffungsprozess: 100%	77.207,99		53.224,78	37.852,11	53.198,34
Sachanlagen	2.500.000,00	2.500.000,00	2.500.000,00	2.500.000,00	2.500.000,00
Durchschnittsbestand	2.500.000,00		2.500.000,00	2.500.000,00	2.500.000,00
Anteil Beschaffungsprozess: 15%	375.000,00		375.000,00	375.000,00	375.000,00
Verbindlichkeiten aus LuL (Abzugskapital)	128.730,00	65.997,36	77.101,16	29.512,14	126.001,46
Durchschnittsbestand	97.363,68		71.549,26	53.306,65	77.756,80
Anteil Beschaffungsprozess: 50%	48.681,84		35.774,63	26.653,32	38.878,40
Summe KB Besch.prozess	403.526,15		392.450,15	386.198,78	389.319,94
Zinsen Beschaffungsprozess	40.352,61		39.245,01	38.619,88	38.931,99

Tabelle 30: Zurechnung des durchschnittlich gebundenen Kapitals und der Zinskosten zum Beschaffungsprozess (Beispiel 7)

Zur Ermittlung der durchschnittlichen Lagerdauer (als Kehrwert der Lagerumschlagshäufigkeit) je Periode ist der durchschnittliche Lagerbestand einer Periode durch den geplanten Materialeinsatz (d.h. die Materialeinzelkosten) der betreffenden Periode zu dividieren. Tabelle 31 gibt hierzu die Ermittlung der durchschnittlichen Lagerdauer für das betrachtete Beispiel wieder[406], wobei sich der in dieser Tabelle aufgeführte Materialeinsatz durch das Produkt aus periodenspezifischem Gesamtbedarf einer Materialart (vgl. Tabelle 21) und deren periodenspezifischem Einstandspreis (vgl. Tabelle 29) und anschließender Summation über die Materialarten ermitteln lässt.

[405] Falls der Prozessverantwortliche die durchschnittliche Lagerdauer durch eine Verringerung der Bestelllosgröße erreichen möchte, muss er allerdings den Trade-off zwischen niedrigeren Kapitalkosten und höheren Bestellkosten berücksichtigen.

[406] Zusätzlich wird auch die – für die weiteren Berechnungen nicht benötigte – durchschnittliche Lagerdauer in Tagen aufgeführt.

Kennzahl \ Periode	1	2	3	4
(1) durchschn. Lagerbestand	77.207,99	53.224,78	37.852,11	53.198,34
(2) Materialeinsatz	1.264.809,03	1.042.787,80	992.223,79	971.026,45
(3) = (1)/(2) durchschn. Lagerdauer je Periode	0,061043	0,051041	0,038149	0,054786
(4) = (3)·365 durchschn. Lagerdauer in Tagen	22,28	18,63	13,92	20,00

Tabelle 31: Bestimmung der periodenspezifischen durchschnittlichen Lagerdauer (Beispiel 7)

Der Kostentreibersatz für die Kapitalkosten in der ersten Periode beträgt bspw. 40.352,61 €/(1.264.809,03 € · 0,061043) = 52,265% der durch die Materialeinzelkosten verursachten durchschnittlichen Kapitalbindung (vgl. Tabelle 32).

Periode	1	2	3	4
(1) Kapitalkosten	40.352,61	39.245,01	38.619,88	38.931,99
(2) Materialeinsatz	1.264.809,03	1.042.787,80	992.223,79	971.026,45
(3) durchschn. Lagerdauer	0,061043	0,051041	0,038149	0,054786
(4) = (1)/((2)·(3)) Kostentreibersatz	52,265%	73,734%	102,028%	73,183%

Tabelle 32: Bestimmung des Kostentreibersatzes für die Kapitalkosten des Beschaffungsprozesses (Beispiel 7)

Daraus folgt schließlich die Kalkulation der Materialkosten unter Einbeziehung von Kapitalkosten in Tabelle 33.

Periode t	1		2		3		4	
Produktart i	1	2	1	2	1	2	1	2
MEK je ME	179,71	366,24	148,08	302,37	140,82	288,10	137,74	282,35
Kostentreiber I: MEK je ME · durchschn. Lagerdauer	10,97	22,36	7,56	15,43	5,37	10,99	7,55	15,47
Kostentreibersatz I (pro € Kostentreiber)	0,52265		0,73734		1,02028		0,73183	
Kapitalkosten Beschaffungsprozess	5,73	11,68	5,57	11,38	5,48	11,21	5,52	11,32
Kostentreiber II: Anzahl Bestellungen pro ME des Produktes	$\frac{15}{5.000}$	$\frac{24}{1.000}$	0,0024	0,0180	0,0020	0,0170	0,0022	0,0170
Kostentreibersatz II (pro ME Kostentreiber)	134,8849		123,2664		120,5589		119,1700	
Kosten Beschaffungsprozess	0,40	3,24	0,30	2,22	0,24	2,05	0,26	2,03
Materialkosten	185,85	381,16	153,95	315,96	146,55	301,37	143,52	295,69

Tabelle 33: Bestimmung der periodenspezifischen Materialkosten je ME der beiden Produktarten (Beispiel 7)

Hier ist bei der Bestimmung der Materialeinzelkosten (MEK) je ME einer Produktart zu beachten, dass aufgrund der Lerneffekte der Ausschuss und damit die Verbrauchskoeffizienten sinken. Aus diesem Grund wird bei der Kalkulation ein durchschnittlicher Verbrauchskoeffizient pro Periode berechnet, indem man den die Lerneffekte berücksichtigenden (geplanten)

Materialeinsatz einer Periode durch die geplante Anzahl der in der betrachteten Periode zu produzierenden ME der Produktart dividiert. Bspw. ergibt sich bezüglich der ersten Produktart für die erste Periode und die erste Materialart ein durchschnittlicher Verbrauchskoeffizient in Höhe von $14.539{,}97/5.000 = 2{,}90799$. Bei einem Einstandspreis in Höhe von 61,80 € je ME der ersten Materialart (vgl. Tabelle 29) ergeben sich damit Materialeinzelkosten je ME der ersten Produktart in Höhe von $2{,}90799 \cdot 61{,}80 = 179{,}71$ €.

Durch das Beispiel sollte veranschaulicht werden, wie durch die Verrechnung von Kapitalkosten auf die Kalkulationsobjekte das Augenmerk auf die Kapitalbindung (Kostentransparenz) gerichtet werden kann. Dies führt zu einer Kostenstellen übergreifenden Identifikation kapitalbindungsintensiver Prozesse (Prozesstransparenz), auf deren Grundlage Steuerungsmaßnahmen zur (kapitalorientierten) Prozessoptimierung initiiert werden können.[407] Anhand der differenziert nach Prozessen ausgewiesenen Kapitalbindung soll dem Prozessverantwortlichen ein Kostenstellen übergreifendes Kostensenkungspotenzial signalisiert werden. Bei der traditionellen kostenstellenbezogenen Analyse der Kapitalbindung ist es dem Kostenstellenleiter möglich, eine Verantwortung für die Kapitalkosten von sich zu weisen, da er z.B. die Begleichung von Verbindlichkeiten nicht beeinflussen kann. Der Einbezug von Kapitalkosten gestattet es weiterhin, nach Berücksichtigung des Stückerlöses und dem Einbezug der Fertigungskosten sowie der Kosten weiterer Prozesse einschließlich deren Kapitalkosten einen Residualgewinn pro Produkteinheit auszuweisen.[408] Der Bezug zur wertorientierten Unternehmensführung wird dann unmittelbar offensichtlich: Durch die Maximierung der positiven Residualgewinne je Produktart ist eine Steigerung des Shareholder Value möglich.[409]

Sind bspw. die Stück-Residualgewinne negativ, so sollte (neben der Senkung der übrigen Prozesskosten) versucht werden, durch geeignete Steuerungsmaßnahmen eine Senkung der Zinskosten zu erreichen. So besteht gerade hinsichtlich des Kapitalkostenmanagements in der Unternehmenspraxis oftmals Optimierungspotenzial.[410] Für das Beispiel bedeutet dies, dass die durch den Prozess „Material beschaffen und lagern" beanspruchte Kapitalbindung einer genaueren Analyse unterzogen werden sollte. Anhand von Abbildung 13 wird verdeutlicht, dass bei diesem Prozess Kapital gebunden wird, sobald die Auszahlung für die beschaffte Ware getätigt wurde. Die Kapitalbindung endet aus Sicht des Prozessverantwortlichen, wenn der Rohstoff in den Produktionsprozess gelangt.

Zwei wesentliche Hebel stehen dem Prozessverantwortlichen zur Senkung der Kapitalkosten zur Verfügung:

- Senkung des Lagerbestandes (z.B. mittels Erhöhung des Lagerumschlags)
- Erhöhung der Verbindlichkeiten (z.B. mittels Erhöhung des Zahlungsziels)

---

[407] Die Relevanz einer kapitalorientierten Prozessoptimierung für die Unternehmenspraxis wird durch die bereits in Fußnote 300 zitierte Studie der Unternehmensberatung Horváth & Partners bestätigt, aus der die Autoren folgern, dass zukünftig eine stärkere Wertbeitragsorientierung des Working Capital-Managements erfolgen wird. Vgl. Alexandre/Sasse/Weber (2004), S. 127.

[408] Vgl. zu einem Beispiel Homburg/Weiß (2004), S. 52 f.

[409] Vgl. Dierkes/Kloock (1999), S. 122.

[410] Vgl. das Ergebnis der Studie von Horváth & Partners (2004), S. 207.

Der Prozessverantwortliche könnte bspw. eine Senkung der Kapitalkosten durch eine Verringerung des durchschnittlichen Lagerbestandes mittels Just-in-Time-Lieferungen oder eine Erhöhung des durchschnittlichen Bestandes an Verbindlichkeiten aus Lieferungen und Leistungen durch eine Erhöhung des Zahlungsziels erreichen.

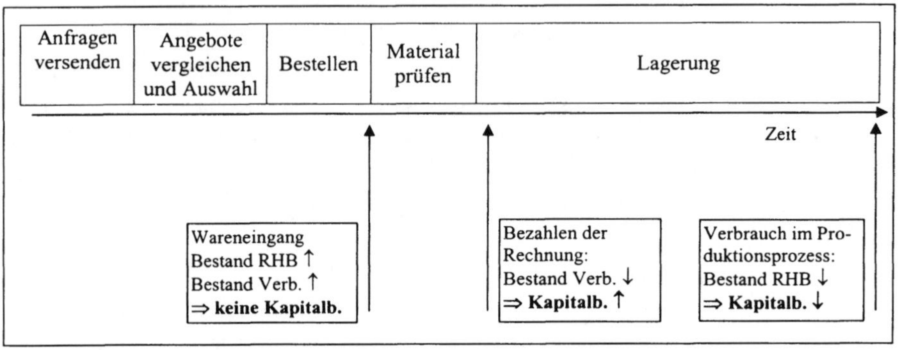

Abbildung 13: Analyse der Kapitalbindung des Beschaffungsprozesses (Beispiel 7)
Quelle: In Anlehnung an Homburg/Weiß (2004), S. 53.

Resümierend ist festzuhalten, dass sich anhand einer einfachen bilanziellen Zuordnung des geplanten gebundenen Kapitals zu den Prozessen Zinskosten ermitteln lassen, die den Kalkulationsobjekten mittels geeigneter Kostentreiber zugerechnet werden können. Dabei ist zu beachten, dass mit der Planung der zukünftigen Werte der Bilanzpositionen und damit des gebundenen Kapitals implizit auch immer eine (vereinfachende) Annahme bezüglich der zukünftigen Zahlungsüberschüsse verbunden ist.[411] Allerdings erscheint eine derartige bilanzbezogene Prognose der Kapitalbindung durch den Rückgriff auf Erfahrungswerte und Faustformeln wesentlich praktikabler und somit für die Unternehmenspraxis geeigneter als die Prognose zukünftiger Ein- und Auszahlungen, auch wenn dafür Ungenauigkeiten in Kauf genommen werden müssen.[412] Nach Einbeziehung der Kapitalkosten kann nun das in Abbildung 9 (Abschnitt 4.1.4) dargestellte Schema einer mehrperiodigen mehrstufigen Deckungsbeitragsrechnung (MDBR) um Kapitalkosten zu einer wertorientierten MDBR erweitert werden (vgl. Abbildung 14), sodass schließlich die Bestimmung eines Residualgewinnes gemäß Lücke-Theorem möglich wird.

---

411 Wird bspw. die Höhe der Bilanzposition „Forderungen aus Lieferung und Leistungen" prognostiziert, so ist damit auch immer eine Vorstellung über den Zahlungseingang von Kundenforderungen verbunden.

412 Bspw. wird der durchschnittliche Debitorenbestand (Bilanzposition „Forderungen aus Lieferung und Leistungen") in der Grenzplankostenrechnung durch folgende Faustformel bestimmt (vgl. Kilger/Pampel/Vikas (2002), S. 319): Debitorenbestand = geplanter Jahresumsatz · (durchschn. Verweilzeit/365).
Kloock nennt als Planungsvereinfachung die Annahme einer festen Relation zwischen durchschnittlichem Abzugskapital und durchschnittlichem Forderungs- und Geldbestand. Dabei hebt er hervor, dass das Planungsergebnis einzelner Zahlungstermine fehlerhafter sein dürfte als die Unterstellung einer solchen Relation. Vgl. Kloock (1981), S. 888.

Unternehmen															
Periode	t_1							...	t_Z						
Produktgruppen	1			2				...	1			2			
Produktarten	1	2	3	4	5	6	7	...	1	2	3	4	5	6	7
(Wertorientierter) Stück-DB								...							
· Absatzmengen								...							
= (Wertorientierter) DB I je Produktart								...							
+/– produktartspezifischer Residualgewinn								...							
= (Wertorientierter) DB II je Produktart								...							
Summe der Deckungsbeiträge II je Produktgruppe								...							
+/– produktgruppenspezifischer Residualgewinn															
= (Wertorientierter) DB III je Produktgruppe								...							
Summe der Deckungsbeiträge III je Periode								...							
+/– unternehmensspezifischer Residualgewinn								...							
= Residualgewinn des Unternehmens gemäß Lücke-Theorem								...							

Mit folgender Definition für den (wertorientierten) Stück-DB:

Absatzstückpreis
– variable Stückkosten
– fixe Stückkosten
– Prozess-Stückkosten
– Prozess-Kapitalkosten pro Stück
= (Wertorientierter) Stück-Deckungsbeitrag (DB)

bzw. für den produktartspezifischen Residualgewinn:

+ produktartspezifische Erlöse
– produktartspezifische Fixkosten einschl. Kapitalkosten
– produktartspezifische Prozesskosten
– produktartspezifische Prozess-Kapitalkosten
– produktartspezifische Leerkosten einschließlich Kapitalkosten
= produktartspezifischer Residualgewinn

bzw. für den produktgruppenspezifischen Residualgewinn:

+ produktgruppenspezifische Erlöse
– produktgruppenspezifische Fixkosten einschl. Kapitalkosten
– produktgruppenspezifische Prozess-Kapitalkosten
– produktgruppenspezifische Prozesskosten
– produktgruppenspezifische Leerkosten einschl. Kapitalkosten
= produktgruppenspezifischer Residualgewinn

bzw. für den unternehmensspezifischen Residualgewinn:

– unternehmensspezifische Fixkosten einschl. Kapitalkosten
– unternehmensspezifische Prozesskosten
– unternehmensspezifische Prozess-Kapitalkosten
– unternehmensspezifische Leerkosten einschl. Kapitalkosten
= unternehmensspezifischer Residualgewinn

Abbildung 14: Wertorientierte MDBR

Durch die Diskontierung der Deckungsbeiträge wird eine analog zum EVA-Konzept als Market Value Added (MVA) bezeichnete Wertbeitragskennzahl ermittelt, die Auskunft über die Wertschaffung der gesamten betrieblichen Aktivitäten eines Unternehmens gibt (vgl. im Folgenden Abbildung 15). Addiert man zu diesem Unternehmenswertbeitrag das gebundene Kapital, ergibt sich bei Anwendung des WACC- bzw. APV-Residualgewinnverfahrens der Marktwert des verschuldeten Unternehmens bzw. des unverschuldeten Unternehmens. Indem die den Hierarchiestufen zugerechneten periodischen Deckungsbeiträge auf den Bewertungszeitpunkt diskontiert werden, kann der Wertbeitrag des Gesamtunternehmens weiter differenziert werden. Im Rahmen einer Lebenszykluskostenrechnung lassen sich dann bspw. auf der Hierarchiestufe Produktart die Wertbeiträge der einzelnen Produktprojekte ermitteln.

Unternehmen							
Produktgruppen	1			2			
Produktarten	1	2	3	4	5	6	7
Plan-Wertbeitrag I je Produktart (als Kapitalwert der Plan-Deckungsbeiträge I)							
Plan-Wertbeitrag II je Produktart (als Kapitalwert der Plan-Deckungsbeiträge II)							
Plan-Wertbeitrag III je Produktgruppe (als Kapitalwert der Plan-Deckungsbeiträge III)							
Summe Plan-Wertbeiträge III							
+ Plan-Wertbeitrag IV auf Unternehmensebene (als Kapitalwert der unternehmensspezifischen, mit negativem Vorzeichen eingehenden Kosten)							
= Plan-Market Value Added							
+ Kapitalbindung zum Bewertungszeitpunkt							
= Marktwert des Unternehmens[413]							

Abbildung 15: Mehrstufige Wertbeitragsrechnung

Allerdings wird bei einer derartig aggregierten Darstellung nur ein grober Überblick über die Lebenszykluskosten einer Produktart gegeben. Aus diesem Grunde bietet sich für eine Planungs- und Kontrollrechnung auf Produktartebene eine weniger stark aggregierte mehrperiodige Deckungsbeitragsrechnung als prozesskostenbasierte Produktlebenszyklusrechnung an, die in Abbildung 16 dargestellt wird.

[413] Der Marktwert des Unternehmens ergibt sich bei Anwendung des WACC-Residualgewinnverfahrens unmittelbar (wie in diesem Schema dargestellt). Bei der APV-Residualgewinnmethode wird zunächst der Marktwert des unverschuldeten Unternehmens ermittelt, erst nach Addition des Barwertes der Tax Shields resultiert dann der Unternehmenswert (vgl. zur Ermittlung des Unternehmenswertes bei diesen beiden Residualgewinnmethoden Abschnitt 2.2.2. bzw. 2.2.4).

	Lebenszyklusphase der Produktart XY	← Vorlaufphase →									
					← Marktphase →						
								← Nachlaufphase →			
	Periode	1	2	3	4	5	6	7	8	9	10
	Kosten (einschließlich Kapitalkosten) der Aktivitäten der Vorlaufphase, wie z.B.										
+	produktartspezifische Subventionen (als negative Kosten)										
–	produktartspezifische Kosten für Entwicklung										
–	produktartspezifische Kosten für Konstruktion										
–	produktartspezifische Kosten für Beschaffung von Betriebsmitteln										
–	produktartspezifische Kosten für Umrüstung von Betriebsmitteln										
–	produktartspezifische Kosten zur Schulung des Personals										
–	Marketingkosten aufgrund Markteinführung der Produktart										
	Kosten und Erlöse der Aktivitäten der Marktphase										
+	Absatzstückpreis										
–	variable Stückkosten im direkten LB einschl. Kapitalkosten										
–	fixe Stückkosten im direkten LB einschl. Kapitalkosten										
–	Prozess-Stückkosten (einschl. Prozess-Kapitalkosten pro Stück)										
=	Marktphasen-Stückdeckungsbeitrag										
·	Absatzmengen										
=	Marktphasen-Deckungsbeitrag I je Produktart										
+	produktartspezifische Erlöse										
–	produktartspezifische Fixkosten einschl. Kapitalkosten										
–	produktartspezifische Prozesskosten einschl. Prozess-Kapitalkosten										
–	produktartspezifische Leerkosten einschl. Kapitalkosten										
=	Marktphasen-Deckungsbeitrag II je Produktart										
	Kosten (einschließlich Kapitalkosten) und Erlöse der Aktivitäten der Nachlaufphase, wie z.B.										
+	produktartspezifische Erlöse aus Ersatzteilgeschäft										
–	produktartspezifische Kosten aus Ersatzteilgeschäft										
+	produktartspezifische Erlöse aus Reparaturgeschäft										
–	produktartspezifische Kosten aus Reparaturgeschäft										
–	produktartspezifische Entsorgungskosten										
–	produktartspezifische Kosten für Anlagendemontage/Umrüstung										
=	**(Wertorientierter) DB II der Produktart**										

Abbildung 16: Prozesskostenbasierte Produktlebenszyklusrechnung

Diese weist die in Abschnitt 3.1 im Rahmen der Tabelle 9 aufgeführten phasenbezogenen Aktivitäten mit ihren Kosten- und Erlöswirkungen explizit aus.[414] Damit lassen sich zukünftige Deckungsbeiträge je Produktart planen, deren Kapitalwert ein geeignetes (approximatives) Kriterium darstellt, das der Maximierung des Shareholder Value dient. Der Ausweis der Deckungsbeiträge gibt zusätzlich Anhaltspunkte für eine wertorientierte Prozessoptimierung. Beispielhaft wurde der Beschaffungsprozess einer genaueren Untersuchung bezüglich der Kapitalkosten unterzogen. Hinsichtlich der gesamten Wertschöpfungskette sind zusätzlich die Kapitalbindung der weiteren Prozesse und die daraus resultierenden Kapitalkosten zu berücksichtigen sowie Maßnahmen zu generieren, die zur Senkung der Kapitalbindung und damit der Kapitalkosten beitragen.[415] Offensichtlich leistet somit eine wertorientierte prozesskostenbasierte Lebenszykluskostenrechnung einen wichtigen Beitrag zur Integration von Wertmanagementkonzepten und Kapitalkostenmanagement.[416]

Das Ziel des folgenden Kapitels ist es nun, das Target Costing als weiteres Instrument des Kostenmanagements wertorientiert auszugestalten und mit der dargestellten Konzeption einer prozesskostenbasierten Lebenszyklusrechnung zu verbinden.

---

[414] Vgl. bezüglich eines systematischen und sehr ausführlichen Überblicks über die Kosten und Erlöse der einzelnen Phasen Schild (2005), S. 212-215.

[415] Vgl. bezüglich einer Übersicht über Instrumente zur Senkung der Kapitalbindung (bzw. des Kapitaleinsatzes) Berens/Schmitting/Wöhrmann (2005), S. 21-22.

[416] Vgl. zum Streben nach einer derartigen Integration in der Unternehmenspraxis Alexandre/Sasse/Weber (2004), S. 129.

5 Wertorientiertes Target Costing

Unter dem ursprünglich aus Japan stammenden Target Costing (Zielkostenmanagement), das sich mittlerweile vor allem in der Automobil- und Elektroindustrie nahezu als Standardinstrument etabliert hat[417], versteht man ein Instrument zur marktorientierten Planung, Steuerung und Kontrolle der gesamten Lebenszykluskosten im Rahmen des Produktentstehungsprozesses.[418] Der Einsatzschwerpunkt ist demnach in der Phase der Entwicklung von neuartigen Produkten oder Nachfolgeprodukten (z.B. im Rahmen eines Modellwechsels in der Automobilindustrie) bzw. in der Weiterentwicklung vorhandener Produkte oder der Produktvariation zu sehen.[419] So sollen schon frühzeitig bei der Entwicklung eines Produktes unter Berücksichtigung der Nachfrageseite (marktorientiert) Kostensenkungspotenziale ergründet und genutzt werden. Bei den Aktivitäten der Entwicklungs- und Konstruktionsphase eines Produktes sind demnach bereits die Wirkungen auf die zukünftigen Kosten zu antizipieren. In der Literatur wird diesbezüglich davon ausgegangen, dass ca. 70-95% dieser zukünftigen Kosten bereits zu Beginn der Produktion festgelegt sind und somit durch die Aktivitäten der Entwicklungs- und Konstruktionsphase (Vorlaufphase) determiniert werden, während der eigentliche Kostenanfall zeitlich gesehen erst wesentlich später stattfindet (vgl. Abbildung 17).[420]

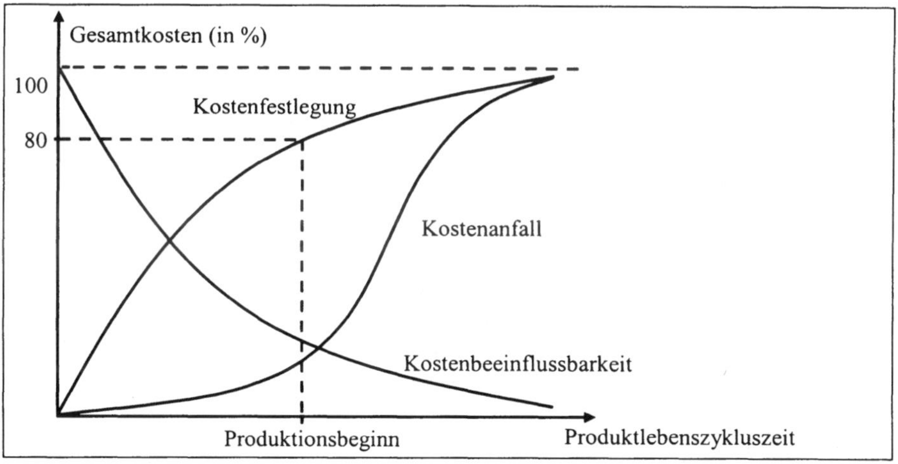

Abbildung 17: Festlegung, Anfall und Beeinflussbarkeit der Gesamtkosten im Produktlebenszyklus
Quelle: Vgl. Blanchard (1978), S. 15; Ehrlenspiel/Kiewert/Lindemann (2005), S. 13; Schild (2005), S. 44

417 Vgl. das Ergebnis einer empirischen Studie zum Kostenmanagement in der deutschen Unternehmenspraxis bei Kajüter (2005), S. 92. Horngren/Datar/Foster nennen als Anwender des Target Costing beispielhaft die Unternehmen Ford, General Motors, Toyota, Daihatsu aus der Automobilindustrie sowie Matsushita, Panasonic, Sharp, Compaq, Toshiba aus der Elektroindustrie. Vgl. Horngren/Datar/Foster (2005), S. 425.

418 Vgl. Monden/Hamada (1991), S. 18; Horváth/Seidenschwarz (1992), S. 143 sowie Sakurai (1989), S. 41 (der allerdings den Schwerpunkt des Einsatzes in der Kostenplanung sieht).

419 Dagegen weiten Shank/Fisher den Einsatzbereich des Target Costing auf die Marktphase aus. Vgl. Shank/Fisher (1999), S. 74 f.

420 Vgl. das Ergebnis der Literaturauswertung bei Schild (2005), S. 43 f.

Allerdings unterbleibt in der Regel die empirische Fundierung dieser Aussagen,[421] sodass kurz auf die Ergebnisse der empirischen Studien von Ehrlenspiel und Wildemann eingegangen werden soll, die für eine Bestätigung der o.g. Hypothese sprechen und damit die Relevanz des Target Costing unterstreichen. So befragte Ehrlenspiel in einer im Jahr 1978 abgeschlossenen Untersuchung 42 Unternehmen der Branchen Maschinenbau, Fahrzeugtechnik und Feinwerktechnik nach Maßnahmen, die in der Produktionsphase im Rahmen von Wertanalysen zur Kostensenkung führten.[422] Aus der relativen Häufigkeit der Nennungen schloss er, dass 65% der Kostensenkung auf Maßnahmen im Rahmen der Konstruktion, 19% auf Maßnahmen der Arbeitsvorbereitung, 15% auf Maßnahmen des Einkaufs und 1% auf sonstige Maßnahmen zurückzuführen waren. Damit sieht er die Aussage Bronners aus dem Jahre 1968 bestätigt, dass die Konstruktion hinsichtlich der Produktkosten dominierend ist.[423] Wildemann kommt basierend auf einer Befragung von Experten aus 21 deutschen und 14 US-amerikanischen Unternehmen des Großanlagenbaus zu dem Ergebnis, dass nach Abschluss der Konstruktion ca. 86% der Kosten bereits festgelegt sind.[424] Auch zitiert er eine recht spezielle, sich auf Waffensysteme beziehende empirische Untersuchung von Dodson, der von einer Kostenfestlegung nach Abschluss der Testphase (als Ende der Vorlaufphase) in Höhe von

---

[421] Vgl. Zehbold (1996), S. 47. So werden die in der Literatur genannten Prozentwerte von Cooper/Slagmulder (2004), S. 45 f., in Frage gestellt. Dass hier mehr Forschungsbedarf besteht als allgemein angenommen, wird auch durch die Untersuchung der Herkunft der Prozentangaben in den von Schild (2005), S. 43 f. (vgl. Fußnote 420) zitierten elf Beiträgen deutlich: lediglich die Prozentangabe bei Ehrlenspiel/Kiewert/Lindemann (2005), S. 14, wurde empirisch fundiert (diese beziehen sich dabei auf einen Beitrag von Ehrlenspiel aus dem Jahre 1980, auf den oben noch eingegangen wird; außerdem verweisen sie auf Bronner (1968), S. 17, der sich aber nur auf „amerikanische Untersuchungen" beruft, ohne diese zu nennen). Bei sechs Beiträgen (Bäurle/Schulte (1992), S. 23; Männel (1992a), S. 128; Kaplan (1994b), S. 248; Serfling/Schultze (1996), S. 29; Männel (1997), S. 169; Burger (1999), S. 5) wird ganz auf einen Quellenverweis verzichtet (so sprechen bspw. Serfling/Schultze (1996) von einer „empirisch belegten" 70- bis 80-prozentigen Kostenfestlegung in der Anfangsphase des Produktlebenszyklus, ohne dies zu fundieren; die gleiche Prozentspanne wird auch von Männel (1997) genannt, der sich allerdings – ebenfalls ohne Quellenverweis – auf „praktische Erfahrungen" beruft; ebenso Kaplan, der bezüglich seiner Aussage von einer 80- bis 90-prozentigen Kostenfestlegung von „conventional wisdom" spricht). Vier Beiträge (Wilson (1995), S. 169; Becker (1996), S. 22; Corsten/Stuhlmann (1996), S. 12; Günther (1997), S. 101) verweisen auf (teilweise dieselben) Quellen, bei diesen wird jedoch eine empirische Fundierung ebenfalls unterlassen (zitiert werden Opitz (1970), S. 525; Wübbenhorst (1986); Brimson (1987), S. 5.15; Berliner/Brimson (1988), S. 139 f. (die auf S. 140 Blanchard (1978), S. 14-15, zitieren, der allerdings seine Aussagen auf „experience" stützt); Tanaka (1989)).

[422] Vgl. Ehrlenspiel (1980), S. 174. Auch in der Richtlinie 2235 des Vereins deutscher Ingenieure, die den Konstrukteuren Hilfsmittel und Methoden zur kostengünstigen Konstruktion aufzeigen soll, wird bei der Begründung der Wichtigkeit der Konstruktionsentscheidungen auf diese Studie verwiesen. Die in dieser Richtlinie genannten Prozentangaben decken sich jedoch weder mit den Angaben von Ehrlenspiel noch mit denen des ebenfalls zitierten Beitrags von Bronner (1968). Vgl. VDI (1987), S. 3.

[423] Vgl. Ehrlenspiel (1980), S. 177. Bronner konstatiert diesbezüglich: „Von den Entscheidungen, die im Stadium der Entwicklung und Konstruktion eines Erzeugnisses getroffen werden, hängen 75% der Mehrkosten ab, die das endgültige Erzeugnis gegenüber den Kosten der Ideallösung aufweist" (Bronner (1968), S. 17).

[424] Vgl. Wildemann (1982), S. 108 f., wobei der oben genannte Prozentwert aus der Abbildung 4.-8 auf S. 109 der Arbeit von Wildemann abgeleitet wurde. Bezüglich der in der Erhebung befragten Unternehmen vgl. Wildemann (1982), S. 203 f. Bei der Untersuchung wurden Mitarbeiter dieser Unternehmen interviewt, die von ihrer Funktion her mit Kostenprognosen befasst waren (vgl. Wildemann (1982), S. 13). Sie wurden nach ihrer Einschätzung befragt, wie viel Prozent der Kosten in den einzelnen Phasen festgelegt werden (vgl. Wildemann (1982), S. 210). Da diese Frage Bestandteil eines umfangreichen Fragenkataloges war, ist jedoch davon auszugehen, dass sich die Befragten nicht allzu lange mit der Beantwortung Zeit gelassen haben und es sich demnach eher um grobe Schätzungen handelt.

95% ausgeht.[425] Augenscheinlich ist die prozentuale Höhe der Kostenfestlegung von der betrachteten Produktart abhängig, sodass die Ergebnisse dieser Studien nicht ohne Weiteres verallgemeinert werden können.[426] Durch die Studien wird allerdings die grundsätzliche Relevanz der Entscheidungen der Vorlaufphase für das Kostenmanagement bestätigt und der Einsatz des Target Costing gerechtfertigt.

Neben der Fokussierung auf die Aktivitäten der Vorlaufphase ist als weitere charakteristische Eigenschaft des Target Costing die Zusammenarbeit unterschiedlicher Unternehmensbereiche bzw. -funktionen (z.B. der Marketing-, Entwicklungs-, Controlling-, Produktions-, Einkaufsabteilung) sowie unterschiedlicher Berufsgruppen (z.B. der Ingenieure und Kaufleute) zu nennen, deren Aktivitäten demnach zu koordinieren sind.[427] Bemerkenswert ist, dass das Target Costing trotz der nahe liegenden Verbindung mit einer mehrperiodig-dynamischen Lebenszykluskostenrechnung ursprünglich ein einperiodig-statischer Ansatz ist, der analog zu den statischen Näherungsverfahren der Investitionsrechnung auf durchschnittlichen Kosten- bzw. Erlösgrößen basiert. Dieser statische Ansatz soll im anschließenden Abschnitt in seinen Grundzügen dargestellt und kritisch beleuchtet werden. Basierend auf der Kritik am statischen Target Costing wurden in der Literatur dynamische Ansätze dargestellt, auf die in Abschnitt 5.2 eingegangen wird. In Abschnitt 5.3 wird dann abschließend ein eigener Ansatz dargestellt, der die Integration des Zielkostenmanagements in die bisher vorgestellte Konzeption einer wertorientierten prozesskostenbasierten Produktlebenszyklusrechnung ermöglicht.

5.1 Grundlagen des statischen Target Costing

Nach japanischem Verständnis ist das Target Costing als ein grundlegender Bestandteil des sich auf alle Lebenszyklusphasen eines Produktes beziehenden Total Cost Management aufzufassen, das in der Marktphase des Produktes durch das sog. Kaizen Costing ergänzt wird.[428] Wie in Abbildung 18 dargestellt, zielt das Kaizen Costing dabei auf kontinuierliche Kostenreduktionsaktivitäten für die sich in der Marktphase befindenden Produkte ab, während das Target Costing bei neuartigen Produkten bzw. Produktänderungen auf sprungartige Kostenreduktionen während der Produktentwicklungsphase (Vorlaufphase) ausgerichtet ist.[429]

---

425 Vgl. Dodson (1976), S. 6 ff. (zitiert nach Wildemann (1982), S. 108).

426 Vgl. Zehbold (1996), S. 47.

427 Vgl. Kato/Böer/Chow (1995), S. 51.

428 Vgl. Monden/Hamada (1991), S. 17.

429 Vgl. Monden/Hamada (1991), S. 17. Dagegen trennen Cooper/Slagmulder bezüglich des Kaizen Costing zwischen dem „Product-Specific Kaizen Costing“, das auch die Neukonstruktion bzw. Umgestaltung vorhandener Produkte einschließt (und damit gemäß obiger Auffassung als Aktivität der Vorlaufphase ebenso dem Target Costing zugerechnet werden würde), und dem „General Kaizen Costing“, das allgemeine Aktivitäten zur Kostenreduktion durch Prozessverbesserungen in der Marktphase umfasst. Vgl. Cooper/Slagmulder (2004), S. 47.

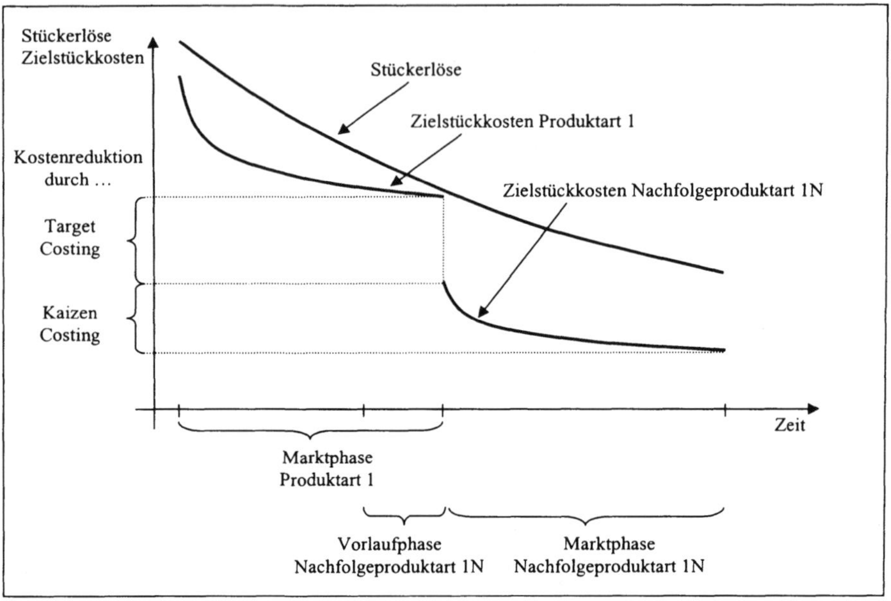

Abbildung 18: Kostensenkung durch Target Costing und Kaizen Costing
Quelle: In Anlehnung an Monden (1995), S. 8.

Im Mittelpunkt der weiteren Betrachtungen steht nun der Target Costing-Prozess auf Basis des Market into Company-Ansatzes, der aufgrund seiner stringenten Marktorientierung, die sich in der Ableitung der Zielkosten vom Marktpreis äußert, auch als „Reinform des Zielkostenmanagements" bezeichnet wird.[430] Wie die folgende Abbildung 19 zeigt, ist der Ausgangspunkt des Target Costing die mittel- bis langfristige Unternehmensplanung, d.h. die Generierung von Zielvorgaben bezüglich der Umsätze und Gewinne der Produktlinien.[431]

---

[430] So Seidenschwarz (1993), S. 116. Auch Freidank spricht diesem Ansatz im Rahmen des Target Costing eine „herausragende Bedeutung" zu (vgl. Freidank (1994), S. 223-259). Zur Dominanz dieses Ansatzes in theoretischen Beiträgen vgl. Schild (2005), S. 260. Zu weiteren Ansätzen und deren (kritischer) Bewertung vgl. Seidenschwarz (1993), S. 127-129 sowie S. 138-139. Die von Währisch (vgl. zu dessen empirischer Erhebung Fußnote 179 sowie 264) befragten, das Instrument des Target Costing benützenden Unternehmen wenden zu 66% den Market into Company-Ansatz an. Allerdings verwenden auch 66% den sog. Out of competitor-Ansatz, bei dem die Zielkosten durch die Analyse der Kostenstruktur der Wettbewerber abgeleitet werden (vgl. Währisch (1998), S. 152). Bei einer von Arnaout im Zeitraum November 1997 bis März 1998 durchgeführten empirischen Untersuchung zum Target Costing in der deutschen Unternehmenspraxis gab eine Mehrheit von 47% von 60 deutschen Großunternehmen an, den Market into Company-Ansatz anzuwenden, während lediglich 12% den Out of competitor-Ansatz als Grundlage der Zielkostengenerierung wählten (vgl. Arnaout (2001), S. 190).

[431] Vgl. Cooper/Slagmulder (1999), S. 25, die von der langfristigen Gewinn- und Umsatzplanung ausgehen. Monden setzt einen mittelfristigen Unternehmensplan mit einer drei- bis fünfjährigen Planungsfrist voraus (vgl. Monden (1989), S. 17), ebenso Kato/Böer/Chow, die allerdings einen Dreijahresplan als mittelfristig bezeichnen (vgl. Kato/Böer/Chow (1995), S. 40 f.). Für Sakurai ist das Target Costing Bestandteil der strategischen Gewinnplanung, d.h. die Zielvorgaben werden unmittelbar aus der Unternehmensstrategie abgeleitet (vgl. Sakurai (1996), S. 46). An anderer Stelle weist er jedoch auf die notwendige Integration der mittel-

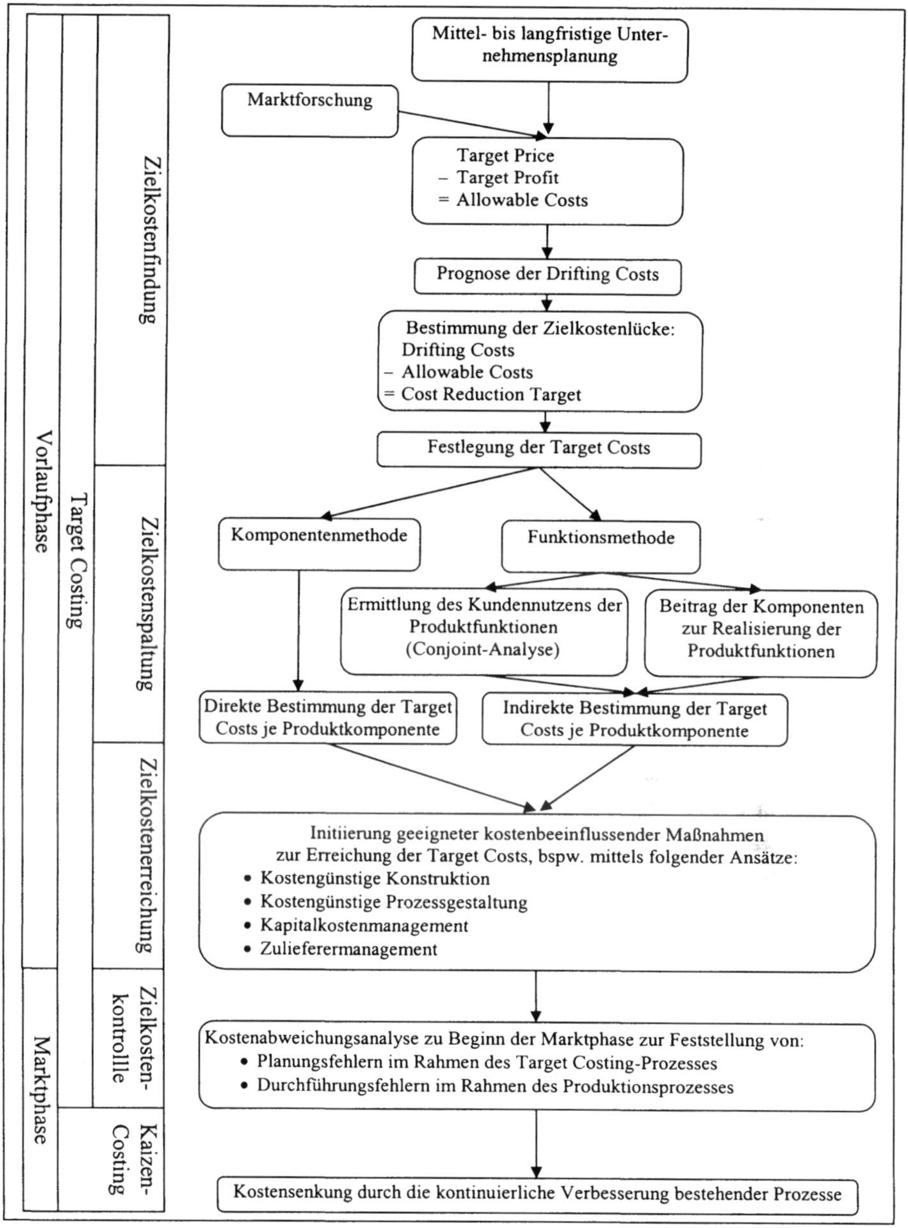

Abbildung 19: Der Target Costing-Prozess

fristigen Planung hin, wobei er als mittelfristig einen drei Jahre umfassenden Zeithorizont ansieht (vgl. Sakurai (1996), S. 58 f.).

Bei den sich in der Vorlaufphase befindlichen Produkten erfolgen nun die den Target Costing-Prozess konstituierenden Schritte der *Zielkostenfestlegung*, *Zielkostenspaltung*, *Zielkostenerreichung* und *Zielkostenkontrolle*.[432] Zunächst ist im Rahmen der *Zielkostenfestlegung* der zukünftige durchschnittliche Verkaufspreis als Target Price zu planen. Hierbei sind – gestützt u.a. durch die Instrumente der Marktforschung – das Produktprofil, die Eigenschaften der Ziel-Kundengruppe, der spezifische Produktlebenszyklus, die erwarteten Absatzmengen und die Reaktionen der Wettbewerber auf die Produkteinführung bzw. -modifikation zu berücksichtigen.[433] Anschließend ist zur Bestimmung der Allowable Costs als (vorläufige) Zielkosten der aus der mittel- bis langfristigen Unternehmensplanung abgeleitete Target Profit vom Target Price zu subtrahieren (sog. Subtraktionsmethode).[434] Mithin wird anstatt einer unternehmensbezogenen Cost-Plus-Preiskalkulation eine marktorientierte retrograde Preiskalkulation durchgeführt.[435] Dabei wird vorgeschlagen, den Target Profit durch die Vorgabe einer Umsatzrendite (Return on sales) oder einer Kapitalrendite (Return on investment) zu spezifizieren.[436] Im nächsten Teilschritt werden dann den Allowable Costs die Drifting Costs gegenübergestellt. Letztere werden als Produktstandardkosten definiert, die auf Basis der vorhandenen Produktionstechnologie und vorhandener Produktionsverfahren ohne Berücksichtigung von Innovationen geplant werden.[437] Die Differenz aus Drifting Costs und Allowable Costs bildet das Cost Reduction Target als Zielkostenlücke, die es durch geeignete Kostenreduktionsmaßnahmen im Rahmen der Produktentwicklung zu schließen gilt. Die Zielkosten können allerdings aus Motivationsgesichtspunkten oberhalb der Allowable Costs festgelegt werden, falls deren Erreichung von vornherein als unrealistisch anzusehen ist.[438] Gleichbedeutend hiermit ist die Senkung der sich als unrealistisch erwiesenen Ziel-Umsatzrendite.[439] Dieser Zielkostenfindungsprozess führt schließlich zur Festlegung der Target Costs als Zielkosten (vgl. Abbildung 19).[440] Da die Drifting Costs bzw. Target Costs aggregierte, auf höherer Ebene abstrakt formulierte und damit wenig aussagefähige Größen darstellen, ist zur Operationalisierung der Zielkostenlücke im Rahmen der *Zielkostenspaltung* eine Differenzierung dieser Kostengrößen in Komponentenkosten vorzunehmen.[441] Soweit die Zielkostenvorgaben unterschiedliche Verantwortungsträger betreffen werden, ist bezüglich des Spaltungsmecha-

---

432 Bezüglich der Einteilung des Target Costing-Prozesses in diese vier Schritte vgl. Betz (1998), S. 253 f.

433 Vgl. Tanaka (1989), S. 52 sowie Kato/Böer/Chow (1995), S. 40.

434 Vgl. Kato/Böer/Chow (1995), S. 40 f.

435 Vgl. Cooper/Chew (1996), S. 88 f.

436 Vgl. bspw. Sakurai (1989), S. 43.

437 Vgl. Hiromoto (1988), S. 24; Horváth/Seidenschwarz (1992), S. 150.

438 Vgl. Ewert/Wagenhofer (2005), S. 292. Zu den Vorteilen der Vorgabe erreichbarer Targets vgl. Merchant (1990), S. 46 f. In einer im Jahre 1991 durchgeführten Befragung von 180 börsennotierten japanischen Unternehmen wurden die Zielkosten von 56,6% der 109 das Target Costing anwendenden Unternehmen durch Anpassungen der Allowable Costs generiert, während lediglich 19,8% unmittelbar die Allowable Costs als Zielkosten verwendeten. Danach kann von der Berücksichtigung der Erreichbarkeit der Zielkosten in der japanischen Target Costing-Praxis ausgegangen werden. Vgl. Tani et al. (1994), S. 75.

439 Umgekehrt ist aus Motivationsgründen auch die Vorgabe einer höheren Ziel-Umsatzrendite bzw. niedrigerer Zielkosten möglich, falls sich herausstellen sollte, dass die Allowable Costs zu leicht erreichbar sind.

440 Vgl. Cooper/Slagmulder (1999), S. 26.

441 Vgl. Coenenberg/Fischer/Schmitz (1994), S. 4; Tani/Kato (1994), S. 212; Schild (2005), S. 262.

nismus darauf zu achten, dass dieser nachvollziehbar und fair gestaltet wird, um eine Demotivation der Mitarbeiter zu verhindern.[442] Zur Spaltung der Zielkosten werden in der Literatur in der Regel die Komponenten- und die Funktionsmethode aufgeführt.[443] Bei der Komponentenmethode erfolgt die Ermittlung der Komponentenzielkosten des neuen Produktes auf Basis der Kostenstruktur eines Referenzproduktes (z.B. des Vorgängermodells), sodass sich diese Methode für innovative Produkte aufgrund der dann fehlenden Datengrundlage weniger eignet.[444] Die Kosten des Referenzproduktes werden mit den Zielkosten des neuen Produktes verglichen und daraus eine Kostenreduzierungsrate abgeleitet. Anschließend werden die Komponentenzielkosten des neuen Produktes ermittelt, indem man die Ist-Kosten der Komponenten des Vorgängerproduktes um diese Rate kürzt.[445] Die Zielkosten werden demnach direkt den Komponenten (bzw. Baugruppen und Teilen) zugerechnet. Mittels der Funktionsmethode wird dagegen das Ziel verfolgt, die „Ressourcen so einzusetzen, wie dies den vom Kunden gewünschten Produktwertrelationen entspricht".[446]

Im Gegensatz zur Komponentenmethode erfolgt hier die Spaltung der Zielkosten indirekt über die Ermittlung des Kundennutzens der einzelnen Produktfunktionen und die Bestimmung des Beitrags der Komponenten zur Realisierung der Produktfunktionen (vgl. Abbildung 19). Der Kundennutzen der Produktfunktionen bzw. -eigenschaften kann dabei bspw. durch eine Conjoint-Analyse ermittelt werden, im Rahmen derer zunächst die verschiedenen Produktfunktionen und deren Ausprägungen definiert werden.[447] Anschließend erfolgt die Befragung potenzieller Kunden, bei der diesen fiktive Produkte (mit unterschiedlichen Ausprägungen der Produktfunktionen) zur Bewertung vorgelegt werden. Mittels statistischer Verfahren werden schließlich die Teilnutzenwerte der Produktfunktionen bestimmt. Nach der Ermittlung der Teilnutzenwerte können die Target Costs dann den Komponenten gemäß deren Anteil an der Realisierung der Produktfunktionen und damit des Kundennutzens zugerechnet werden.[448] Problematisch ist bei der Funktionsmethode neben dem hohen Durchführungsaufwand die Tatsache, dass, selbst wenn der Kundennutzen ermittelbar sein mag, die Schwierigkeit besteht, den Funktionsbeitrag einer Komponente annähernd genau zu bestimmen. Auch wird bei der Funktionsmethode nicht beachtet, dass ein quantifizierbarer Kundennutzen erst dann entsteht, wenn das Produkt gewisse Mindestanforderungen erfüllt, die vom Kunden als selbstverständlich erachtet werden.[449] Folgerichtig dürfte der bei der Spaltung der Zielkosten eines Produktes unterstellte lineare Zusammenhang zwischen Kosten und Nutzen nur für den Un-

---

442 Vgl. Schild (2005), S. 262 f.

443 Vgl. bspw. Tanaka (1989), S. 52 ff. Im deutschsprachigen Schrifttum überwiegt die Darstellung der Funktionsmethode (vgl. Rösler (1996), S. 37).

444 Vgl. Tanaka (1989), S. 52 f; Buggert/Wielpütz (1995), S. 90; Rösler (1996), S. 35 f.

445 Vgl. Peemöller (1993), S. 379.

446 Horváth/Seidenschwarz (1992), S. 145.

447 Zur Charakterisierung der Conjoint Measurement-Analyse vgl. Theuerkauf (1989), S. 1180-1187.

448 Zu einem umfangreichen Beispiel zur Funktionsmethode vgl. Tanaka (1989), S. 56-71 und Coenenberg (2003b), S. 444-460.

449 Ehrlenspiel/Kiewert/Lindemann nennen als Beispiele das Gehäuse eines Getriebes oder die Räder bei einem Fahrzeug. Vgl. Ehrlenspiel/Kiewert/Lindemann (2005), S. 61.

terschiedsbetrag zwischen den erlaubten Kosten des betrachteten Produktes und den erlaubten Kosten des Produktes, das die Basisanforderungen gerade erfüllt, vorliegen.[450] Aus dieser Kritik resultiert wohl für die Unternehmenspraxis, zumindest als Anhaltspunkt auch die Komponentenkosten eines Referenzmodells (etwa des Vorgängerproduktes oder – soweit abschätzbar – des Konkurrenzproduktes) bei der Zielkostenspaltung heranzuziehen[451], sodass aus pragmatischer Sicht eine Kombination von Komponenten- und Funktionsmethode sinnvoll erscheint.[452] Das Ergebnis der Zielkostenspaltung ist schließlich der Ausweis komponentenbezogener Zielkostenlücken, die nun durch die jeweiligen Kostenverantwortlichen im Rahmen der *Zielkostenerreichung* durch geeignete kostenbeeinflussende Maßnahmen geschlossen werden müssen. Als ein wesentliches Instrument hierzu ist die kostengünstige Konstruktion zu nennen, deren Hauptaugenmerk auf die Senkung der Materialkosten gerichtet sein wird, soweit – wie in der industriellen Serienfertigung oft üblich – der Materialkostenanteil relativ hoch ist.[453] So können die Materialkosten bspw. durch die Senkung des Materialvolumens und/oder der spezifischen Materialkosten (Senkung der Kosten pro Volumeneinheit des Materials, z.B. durch die Verwendung von kostengünstigeren Massenwerkstoffen anstatt von teureren Spezialwerkstoffen) vermindert werden.[454] Hier bietet sich der Einsatz von sog. (unternehmensinternen) Relativkostentabellen an, die u.a. die Kostenrelationen pro Volumeneinheit für verschiedene Werkstoffgruppen angeben.[455] Die Relativkostentabellen entsprechen dabei in etwa den (jedoch meist komplexeren) sog. Cost Tables, die in der japanischen Target Costing-Literatur ebenfalls im Rahmen der Produktentwicklung bei der Kostenschätzung eine wichtige Rolle spielen. Es handelt sich hierbei um meist computergestützte Datenbanken, die es den Konstrukteuren ermöglichen sollen, die Kosten unterschiedlicher Werkstoffe, Produk-

---

450 Vgl. zu einer modifizierten Funktionsmethode, die diesen Kritikpunkt zu berücksichtigen versucht, Rösler (1996), S. 116-145.

451 So bspw. Heßen/Wesseler (1994), S. 151, die die wettbewerbsbezogene Anwendung der Komponentenmethode bei der Audi AG vorstellen, sowie Claassen/Hilbert (1994a), S. 36, die unter Darstellung des Vorgehens bei Volkswagen die Komponentenmethode unter Berücksichtigung der Ergebnisse u.a. von Zielgruppenbefragungen empfehlen.

452 Vgl. Ehrlenspiel/Kiewert/Lindemann (2005), S. 61-63, die zunächst eine Aufteilung der Zielkosten nach Kosten für kundenrelevante Funktionen, nach Komponentenkosten eines Vorgängermodells und nach (geschätzten) Komponentenkosten der Konkurrenz vorschlagen. Diese dienen dann als Orientierung für die im Rahmen eines unter den involvierten Verantwortungsträgern stattfindenden Diskussionsprozesses gewonnenen Zielkosten.

453 Vgl. Ehrlenspiel/Kiewert/Lindemann (2005), S. 192 f., die bei der PKW-Produktion von einem Materialkostenanteil über 70%, beim Maschinenbau von einem Anteil von ca. 43% sprechen (bezogen auf Herstellkosten).

454 Eine Senkung des notwendigen Materialvolumens kann bspw. durch eine Verringerung der Baugröße des Produktes (sog. „Kleinbau“ bzw. „Leichtbau“), durch geringeren Materialeinsatz bei Beibehaltung der Baugröße (sog. „Sparbau“, z.B. durch Verringerung der Dicke der in ein Produkt eingehenden Bleche) oder eine Senkung des Abfalls erreicht werden. Vgl. hierzu und zu weiteren möglichen Maßnahmen zur Senkung der Materialkosten Ehrlenspiel/Kiewert/Lindemann (2005), S. 194-203. Für eine allgemeine Checkliste zur Erschließung von Kostensenkungspotenzialen im Rahmen der kostengünstigen Konstruktion vgl. Ehrlenspiel/Kiewert/Lindemann (2005), S. 83.

455 Vgl. zu einem Beispiel einer Relativkostentabelle Ehrlenspiel/Kiewert/Lindemann (2005), S. 201.

tionsverfahren und Produktgestaltungen abzuschätzen.[456] Die Kostenschätzung erfolgt also nicht etwa nach Erstellung der technischen Zeichnungen und deren Weitergabe an die Arbeitsvorbereitung, sondern direkt während einer technischen Festlegung durch den Konstrukteur (evtl. in Zusammenarbeit mit einem Kosten-Kalkulator).[457]

Als weitere, die kostengünstige Konstruktion ergänzende Instrumente zur Schließung der Kostenlücke ist bspw. die kostengünstige Prozessgestaltung sowie das Kapitalkosten- und Zuliefermanagement zu nennen (vgl. die Phase der Zielkostenerreichung in Abbildung 19).[458] Ist im Unternehmen bereits eine Prozesskostenrechnung implementiert, bietet sich, angestoßen durch die Produktentwicklung, eine Prozessneugestaltung an, die dazu beiträgt, die Zielkostenvorgabe zu erreichen. Begleitend kann dann das Kapitalkostenmanagement zur Senkung der Kapitalkosten beitragen, indem z.B. der Beschaffungsprozess so gestaltet wird, dass trotz hoher Materialkosten die Kapitalbindung und somit die Kapitalkosten niedrig gehalten werden (vgl. Beispiel 7). Innerhalb des Zuliefermanagements eröffnet sich die Möglichkeit, auch die Zulieferer in den Target Costing-Prozess zu integrieren, indem z.B. von diesen Kostensenkungsvorschläge bezüglich der fremdbezogenen Teile bzw. Komponenten eingeholt werden.[459]

Letztendlich ist die Zielkostenerreichung als ein iterativer Prozess anzusehen, bei dem nach Festlegung der Kostensenkungsmaßnahmen Wird-Kosten (verstanden als zukünftige Ist-Kosten) anhand einer – bspw. mittels Cost Tables bzw. Relativkostentabellen durchgeführten – entwicklungsbegleitenden Kalkulation bestimmt werden, die mit den Zielkosten (verstanden als Sollkosten) verglichen werden.[460] Sollte im Rahmen des Soll-Wird-Vergleichs eine Abweichung festgestellt werden, sind bis zur Schließung der Kostenlücke weitere Maßnahmen zu initiieren.[461] Obwohl also bereits im Rahmen der Zielkostenerreichung Kontrollhandlungen vorgenommen werden, ist mit der eigentlichen Zielkostenkontrolle gemäß japanischem Verständnis (bzw. gemäß der Target Costing-Praxis in japanischen Automobilunternehmen) erst die Kontrolle zu Beginn der Marktphase gemeint.[462] Zu diesem Zeitpunkt wird durch eine Abweichungsanalyse von Ziel- (Soll-) und Istkosten festgestellt, wie effektiv die Target Costing-Aktivitäten waren bzw. wer für die entstandene Abweichung verantwortlich ist. Der Target Costing-Prozess ist nun mit der Zielkostenkontrolle beendet. Die Schließung etwaiger Zielkostenlücken bzw. die kontinuierliche Kostenreduzierung in der Marktphase mittels Ver-

---

456 Vgl. Yoshikawa/Innes/Mitchell (1990), S. 30 bzw. Horváth/Gleich/Scholl (1996), S. 59-61. Zum Einsatz von Cost Tables im Rahmen des Target Costing vgl. auch Monden (1995), S. 157-170.

457 Vgl. VDI (1987), S. 4.

458 Vgl. hierzu bzw. zu weiteren Ansätzen der Kostenbeeinflussung Seidenschwarz (1993), S. 227-237.

459 Vgl. Monden (1995), S. 32.

460 Zur entwicklungsbegleitenden Kalkulation vgl. Ehrlenspiel/Kiewert/Lindemann (2005), S. 445-488.

461 Zusätzlich ist zu überprüfen, ob die kostenbeeinflussenden Maßnahmen Auswirkungen auf den Target Price und damit die Target Costs haben, weil sich evtl. durch eine Änderung des Produktprofils der Kundennutzen des Produktes ändert. In diesem Falle wäre ein erneuter Durchlauf des in Abbildung 19 dargestellten Target Costing-Prozesses notwendig.

462 Vgl. Monden/Hamada (1991), S. 23, die aufgrund mangelnder Repräsentativität die ersten drei Monate der Marktphase bei der Abweichungsanalyse ausblenden.

besserung bestehender Prozesse obliegen in Japan den Kaizen Costing-Aktivitäten (vgl. Abbildung 19).[463]

Der grundsätzliche konzeptionelle Kritikpunkt am statischen Target Costing ist die starke Vereinfachung des Planungsproblems durch die Aggregation mehrperiodiger und nicht konstanter Zahlungsgrößen zu einem einperiodigen durchschnittlichen Kostenwert.[464] So werden weder die Absatzpreise noch die Absatzmengen im Zeitablauf konstant sein, auch werden die Kosten aufgrund von Erfahrungskurveneffekten variieren.[465] Da nur eine (durchschnittliche) Periode betrachtet wird, können Zeit- bzw. Risikopräferenzen zwangsläufig nicht bzw. nur rudimentär berücksichtigt werden.[466] Das statische Target Costing widerspricht somit grundlegenden entscheidungstheoretischen Anforderungen.[467] Aufgrund dieser starken Vereinfachung ist dem Kalkül auch eine Wertorientierung abzusprechen. Weiterhin können zeitliche Austauschbeziehungen nicht innerhalb einer oder mehrerer Kostenarten adäquat berücksichtigt werden.[468] Die Senkung einer Kostenart in der Vorlaufphase kann bspw. zu einer Erhöhung der Kosten der Nachlaufphase führen, die im statischen Ansatz nicht abgebildet werden. Aufgrund dieser Kritik wurden in der Vergangenheit mehrperiodig-dynamische Konzeptionen in der Literatur diskutiert, auf die im folgenden Abschnitt eingegangen werden soll.

5.2 Dynamische Target Costing-Konzeptionen in der Literatur

Wie bereits die Entwicklung des statischen Target Costing ist auch dessen Weiterentwicklung zu einem dynamischen Ansatz praxisgeleitet.[469] So stellen Claassen, Hilbert und Ellßel ein dynamisches, aus der deutschen Automobilindustrie (Volkswagen) stammendes Konzept des Target Costing unter der Bezeichnung „Verzinsungsmethode" vor.[470] Dass diesem Praxis-Beitrag eine gewisse Vorreiterfunktion für das dynamische Target Costing im deutschsprachigen Raum zugesprochen werden kann, ist aus der Tatsache ersichtlich, dass sich bis auf zwei alle der im Folgenden untersuchten theoretischen Beiträge auf diese Methode bezie-

---

463 Vgl. Monden/Hamada (1991), S. 25 f. Dabei werden grundsätzlich die gleichen kostenbeeinflussenden Maßnahmen (mit Ausnahme der für die Entwicklungsphase typischen Maßnahmen der kostengünstigen Konstruktion) angewandt wie im Rahmen der Zielkostenerreichung. Wie bereits eingangs dieses Abschnitts festgestellt, werden sich hierbei jedoch kaum noch sprunghafte Kostensenkungen ergeben.

464 Vgl. Baden (1997), S. 138.

465 Vgl. Franz (1997), S. 280.

466 Eine Zeitpräferenz ist durch die einperiodige Durchschnittsbetrachtung von vornherein obsolet. Sicherheitspräferenzen könnten bspw. rudimentär durch den Einbezug von Kapitalkosten berücksichtigt werden.

467 Vgl. Baden (1997), S. 138.

468 Vgl. Franz (1997), S. 280.

469 Das statische Target Costing wurde im deutschen Sprachraum Ende der 80er Jahre zunächst von der Praxis aufgenommen und erst im Anschluss daran in der Theorie diskutiert. Vgl. Seidenschwarz (1993), S. 1.

470 Der Target Costing-Prozess bei Volkswagen wird von den o.g. Autoren in mehreren inhaltlich ähnlichen Beiträgen mit allerdings unterschiedlichen Schwerpunkten beschrieben. Bei der Darstellung der Verzinsungsmethode wird sich in Abschnitt 5.2.1 auf Hilbert (1995) und Claassen/Ellßel (1997) bezogen. Vgl. hierzu auch Claassen/Hilbert (1994b) (hier liegt der Schwerpunkt auf der Kostenmethode); Claassen/Ellßel (1996) (ebenfalls nähere Erläuterung der Kostenmethode) und Claassen (1998) (als überarbeitete Version von Claassen/Ellßel (1997)).

hen.[471] Bei der nun folgenden Analyse dieser Beiträge wird – wie bereits in Abschnitt 3.4 bei der Kategorisierung der Ansätze zur Produktlebenszyklusrechnung – das Augenmerk auf die verwendete Überschussgröße, den Kalkulationszinsfuß sowie die Berücksichtigung von Ertragsteuern bzw. dem Tax Shield gerichtet (vgl. vorab die Übersicht in Tabelle 34). Zusätzlich wird auf die Ermittlung der Zielkosten eingegangen. Dabei wird sich zeigen, dass nur das zahlungsbasierte Konzept von Fischer/Schmitz einen klaren Bezug zu den DCF-Verfahren aufweist.

---

471 Lediglich in den Beiträgen von Fischer/Schmitz (1998) und Schmidt (2000) findet die o.g. Verzinsungsmethode keine Erwähnung.

Autor/en *[Abschnitt, der sich dem jeweiligen Konzept widmet]*	Überschuss-größe	Kalkulations-zinsfuß	Berücksichtigung a) Ertragsteuern b) Tax Shield	Berechnung Zielkosten
Claassen/Hilbert (1994b) Hilbert (1995) Claassen/Ellßel (1997) *[Abschnitt 5.2.1]*	Rückflüsse als Differenz zwischen Nettoerlösen und Einzelkosten	vorzugebender Zinsfuß („an den ökonomischen Unternehmenszielen orientiert“)	a) k.A. b) k.A.	Kapitalwert der Rückflüsse
Franz (1997) *[Abschnitt 5.2.2]*	Cash Flow (nicht näher definiert)	vorzugebender Zinsfuß	a) k.A. b) k.A.	Kapitalwert der Einzahlungen
Weiss (2004) *[Abschnitt 5.2.3]*	Cash Flow	WACC (Tax Shield-Berücksichtigung offen)	a) k.A. b) k.A.	Kapitalwert der Cash Flows vor „Investitionskosten“
Fischer/Schmitz (1998) *[Abschnitt 5.2.4]*	Free Cash Flow vor Ertragsteuern	WACC vor Ertragsteuern	a) Literaturverweis b) Literaturverweis	Kapitalwert der Einzahlungen
Schmidt (2000) *[Abschnitt 5.2.5]*	kalkulatorischer Erfolg (auf pagatorischem Kostenbegriff basierend)	beispielhafte Nennungen	a) k.A. b) k.A.	„aus den Kosten der Produktions- und Vermarktungsphase sowie aus in Kosten transformierten Vor- und Nachlaufaufwendungen“
Schild (2005) *[Abschnitt 5.2.6]*	zahlungswirksamer kalkulatorischer Erfolg	durch Unternehmensführung vorgegebene Verzinsung, Eigenkapitalkostensatz des verschuldeten Unternehmens, oder WACC	a) k.A. b) k.A.	Kapitalwert der gesamten Zielerlöse
Mussnig (2001a) *[Abschnitt 5.2.7]*	kalkulatorischer Erfolg (auf pagatorischem Kostenbegriff basierend)	beispielhafte Nennungen	a) ja b) k.A.	Kapitalwert der kalkulatorischen Erfolge ohne periodisierte Vorlaufkosten

(k.A. = keine Angabe)

Tabelle 34: Synopse dynamischer Target Costing-Ansätze

5.2.1 „Verzinsungsmethode" nach Claassen/Hilbert/Ellßel

Im Rahmen der bereits genannten Verzinsungsmethode werden die „erlaubten produktspezifischen Aufwendungen"[472] als Kapitalwert zum Zeitpunkt des Produktionsbeginns durch die Diskontierung der zukünftigen Rückflüsse der Marktphase eines Fahrzeugprojektes berechnet (vgl. im Folgenden Abbildung 20).[473]

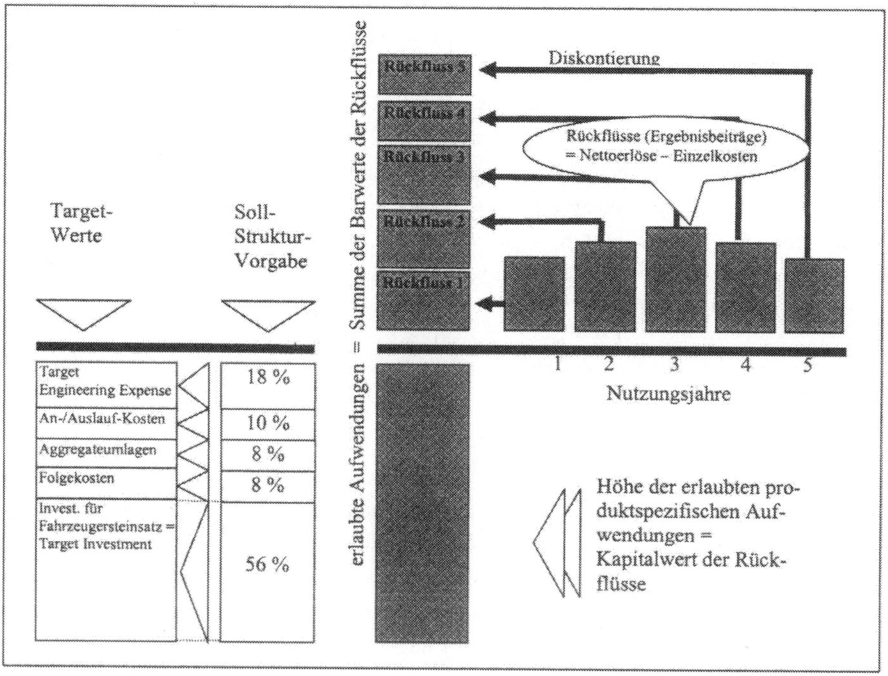

Abbildung 20: Verzinsungsmethode
Quelle: In Anlehnung an Hilbert (1995), S. 361.

Die Rückflüsse werden dabei als Differenz zwischen Nettoerlösen und Einzelkosten definiert. Bei den erlaubten produktspezifischen Aufwendungen handelt es sich demnach um den Auszahlungsbetrag, der zum Betrachtungszeitpunkt (hier Produktionsbeginn) u.a. in die Produktentwicklung (Target Engineering Expense) und in zusätzliches Anlagevermögen (Target In-

---

472 Gemeint sind hier offensichtlich die Auszahlungen der Vorlaufphase. Die unterschiedlichen Begriffe des betrieblichen Rechnungswesens werden bei Hilbert (1995) und Claassen/Ellßel (1997) nicht im Einklang mit dem üblichen Verständnis verwendet (vgl. zu der Definition dieser Begriffe Kloock et al. (2005), Abschnitt I.E).

473 Vgl. Hilbert (1995), S. 361. Da die weiteren bei Volkswagen zum Einsatz kommenden Verfahren (Bedarfs-, Ertrags-, Kosten- und Benchmarkmethode) eher dem Charakter des statischen Target Costing entsprechen, soll nicht näher auf sie eingegangen werden. Die Autoren verweisen darauf, dass sich aus der gleichzeitigen Anwendung dieser Methoden unterschiedliche Zielvorgaben ergeben, die nach einer Plausibilitätsprüfung zu einer einheitlichen Zielgröße verdichtet werden müssen (vgl. Hilbert (1995), S. 361; Claassen/Ellßel (1997), S. 1100).

vestment) investiert werden darf.[474] Die Aufteilung des Auszahlungsbetrages auf diese Positionen erfolgt durch Vorgabe einer Sollstruktur, die aus dem Vorgängermodell bzw. aus „ökonomischen Unternehmenszielen" abgeleitet wird.[475] Die restlichen Gemeinkosten der Markt- und Nachlaufphase sollen offensichtlich durch einen relativ hohen Zinssatz (beispielhaft wird ein Zinssatz in Höhe von 40% genannt) im Rahmen der Diskontierung abgedeckt werden.[476] Das Resultat kann jedoch nur als sehr grobe Näherungslösung angesehen werden, da die Kapitalbindung kaum als allgemeine Bezugsgröße (Kostentreiber) für die Gemeinkosten fungieren kann. Zudem unterbleibt eine transparente und kapitalmarktorientierte Herleitung des Zinssatzes, sodass eine Wertorientierung insgesamt in Frage zu stellen ist. Ebenso ist es problematisch, dass durch die Vorgabe der Sollstruktur der Vorlaufauszahlungen und die undifferenzierte Abdeckung der späteren Gemeinkosten durch den Zinssatz Austauschbeziehungen zwischen den Vorlaufauszahlungen und den später anfallenden Einzel- und Gemeinkosten zwangsläufig ausgeblendet werden.[477] Dadurch wird eine Optimierung der Kosten der Vorlauf- und Marktphase unter Berücksichtigung dieser phasenbezogenen Austauschbeziehungen von vornherein verhindert.[478]

5.2.2 „Dynamischer Ansatz" von Franz

Franz bezieht sich in seinem Beitrag zunächst auf o.g. Verzinsungsmethode, um anschließend einen dynamischen, auf einer Lebenszyklusrechnung basierenden eigenen Target Costing-Ansatz vorzustellen.[479] Als Zielkosten bzw. erlaubte Kosten wird implizit der Kapitalwert der Erlöse des Produktes angesehen.[480] Diese diskontierten Erlöse müssen sowohl die einer Produktart gemäß dem Verursachungs- bzw. Beanspruchungsprinzip zurechenbaren diskontierten Kosten als auch die übrigen, über Soll-Deckungsbeiträge verrechneten diskontierten Kosten tragen.[481] Die Verrechnung der dem Produkt in den einzelnen Perioden zugerechneten Soll-Deckungsbeiträge erfolgt in Abhängigkeit einer bestimmten Bezugsgröße, wie z.B. dem Umsatz (somit auf Basis des Tragfähigkeitsprinzips) oder den Einzelkosten der Produktart (ähn-

474 Im Einzelnen handelt es sich dabei um die Positionen „Entwicklungskosten, An- und Auslaufkosten, Aggregateumlagen und Investitionen für den Fahrzeugersteinsatz (Target Investment)" (Hilbert (1995), S. 361). Mit Kosten sind hier augenscheinlich Auszahlungen gemeint (vgl. die Anmerkung in Fußnote 472).

475 Vgl. Hilbert (1995), S. 361 bzw. Claassen/Ellßel (1997), S. 1098 f.

476 Dies geht aus dem Beitrag von Hilbert nur indirekt hervor (vgl. Hilbert (1995), S. 361). Vgl. hierzu auch Franz (1997), S. 284; Mussnig (2001b), S. 140.

477 Vgl. zu diesem Kritikpunkt Franz (1997), S. 285.

478 Vgl. zur qualitativen und quantitativen Modellierung dieser Optimierung Schild/Bauerdorf (2005). Dort findet sich auch ein beispielhafter Überblick über mögliche Austauschbeziehungen (vgl. Schild/Bauerdorf (2005), S. 95). Shields/Young formulieren die Faustformel, dass eine Steigerung der Kosten der Vorlaufphase um eine Geldeinheit eine Senkung der Kosten der Markt- und Nachlaufphase um mindestens acht bis zehn Geldeinheiten bewirken kann (vgl. Shields/Young (1991), S. 39).

479 Vgl. Franz (1997), S. 282. Da er bezüglich der Produktlebenszyklusrechnung auf die Literatur verweist und kein eigenes Konzept darstellt (vgl. Franz (1997), S. 281), wurde sein Ansatz in Abschnitt 3.4.1 bei der Literaturauswertung von Konzeptionen zur Lebenszykluszahlungsrechnung nicht einbezogen.

480 Vgl. Franz (1997), S. 285.

481 Franz unterstellt hierbei die Zahlungswirksamkeit der Kosten (vgl. Franz (1997), S. 285).

lich wie im Rahmen der herkömmlichen Zuschlagskalkulation) in der jeweiligen Periode.[482] Im Gegensatz zum Ansatz von Claassen/Ellßel/Hilbert wird ausdrücklich auf eine Verrechnung der Gemeinkosten über den Zinssatz verzichtet, da Soll-Deckungsbeiträge den Handlungsbedarf bezüglich Kostensenkungsmaßnahmen eher verdeutlichen würden. Bei der Bestimmung der zu diskontierenden (zahlungsgleichen) Kostengrößen wird zunächst von vorhandenen Verfahren und Technologien analog zu den „Drifting Costs" des statischen Target Costing ausgegangen.[483] Schließlich wird der Kapitalwert des Produktprojektes durch Diskontierung der Zahlungsüberschüsse mit einem vorzugebenden Zinsfuß ermittelt.[484] Auf die genaue Ausgestaltung dieses Zinsfußes und der korrespondierenden Zahlungsüberschussgröße geht Franz allerdings in diesem Kontext nicht ein. Während ein positiver Kapitalwert keinen Handlungsbedarf signalisiert, da die Kapitalkosten gedeckt werden, entspricht ein negativer Kapitalwert der Zielkostenlücke zwischen Target Costs und Drifting Costs des statischen Ansatzes. Diese Kostenlücke gilt es dann durch Kostensenkungsmaßnahmen zu schließen.

5.2.3 „Target Investment" nach A. Weiss

Weiss definiert das Target Investment als „ein an das Target Costing angelehntes Kostenmanagementverfahren zum Erreichen bzw. Steigern der Kapitalproduktivität industrieller Großinvestitionen".[485] Sein Ansatz knüpft ebenfalls an das Vorgehen von Claassen/Ellßel/Hilbert an.[486] Ähnlich wie diese schlägt Weiss verschiedene Verfahren zur Festlegung der Zielkostenhöhe vor, aus denen unterschiedliche Werte resultieren können.[487] Der niedrigste der durch die Verfahren ermittelten Zielkostenwerte dient dann letztlich als Zielkostenvorgabe.[488] Die Zielkosten stellen dabei eine Vorgabe für die Höhe der „Investitionskosten" dar, mit denen Weiss die in der Phase der Investitionsrealisierung anfallenden Anschaffungsauszahlungen des Investitionsprojektes bezeichnet.[489] Im Folgenden wird bei der Darstellung des Ansatzes von Weiss hauptsächlich auf das Verfahren der „Wirtschaftlichen Tragfähigkeit" eingegangen, da nur hier eine Ableitung der Zielkosten durch ein dynamisches Kalkül erfolgt. Bei diesem Verfahren soll mittels einer Kapitalwertberechnung festgestellt werden, ob die in der Investitionsrealisierungs- und Betriebsphase anfallenden „Kosten" durch die aus dem Investitionsprojekt resultierenden Erlöse gedeckt werden.[490] Als Diskontierungsgröße fungiert dabei

---

[482] Vgl. Franz (1997), S. 286.
[483] Vgl. Franz (1997), S. 285.
[484] Vgl. im Folgenden Franz (1997), S. 286 f.
[485] Weiss (2004), ohne Seitenangabe (S. 4 des Vortextes unter „Abstract").
[486] Vgl. Weiss (2004), S. 56-59.
[487] Vgl. Weiss (2004), S. 66-69. Im Einzelnen handelt es sich dabei um die Verfahren „Wirtschaftliche Tragfähigkeit", „Kostenableitung" und „Unternehmerische Entscheidung".
[488] Vgl. Weiss (2004), S. 111.
[489] Vgl. Weiss (2004), S. 65 bzw. S. 71. Die Bezeichnung „Investitionskosten" wird im Folgenden trotz des Widerspruchs zur gängigen betriebswirtschaftlichen Begriffsdefinition der Einfachheit halber übernommen. Vgl. auch die begriffliche Ungenauigkeit bei Claassen, Ellßel und Hilbert und die Anmerkung dazu in Fußnote 472.
[490] Vgl. Weiss (2004), S. 66 f. Mit Kosten sind hier wohl Auszahlungen gemeint.

der WACC.[491] Die Zielkosten werden nun durch den Bruttokapitalwert zum Betrachtungszeitpunkt t = 0 bestimmt:[492]

$$\text{Zielkosten} = \sum_{t=1}^{j} \frac{(E_t - K_t)}{(1+i)^t} + \frac{(E_{final} - K_{final})}{(1+i)^j}$$

mit den Symbolen: [493]

E_t: Umsatzerlöse der Periode t

K_t: Summe aus Personal-, Material- und Wartungskosten der Periode t

E_{final}: Verwertungserlös der Altanlage zum Zeitpunkt j

K_{final}: Demontagekosten der Altanlage zum Zeitpunkt j

j: Ende der Nutzungsdauer

i: WACC

Anschließend ist der Kapitalwert der „Investitionskosten" $K_{Inv,t}$ zu ermitteln, die in der Phase der Investitionsrealisierung anfallen, welche aus z zeitlich dem Betrachtungszeitpunkt vorgelagerten Perioden besteht. Indem man diesen Kapitalwert von den ermittelten Zielkosten abzieht, erhält man den folgenden Nettokapitalwert NPV_0:[494]

$$NPV_0 = \sum_{t=1}^{j} \frac{(E_t - K_t)}{(1+i)^t} + \frac{(E_{final} - K_{final})}{(1+i)^j} - \sum_{t=-z}^{0} \frac{K_{Inv,t}}{(1+i)^t}.$$

Ist der Nettokapitalwert größer oder gleich null, so ist die wirtschaftliche Tragfähigkeit gegeben. Der Zinssatz i bzw. der WACC soll so berechnet werden, „dass die unternehmensinterne[n] Renditevorgaben, jedoch zumindest die durchschnittliche Industrierentabilität durch die Investition erreicht werden können".[495] Die Ableitung dieser Renditegröße erfolgt anschließend über das CAPM.[496] Da Weiss weder auf Ertragsteuerwirkungen noch auf das aus der Fremdfinanzierung resultierende Tax Shield eingeht, bleibt offen, welches DCF-Verfahren letztendlich angewendet wird, falls überhaupt der durch die Verwendung des WACC als Diskontierungsgröße nahe liegende Bezug zu den DCF-Verfahren beabsichtigt ist.[497] So werden Ertragsteuern auch nicht bei der von ihm vorgenommenen Schematisierung der Cash Flow-Komponenten genannt.[498] Beim Verfahren zur „Kostenableitung" soll überprüft werden, ob die im Rahmen der Tragfähigkeitsermittlung bestimmten Zielkosten einen zu hohen Wert ergeben haben, indem diese entweder mit Investitionsauszahlungen ähnlicher Investitionsprojekte (Benchmarking) verglichen werden oder indem anstatt der projektspezifischen Rendite

491 Vgl. Weiss (2004), S. 71. Der WACC wird bei Weiss wie folgt definiert:
WACC = Anteil Fremdkapital · Fremdkapitalkosten + Anteil Eigenkapital · Eigenkapitalkosten.

492 Vgl. Weiss (2004), S. 72, Gleichung 3. Der Begriff Bruttokapitalwert wird von Weiss zwar nicht verwendet, bietet sich jedoch wegen des Ausschlusses der „Investitionskosten" an.

493 Vgl. Weiss (2004), S. 70 f. Die Erläuterungen der Symbole sind von Weiss übernommen, wobei mit Kosten vermutlich wiederum Auszahlungen gemeint sind. Vgl. auch die Anmerkung in Fußnote 490.

494 Weiss (2004), S. 72, Gleichung 2.

495 Weiss (2004), S. 72.

496 Vgl. Weiss (2004), S. 83-88.

497 Ob bei der von Weiss vorgenommenen Definition des WACC (vgl. Fußnote 491) das Tax Shield in den Fremdkapitalkosten enthalten ist, bleibt deswegen ebenso offen.

498 Vgl. Weiss (2004), S. 71, Abbildung 18.

der interne Zinsfuß („Kapitalproduktivität") einer konkurrierenden Investitionsalternative bei der Diskontierung der Projektüberschüsse zur Zielkostenbestimmung angesetzt wird.[499] Da jedoch zwischen den Investitionskosten und den Betriebskosten[500] Interdependenzen bestehen, erscheint die von Weiss vorgeschlagene singuläre Betrachtung der Investitionskosten im Rahmen des Benchmarkings wenig sinnvoll, sondern vielmehr eine ganzheitliche Betrachtung gemäß dem Lebenszykluskonzept angebracht. Auch kann bspw. nicht ohne Weiteres der höhere interne Zinsfuß einer konkurrierenden Investitionsalternative bei der Zielkostenermittlung verwandt werden. Ist bspw. das Investitionsrisiko bei dieser Alternative höher, würde man bei der Diskontierung dem Grundsatz der Risikoäquivalenz von Zähler- und Nennergröße nicht Rechnung tragen. Mittels der dritten Methode, dem Verfahren zur „unternehmerischen Entscheidung", sollen Vorgaben einer „bedeutenden Person", bspw. des Vorstands, als Budgetrestriktion für die Zielkosten berücksichtigt werden.[501] Da offen bleibt, auf welcher Datengrundlage diese Vorgaben generiert werden können, scheint dieses Vorgehen wegen der dann augenscheinlich willkürlichen Festlegung der Zielkosten wenig rational.

Grundsätzlich ist bei allen drei genannten Verfahren ähnlich wie bei dem Ansatz von Claassen/Ellßel/Hilbert zu kritisieren, dass das Augenmerk auf die Investitionskosten gerichtet wird und Wechselbeziehungen zu den Auszahlungen der Marktphase bestenfalls am Rande betrachtet werden.[502]

5.2.4 „Kapital- und gütermarktorientiertes Zielkostenmanagement" nach Fischer/Schmitz

Im sich allgemein auf das Zielkostenmanagement von Projekten beziehenden Beitrag von Fischer/Schmitz wird ein zahlungsbasierter Ansatz auf Grundlage der WACC-Methode vorgestellt. Dadurch sollen neben den im statischen Target Costing bereits berücksichtigten Anforderungen der Absatz- und Beschaffungsmärkte auch die Anforderungen der Kapitalmärkte integriert werden.[503] Allerdings werden bei der Definition des projektspezifischen WACC steuerliche Aspekte ausgeklammert.[504] Dementsprechend fungiert als Zählergröße des vorgestellten Kalküls der Free Cash Flow vor Steuern.[505] Die als maximal zulässige Projektkosten definierten Zielkosten entsprechen dem Kapitalwert der Projekteinzahlungen (d.h. der prog-

---

499 Vgl. Weiss (2004), S. 104-110.

500 Auch hier sind wohl Auszahlungen anstatt Kosten gemeint. Vgl. Fußnote 490.

501 Vgl. Weiss (2004), S. 111.

502 Indirekt räumt dies auch Weiss ein, indem er darlegt, dass „das Hauptaugenmerk der Zielkostenerreichung tatsächlich auf einer adäquaten Reduktion der Investitionskosten [liegt]", bei deren Optimierung allerdings „sichergestellt werden [sollte], dass die erzielten Kostensenkungen der Investitionskosten nicht durch eine korrespondierende Erhöhung der Betriebskosten neutralisiert werden" (Weiss (2004), S. 204). Auch fordert er, dass „die später zu erwartenden Betriebskosten ebenfalls einer Optimierung unterzogen werden" (Weiss (2004), S. 204), führt hierzu jedoch kaum Möglichkeiten auf.

503 Vgl. Fischer/Schmitz (1998), S. 204.

504 Vgl. Fischer/Schmitz (1998), S. 214 f., die in diesem Zusammenhang auf die Literatur verweisen.

505 Dies geht implizit aus dem Beispiel des Beitrags hervor, in dem keine Ertragsteuerauszahlungen aufgeführt werden (vgl. Fischer/Schmitz (1998), S. 216-221).

nostizierten Umsätze des Projektes).[506] Die Differenz aus diesen Zielkosten und der Summe aus dem Kapitalwert der notwendigen Investitionsauszahlungen und dem Kapitalwert der zwecks Gemeinkostendeckung zugerechneten periodischen (Auszahlungs-) Budgets ist dann der Betrag, den der Kapitalwert der herstellungsbezogenen Auszahlungen nicht überschreiten darf. Anderenfalls wäre das betrachtete Projekt aus Kapitalgebersicht unvorteilhaft und die herstellungsbezogenen Auszahlungen wären bezüglich Höhe und zeitlichem Anfall so zu beeinflussen, dass die Zielkosten gerade erreicht werden.[507] Anschließend schlagen Fischer/Schmitz vor, die Zahlungen unter Verwendung des Lücke-Theorems in periodisierte Größen, d.h. in Erträge (Leistungen) bzw. Aufwendungen (Kosten) zu transformieren, „um ein kontinuierliches kosten- und erlösbezogenes Controlling zu ermöglichen".[508] Insofern empfehlen die Autoren eine Planung sowohl anhand von Zahlungsüberschüssen als auch von kalkulatorischen Erfolgen, was zu einer nicht unerheblichen zeitlichen Mehrbelastung der mit der Planung beauftragten Abteilung im Unternehmen führen dürfte.

5.2.5 „Life Cycle Target Costing" nach Schmidt

Die Arbeit von Schmidt sowie die in den nächsten beiden Abschnitten behandelten Konzeptionen von Schild und Mussnig wurden bereits in Abschnitt 3.4.2 wegen ihres Bezugs zur Lebenszyklusrechnung dargestellt und sind im Hinblick auf die Überschussgröße (bzw. den Kostenbegriff), den Kalkulationszinsfuß und die Berücksichtigung von Ertragsteuern bzw. des Tax Shields bereits analysiert worden (der Vollständigkeit halber wurden diese Ansätze in Tabelle 34 noch einmal aufgeführt). Bezüglich dieser Beiträge ist deswegen hauptsächlich auf deren Zielkostenbegriff einzugehen. Gemäß Schmidt bestehen die Zielkosten („Life Cycle Target Costs") „aus den Kosten der Produktions- und Vermarktungsphase sowie aus in Kosten transformierten Vor- und Nachlaufaufwendungen".[509] Die Zielkosten diskontiert Schmidt anschließend auf den Betrachtungszeitpunkt und stellt diesem Kostenkapitalwert den „Zielumsatz-Barwert" gegenüber, um eine Vorteilhaftigkeitsbeurteilung der Produktart zu ermöglichen.[510] Da kalkulatorische Zinskosten in den Zielkosten nicht enthalten sind, kann der Ansatz von Schmidt der Kapitalwertäquivalenz als Basisanforderung an ein dynamisches Target Costing nicht entsprechen (vgl. Abschnitt 3.4.2). Zudem verhindert die angedachte Diskontierung der kalkulatorischen Erfolge mit einer nicht kapitalmarktbasierten Zielgewinnrate von vornherein den Ausweis des Wertbeitrages eines Produktprojektes.

---

506 Vgl. Fischer/Schmitz (1998), S. 216.

507 Vgl. Fischer/Schmitz (1998), S. 217.

508 Fischer/Schmitz (1998), S. 218 f.

509 Schmidt (2000), S. 238. Aufwendungen definiert Schmidt entgegen der im Rechnungswesen üblichen Begriffsauffassung (vgl. bspw. Kloock (1997), S. 61) als „jegliche Art wirtschaftlicher Belastung" (Schmidt (2000), S. 15, Fußnote 68).

510 Vgl. Schmidt (2000), S. 240.

5.2.6 „Lebenszyklusbezogenes Zielkostenmanagement" nach Schild

Schild betont im Rahmen seines Target Costing-Ansatzes, dass „es sich bei dem lebenszyklusbezogenen Zielkostenmanagement lediglich um eine Sonderform der Lebenszyklusrechnung mit dem Zeit- und Realitätsbezug „Ziel" handelt".[511] Die Zielkosten nach Schild entsprechen der Summe der mit der Zielrendite diskontierten Zielerlöse, sodass insgesamt ein Kapitalwert von null angestrebt wird.[512] Dabei sollte die Zielrendite so gesetzt werden, dass die Zielkosten motivationssteigernd sind und zur Wertsteigerung beitragen sowie die Wettbewerbsfähigkeit verbessert wird.[513] Als Untergrenze der Zielrendite sieht er die „aufzubringenden Kapitalkosten" an.[514] Die Zielkostenlücke ergibt sich dann durch die Differenz aus dem Kapitalwert der gesamten Standardkosten und dem Kapitalwert der gesamten Zielkosten.[515] Wie bei dem Ansatz von Schmidt (s. Abschnitt 5.2.5) ist es hier problematisch, dass die Zielrendite (bspw. aus Motivationsgründen) höher angesetzt werden kann als die Kapitalmarktrendite. Durch dieses Vorgehen wird der Wertbeitrag des Produktprojektes zwangsläufig verschleiert.

5.2.7 „Dynamisches Target Costing" nach Mussnig

Auf die Konzeption von Mussnig ist im Folgenden näher einzugehen, da hier eine originäre Planung (also keine derivative Planung wie bei Fischer/Schmitz) von kalkulatorischen Erfolgen unter Verwendung des Lücke-Theorems vorgeschlagen wird. Der in Abschnitt 5.3 darzustellende eigene Ansatz folgt diesem Grundgedanken. Mussnig definiert ähnlich wie Claassen/Ellßel/Hilbert als Zielkosten das erlaubte Vorlaufvolumen, das sich aus der Summe von maximal zulässigen Anfangsinvestitionen TI_0 („Target Investment" als „Investitionen in abschreibbare Anlagegüter")[516] und maximal zulässigen Entwicklungskosten TEE_0 („Target Engineering Expense" als „Entwicklungs- und Anlaufkosten")[517] zusammensetzt (vgl. Abbildung 21).[518] Diese Zielkosten werden durch die Diskontierung der um auszuschüttende Gewinnanteile FG_t sowie kalkulatorische Zinsen (berechnet gemäß Lücke-Theorem) verminderten kalkulatorischen Erfolge G_t ermittelt. Unnötig kompliziert wird der Ansatz, weil die Abschreibungen A_t für die Anfangsinvestitionen in den kalkulatorischen Erfolgen G_t bereits berücksichtigt werden.[519] Aus diesem Grunde müssen die Abschreibungen A_t zwecks Konsistenz der Rechnung wieder addiert werden, außerdem darf die Kapitalbindung KB_t nicht die

---

511 Schild (2005), S. 282.
512 Vgl. Schild (2005), S. 282 bzw. S. 284.
513 Vgl. Schild (2005), S. 282.
514 Schild (2005), S. 280.
515 Vgl. Schild (2005), S. 284.
516 Mussnig (2001a), S. 185.
517 Mussnig (2001a), S. 185.
518 Vgl. im Folgenden Mussnig (2001a), S. 185.
519 Es entsteht ein „Zirkelschluß" (Mussnig (2001a), S. 186), da eine Größe (die Abschreibungen, die die Anfangsinvestitionen betreffen) Eingang in den kalkulatorischen Erfolg G_t und somit in das Kalkül findet, die von der zu ermittelnden Größe (dem erlaubten Vorlaufvolumen) abhängt. Die Zirkularität lässt sich allerdings leicht dadurch vermeiden, dass man den kalkulatorischen Erfolg G_t vor Abschreibungen definiert.

auf die Anfangsinvestitionen entfallende Kapitalbindung enthalten. Weiterhin werden zusätzlich die in den kalkulatorischen Erfolgen noch nicht berücksichtigten, in T anfallenden Liquidationserlöse LQ_T auf den Betrachtungszeitpunkt diskontiert und im Kalkül durch Addition berücksichtigt.

$$TI_0 + TEE_0 = \sum_{t=1}^{T}\left(\left(G_t - FG_t + A_t - \left(i \cdot KB_{t-1}\right)\right)\cdot\left(1+i\right)^{-t}\right) + LQ_T \cdot \left(1+i\right)^{-T}$$

TI_0:	Target Investment (Investitionen in abschreibbare Anlagegüter) zum Zeitpunkt t_0
TEE_0:	Target Engineering Expense (Entwicklungs- und Anlaufkosten) zum Zeitpunkt t_0
G_t:	Ergebnisüberschüsse der Periode t
FG_t:	fixierter Gewinn aus der Mittelfristplanung (Ausschüttungen und Steuerzahlungen)
KB_t:	Kapitalbindung zu Beginn der Periode t (beinhaltet nur das gebundene Kapital für das Umlaufvermögen, nicht für die Restwerte des Anlagevermögens)
i:	Zinssatz
LQ_T:	Liquidationserlös am Ende des Planungshorizontes
t:	Periode
T:	Ende des Planungshorizontes

Abbildung 21: Berechnung des erlaubten Vorlaufvolumens bei Mussnig
Quelle: Mussnig (2001a), S. 185.[520]

Näher einzugehen ist in diesem Zusammenhang auf die fixierten Gewinne FG_t, die in der Periode t voll ausgeschüttet werden und sich aus Dividenden- und Ertragsteuerzahlungen zusammensetzen.[521] Der von Mussnig vorgeschlagene Abzug der mit dem Kapitalkostensatz i diskontierten Dividenden ist nur dann zulässig, wenn sich entweder Eigen- und Fremdkapitalkostensatz entsprechen oder wenn das FTE-Residualgewinnverfahren angewendet wird, d.h. bei der Berechnung von G_t die Fremdkapitalzinsen bereits in Abzug gebracht worden sind. Anderenfalls würde fälschlicherweise die Eignern und Fremdkapitalgebern zustehende Überschussgröße G_t mit dem gleichen Kapitalkostensatz wie die nur den Eignern zustehende Dividende diskontiert, was offensichtlich im Falle der Unsicherheit zukünftiger Überschüsse aufgrund des unterschiedlichen Risikos, das Eigner und Fremdkapitalgeber tragen, zu Fehlbewertungen führen müsste. Aus folgenden Gründen ist allerdings davon auszugehen, dass die Anwendung des FTE-Residualgewinnverfahrens von Mussnig gar nicht beabsichtigt ist: Zunächst müsste der Fremdkapitalbestand in diesem Falle als Abzugskapital bei der Berechnung der Kapitalbindung KB_t abgezogen werden, dies wird jedoch in keiner seiner Beispielrechnungen vorgenommen und in der Erläuterung des Symbols der Kapitalbindung nicht erwähnt.[522] Auch kommt Mussnig bei der einführenden Darstellung des Lücke-Theorems be-

520 Die Abbildung entspricht – bis auf den aus Konsistenzgründen in der Gleichung ergänzten Periodenindex T beim Liquidationserlös LQ sowie die Ergänzung des Laufindexes t beim Summenzeichen – der Abbildung 35 auf S. 185 von Mussnig (2001a).

521 Vgl. Mussnig (2001a), S. 185.

522 Vgl. die Beispiele bei Mussnig (2001a), S. 280-291 und S. 179-182. Hier schlägt er vor, den Barwert „mittels des Periodengewinnes vermindert um die Zinsen auf die kalkulatorischen Restwerte des Anlagevermö-

züglich der weiteren Vorgehensweise in seiner Arbeit zu dem Ergebnis, dass Finanzierungsaspekte auszuklammern sind und demnach das WACC-Residualgewinnverfahren mit einer von der Finanzierung unabhängigen Überschussgröße anzuwenden ist, um bei differenzierten Zinssätzen eine Übereinstimmung des Kapitalwertes der Zahlungsreihe und der kalkulatorischen Erfolge zu erzielen.[523] Liegt also kein konzeptioneller Fehler (nämlich die Diskontierung von Dividenden mit dem WACC) zugrunde, so geht Mussnig bei seinem Kalkül von einem einheitlichen Zinssatz und damit vom Fall der Sicherheit der Zahlungen aus, der jedoch eine Verbindung von Target Costing und den die Unsicherheit der Zahlungen berücksichtigenden DCF-Verfahren nicht zulässt.

Nachfolgend zu der in Abbildung 21 dargelegten Vorgehensweise schlägt Mussnig noch eine differenziertere Berechnung des erlaubten Vorlaufvolumens vor, um bei der Kapitalbindung und den Abschreibungen zu berücksichtigen, dass die neu zu entwickelnden Produkte auch auf bereits vorhandenen Anlagen produziert werden bzw. auf den neu anzuschaffenden Anlagen auch andere Produkte gefertigt werden (vgl. Abbildung 22).

$$
\begin{aligned}
& TI_0 + TEE_0 \\
& = \sum_{t=1}^{T} \left(\left(G_t - FG_t + A_t - \left(i \cdot \left(KB\,UV_{t-1} + \left(x \cdot KB\,AV_{alt\,t-1} \right) - \left(y \cdot KB\,AV_{neu\,t-1} \right) \right) \right) \right) \cdot (1+i)^{-t} \right) \\
& \quad + LQ_T \cdot (1+i)^{-T}
\end{aligned}
$$

$KB\,UV_t$	:	Kapitalbindung am Beginn der Periode t des Umlaufvermögens
$KB\,AV_{alt\,t}$	:	Kapitalbindung der anteilig genutzten bestehenden Anlagen
$KB\,AV_{neu\,t}$	:	Kapitalbindung der von anderen Produkten anteilig genutzten neuen Anlagen
x	:	Prozentsatz der jeweiligen Anlagennutzung bestehender Anlagen
y	:	Prozentsatz der jeweiligen Anlagennutzung der neuen Anlage durch andere Produkte
A_t	:	anteilige Abschreibung der Periode t für neu zu investierende Anlagen

Abbildung 22: Differenzierte Berechnung des Vorlaufvolumens nach Mussnig
Quelle: Mussnig (2001a), S. 188.[524]

In seinen weiteren Ausführungen spezifiziert Mussnig dieses Konzept.[525] So wird der Fixge-

---

gens und die Bestände des Umlaufvermögens jeweils am Anfang der Periode [zu berechnen]" (Mussnig (2001a), S. 181 f.). Diese Vorgehensweise entspricht dem WACC-Residualgewinnverfahren, da der Fremdkapitalbestand bei der Bestimmung der Kapitalbindung nicht in Abzug gebracht wird (jedoch in dem von Mussnig gewählten Beispiel von einer Fremdfinanzierung ausgegangen wird).

523 Vgl. Mussnig (2001a), S. 155 f. Dass eine Übereinstimmung gleichwohl möglich ist, wenn bei der Zahlungsrechnung die Fremdkapitalgeberzahlungen und bei der Residualgewinnrechnung die Fremdkapitalzinsen als Kosten berücksichtigt werden und dementsprechend der Eigenkapitalkostensatz der relevante Zinssatz ist (also das FTE-Verfahren zugrunde gelegt wird), wird von ihm nicht dargestellt. Vgl. hierzu das Beispiel bei Mussnig (2001a), S. 154-156, bei dem dieser Zusammenhang zwischen dem Ansatz der kalkulatorischen Erfolgsgröße und der zu diesem Ansatz korrespondierenden Kapitalbindung nicht beachtet wird, sodass sich unterschiedliche Werte bei der Kapitalwertermittlung ergeben.

524 Die Abbildung entspricht bis auf die Ergänzung des Laufindexes im Summenzeichen der Abbildung 37 auf S. 188 bei Mussnig (2001a) (dabei wurde auf die erneute Erläuterung der bereits in Abbildung 21 der vorliegenden Arbeit eingeführten Symbole verzichtet).

525 Vgl. im Folgenden Mussnig (2001a), S. 277-280 bzw. die Ausführungen im Rahmen eines Beispiels auf den S. 280-291.

winn FG_t (Zielergebnis) durch die Multiplikation des Zielumsatzes der entsprechenden Periode mit der geplanten Umsatzrentabilität berechnet. Indem der Fixgewinn bzw. das Zielergebnis vom Zielumsatz subtrahiert wird, werden die erlaubten Kosten der Periode bestimmt (vgl. im Folgenden Abbildung 23).

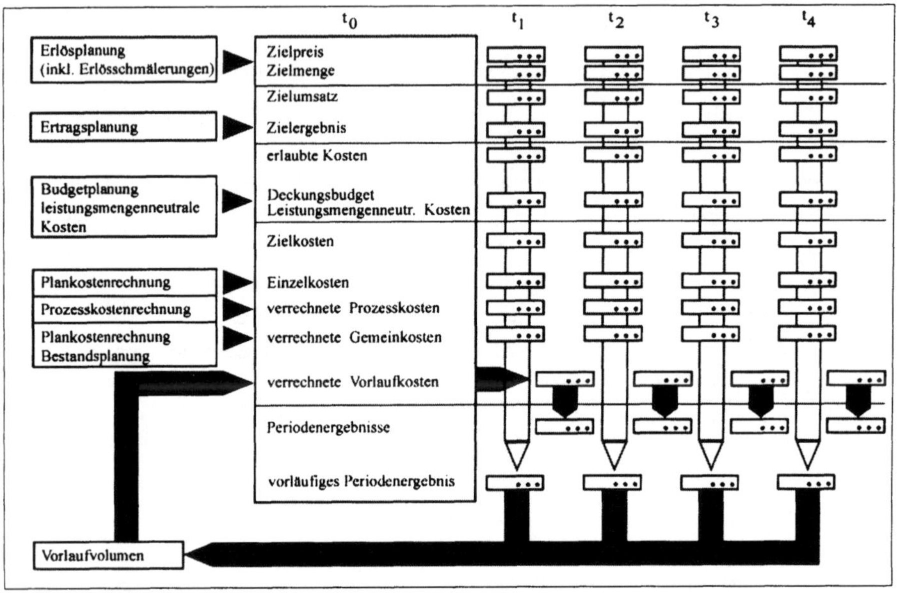

Abbildung 23: Berechnung des Vorlaufvolumens und Verrechnung auf die einzelnen Perioden nach Mussnig

Quelle: Mussnig (2001a), S. 280.

Anschließend werden nun – u.a. unter Anwendung der Prozesskostenrechnung – verschiedene Kostenpositionen subtrahiert. Dabei wird zwischen den von Seiten des Produktprojektverantwortlichen unbeeinflussbaren leistungsmengenneutralen Kosten, die im Rahmen eines vereinbarten Deckungsbudgets verrechnet werden, und den beeinflussbaren Kosten unterschieden. Die beeinflussbaren Kosten setzen sich aus den Einzelkosten, den verrechneten Prozesskosten und den verrechneten fertigungsnahen Gemeinkosten zusammen und entsprechen in ihrer Summe als Standardherstellkosten den Drifting Costs. Die periodenspezifischen Zielkosten ergeben sich nach Abzug der unbeeinflussbaren Kosten, während nach weiterem Abzug der beeinflussbaren Kosten das vorläufige Periodenergebnis ermittelt wird. Durch Diskontierung der vorläufigen Periodenergebnisse wird das erlaubte Vorlaufvolumen berechnet, das sich – wie bereits geschildert – aus der Summe von TI_0 und TEE_0 zusammensetzt. Anschließend wird diesem das erforderliche Vorlaufvolumen gegenübergestellt, wobei die Differenz aus beiden Werten die aggregierte, auf den Zeitpunkt t = 0 bezogene Zielkostenlücke für das gesamte Produktprojekt darstellt. Diese aggregierte Zielkostenlücke soll nun auf die einzelnen Perioden verrechnet werden, wobei Mussnig die Plan-Absatzmenge als Bezugsgröße für die

Verrechnung wählt. Hierbei wird das erlaubte bzw. notwendige Vorlaufvolumen durch die im Produktlebenszyklus anfallende Plan-Gesamtabsatzmenge geteilt und somit der Barwert des erlaubten bzw. notwendigen Vorlaufvolumens pro Einheit der geplanten Absatzmenge bestimmt. Dieser Barwert wird mit der geplanten Absatzmenge der betrachteten Periode multipliziert. Anschließend erfolgen die Multiplikation mit dem periodenspezifischen Aufzinsungsfaktor und die Verrechnung auf die jeweilige Periode. Man erhält somit Ziel- bzw. Ist-Periodenergebnisse, indem man von den vorläufigen Periodenergebnissen noch die verrechneten erlaubten bzw. notwendigen Vorlaufkosten subtrahiert. Die periodenspezifische Zielkostenlücke ergibt sich dann durch die Differenz aus Ist- und Ziel-Periodenergebnis.[526] Allerdings lässt sich die periodenspezifische Zielkostenlücke auch unmittelbar errechnen, indem die aggregierte Zielkostenlücke durch die geplante Gesamtabsatzmenge geteilt und mit der geplanten Absatzmenge der jeweiligen Periode und dem jeweiligen Aufzinsungsfaktor multipliziert wird. Die Summe der als beeinflussbare Kosten bezeichneten Einzelkosten, der verrechneten Prozesskosten sowie der verrechneten Gemeinkosten muss demnach um die berechnete Kostenlücke gesenkt werden.[527] Durch diese Verrechnungsmethodik weisen spätere Perioden aufgrund des höheren Aufzinsungsfaktors eine höhere Zielkostenlücke aus, d.h., in diesen Perioden müssen die beeinflussbaren Kosten stärker gesenkt werden. Dies widerspricht augenscheinlich dem Lernkurvenkonzept, sind doch gerade zu Beginn des Lebenszyklus die erzielbaren Kostensenkungspotenziale aufgrund von Lerneffekten recht hoch.

5.3 Konzeption eines eigenen wertorientierten Target Costing-Ansatzes

Nachdem die in der Literatur vorhandenen dynamischen Target Costing-Konzeptionen kritisch beleuchtet wurden, soll nun in diesem Abschnitt ein eigener Ansatz entwickelt werden. Dieser bezieht sich ebenso wie der Beitrag von Fischer/Schmitz auf die DCF-Bewertungsmethodik, soll allerdings nicht auf Cash Flows, sondern aus den in Abschnitt 3.5 genannten Gründen auf kalkulatorischen Erfolgen basieren. Durch die Ausgestaltung des Target Costing als DCF-Residualgewinnkonzept wird somit der Ausweis eines Wertbeitrags des Produktprojektes ermöglicht. Auch wird hierdurch bewirkt, dass die bisher dargestellten Instrumente des Kostenmanagements, d.h. die wertorientierte Lebenszykluskostenrechnung und die wertorientierte Prozesskostenrechnung, auf Basis einer wertorientierten mehrstufigen Deckungsbeitragsrechnung mit dem Target Costing verbunden werden können. Konzeptionelle Grundlage dieser Target Costing-Methode ist das in Abschnitt 2.2.2 vorgestellte erweiterte Kongruenzprinzip sowie der Market into Company-Ansatz. Aus dem erweiterten Kongruenzprinzip (Gleichung (2.58)) folgt unter gleichzeitiger Beachtung der Bestimmungsgleichung für die Kapitalbindung (Gleichung (2.62)), dass die Höhe von $KB_{\tau-1}$ für die Kapitalwertäquivalenz

[526] Vgl. Mussnig (2001a), S. 287-290 bzw. zur Methodik bei der Verrechnung der Vorlaufkosten Mussnig (2001a), S. 216 f.

[527] Demnach bilden die in Abbildung 23 ausgewiesenen „Zielkosten“ auch nicht die Zielvorgabe für die beeinflussbaren Kosten (da die Zielkostenlücke nicht aus der Differenz zwischen Zielkosten und Drifting Costs ermittelt wird), was zu begrifflichen Ungereimtheiten führt.

irrelevant ist. Dieser Sachverhalt wird dazu genutzt, einen Ziel-Unternehmenswertbeitrag für die zu entwickelnden Produktarten als Kapitalbindung im Zeitpunkt $\tau - 1$ vorzugeben (mit τ als Bewertungszeitpunkt bzw. Zeitpunkt der Initiierung des Projektes), der in der Marktphase linear abgeschrieben wird und von den Erlösen des Produktes zusätzlich zu den „real existierenden" Kosten gedeckt werden muss. Somit kann der Ansatz einer aus Motivationsgründen gegenüber der Kapitalmarktrendite höheren Zielrendite – wie von Schmidt und Schild (vgl. Abschnitt 5.2.5 und 5.2.6) gefordert – umgangen werden, was den positiven Effekt hat, dass der Wertbeitrag des Produktprojektes ermittelbar ist und gleichzeitig Motivationsaspekte erfüllt werden können. Zusätzlich folgt aus der zweiten konzeptionellen Grundlage, dem Market into Company-Ansatz, dass die Ableitung der Zielkosten auf Basis der am Absatzmarkt erzielbaren Preise vorgenommen werden muss.

Wie bereits bei der Darstellung der in der Literatur diskutierten Ansätze zum wertorientierten Target Costing deutlich wurde, werden an die Unternehmensbeteiligten relativ hohe Anforderungen bezüglich der Umsetzung dynamischer Target Costing-Konzepte gestellt (so bspw. bei der Planung zukünftiger periodenspezifischer Erfolgsgrößen und der Berücksichtigung der Erfolgsinterdependenzen zwischen den einzelnen Lebenszyklusphasen). Aus Gründen der besseren Umsetzbarkeit des nun vorzustellenden Ansatzes wird im Folgenden gefordert, dass ein Produktmanager als für das Produktprojekt bzw. dessen Erfolg verantwortliche Person den Planungsprozess sowie den anschließenden Realisierungs- und Kontrollprozess im Rahmen des Target Costing begleitet und koordiniert. Nur so kann der reibungslose Ablauf des Target Costing-Prozesses, insbesondere die Koordination der in diesen Prozess involvierten Spezialisten der einzelnen Funktionsbereiche (z.B. Forschung & Entwicklung, Produktion, Vertrieb (Marketing), Rechnungswesen (Controlling)), über den gesamten Produktlebenszyklus sichergestellt werden.[528]

Wie beim statischen Ansatz stellt nun die Entwicklung einer neuen Produktart, dessen Produktprofil vorzugsweise mittels Nutzung der Instrumente der Marktforschung und anhand von Konkurrenzanalysen festgelegt wurde, den Beginn des Target Costing-Prozesses dar. Unter der Annahme, dass bezüglich dieses Produktes ein Käufermarkt vorliegt, wird vom Absatzsektor als Engpass ausgegangen.[529] Daher beginnt der Prozess der *Zielkostenfestlegung* mit der Erstellung eines (strategischen) Absatzplans von Seiten des Vertriebs.[530] Im Unterschied zur statischen Variante sind nun jedoch die Ziel-Absatzmengen xa_t^z und Ziel-Absatzpreise pa_t^z sowie die Ziel-Umsatzerlöse $E_t^{NP,z}$ der Nachlaufphase periodenspezifisch unter Beach-

[528] Vgl. zur Funktion eines Produktmanagers im Target Costing-Prozess Dinger (2000), S. 129-134 bzw. allgemein zu den Aufgaben eines Produktmanagers Wild (1973), S. 68-83.

[529] Vgl. Steinmann/Schreyögg (2005), S. 319.

[530] Ohnehin muss die erwartete Absatzmenge der Konstruktionsabteilung bekannt sein, da die zu produzierende Stückzahl einen bedeutenden Einfluss auf die Konstruktionsentscheidungen (bspw. auf die Wahl des zweckmäßigen Fertigungsverfahrens) hat. Vgl. VDI (1987), S. 11.

tung der gewählten dynamischen Preisstrategie zu planen.[531] Indem die Umsatzerlöse der Markt- und Nachlaufphase (T bezeichnet das Ende der Nachlaufphase) mit dem adäquaten Kapitalmarktzinssatz i des Produktprojektes diskontiert und summiert werden, erhält man den Kapitalwert der Allowable Costs (Present Value of Allowable Costs PVAC) als vorläufigen Zielkostenkapitalwert:[532] $PVAC = \sum_{t=0}^{T} \frac{\left(xa_t^z \cdot pa_t^z\right) + E_t^{NP,z}}{(1+i)^t}$. Der Zinssatz i steht hierbei für den in Abhängigkeit des verwendeten Residualgewinnverfahrens anzusetzenden Kapitalkostensatz, d.h. bei Anwendung der APV-Residualgewinnmethode für den Eigenkapitalkostensatz k des unverschuldeten Unternehmens bzw. bei Anwendung der WACC-Residualgewinnmethode für den WACC (wobei zur Vereinfachung von konstanten Zinssätzen ausgegangen wird).[533] Die durch den Forderungsbestand (Debitorenbestand) resultierenden Kapitalkosten werden bei der Zielkostenfestlegung nicht in Abzug gebracht, da davon ausgegangen wird, dass diese durch das Kapitalkostenmanagement beeinflussbar sind und somit explizit bei der Initiierung kostenreduzierender Maßnahmen im Rahmen der Zielkostenerreichung berücksichtigt werden sollen.[534] Die zusätzliche Subtraktion eines Fixgewinns und die Diskontierung mittels einer vom Kapitalmarktkostensatz abweichenden Zielgewinnrate (vgl. die obige Kritik zu den Ansätzen von Mussnig bzw. Schmidt) werden ausgeschlossen, um eine Übereinstimmung mit den DCF-Verfahren zu erzielen. Nun ist jedoch zu beachten, dass es nicht ausreicht, dass der Kapitalwert der Erlöse eines Produktprojektes den Kapitalwert der dieser Produktart nach dem Beanspruchungsprinzip zurechenbaren Kosten deckt. Da auch noch auf höheren Hierarchiestufen Kosten anfallen, muss sichergestellt werden, dass der Kapitalwert des Produktprojektes auch einen Beitrag zur Deckung des Kapitalwertes der nach dem Beanspruchungsprinzip erst diesen höheren Hierarchiestufen (z.B. den Produktgruppen- bzw. dem gesamten Unternehmen) zugerechneten Kosten (abzüglich deren Erlöse) leistet. In Abschnitt 4.4 wurden diese auf den einzelnen Hierarchiestufen anfallenden Erlöse abzüglich deren Kosten

---

531 In der Literatur werden diesbezüglich in der Regel zwei unterschiedliche Preisstrategien genannt, die als Faustformeln zur Preisfindung aufgefasst werden können. Bei der sog. Skimming-Strategie wird das Produkt zunächst zu einem relativ hohen Preis eingeführt, der im Zeitablauf schrittweise gesenkt wird. Diese Strategie bietet sich vor allem für neuartige Produkte mit niedriger Preiselastizität an. Dagegen wird bei der sog. Penetration-Strategie das Produkt zu einem vergleichsweise niedrigen Preis angeboten, um ein schnelles Absatzwachstum zu erreichen und potenzielle Konkurrenten vom Markteintritt abzuhalten. Diese Strategie wird dementsprechend bei hoher Preiselastizität empfohlen. Vgl. Simon (1992), S. 293-295.

532 Der Zeitpunkt t = 0 bezeichnet dabei den Beginn und der Zeitpunkt t = T das Ende des gesamten Lebenszyklus' der Produktart. Dementsprechend werden die Ziel-Umsatzerlöse der Marktphase für $t = 0,.., t_0^{MP} - 1$ (wobei t_0^{MP} den Beginn der Marktphase darstellt) sowie die Ziel-Umsatzerlöse der Nachlaufphase für $t = 0,.., t_0^{NP} - 1$ (wobei t_0^{NP} den Beginn der Nachlaufphase markiert) in jedem Fall gleich null sein.

533 Die Zählergröße unterscheidet sich indes bei beiden Verfahren nicht (die Tax Shields müssen beim APV-Residualgewinnverfahren jedoch zusätzlich separat bewertet werden). Vgl. die Abschnitte 2.2.2 bzw. 2.2.4.

534 Falls die Erlöse der Nachlaufphase durch die Konstruktionsentscheidung in starkem Maße beeinflusst werden, sollten auch diese nicht im Zielkostenkapitalwert enthalten sein. Hingegen wird davon ausgegangen, dass zwischen den Konstruktionsentscheidungen und den Erlösen der Marktphase keine Interdependenzen bestehen, da diese Entscheidungen immer das festgelegte, für den Kunden beobachtbare und den Kundennutzen (und somit den Preis und die Nachfrage) bestimmende Produktprofil beachten müssen.

als hierarchiestufenspezifische Residualgewinne bezeichnet. Um die Deckung dieser in der Regel negativen Residualgewinne sicherzustellen, ist eine Planung der auf diesen Hierarchiestufen zukünftig anfallenden Residualgewinne notwendig, was die Erstellung einer mehrstufigen und mehrperiodigen Deckungsbeitragsrechnung bedingt. Sodann sind für die sich in der Entwicklungsphase befindenden Produktprojekte Deckungsvorgaben zu ermitteln. Im Folgenden wird angenommen, dass auf Produktartebene dezentral unter Verantwortung der Produktmanager die zukünftigen Absatzzahlen, Preise und somit Umsatzerlöse geplant werden (bottom-up-Planungsansatz), sodass hinsichtlich dieses Produktprogramms eine Planung der nach dem Beanspruchungsprinzip den einzelnen Stufen zurechenbaren Kosten (und ggf. Erlösen) ermöglicht wird.[535] Der Kapitalwert der unternehmens- und produktgruppenspezifischen Kosten und Erlöse (d.h. Residualgewinne) sowie der im Rahmen der strategischen bzw. mittelfristigen Planung zentral durch die Unternehmensleitung vorgegebene Ziel-Market Value Added (MVA) der Unternehmung müssen nun durch die Produktprojekte gedeckt werden (top-down-Planungsansatz).[536] Dabei kann als Anhaltspunkt für die Vorgabe des Ziel-MVA eines Produktprojektes z.B. der Wertbeitrag des Vorläuferproduktes herangezogen werden. Auch könnte die Zielvorgabe damit begründet werden, dass ein alternatives Projekt einen Wertbeitrag in Höhe dieser Zielvorgabe generiert und sich beide Projekte (z.B. aufgrund einer Kapitalrestriktion) ausschließen. Allerdings ist davon auszugehen, dass das Unternehmen ein Portfolio an Produkten besitzt, die sich in unterschiedlichen Lebenszyklusphasen befinden. Für die sich in der Markt- bzw. Nachlaufphase befindlichen Produkte wird angenommen, dass bereits zu Beginn von deren Vorlaufphase Zielkosten für deren gesamten Produktlebenszyklus vorgegeben wurden, bei denen sowohl Vorgaben hinsichtlich eines zu erwirtschaftenden MVA als auch hinsichtlich der zu deckenden Kosten berücksichtigt wurden. Die Erreichung der Zielkosten der bereits eingeführten Produktarten soll im Rahmen von Investitionskontrollen sichergestellt werden, sodass bezüglich dieser Produktarten – soweit sich keine gravierenden Änderungen der bei der Planung der Zielkosten zugrunde liegenden Prämissen ergeben haben – keine neuen Deckungsvorgaben bzw. Ziel-MVA ermittelt werden müssen. Somit wird angenommen, dass nur für die sich in der Entwicklungsphase befindenden Produkte die Ermittlung einer Deckungsvorgabe sowie die Vorgabe eines Ziel-MVA notwendig ist.

Die Zurechnung der Deckungsvorgaben soll im Weiteren aufgrund der in der Kostenrechnung angenommenen Bezugsobjekthierarchie stufenweise erfolgen. Da bei der Verrechnung der Kosten im Rahmen der mehrstufigen Deckungsbeitragsrechnung stets die unterste Hierarchiestufe belastet wird, bei der eine Zurechnung nach dem Beanspruchungsprinzip gerade noch möglich ist, bietet sich zwecks Vermeidung einer pauschalen und damit willkürlichen Deckungsvorgabe eine retrograde Ermittlung der von den neuen Produktprojekten zu deckenden

---

535 Im Weiteren wird wie auch schon bei der Darstellung der mehrstufigen wertorientierten Deckungsbeitragsrechnung in Abschnitt 4.4 beispielhaft von den Hierarchiestufen Unternehmen, Produktgruppe und Produktart ausgegangen.

536 Zum Market Value Added vgl. Abschnitt 4.4, insbesondere Abbildung 15.

Gemeinkosten an.[537] So wird zunächst der Kapitalwert der gemäß dem Beanspruchungsprinzip der obersten Hierarchiestufe zugerechneten Residualgewinne (d.h. die Differenz der auf dieser Stufe zugerechneten Erlöse und Kosten, die nicht die bereits auf den unteren Stufen verrechneten Erfolge enthalten) auf die zweithöchste Stufe verrechnet. Anschließend wird dieser sowie der Kapitalwert der gemäß Beanspruchungsprinzip der zweithöchsten Stufe zugerechneten Residualgewinne auf die nächsttiefere Stufe verrechnet und so weiter. Hierdurch gelangt man schließlich bis auf die Produktartebene. In Abbildung 24 wird dieses Vorgehen beispielhaft für die drei Hierarchiestufen Unternehmen, Produktgruppe und Produktart beschrieben (vgl. hierzu auch die Bezugsobjekthierarchie im Rahmen der in Abschnitt 4.4, Abbildung 14 dargestellten mehrstufigen Deckungsbeitragsrechnung). Ziel ist es dabei, die Deckungsvorgabe für die zur Produktgruppe 1 gehörende neu zu entwickelnde Produktart 13 zu ermitteln. Zunächst wird der Anteil des von der Produktgruppe 1 zu tragenden Kapitalwertes an den unternehmensspezifischen Residualgewinnen ermittelt.[538] Als Bezugsgröße für die Deckungsvorgabe soll der Kapitalwert der prognostizierten Umsatzerlöse der zur ersten Produktgruppe gehörenden Produktarten dienen, dessen Berechnung auf Basis der Umsatzprognosen der Produktmanager bzw. des Vertriebs (Marketing) ermöglicht wird. Diese Zurechnung erfolgt mithin nach dem Kostentragfähigkeitsprinzip und muss letztendlich auch als willkürlich angesehen werden, besitzt allerdings den Vorteil, dass die Produktmanager tendenziell von „geschönten" Umsatzprognosen abgehalten werden, da sie anderenfalls mit höheren Deckungsvorgaben belastet werden. Wird die Zurechnung der Deckungsvorgabe dagegen von diesen antizipiert und werden deswegen niedrigere Umsatzerlöse als eigentlich erwartet angegeben, so sinken ceteris paribus die ermittelten Wertbeiträge der neu zu entwickelnden Produktarten, was die Gefahr einer Ablehnung der Produkteinführung von Seiten der Unternehmensleitung erhöht. Anschließend wird der Anteil der neu einzuführenden Produktart 13 am Kapitalwert der produktgruppenspezifischen Residualgewinne und an der Deckungsvorgabe der Produktgruppe 1 ermittelt. Als Bezugsgröße dient dabei der Kapitalwert der geplanten Umsatzerlöse der Produktart 13. Hieraus resultiert schließlich die Ziel-Deckungsvorgabe für die Produktart 13, die sich aus einem anteiligen Kapitalwert geplanter unternehmens- und produktgruppenspezifischer Residualgewinne zusammensetzt. Zu beachten ist, dass sich Erfolgswirkungen durch die Entwicklung einer neuen Produktart in der Regel nicht nur auf der Produktartebene, sondern auch auf höheren Hierarchiestufen ergeben werden, die jedoch bei der Ermittlung der Deckungsvorgabe nicht berücksichtigt werden sollen, um den Target Costing-Prozess nicht komplexer als notwendig zu gestalten.[539] Die De-

---

[537] Mit retrograder Zurechnung wird somit das im Vergleich zur Ermittlung des Periodenerfolges bei einer mehrstufigen Deckungsbeitragsrechnung entgegengesetzte Vorgehen bezeichnet.

[538] So sind bspw. die Kosten für die Unternehmensleitung (wie z.B. den Vorstand) in der Regel nur der Unternehmensebene nach dem Beanspruchungsprinzip zurechenbar und bilden somit einen Bestandteil des unternehmensspezifischen Residualgewinnes.

[539] Als Beispiel sei die sich aufgrund der zusätzlichen Arbeitsbelastung im Rahmen der Produkteinführung als notwendig erweisende Einstellung eines neuen Mitarbeiters in der Controllingabteilung genannt, dessen Kosten in der mehrstufigen Deckungsbeitragsrechnung nur der Unternehmensebene nach dem Beanspru-

ckungsvorgabe für die neue Produktart bezieht sich demnach auf den beim bestehenden Produktprogramm auf den höheren Hierarchiestufen geplanten Kosten und Erlösen ohne Einbeziehung etwaiger Erfolgswirkungen durch die neu zu entwickelnde Produktart.

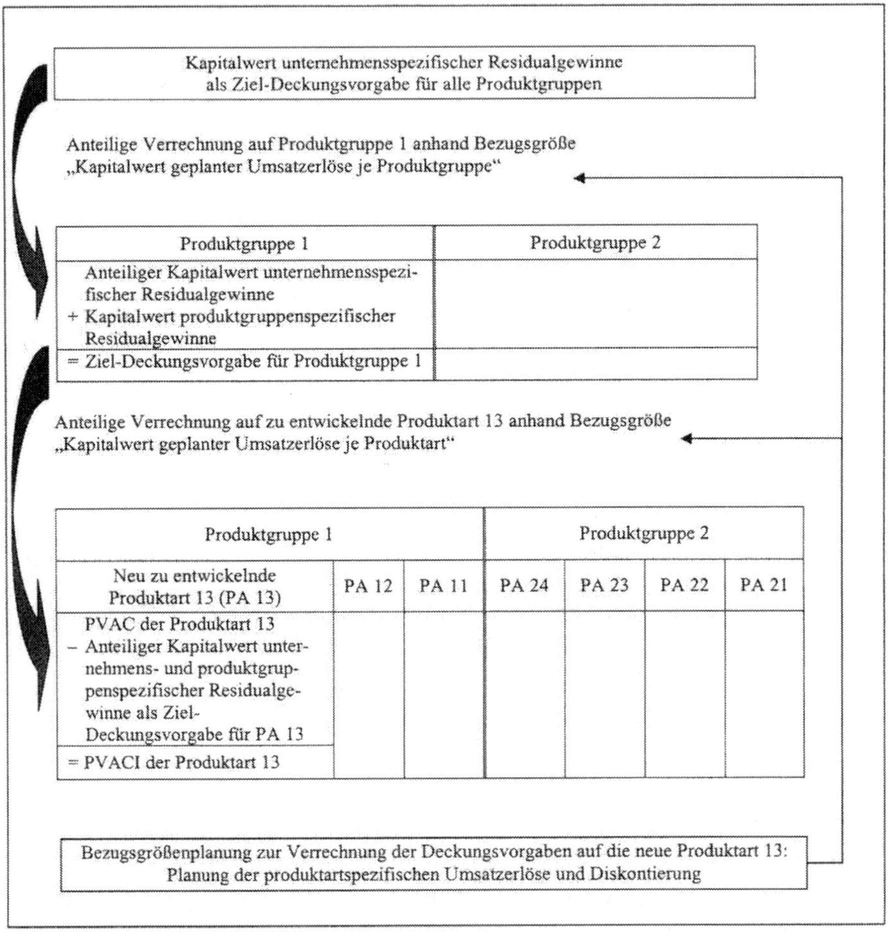

Abbildung 24: Bestimmung der Deckungsvorgabe für eine neue Produktart

Durch die Subtraktion der Ziel-Deckungsvorgabe vom vorläufigen Zielkostenkapitalwert PVAC ergibt sich der Present Value of Allowable Costs I PVACI (vgl. Abbildung 25).

---

chungsprinzip zugerechnet werden können, da der Mitarbeiter für das gesamte Produktprogramm tätig ist. Diese etwaigen Zusatzkosten können jedoch durch die noch erfolgende Vorgabe eines Ziel-MVA approximativ als ausgeglichen angenommen werden.

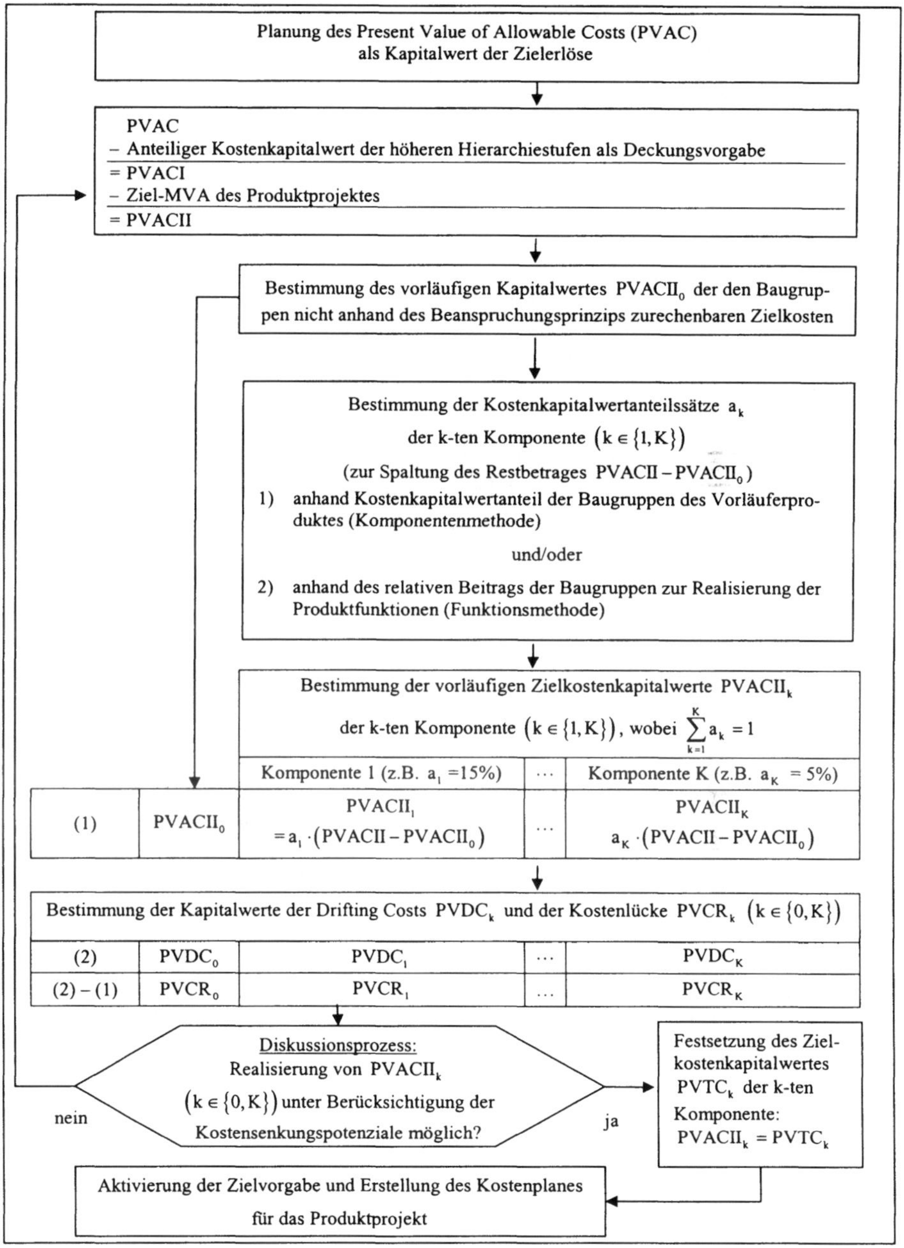

Abbildung 25: Zielkostenspaltung im wertorientierten Target Costing-Ansatz

Sobald der Kapitalwert der prognostizierten Kosten diesen Wert überschreitet, wird durch das Produktprojekt nicht die von ihm erwartete Mindestdeckung der Kosten höherer Stufen erwirtschaftet. Zusätzlich soll durch die Vorgabe eines Ziel-Market Value Added erreicht werden, dass das Produktprojekt auch einen Beitrag zur Entstehung eines positiven Market Value Added leistet. Aus diesem Grunde wird der Ziel-MVA vom PVACI subtrahiert, sodass sich der PVACII als weiterer Zielkostenkapitalwert ergibt, der nun den Ausgangspunkt der *Zielkostenspaltung* darstellt.

Da sich eine Produktart in der Regel aus mehreren Baugruppen oder Modulen zusammensetzt, die von unterschiedlichen Entwicklern bzw. Gruppen von Entwicklern betreut werden, ist dieser Zielkostenkapitalwert analog zum statischen Target Costing in Teilziele aufzuspalten.[540] Diese Zielvorgaben betreffen zum einen die Kosten, die sich den Baugruppen gemäß Beanspruchungsprinzip zurechnen lassen.[541] Zum anderen betreffen sie jedoch auch die Kosten, die nicht den Baugruppen, sondern nur der Produkteinheit bzw. der gesamten Produktart gemäß dem Beanspruchungsprinzip zurechenbar sind und für die ebenfalls Verantwortungsträger bestimmt werden müssen.[542] Der Zielkostenkapitalwert PVACII soll nun in $K + 1$ Komponenten aufgespalten werden.[543] Während $k \in \{1, K\}$ die „physischen" Baugruppen der Produktart bezeichnet, stellt die Komponente $k = 0$ einen Pool für die Kosten dar, die nur der gesamten Produkteinheit oder der gesamten Produktart und nicht einer Baugruppe gemäß dem Beanspruchungsprinzip zurechenbar sind. Diese Kosten sollen gesondert betrachtet werden, da sie sich im Rahmen der Funktionsmethode nur äußerst willkürlich einer Produktfunktion zurechnen lassen. In Abbildung 25 wird diese Überführung des Zielkostenkapitalwertes PVACII in insgesamt $K + 1$ Zielkostenkapitalwerte $PVTC_k$ ($k \in \{0, K\}$) dargelegt.

Dabei handelt es sich um einen iterativen Prozess, d.h., die Kostenverantwortlichen werden in mehreren Diskussionsrunden die Zielkostenvorgaben – unter Federführung des Produktmanagers – gemeinsam festlegen.[544] Hierzu wird zunächst von PVACII der Kapitalwert $PVACII_0$ der Zielkosten, die den Baugruppen nicht gemäß Beanspruchungsprinzip zurechenbar sind,

---

540 Bei der Festlegung der Teilziele sollten die Entwickler mit eingebunden werden, sodass sie später auch motiviert sind, die gesetzten Ziele zu erreichen. Vgl. für das statische Target Costing Ehrlenspiel/Kiewert/Lindemann (2005), S. 61. Dies soll im Folgenden durch die Forderung einer Initiierung von Diskussionsrunden unter Teilnahme der Konstruktionsteams und des Produktmanagers erreicht werden.

541 D.h. in erster Linie die bei der Ermittlung des Stückdeckungsbeitrages in Abbildung 16 einbezogenen Kosten der Marktphase, aber auch teilweise Kosten der Vorlaufphase (wie z.B. die Kosten für die Konstruktion der Baugruppe) und Kosten der Nachlaufphase (wie z.B. die Kosten für die Entsorgung einer Baugruppe).

542 Bspw. die Fertigungskosten der Endmontage, die Kosten des Absatzprozesses oder die Leerkosten der Produktart.

543 Hierbei ist natürlich zu berücksichtigen, dass trotz der Kostenspaltung die Entwicklung der einzelnen Baugruppen bzw. Module aufeinander abgestimmt werden muss. Vgl. Dinger (2000), S. 136 f.

544 Vgl. zum Diskussionsprozess im Rahmen der Anwendung der Funktionsmethode Dinger (2000), S. 101-118. Auch Hahn/Hungenberg gehen von mehrmaligen Kostensenkungsdiskussionen zwischen den am Target Costing-Prozess beteiligten Personen aus. Vgl. Hahn/Hungenberg (2001), S. 387.

abgespalten.[545] Anhaltspunkte für die Höhe dieser Kosten können bspw. die Deckungsbeitragsrechnungen des Vorläuferproduktes, aber auch Schätzungen der Kostenverantwortlichen geben. Bei der Spaltung des Restbetrages PVACII – $PVACII_0$ erscheint es – wie bereits in Abschnitt 5.1 im Rahmen der Ausführungen zum statischen Target Costing geschildert – aus pragmatischer Sicht sinnvoll, dass sowohl die Komponentenkosten eines Referenzproduktes (Komponentenmethode) als auch die Nutzeneinschätzung der Komponenten durch die Kunden (Funktionsmethode) in den Diskussionsprozess im Rahmen der Zielkostenspaltung einfließen (vgl. Abbildung 25). Bedingung für die Anwendung der Komponentenmethode ist allerdings, dass Erfahrungen bezüglich des Kostenkapitalwertes der Komponenten des Referenzproduktes vorliegen. Geht man wiederum davon aus, dass es sich bei dem Referenzprodukt um das Vorläuferprodukt handelt und in der Vergangenheit mehrstufige, auch die Komponenten bzw. Baugruppen als Kalkulationsobjekte betreffende Deckungsbeitragsrechnungen auf Basis einer Istkostenrechnung durchgeführt wurden, kann diese Bedingung als erfüllt angesehen werden.[546] Im Rahmen des Diskussionsprozesses kann nun der Anteilssatz a_k jeder Komponente k ($k \in \{1, K\}$) an der Differenz aus PVACII und $PVACII_0$ festgelegt werden. Für die resultierende Zielkostenvorgabe $PVACII_k$ der k-ten Komponente ergibt sich somit:

$PVACII_k = a_k \cdot (PVACII - PVACII_0)$.

Durch die Gegenüberstellung von $PVACII_k$ und $PVDC_k$ kann dann die zu schließende Kostenlücke $PVCR_k$ als Present Value of Cost Reduction der k-ten Komponente ermittelt werden:

$PVCR_k = PVDC_k - PVACII_k$.

Die Konstruktionsteams müssen nun im Rahmen der *Zielkostenerreichung* die Kostenwirkungen bspw. von alternativen Werkstoffeigenschaften, unterschiedlichen Produktions- und Montageverfahren und unterschiedlichen Bauweisen (bspw. Guss- oder Schweißbauweise) für den gesamten Lebenszyklus abschätzen und versuchen, die Zielkostenlücke der jeweiligen Komponente durch kostengünstige Lösungsansätze zu schließen, wobei Lernkurveneffekte in die Kostenprognose explizit einzubeziehen sind.[547] Die periodenspezifischen Kosten der durch die Baugruppen beanspruchten Prozesse können dabei mittels der in Kapitel 1 beschriebenen Prozesskostenrechnung geplant werden. Beim statischen Target Costing erweist es sich bei der Zielkostenerreichung als hilfreich, den Konstrukteuren Kostenberater zur Seite zu stellen.[548] Dies gilt umso mehr bei einem komplexen dynamischen Ansatz, da hier die Kosten periodenspezifisch geplant werden müssen. Die Planung der Kostenwirkungen bezieht sich dabei vereinfachend auf die Hierarchieebene „Produktart“ im Rahmen der lebenszyklusbezo-

---

545 Zu beachten ist allerdings, dass diese Kosten durch die Konstruktionsentscheidungen bezüglich der Baugruppen beeinflusst werden und demnach die einzelnen Wechselwirkungen bzw. Interdependenzen bei der Konstruktion des Produktes berücksichtigt werden müssen.

546 An dieser Stelle wird wiederum der Vorteil eines residualgewinnbasierten gegenüber einem zahlungsorientierten Target Costing-Ansatzes deutlich, da gleichermaßen disaggregierte Zahlungsinformationen in der Unternehmenspraxis wohl kaum vorliegen werden.

547 Vgl. die Ausführungen zum statischen Target Costing in Abschnitt 5.1 bzw. Ehrlenspiel/Kiewert/Lindemann (2005), S. 63.

548 Vgl. Ehrlenspiel/Kiewert/Lindemann (2005), S. 69.

genen Deckungsbeitragsrechnung (vgl. Abbildung 16). Ein exaktes Vorgehen müsste sämtliche durch die Einführung der Produktart entstehenden Kostenwirkungen auf allen Hierarchiestufen berücksichtigen. Dies würde jedoch offensichtlich zu einem sehr hohen Planungsaufwand führen und wohl die Konstrukteure hinsichtlich der Kostenplanung überfordern. Aus diesem Grund wird vorgeschlagen, Kostenwirkungen auf höheren Hierarchiestufen auszublenden und diese approximativ durch die Deckungsvorgabe als abgegolten anzusehen.[549] Letztendlich werden sich nun bei einigen Baugruppen höhere Kostensenkungspotenziale als gefordert ergeben et vice versa. Die endgültige Festlegung der Kostenanteilssätze erfolgt durch den Produktmanager, nachdem die Kostensenkungspotenziale der einzelnen Baugruppen in mehreren Sitzungen der Konstruktionsteams offen gelegt wurden. Eventuell kann der Zielkostenkapitalwert PVACII auch nicht in Gänze erreicht werden, sodass der Ziel-MVA durch das Produkt nicht erwirtschaftet werden kann. Ob das Produktprojekt trotzdem durchgeführt werden soll, ist dann durch die Unternehmensleitung zu entscheiden. Sind die Zielkosten und mithin der Ziel-MVA von der Unternehmensleitung genehmigt, wird nun vorgeschlagen, im Rahmen der Erstellung eines Produktprojektkostenplanes die Summe aus vereinbartem Ziel-MVA und Deckungsvorgabe als zusätzliche Kapitalbindung zu aktivieren und in der Marktphase, in der in der Regel der Großteil der Umsatzerlöse anfällt, linear abzuschreiben. Die Zielvorgaben werden somit durchschnittlich auf die Perioden verteilt, in denen das Produkt veräußert wird.[550] Wie bereits allgemein in Abschnitt 2.2.2 gezeigt, ist dies für die Kapitalwertäquivalenz irrelevant. An der Erfüllung dieser (aktivierten) Zielvorgaben ist der Produktmanager anschließend zu beurteilen. Werden bspw. durch das Projekt stets positive Residualgewinne ausgewiesen (bei deren Berechnung die „fiktiven" Abschreibungs- und Kapitalkosten in Abzug gebracht wurden), bedeutet dies, dass durch das Projekt neben der Erfüllung der Zielvorgaben ein zusätzlicher Beitrag zur Unternehmenswertsteigerung erbracht wurde. Durch die Berechnung des Endwertes der Ist-Residualgewinne kann zum Projektende unmittelbar die Erfüllung der Zielvorgaben kontrolliert werden. Ein positiver Endwert der Residualgewinne gibt dann das Signal, dass die Zielvorgaben sogar überschritten wurden.[551] An dieser Stelle setzt demnach die *Zielkostenkontrolle* an. Die mit dem langfristigen Planungshorizont verbundene Unsicherheit sowie die große Bedeutung von Produktprojekten für die Unternehmensentwicklung machen eine die Zielkostenplanung ergänzende

---

549 Beispielhaft sei der Fall genannt, dass Maschinenkapazität aufgrund der Einführung einer neuen Produktart aufgebaut wird. Falls diese Maschinen jedoch auch von anderen Produktarten der Produktgruppe genutzt werden, fallen bei einer nicht maximalen Auslastung auf Produktgruppenebene Leerkosten an. Diese werden jedoch nicht in die Produktlebenszyklusrechnung einbezogen, da nur produktartbezogene Kosten Eingang in das Kalkül finden.

550 Dabei sind auch andere Schlüsselgrößen vorstellbar, bspw. die Schlüsselung auf Basis der Anzahl der in einer Periode veräußerten Produkte oder der in einer Periode erzielten Erlöse. Grundsätzlich spielt die Art der Schlüsselung bei Beachtung des (erweiterten) Lücke-Theorems für die Kapitalwertäquivalenz keine Rolle, soweit die zusätzliche Kapitalbindung komplett bei Ende des Produktprojektes abgeschrieben ist. Allerdings sollte die Schlüsselung dem Ausweis eines periodengerechten Erfolges dienlich sein.

551 Trotz der Aktivierung der Zielvorgaben ist das Kriterium der Kapitalwertäquivalenz nach wie vor erfüllt, wie bereits in Abschnitt 2.2.2 bei der Erörterung des (erweiterten) Lücke-Theorems gezeigt worden ist, sodass weiterhin der Unternehmenswert mittels der kalkulatorischen Erfolge bestimmbar ist.

Kontrollrechnung unabdingbar.[552] Nur anhand der durch Kontrollhandlungen bereitgestellten Kontrollinformationen können bereits aufgetretene bzw. für die Zukunft prognostizierte Abweichungen vom Zielwert durch Ziel-Ist-Vergleich als Ergebniskontrolle bzw. Ziel-Wird-Vergleich als Planfortschrittskontrolle festgestellt und bezüglich ihrer Ursachen untersucht werden. Die Zielkostenkontrolle ist die Voraussetzung für das Aufdecken notwendiger Korrekturmaßnahmen, die Initiierung entsprechender Anpassungsmaßnahmen und somit für die Steuerung vorhandener Produkt- bzw. Investitionsprojekte.[553] Gleichzeitig führt sie jedoch auch zu einer Verbesserung der Planung zukünftiger Produktprojekte, da Lernprozesse bei den an der Planung beteiligten Personen ausgelöst werden.[554] Auch wenn die einzelnen Produktprojekte und somit die Struktur der Entscheidungssituationen unterschiedlich sind, so ist doch zumindest auf disaggregierter Entscheidungs- bzw. Planungsebene (bspw. auf Komponentenebene im Rahmen der Planung der Kostenwirkungen alternativer Werkstoffe, Fertigungsverfahren etc.) von Lernvorgängen auszugehen, die für zukünftige Produktprojekte genutzt werden können.[555] Die Zielkosten- bzw. Investitionskontrolle hat damit analog zur operativen Kontrolle zielwertorientierte Kontrollaufgaben zu erfüllen, wobei als Ziel im Kontext des hier dargestellten wertorientierten Target Costing-Ansatzes die Erreichung des angestrebten Unternehmenswertbeitrages des Produktprojektes definiert werden kann.[556]
Daneben hat die Zielkostenkontrolle – wiederum analog zur operativen Kontrolle – im Mehrpersonenkontext auch personalführungsorientierte Kontrollaufgaben zu erfüllen.[557] Diese Kontrollaufgabe umfasst die von der Ergebniskontrolle ausgehende präventive Wirkung: bereits durch die glaubhafte Ankündigung der Kontrollhandlung wird das Leistungsverhalten der Entscheidungsträger verbessert bzw. werden Manipulationen verhindert.[558] Es werden folglich durch die Kontrollhandlungen bzw. deren Androhung Anreize geschaffen, die zu einem zielkongruenten Verhalten motivieren.[559] Ein solcher Effekt wird noch verstärkt durch die Verknüpfung tatsächlich eingetretener Abweichungen mit entsprechenden Sanktionen oder Prämien. Die personalführungsorientierten Aufgaben haben dabei eine umso größere Bedeutung, je größer die Asymmetrie in der Informationsverteilung zwischen Unternehmensleitung und ausführenden Personen ist und je konträrer die von diesen beiden Personengruppen verfolgten Ziele sind.[560] Vor diesem Hintergrund mag es verwundern, dass Investitions-

---

552 Vgl. allgemein zur Investitionskontrolle Osterloh (1974), S. 7; Spielberger (1983), S. 1 f.

553 Vgl. Lüder (1969), S. 56 sowie Spielberger (1983), S. 24 f. (jeweils bezogen auf die allgemeine Investitionskontrolle).

554 Vgl. Osterloh (1974), S. 24.

555 Vgl. Osterloh (1974), S. 24 f.

556 Vgl. zu den zielwertorientierten Kontrollaufgaben aus operativer Sicht Kloock (2000a), S. 20. Ewert/Wagenhofer sprechen von der Entscheidungsfunktion einer Kontrolle (vgl. Ewert/Wagenhofer (2005), S. 318), Osterloh spricht dagegen von sachbezogenen Kontrollzielen (vgl. Osterloh (1974), S. 18).

557 Vgl. zu den personalführungsorientierten Kontrollaufgaben aus operativer Sicht Kloock (2000a), S. 20. Ewert/Wagenhofer verwenden den Begriff Verhaltenssteuerungsfunktion (vgl. Ewert/Wagenhofer (2005), S. 319 f.), Osterloh spricht von personenbezogenen Kontrollzielen (vgl. Osterloh (1974), S. 18).

558 Vgl. Osterloh (1974), S. 18 f.

559 Vgl. Ewert/Wagenhofer (2005), S. 320.

560 Vgl. Ewert/Wagenhofer (2005), S. 319 f.

kontrollen in der Praxis bislang noch keine ausreichende Beachtung gefunden haben bzw. in der gebotenen Qualität und Häufigkeit nicht durchgeführt werden.[561] Als Begründung wird von der Praxis u.a. das Zurechnungsproblem von Zahlungsüberschüssen auf die Investitionsprojekte genannt.[562] Zumindest diese Problematik kann durch den hier dargestellten residualgewinnbasierten Ansatz ausgeräumt werden.

In dem nun folgenden Beispiel soll der dargelegte wertorientierte Target Costing-Ansatz sowie insbesondere die kapitalwertneutrale Aktivierung der Zielkostenvorgabe veranschaulicht werden.

Beispiel 8: Wertorientiertes Target Costing

Ausgangspunkt des Beispiels ist die vorgesehene Entwicklung einer neuen Produktart. Hierzu wird auf das Beispiel 1 aus Abschnitt 2.2.2 zurückgegriffen, bei dem das WACC-Residualgewinnverfahren im Ein-Phasen-Fall mittels der prognostizierten kalkulatorischen Erfolge einer neu zu entwickelnden Produktart dargestellt wurde. Anhand dieser Produktart soll nun das skizzierte Target Costing-Konzept – wiederum auf Basis des WACC-Residualgewinnverfahrens – veranschaulicht werden. In Tabelle 35 werden deswegen erneut produktartspezifische Erlöse wie in Beispiel 1 aufgeführt.[563]

	Vorlaufphase		Marktphase		Nachlaufphase
t	0	1	2	3	4
$L_t = E_t^U$	0,00	0,00	444,44	279,30	16,20

Tabelle 35: Prognostizierte Erlöse der neu zu entwickelnden Produktart (Beispiel 8)

Die Diskontierung der Erlöse E_t^U (die hier sowohl die Erlöse der Markt- als auch der Nachlaufphase umfassen) auf den Bewertungszeitpunkt $t = 0$ ergibt bei einem als konstant unterstellten WACC i.H.v. 20% einen Zielkostenkapitalwert PVAC der neuen Produktart in Höhe von 478,08. Um für diese Produktart Deckungsvorgaben zu ermitteln, ist – wie oben dargelegt – bezüglich des bereits bestehenden Produktprogramms eine mehrperiodige und mehrstufige Deckungsbeitragsrechnung aufzustellen. Hierzu ist Beispiel 1 zu erweitern. Daher soll im Folgenden hinsichtlich des existierenden Produktprogramms von drei sich in der Marktphase befindenden Produktarten ausgegangen werden, wobei die Produktarten 1 und 2 die Produktgruppe 1 bilden und die Produktgruppe 2 lediglich aus der Produktart 3 bestehen soll. Auf der untersten Hierarchiestufe „Mengeneinheit einer Produktart" werden zunächst die periodenspezifischen Stückerlöse geplant (vgl. im Folgenden die in Tabelle 36 angenommenen Werte).

561 Vgl. die auf empirischen Erhebungen basierenden Ergebnisse von Gordon/Myers (1991), S. 42 sowie Weber/Linder/Spillecke (2002), S. 296 f.

562 Vgl. Weber/Linder/Spillecke (2002), S. 295.

563 Gegenüber Beispiel 1 wurden lediglich die Umsatzerlöse in der zweiten Periode aus didaktischen Gründen verändert. Als Geldeinheit wird im Folgenden eintausend Euro gewählt.

Da von einem Preisverfall ausgegangen wird, nimmt der Stückerlös aller drei Produktarten im Zeitablauf ab (bei Produktart 1 etwa von 1,5 in t = 1 auf 1,4 in t = 2 und 1,3 in t = 3). Von diesen Stückerlösen werden nun die gemäß Beanspruchungsprinzip einer Produkteinheit zurechenbaren Stückkosten abgezogen (bspw. bei Produktart 1 in t = 1 i.H.v. 0,5). Dabei handelt es sich um die variablen und fixen Stückkosten des direkten Leistungsbereichs sowie die Prozess-Stückkosten des indirekten Leistungsbereichs einschließlich der einer Mengeneinheit der jeweiligen Produktart zurechenbaren Kapitalkosten. Der sich ergebende Stückdeckungsbeitrag wird im Anschluss daran mit der geplanten Absatzmenge multipliziert, sodass der wertorientierte, die Kapitalkosten berücksichtigende Deckungsbeitrag I je Produktart resultiert. Anschließend sind die produktartspezifischen Residualgewinne zu addieren.

	Unternehmen									
	Periode	1			2			3		
	Produktgruppen	1		2	1		2	1		2
	Produktarten	1	2	3	1	2	3	1	2	3
	Absatzstückpreis	1,5	1,8	2,2	1,4	1,7	2,1	1,3	1,6	2
–	gem. Beanspruchungsprinzip zurechenbare Stückkosten (einschließlich Kapitalkosten)	0,5	0,6	0,7	0,4	0,6	0,6	0,4	0,5	0,5
=	(Wertorientierter) Stückdeckungsbeitrag	1	1,2	1,5	1	1,1	1,5	0,9	1,1	1,5
·	Absatzmengen	50	100	200	200	250	350	220	200	420
=	(Wertorientierter) Deckungsbeitrag I je Produktart	50	120	300	200	275	525	198	220	630
+	produktartspezifischer Residualgewinn	–25	–15	–50	–20	–10	–45	–50	–30	–100
=	(Wertorientierter) Deckungsbeitrag II je Produktart	25	105	250	180	265	480	148	190	530
	Summe der Deckungsbeiträge II je Produktgruppe	130		250	445		480	338		530
+	produktgruppenspezifischer Residualgewinn	–100		0	–80		0	–70		0
=	(Wertorientierter) Deckungsbeitrag III je Produktgruppe	30		250	365		480	268		530
	Summe der Deckungsbeiträge III je Periode	280			845			798		
+	unternehmensspezifischer Residualgewinn	–400			–400			–400		
=	Residualgewinn des Unternehmens gemäß Lücke-Theorem	–120			445			398		

Tabelle 36: Mehrperiodige MDBR ohne Einbeziehung der zu entwickelnden Produktart (Beispiel 8)

Diese ergeben sich aus der Differenz der Erlöse und Kosten einschließlich der Kapitalkosten, die anhand des Beanspruchungsprinzips sämtlichen in der jeweiligen Periode produzierten Mengeneinheiten einer Produktart zurechenbar sind, *nicht* jedoch der einzelnen Mengeneinheit.[564] Analog wird auf den höheren Stufen die Differenz aus den Erlösen und Kosten (ein-

[564] Wird eine Kostenstelle nur durch eine Produktart beansprucht, ist bspw. das Gehalt des Leiters dieser Kostenstelle (z.B. das Gehalt des Meisters einer Produktionskostenstelle) nur sämtlichen produzierten ME der

schließlich Kapitalkosten), die erst diesen Stufen und nicht schon den jeweiligen tieferen Stufen gemäß Beanspruchungsprinzip zugerechnet werden können, als stufenspezifischer Residualgewinn ausgewiesen und addiert. Bezüglich dieser produktart-, produktgruppen- und unternehmensspezifischen Residualgewinne wird in Tabelle 36 von negativen Werten ausgegangen (z.B. beträgt der produktartspezifische Residualgewinn der Produktart 1 in der ersten Periode –25, der produktgruppenspezifische Residualgewinn der Produktgruppe 1 in der ersten Periode –100 und der unternehmensspezifische Residualgewinn in dieser Periode –400). Die negativen Werte resultieren daraus, dass angenommen wird, dass ein Großteil der Kosten (wie z.B. sämtliche leistungsmengenneutralen Prozesskosten) erst höheren Stufen nach dem Beanspruchungsprinzip zurechenbar sind, während die Erlöse bereits der Mengeneinheit einer Produktart als unterster Hierarchieebene zugerechnet werden können.[565] Um nun – wie in Abbildung 24 beschrieben – die Deckungsvorgabe für die neue Produktart zu ermitteln, ist zunächst der auf die Produktgruppen zu verrechnende Kapitalwert der unternehmensspezifischen Residualgewinne zu berechnen. Aus diesem Grunde wird – analog zu dem in Abschnitt 4.4 in Abbildung 15 vorgestellten Schema – in Tabelle 37 eine mehrstufige Wertbeitragsrechnung erstellt.[566] Die in dieser Tabelle aufgeführten Beträge ergeben sich jeweils durch die Diskontierung der korrespondierenden Größen aus der bereits dargestellten mehrperiodigen MDBR (Tabelle 36).[567] Vereinfachend wird unterstellt, dass ohne die Einführung des neuen Produktes die Kapitalbindung nach Ablauf der dritten Periode gleich null ist (Ein-Phasen-Fall). Als zusätzliche Annahme wird von einer Kapitalbindung i.H.v. 1.000 zum Bewertungszeitpunkt t = 0 ausgegangen, sodass sich durch die Addition von MVA und Kapitalbindung ein Marktwert des Unternehmens i.H.v. 1.439,35 ergibt.

Produktart in der jeweiligen Periode gemäß Beanspruchungsprinzip zurechenbar und die resultierenden Kosten werden dementsprechend erst bei der Berechnung des produktartspezifischen Residualgewinns berücksichtigt.

565 Als Beispiel für nicht der Mengeneinheit einer Produktart, sondern nur der gesamten Produktart nach dem Beanspruchungsprinzip zurechenbare Erlöse können die Erlöse aus dem Reparaturgeschäft in der Nachlaufphase dienen.

566 Als Nebeneffekt ergibt sich ein aufschlussreicher Überblick über die Beiträge der einzelnen Hierarchiestufen zum Unternehmenswert. So gibt der vergleichsweise hohe Wertbeitrag der Produktart 3 i.H.v. 848,38 das strategische Signal, dass für die Unternehmung ein großes Wertsteigerungspotenzial aus diesem Produktsegment resultiert.

567 Der WACC aller Produktarten beträgt 20%, d.h. unter anderem, dass ein einheitliches Investitionsrisiko für alle Produktarten angenommen wird.

	Unternehmen			
	Produktgruppen	1		2
	Produktarten	1	2	3
	Plan-Wertbeitrag I je Produktart (als Kapitalwert der Plan-Deckungsbeiträge I)	295,14	418,29	979,17
+	Kapitalwert produktartspezifischer Residualgewinne	–63,66	–36,81	–130,79
=	Plan-Wertbeitrag II je Produktart (als Kapitalwert der Plan-Deckungsbeiträge II)	231,48	381,48	848,38
+	Kapitalwert produktgruppenspezifischer Residualgewinne	–179,40		0,00
=	Plan-Wertbeitrag III je Produktgruppe (als Kapitalwert der Plan-Deckungsbeiträge III)	433,56		848,38
	Summe Plan-Wertbeiträge III (Produktprogramm)	1.281,94		
+	Kapitalwert unternehmensspezifischer Residualgewinne	–842,59		
=	Plan-Market Value Added (Plan-MVA)	439,35		
+	Kapitalbindung zum Bewertungszeitpunkt	1.000,00		
=	Marktwert des Unternehmens	1.439,35		

Tabelle 37: Mehrstufige Wertbeitragsrechnung ohne Einbeziehung der zu entwickelnden Produktart (Beispiel 8)

Als Bezugsgrößen zur Verrechnung der stufenspezifischen Residualgewinne sind weiterhin die diskontierten Umsatzerlöse der Produktarten zu berechnen, die der nachfolgenden Tabelle 38 entnommen werden können.[568]

Kapitalwert Umsatzerlöse Produktart 1	$\frac{1,5 \cdot 50}{1,2}+\frac{1,4 \cdot 200}{1,2^2}+\frac{1,3 \cdot 220}{1,2^3}=422,45$
Kapitalwert Umsatzerlöse Produktart 2	630,32
Kapitalwert Umsatzerlöse Produktart 3	1.363,19

Tabelle 38: Kapitalwerte der Umsatzerlöse der bestehenden Produktarten 1 bis 3 (Beispiel 8)

Bezüglich der neuen Produktart (im Folgenden Produktart 4 genannt) soll angenommen werden, dass sie der Produktgruppe 2 zuzurechnen ist. Der Kapitalwert der Erlöse der Produktgruppe 2 beträgt dann 1.841,27 (= 1.363,19 + 478,08). Gemäß Tabelle 37 beträgt der Kapitalwert der unternehmensspezifischen Residualgewinne –842,59. Dieser ist nun zur Ermittlung der Deckungsvorgabe gemäß dem Tragfähigkeitsprinzip auf die Produktgruppen zu verrechnen. Bei einem Kapitalwert der gesamten Unternehmenserlöse (einschließlich der neuen Produktart 4) i.H.v. 2.894,04 resultiert eine Deckungsvorgabe für die Produktgruppe 2 in Höhe von 1.841,27/2.894,04 · 842,59 = 536,08. Bezüglich der Produktgruppe 2 fallen keine produktgruppenspezifischen Residualgewinne an, sodass keine weiteren (negativen) Residualgewinne zu decken sind.[569] Der Produktart 4 wird somit eine Deckungsvorgabe in Höhe von 478,08/1.841,27 · 536,08 = 139,19 zugewiesen, woraus sich ein Zielkostenkapitalwert I

568 Die Umsatzerlöse der Produktarten lassen sich Tabelle 36 entnehmen.

569 Es wird also die vereinfachende Annahme getroffen, dass sich die Einführung der Produktart 4 nicht auf die produktgruppenspezifischen Residualgewinne auswirkt.

(PVACI) in Höhe von 478,08 – 139,19 = 338,89 ergibt. Von dem Produkt ist jedoch zusätzlich ein Beitrag zur Unternehmenswertsteigerung (Ziel-MVA) zu erbringen, der ebenfalls als Zielvorgabe zu berücksichtigen ist. Diesbezüglich gibt die Unternehmensleitung für dieses Produktprojekt einen zu erwirtschaftenden Ziel-MVA in Höhe von 50 vor. Demnach beträgt der Zielkostenkapitalwert II (PVACII) 338,89 – 50 = 288,89.

Der geplante Zielkostenkapitalwert $PVACII_0$ für die nicht den Baugruppen gemäß Beanspruchungsprinzip zurechenbaren Kosten soll 60 betragen, mithin resultiert ein auf die Baugruppen zu spaltender Restbetrag i.H.v. 288,89 – 60 = 228,89.[570] In dem sich anschließenden Diskussionsprozess der Konstruktionsteams wird bspw. für die Baugruppe k = 1 – u.a. unter Berücksichtigung des Anteils dieser Baugruppe an der Erfüllung des Kundennutzens – ein Anteilssatz a_1 i.H.v. 10% am Zielkostenkapitalwert festgelegt. Dadurch ergibt sich als Zielvorgabe für diese Baugruppe der Zielkostenkapitalwert $PVACII_1$ = 22,889.

Die Drifting Costs aller Baugruppen sowie die nicht den Baugruppen anhand des Beanspruchungsprinzips zurechenbaren Kosten können nun in einer Produktprojektkostenrechnung verdichtet werden. Dabei soll wiederum auf die in Beispiel 1 prognostizierten Kosten bzw. Auszahlungen zurückgegriffen werden, die aus diesem Grund zusammen mit den sich ergebenden Zahlungsüberschüssen bzw. kalkulatorischen Erfolgen in Tabelle 39 erneut aufgeführt sind (im Rahmen dieses Beispiels wird also unterstellt, dass sich die betreffenden Prognosen in Beispiel 1 auf vorhandene Produktionstechnologie und vorhandene Produktionsverfahren bezogen haben und somit als Drifting Costs aufzufassen sind).[571]

	Vorlaufphase		Marktphase		Nachlaufphase
t	0	1	2	3	4
E_t^U	0,00	0,00	444,44	279,30	16,20
A_t^U	100,00	120,00	100,00	110,00	12,00
$\boldsymbol{FCF_t = E_t^U - A_t^U}$	**–100,00**	**–120,00**	**344,44**	**169,30**	**4,20**
L_t	0,00	0,00	444,44	279,30	16,20
K_t	0,00	0,00	210,00	220,00	12,00
$\boldsymbol{KE_t^U = L_t - K_t}$	**0,00**	**0,00**	**234,44**	**59,30**	**4,20**

Tabelle 39: Drifting Costs sowie prognostizierte Zahlungsüberschüsse und kalkulatorische Erfolge der neu zu entwickelnden Produktart (Beispiel 8)

Wie in den diesem Beispiel vorausgehenden theoretischen Ausführungen angedacht, ist nun zusätzlich die Zielvorgabe zu aktivieren, d.h. KB_{-1} = 50 + 139,19 = 189,19 zu setzen. Dieser Betrag wird anschließend in den Perioden 2 und 3, d.h. in der Marktphase, in der die Umsatzerlöse anfallen, linear abgeschrieben. Die Abschreibungskosten werden somit durchschnittlich

---

570 Beispielhaft seien hier die Personalkosten genannt, die bei der Fertigung des Produktes für einen Meister anfallen, der eine Kostenstelle leitet, in der mehrere Baugruppen der Produktart gefertigt werden und für den keine Beanspruchungskoeffizienten ermittelbar sind.

571 Da gegenüber Beispiel 1 die Umsatzerlöse der zweiten Periode verändert wurden (vgl. Fußnote 563), ergeben sich für diese Periode ebenfalls andere Zahlungsüberschüsse und kalkulatorischen Erfolge.

auf die Perioden verteilt, in denen das Produkt veräußert wird, denn nur in diesen Perioden kann der Ziel-Wertbeitrag am Markt verdient werden. Im Vergleich zu einer Kostenplanung ohne Vorgabe einer zusätzlichen abzuschreibenden Kapitalbindung erhöhen sich die bei dem geforderten Produktprofil prognostizierten Drifting Costs in t = 2 und t = 3 um jeweils 94,595 (vgl. Tabelle 40, Zeile (2)). Neben diesen Abschreibungskosten entstehen durch die höhere Kapitalbindung (vgl. Tabelle 40, Zeile (4)) noch zusätzliche Kapitalkosten (vgl. Tabelle 40, Zeile (6)). Daraus resultieren schließlich die in Zeile 7 der Tabelle 40 aufgeführten Drifting Costs DC_t.

		Vorlaufphase				Nachlaufphase
				Marktphase		
	t	0	1	2	3	4
(1)	K_t	0,000	0,000	304,595	314,595	12,000
(2)	davon Abschreibung Wertbeitrag:	0,000	0,000	94,595	94,595	0,000
(3)	KB_t	289,190	409,190	204,595	0,000	0,000
(4)	davon Wertbeitrag:	189,190	189,190	94,595	0,000	0,000
(5)	$WACC_t \cdot KB_{t-1}$	37,838	57,838	81,838	40,919	0,000
(6)	davon Kapitalkosten Wertbeitrag:	37,838	37,838	37,838	18,919	0,000
(7)	***(1) + (5) = DC_t***	***37,838***	***57,838***	***386,433***	***355,514***	***12,000***

Tabelle 40: Ermittlung der Drifting Costs bei KB_{-1} = 189,19 (Beispiel 8)

Die Kapitalwertäquivalenz bleibt trotz KB_{-1} = 189,19 erhalten. Um dies zu zeigen, sind zunächst durch die Einbeziehung der Erlöse die Residualgewinne bei KB_{-1} = 189,19 zu bestimmen (vgl. Tabelle 41).

		Vorlaufphase				Nachlaufphase
				Marktphase		
	t	0	1	2	3	4
(1)	$E_t^U = L_t$	0,000	0,000	444,440	279,300	16,200
(2)	DC_t	37,838	57,838	386,433	355,514	12,000
(3)	***(1) – (2) = RG_t^{WACC}***	***–37,838***	***–57,838***	***58,007***	***–76,214***	***4,20***

Tabelle 41: Residualgewinne bei KB_{-1} = 189,19 (Beispiel 8)

Gemäß Gleichung (2.60) bzw. Gleichung (2.64) in Abschnitt 2.2.2 ergeben sich folgende Netto- bzw. Bruttokapitalwerte des Produktprojektes, die aufgrund der Gültigkeit des (erweiterten) Lücke-Theorems den auf Basis von Free Cash Flows bzw. Residualgewinnen mit $KB_{-1} = 0$ berechneten Kapitalwerten entsprechen:[572]

$$NPV_0^L = \frac{-57,838}{1,2} + \frac{58,007}{1,2^2} + \frac{-76,214}{1,2^3} + \frac{4,20}{1,2^4} + 189,19 = 139,19$$

[572] Gemäß WACC-(DCF-)Verfahren ergibt sich:
$NPV_0^L = -100 + \frac{-120}{1,2} + \frac{344,44}{1,2^2} + \frac{169,30}{1,2^3} + \frac{4,20}{1,2^4} = 139,19$. Der Bruttokapitalwert V_0^L umfasst nicht die Auszahlung in t = 0 und beträgt somit 239,19.

bzw.

$$V_0^L = \frac{-57,838}{1,2} + \frac{58,007}{1,2^2} + \frac{-76,214}{1,2^3} + \frac{4,20}{1,2^4} + 289,19 = 239,19\,.$$

Die Zielkostenlücke Present Value of Cost Reduction (PVCR) lässt sich unmittelbar durch die Diskontierung der zukünftigen Residualgewinne berechnen:[573]

$$PVCR = -\left(\frac{-57,838}{1,2} + \frac{58,007}{1,2^2} + \frac{-76,214}{1,2^3} + \frac{4,20}{1,2^4}\right) = 50\,.$$

Alternativ kann die Zielkostenlücke auch wie folgt ermittelt werden.
Zunächst ist der Kapitalwert der Drifting Costs PVDC zu bestimmen:

$$PVDC = \frac{57,838}{1,2} + \frac{386,433}{1,2^2} + \frac{355,514}{1,2^3} + \frac{12}{1,2^4} = 528,08\,.$$

Damit das Produktprojekt den erwünschten Unternehmenswertbeitrag erbringt, ist PVDC auf das Niveau von PVAC zu senken, d.h., es ergibt sich ein Reduktionsbedarf PVCR in Höhe von PVCR = PVDC – PVAC = 528,08 – 478,08 = 50.
Das Beispiel zeigt, dass zur Umsetzung dieser wertorientierten Target Costing-Konzeption zunächst eine Gesamtplanung der zukünftigen Erlöse und Kosten des Produktprogramms bzw. des gesamten Unternehmens auf Basis einer mehrstufigen Deckungsbeitragsrechnung vollzogen werden muss. Diesbezüglich kann kritisch eingewandt werden, dass dazu umfangreiche bzw. komplexe Planungsaktivitäten notwendig sind. Geht man jedoch davon aus, dass bei den einzelnen Produktprojekten eine Zielkosten- bzw. Investitionskontrolle durchgeführt wird, die auch eine Planfortschrittskontrolle (d.h. einen Ziel-Wird-Vergleich) beinhaltet, so ist zu deren Durchführung ohnehin eine Planungsrechnung vorzunehmen. Der zusätzliche Schritt, d.h. die Planung der Kosten und Erlöse der höhereren Hierarchiestufen, ist dann vergleichsweise unkompliziert. Weiterhin könnte die Ermittlung der Deckungsvorgabe für ein neu zu entwickelndes Produkt mittels des Tragfähigkeitsprinzips aufgrund der fehlenden Willkürfreiheit kritisch betrachtet werden. Dem wäre zu entgegnen, dass durch die retrograde Vorgehensweise bei der Ermittlung der Deckungsvorgabe die Willkür zumindest begrenzt wird. Auch ergibt sich durch den als Bezugsgröße fungierenden Kapitalwert der Umsatzerlöse der positive Effekt, dass „geschönte" Plan-Umsatzerlöse auch zu höheren Deckungsvorgaben führen und somit tendenziell ein Anreiz zur wahrheitsgemäßen Berichterstattung gegeben wird.

573 Da eine positive Zielkostenlücke einen Kostenreduktionsbedarf anzeigen soll, ist die Summe der diskontierten zukünftigen Residualgewinne mit –1 zu multiplizieren.

6 Schlussbetrachtung

Ziel dieser Arbeit ist die Zusammenführung unterschiedlicher Instrumente des Kostenmanagements und deren wertorientierte Ausgestaltung. Es zeigt sich, dass dies auf Basis des Lücke-Theorems mittels eines Residualgewinnansatzes gelingen kann.

Zunächst gibt diese Arbeit Hinweise bezüglich der konzeptionellen Ausgestaltung des Kostenmanagements. Wie die Literaturauswertung von Ansätzen der Lebenszyklusrechnung in Kapitel 3 sowie des Target Costing in Kapitel 5 ergab, werden diese konzeptionellen Grundlagen in der Literatur zum Kostenmanagement bislang nicht betrachtet.

So verdeutlicht zunächst Kapitel 2, dass sich zu jedem Discounted Cash Flow-Verfahren ein korrespondierendes, auf der Kosten- und Leistungsrechnung basierendes Residualgewinnverfahren herleiten lässt. Daraus resultiert, dass mit der Wahl der Residualgewinngröße gleichzeitig der anzusetzende – aus der Finanzierungstheorie abgeleitete – Kapitalkostensatz festgelegt wird. Je nach gewählter Strategie der Finanzierung (autonom oder atmend) können dann Empfehlungen für das anzuwendende Residualgewinnverfahren im Rahmen des Kostenmanagements gegeben werden. Bezüglich der konzeptionellen Frage nach der Berücksichtigung der Inflation im Residualgewinnansatz legt Kapitel 3 offen, dass auch die Bewertung von Vermögensgegenständen mit Tagesbeschaffungspreisen bei der Ermittlung der Kapitalbindung dem Erfordernis der Kapitalwertäquivalenz grundsätzlich nicht zuwider läuft. Da jedoch in der Unternehmenspraxis meist der Nominalzinssatz als Wertkomponente der Kapitalkosten angesetzt wird, werden aus wertorientierter Sicht die Kapitalkosten zu hoch und somit die Periodenerfolge zu niedrig ausgewiesen. Will man am Nominalzinssatz festhalten, muss dieser Fehler durch den Ansatz von Anschaffungskosten bei der Bestimmung der Kapitalbindung umgangen werden.

Ein weiterer Schwerpunkt dieser Arbeit ist die wertorientierte Ausgestaltung der Lebenszykluskostenrechnung, der Prozesskostenrechnung und des Target Costing als Instrumente des Kostenmanagements. Die Lebenszykluskostenrechnung stellt dabei das Fundament dar, in das die weiteren Instrumente eingebunden werden. Deren wertorientierte Ausgestaltung beruht deswegen auf der Berücksichtigung der oben genannten Hinweise bezüglich der konzeptionellen Ausgestaltung des Kostenmanagements.

Kapitel 4 trägt dann der bedeutenden Rolle der Kapitalkosten als Bindeglied zwischen wertorientierter Unternehmensführung und strategischem Kostenmanagement Rechnung. Indem die Kapitalbindung einzelnen Prozessen zugerechnet und anschließend die Prozesskapitalkosten über Kapitalkostentreiber auf die Kalkulationsobjekte gemäß der Prozessinanspruchnahme verrechnet werden, wird eine wesentlich differenziertere Zurechnung der Kapitalkosten erreicht als bei herkömmlichen Kostenrechnungssystemen. Zusätzlich wird die Prozesskostenrechnung durch die Integration des Lernkurvenkonzeptes erweitert. Unter der Annahme, dass die prozessbezogenen Ressourcenbedarfskoeffizienten bei einer Verdoppelung der beanspruchten kumulierten Prozessmengen aufgrund von Lerneffekten um die Lernrate sinken, kann bspw. die Zunahme der Leerkosten im Zeitablauf bei gleich bleibenden Ressourcenkapazitäten und Prozessmengen je Periode quantifiziert werden. Indem die Leerkosten in der am Ende von Kapitel 4 dargestellten wertorientierten mehrperiodigen Deckungsbeitragsrechnung explizit ausgewiesen werden, resultieren aus der Verbindung von Prozesskostenrechnung und Lernkurvenkonzept wichtige strategische Signale bezüglich der zukünftigen Kapazitätsauslastung.

Die wertorientierte Ausgestaltung des Target Costing in Kapitel 5 bezieht sich auf die Nutzung der dargestellten Lebenszykluskosten- und Prozesskostenrechnung bei der Planung der Drifting Costs und der Planung der kostensenkenden Maßnahmen zur Erreichung der Zielvorgabe und baut mithin auf den Ergebnissen der vorherigen Kapitel auf. Die Zusammenführung dieser drei Instrumente ermöglicht es, wertorientierte Zielkostenvorgaben zu generieren und deren Erreichung zu kontrollieren. Im Gegensatz zu den ausgewerteten dynamischen Ansätzen in der Literatur wird dabei die Zielvorgabe für das betrachtete Produktprojekt durch die Summe aus einer mittels der wertorientierten Deckungsbeitragsrechnung bestimmten Deckungsvorgabe und einer Vorgabe bezüglich eines durch das Produktprojekt zu erzielenden Market Value Added bestimmt. Um die Erfüllung dieser Zielvorgabe im Zeitablauf zu kontrollieren, wird der Vorschlag unterbreitet, diese zu Beginn des Projektes zu aktivieren und über die Projektlaufzeit bzw. die Marktphase abzuschreiben. Dieses Vorgehen hat im Gegensatz zu dem in der Literatur vorgeschlagenen Weg der Erhöhung der Zielrendite den Vorteil, dass der Wert eines Projektes nach wie vor durch die Addition der Kapitalbindung, welche die aktivierte Zielvorgabe beinhaltet, ermittelbar ist.

Eine grundsätzliche Prämisse dieser Arbeit ist es, dass entweder keine Zielkonflikte oder keine Informationsasymmetrien zwischen der Unternehmensleitung und den Bereichsleitern (bzw. Eignern und Managern) existieren, sodass die Einbeziehung von Aspekten der Agency-Theorie nicht notwendig ist. Die hier vorgestellte residualgewinnbasierte Konzeption hat den Vorteil, dass Residualgewinne unter Agency-Gesichtspunkten tendenziell besser zur Steuerung von Investitionsentscheidungen geeignet sind als Cash Flows und somit eine etwaige Erweiterung um agency-theoretische Erkenntnisse leichter fallen dürfte als bei einem zahlungsbasierten Ansatz.

Auch ließe sich der dargestellte Ansatz um Elemente einer wertorientierten strategischen Kontrolle erweitern. Wiederum bietet eine auf einer kalkulatorischen Erfolgsrechnung basierende Konzeption den Vorteil der einfacheren Erweiterung als ein zahlungsbasierter Ansatz, da in der Unternehmenspraxis realisierte (disaggregierte) kalkulationsobjektbezogene Zahlungsüberschüsse nicht erfasst werden und Kostenkontrollrechnungen seit langem fester Bestandteil unternehmensinterner Überwachungstätigkeiten sind.

Literaturverzeichnis

Adam, Dietrich (1970): Entscheidungsorientierte Kostenbewertung, Wiesbaden: Gabler, 1970.

Adam, Dietrich/Rollberg, Roland (1995): Komplexitätskosten, in: DBW, 55. Jg., 1995, S. 667-670.

Aders, Christian/Schröder, Jakob (2004): Konsistente Ermittlung des Fortführungswertes bei nominellem Wachstum, in: Richter, Frank/Timmreck, Christian (Hrsg.): Unternehmensbewertung: moderne Instrumente und neue Ansätze, Stuttgart: Schäffer-Poeschel, 2004, S. 99-116.

Alexandre, Paulo/Sasse, Alexander/Weber, Kurt (2004): Steigerung der Kapitaleffizienz durch Investitions- und Working Capital Management, in: Controlling, 16. Jg., 2004, S. 125-131.

Arnaout, Ali (2001): Target Costing in der deutschen Unternehmenspraxis: eine empirische Untersuchung, München: Vahlen, 2001.

Back-Hock, Andrea (1988): Lebenszyklusorientiertes Produktcontrolling: Ansätze zur computergestützten Realisierung mit einer Rechnungswesen-Daten- und Methodenbank, Berlin et al.: Springer, 1988.

Baden, Axel (1997): Strategische Kostenrechnung: Einsatzmöglichkeiten und Grenzen, Wiesbaden: Gabler, 1997.

Baetge, Jörg/Niemeyer, Kai/Kümmel, Jens (2005): Darstellung der Discounted-Cashflow-Verfahren (DCF-Verfahren) mit Beispiel, in: Peemöller, Volker H. (Hrsg.): Praxishandbuch der Unternehmensbewertung, 3. Aufl., Herne/Berlin: Neue Wirtschafts-Briefe, 2005, S. 265-362.

Ballwieser, Wolfgang (2002): Shareholder Value, in: Küpper, Hans-Ulrich/Wagenhofer, Alfred (Hrsg.): Handwörterbuch Unternehmensrechnung und Controlling, 4. Aufl., Stuttgart: Schäffer-Poeschel, 2002, Sp. 1745-1754.

Bäurle, Rolf/Schulte, Christof (1992): Effektives Kostenmanagement, in: Schulte, Christof (Hrsg.): Effektives Kostenmanagement: Methoden und Implementierung, Stuttgart: Schäffer-Poeschel, 1992, S. 3-27.

Becker, Wolfgang (1996): Aufgaben und Instrumente der frühzeitigen kostenpolitischen Steuerung, in: Männel, Wolfgang (Hrsg.): Frühzeitiges Kostenmanagement, krp-Sonderheft 1/96, Wiesbaden: Gabler, 1996, S. 20-28.

Berens, Wolfgang/Schmitting, Walter/Wöhrmann, Arnt (2005): Instrumente zur Senkung des Kapitaleinsatzes: eine Analyse unter Berücksichtigung von Unternehmensbeispielen, in: ZP, 16. Jg., 2005, S. 1-26.

Berliner, Callie/Brimson, James A. (Hrsg.) (1988): Cost Management for Today's Advanced Manufacturing: The CAM-I Conceptual Design, Boston, Massachusetts: Harvard Business School Press, 1988.

Betz, Stefan (1998): Zielkostenplanung und -kontrolle auf Basis der Erfahrungskurve, in: ZP, 9. Jg., 1998, S. 249-268.

Birgel, Karl J. (1995): Lernkurven in der heutigen Kostenrechnungs-Praxis, in: krp, 39. Jg., 1995, S. 330-335.

Bitz, Michael (2005): Investition, in: Bitz, Michael et al. (Hrsg.): Vahlens Kompendium der Betriebswirtschaftslehre/Band 1, 5. Aufl., München: Vahlen, 2005, S. 105-171.

Blanchard, Benjamin S. (1978): Design and Manage to Life Cycle Cost, Portland, Oregon: M/A Press, 1978.

Blohm, Hans/Lüder, Klaus (1995): Investition: Schwachstellenanalyse des Investitionsbereichs und Investitionsrechnung, 8. Aufl., München: Vahlen, 1995.

Böhm, Hans-Hermann (1955): Zur Deckung und Aktivierung fixer Kosten im System der Grenz-Planungsrechnung, in: ZfB, 25. Jg., 1955, S. 414-432.

Brennan, Michael J. (1970): Taxes, Market Valuation and Corporate Financial Policy, in: National Tax Journal, Vol. 23, 1970, S. 417-427.

Brimson, James A. (1987): CAM-I Cost Management Systems Project, in: Capettini, Robert/Clancy, Donald K. (Hrsg.): Cost Accounting, Robotics, and the New Manufacturing Environment, Sarasota, Florida: ohne Verlagsangabe, 1987, S. 5.1-5.34.

Bronner, Albert (1968): Wertanalyse als integrierte Rationalisierung, in: wt, 58. Jg., 1968, S. 16-21.

Buggert, Willi/Wielpütz, Axel (1995): Target Costing: Grundlagen und Umsetzung des Zielkostenmanagements, München/Wien: Hanser, 1995.

Bundesministerium der Finanzen (Hrsg.) (2005): Monatsbericht des BMF – Januar 2005: Die wichtigsten Steuern im internationalen Vergleich, abrufbar unter: //www.bundesfinanzministerium.de/lang_de/DE/Service/Downloads/Abt__I/29628__0,templateId=raw,property=publicationFile.pdf, letzter Abruf am: 11.07.2005.

Burger, Anton (1999): Kostenmanagement, 3. Aufl., München/Wien: Oldenbourg, 1999.

Busse von Colbe, Walther (2002): Zur Ermittlung der Kapitalkosten als Bestandteil regulierter Entgelte für Telekommunikationsdienstleistungen, in: ZfbF, Sonderheft 48, 2002, S. 1-25.

Claassen, Utz (1998): Target Investment als Controllinginstrument, in: Horváth, Péter (Hrsg.): Innovative Controlling-Tools und Konzepte von Spitzenunternehmen, Stuttgart: Schäffer-Poeschel, 1998, S. 151-164.

Claassen, Utz/Ellßel, Rüdiger (1996): Target Costing und Target Investment als Werkzeug für das kundenorientierte strategische Kostenmanagement bei Fahrzeug-Neuentwicklungen, in: Peren, Franz W./Hergeth, Helmut H.A. (Hrsg.): Customizing in der Weltautomobilindustrie, Frankfurt a.M./New York: Campus, 1996, S. 133-147.

Claassen, Utz/Ellßel, Rüdiger (1997): Target Investment Methoden zur Optimierung des Investitionsmittelumfangs bei Fahrzeugneuentwicklungen, in: ZfbF, 49. Jg., 1997, S. 1091-1101.

Claassen, Utz/Hilbert, Herwig (1994a): Target Costing als Brücke zwischen Zielpreisindex und konkreten Teilekosten am Beispiel eines europäischen Automobilherstellers, in: Horváth, Péter et al. (Hrsg.): Jahrbuch Controlling 1994, Düsseldorf: Verlagsgruppe Handelsblatt, 1994, S. 34-41.

Claassen, Utz/Hilbert, Herwig (1994b): Durch Target Costing und Target Investment zur kompromißlosen Kundenorientierung bei Volkswagen, in: Horváth, Péter (Hrsg.): Kunden und Prozesse im Fokus: Controlling und Reengineering, Stuttgart: Schäffer-Poeschel, 1994, S. 145-159.

Coenenberg, Adolf G. (2003a): Jahresabschluss und Jahresabschlussanalyse, 19. Aufl., Stuttgart: Schäffer-Poeschel, 2003.

Coenenberg, Adolf G. (2003b): Kostenrechnung und Kostenanalyse, 5. Aufl., Stuttgart: Schäffer-Poeschel, 2003.

Coenenberg, Adolf G./Fischer, Thomas (1991): Prozeßkostenrechnung – Strategische Neuorientierung in der Kostenrechnung, in: DBW, 51. Jg., 1991, S. 21-38.

Coenenberg, Adolf G./Fischer, Thomas/Schmitz, Jochen (1994): Target Costing und Product Life Cycle Costing als Instrumente des Kostenmanagements, in: ZP, 5. Jg., 1994, S. 1-38.

Cooper, Robin/Chew, W. Bruce (1996): Control Tomorrow's Costs Through Today's Designs, in: HBR, Vol. 74, January-February, 1996, S. 88-97.

Cooper, Robin/Kaplan, Robert S. (1992): Activity-Based Systems: Measuring the Costs of Resource Usage, in: Accounting Horizons, Vol. 6, 1992, No. 3, S. 1-13.

Cooper, Robin/Slagmulder, Regine (1999): Develop Profitable New Products with Target Costing, in: Sloan Management Review, Vol. 40, Summer, 1999, S. 23-33.

Cooper, Robin/Slagmulder, Regine (2004): Achieving Full-Cycle Cost Management, in: MIT Sloan Management Review, Vol. 46, Fall, 2004, S. 45-52.

Copeland, Thomas E./Weston, John Fred/Shastri, Kuldeep (2005): Financial Theory and Corporate Policy, 4th ed., Boston et al.: Pearson Addison Wesley, 2005.

Corsten, Hans/Stuhlmann, Stephan (1996): Grundlagen eines rechtzeitigen Kostenmanagement, in: Männel, Wolfgang (Hrsg.): Frühzeitiges Kostenmanagement, krp-Sonderheft 1/96, Wiesbaden: Gabler, 1996, S. 11-19.

Dambrowski, Jürgen/Hieber, Wolfgang Lothar (1997): Activity Based Budgeting (ABB) – Effizienzsteigerung in der Budgetierung, in: Gleich, Ronald/Seidenschwarz, Werner (Hrsg.): Die Kunst des Controlling, München: Vahlen, 1997, S. 293-312.

Dierkes, Stefan (1998): Planung und Kontrolle von Prozeßkosten: Kostenmanagement im indirekten Leistungsbereich, Wiesbaden: Deutscher Universitäts-Verlag, 1998.

Dierkes, Stefan/Kloock, Josef (1999): Integration von Investitionsrechnung und kalkulatorischer Erfolgsrechnung, in: Männel, Wolfgang (Hrsg.): Integration der Unternehmensrechnung, krp-Sonderheft 3/99, Wiesbaden: Gabler, 1999, S. 119-131.

Dinger, Helmut (2000): Grenzen und Möglichkeiten von Target Costing – Konzept zur Gestaltung der situativen Anwendung von Target Costing, Aachen: Shaker, 2000.

Dodson, Edward N. (1976): Parametric Cost Analysis: General Procedures and Extensions, Technical Memorandum 1963, Santa Barbara, California: General Research Corporation, 1976.

Drukarczyk, Jochen (2003): Unternehmensbewertung, 4. Aufl., München: Vahlen, 2003.

Ehrlenspiel, Klaus (1980): Möglichkeiten zum Senken der Produktkosten – Erkenntnisse aus einer Auswertung von Wertanalysen, in: Konstruktion, 32. Jg., 1980, S. 173-178.

Ehrlenspiel, Klaus/Kiewert, Alfons/Lindemann, Udo (2005): Kostengünstig Entwickeln und Konstruieren: Kostenmanagement bei der integrierten Produktentwicklung, 5. Aufl., Berlin/Heidelberg/New York: Springer, 2005.

Eisenführ, Franz (1998): Investitionsrechnung, 12. Aufl., Aachen: Wissenschaftsverlag Mainz in Aachen, 1998.

Emblemsvåg, Jan (2003): Life-Cycle Costing: Using Activity-Based Costing and Monte Carlo Methods to Manage Future Costs and Risks, Hoboken, New Jersey: Wiley, 2003.

Ewert, Ralf/Wagenhofer, Alfred (2005): Interne Unternehmensrechnung, 6. Aufl., Berlin et al.: Springer, 2005.

Fabrycky, Wolter J./Blanchard, Benjamin S. (1991): Life Cycle Cost and Economic Analysis, Englewood Cliffs, New Jersey: Prentice Hall, 1991.

Fandel, Günter et al. (2004): Kostenrechnung, 2. Aufl., Berlin et al.: Springer, 2004.

Faßbender-Wynands, Ellen (2001): Umweltorientierte Lebenszyklusrechnung: Instrument zur Unterstützung des Umweltkostenmanagements, Wiesbaden: Deutscher Universitäts-Verlag, 2001.

Fischer, Thomas M./Schmitz, Jochen (1998): Kapitalmarktorientierung im Zielkostenmanagement, in: Möller, Hans Peter/Schmidt, Franz (Hrsg.): Rechnungswesen als Instrument für Führungsentscheidungen, Stuttgart: Schäffer-Poeschel, 1998, S. 203-230.

Franke, Günter/Hax, Herbert (2004): Finanzwirtschaft des Unternehmens und Kapitalmarkt, 5. Aufl., Berlin et al.: Springer, 2004.

Franz, Klaus-Peter (1997): Ein dynamischer Ansatz des Target Costing, in: Backhaus, Klaus et al. (Hrsg.): Marktleistung und Wettbewerb, Wiesbaden: Gabler, 1997, S. 277-289.

Franz, Klaus-Peter/Kajüter, Peter (1997): Proaktives Kostenmanagement als Daueraufgabe, in: Franz, Klaus-Peter/Kajüter, Peter (Hrsg.): Kostenmanagement: Wettbewerbsvorteile durch systematische Kostensteuerung, 1. Aufl., Stuttgart: Schäffer-Poeschel, 1997, S. 5-27.

Franz, Klaus-Peter/Kajüter, Peter (2002a): Proaktives Kostenmanagement, in: Franz, Klaus-Peter/Kajüter, Peter (Hrsg.): Kostenmanagement: Wertsteigerung durch systematische Kostensteuerung, 2. Aufl., Stuttgart: Schäffer-Poeschel, 2002, S. 3-32.

Franz, Klaus-Peter/Kajüter, Peter (2002b): Kostenmanagement in Deutschland – Empirische Befunde zur Praxis des Kostenmanagements in deutschen Unternehmen, in: Franz, Klaus-Peter/Kajüter, Peter (Hrsg.): Kostenmanagement: Wertsteigerung durch systematische Kostensteuerung, 2. Aufl., Stuttgart: Schäffer-Poeschel, 2002, S. 569-585.

Freidank, Carl-Christian (1994): Unterstützung des Target Costing mit Hilfe der Prozeßkostenrechnung, in: Dellmann, Klaus/Franz, Klaus-Peter (Hrsg.): Neuere Entwicklungen im Kostenmanagement, Bern/Stuttgart/Wien: Haupt, 1994, S. 223-259.

Friedl, Birgit (2004): Kostenrechnung: Grundlagen, Teilrechnungen und Systeme der Kostenrechnung, München/Wien: Oldenbourg, 2004.

Gebhardt, Günther (2001): Kapitalflußrechnungen, in: Castan, Edgar et al. (Hrsg.): Beck'sches Handbuch der Rechnungslegung, Band III, München: Beck, 2001, C 620, Neufassung, Stand Mai 2001.

Geese, Wieland (1972): Steuern im entscheidungsorientierten Rechnungswesen, Opladen: Westdeutscher Verlag, 1972.

Gerling, Patrick et al. (2004): Theorie und Praxis der Kostenrechnung im Dienstleistungsbereich, in: ZP, 15. Jg., 2004, S. 449-468.

Gordon, Lawrence A./Myers, Mary D. (1991): Postauditing Capital Projects: Are You in Step with the Competition?, in: Management Accounting, Vol. 72, January, 1991, S. 39-42.

Günther, Thomas (1997): Neuentwicklung der Kostenrechnung – eine Antwort auf geänderte Fragestellungen, in: Freidank, Carl-Christian et al. (Hrsg.): Kostenmanagement: neuere Konzepte und Anwendungen, Berlin et al.: Springer, 1997, S. 97-120.

Haberstock, Lothar (2005): Kostenrechnung I: Einführung, 12. Aufl., Berlin: Schmidt, 2005.

Hachmeister, Dirk (2000): Der Discounted Cash Flow als Maß der Unternehmenswertsteigerung, 4. Aufl., Frankfurt a.M. et al.: Lang, 2000.

Hahn, Dietger (1994): PuK: Planung und Kontrolle, Planungs- und Kontrollsysteme, Planungs- und Kontrollrechnung; Controllingkonzepte, 4. Aufl., Wiesbaden: Gabler, 1994.

Hahn, Dietger/Hungenberg, Harald (2001): PuK: Planung und Kontrolle, Planungs- und Kontrollsysteme, Planungs- und Kontrollrechnung; Wertorientierte Controllingkonzepte, 6. Aufl., Wiesbaden: Gabler, 2001.

Hax, Herbert (1989): Investitionsrechnung und Periodenerfolgsmessung, in: Delfmann, Werner et al. (Hrsg.): Der Integrationsgedanke in der Betriebswirtschaftslehre, Wiesbaden: Gabler, 1989, S. 153-170.

Henderson, Bruce D. (1984): Die Erfahrungskurve in der Unternehmensstrategie, 2. Aufl., Frankfurt a.M./New York: Campus, 1984.

Henfling, Manfred (1978): Lernkurventheorie: ein Instrument zur Quantifizierung von produktivitätssteigernden Lerneffekten, Gerbrunn bei Würzburg: Lehmann, 1978.

Heßen, Hans-Peter/Wesseler, Stefan (1994): Marktorientierte Zielkostensteuerung bei der Audi AG, in: Controlling, 6. Jg., 1994, S. 148-154.

Hilbert, Herwig (1995): Target Budgeting in Forschung und Entwicklung bei VOLKSWAGEN, in: Controlling, 7. Jg., 1995, S. 354-364.

Hiromoto, Toshiro (1988): Another Hidden Edge – Japanese Management Accounting, in: HBR, Vol. 66, July-August, 1988, S. 22-26.

Homburg, Carsten (2001): Hierarchische Controllingkonzeption – Theoretische Fundierung eines koordinationsorientierten Controlling, Heidelberg: Physica, 2001.

Homburg, Carsten (2002): Kostenbegriffe, in: Küpper, Hans-Ulrich/Wagenhofer, Alfred (Hrsg.): Handwörterbuch Unternehmensrechnung und Controlling, 4. Aufl., Stuttgart: Schäffer-Poeschel, 2002, Sp. 1051-1060.

Homburg, Carsten (2004): Improving Activity-Based Costing Heuristics by Higher-level Cost Drivers, in: EJOR, Vol. 157, 2004, S. 332-343.

Homburg, Carsten/Eichin, Rüdiger (1998): Aggregierte Prozeßanalysen als Instrumente des Prozeßmanagements, in: DBW, 58. Jg., 1998, S. 635-643.

Homburg, Carsten/Stephan, Jörg/Weiß, Matthias (2004): Unternehmensbewertung bei atmender Finanzierung und Insolvenzrisiko, in: DBW, 64. Jg., 2004, S. 276-295.

Homburg, Carsten/Stephan, Jörg/Weiß, Matthias (2005): Zur Bedeutung des Insolvenzrisikos im Rahmen von DCF-Bewertungen, in: DBW, 65. Jg., 2005, S. 199-203.

Homburg, Carsten/Toksal, Asli/Gödde, Dominika (2004): Corporate Governance und Value Based Management – Eine empirische Untersuchung der DAX-, MDAX- und TecDAX-Unternehmen, Frankfurt a.M.: BearingPoint, 2004.

Homburg, Carsten/Weiß, Matthias (2002): Integration von wertorientierter Unternehmensführung und strategischem Kostenmanagement als zentrale Controllingaufgabe, in: Weber, Jürgen/Hirsch, Bernhard (Hrsg.): Controlling als akademische Disziplin, Wiesbaden: Deutscher Universitäts-Verlag, 2002, S. 221-238.

Homburg, Carsten/Weiß, Matthias (2004): Wertorientiertes Controlling und kapitalorientierte Prozesskostenrechnung, in: ZfCM, 48. Jg., 2004, S. 48-53.

Homburg, Carsten/Zimmer, Kirstin (1999): Optimale Auswahl von Kostentreibern in der Prozeßkostenrechnung, in: ZfbF, 51. Jg., 1999, S. 1042-1055.

Horngren, Charles T./Datar, Srikant M./Foster, George (2005): Cost Accounting – A Managerial Emphasis, 12th ed., Upper Saddle River, New Jersey: Pearson Prentice Hall, 2005.

Horváth, Péter (2003): Controlling, 9. Aufl., München: Vahlen, 2003.

Horváth, Péter et al. (1993): Prozeßkostenrechnung – oder wie die Praxis die Theorie überholt, in: DBW, 53. Jg., 1993, S. 609-628.

Horváth, Péter/Gleich, Ronald/Scholl, Kai (1996): Vergleichende Betrachtung der bekanntesten Kalkulationsmethoden für das kostengünstige Konstruieren, in: Männel, Wolfgang (Hrsg.): Frühzeitiges Kostenmanagement, krp-Sonderheft 1/96, Wiesbaden: Gabler, 1996, S. 53-62.

Horváth, Péter/Mayer, Reinhold (1989): Prozeßkostenrechnung – Der neue Weg zu mehr Kostentransparenz und wirkungsvolleren Unternehmensstrategien, in: Controlling, 1. Jg., 1989, S. 214-219.

Horváth, Péter/Mayer, Reinhold (1993): Prozeßkostenrechnung – Konzeption und Entwicklungen, in: Männel, Wolfgang (Hrsg.): Prozeßkostenrechnung: Methodik, Anwendung und Softwaresysteme, krp-Sonderheft 2/93, Wiesbaden: Gabler, 1993, S. 15-28.

Horváth, Péter/Minning, Frank (2001): Wertorientiertes Management in Deutschland, Großbritannien, Italien und Frankreich, in: Controlling, 13. Jg., 2001, S. 273-282.

Horváth, Péter/Seidenschwarz, Werner (1992): Zielkostenmanagement, in: Controlling, 4. Jg., 1992, S. 142-150.

Horváth & Partners (2004): Optimierung der Kapitalbindung häufig vernachlässigt, in: ZfCM, 48. Jg., 2004, S. 207.

Hostettler, Stephan (2002): Economic Value Added (EVA): Darstellung und Anwendung auf Schweizer Aktiengesellschaften, 5. Aufl., Bern/Stuttgart/Wien: Haupt, 2002.

Hudak, George J. (1991): The Key to Gaining the Competitive Edge: Process Management, in: Reliability and Maintainability Symposium 1991 (Hrsg.): Proceedings/Annual Reliability and Maintainability Symposium 1991: Orlando, Florida, 1991 January 29-31, New York: Institute of Electrical and Electronics Engineers, 1991, S. 565-570.

Husmann, Sven/Kruschwitz, Lutz/Löffler, Andreas (2002): Unternehmensbewertung unter deutschen Steuern, in: DBW, 62. Jg. , 2002, S. 24-42.

IDW (2000): IDW Standard: Grundsätze zur Durchführung von Unternehmensbewertungen (IDW S 1) (Stand: 28.6.2000), in: WPg, 53. Jg., 2000, S. 825-842.

Inselbag, Isik/Kaufold, Howard (1997): Two DCF Approaches for Valuing Companies under Alternative Financing Strategies (and How to Choose Between Them), in: Journal of Applied Corporate Finance, Vol. 10, 1997, S. 114-122.

Jakubowicz, Viktor (2000): Wertorientierte Unternehmensführung: ökonomische Grundlagen – Planungsansatz – Bewertungsmethodik, Wiesbaden: Deutscher Universitäts-Verlag, 2000.

Kajüter, Peter (2002): Prozesskostenmanagement, in: Franz, Klaus-Peter/Kajüter, Peter (Hrsg.): Kostenmanagement: Wertsteigerung durch systematische Kostensteuerung, 2. Aufl., Stuttgart: Schäffer-Poeschel, 2002, S. 249-278.

Kajüter, Peter (2005): Kostenmanagement in der deutschen Unternehmenspraxis. Empirische Befunde einer branchenübergreifenden Feldstudie, in: ZfbF, 57. Jg., 2005, S. 79-100.

Kaplan, Robert S. (1994a): Commentary – Flexible Budgeting in an Activity-Based Costing Framework, in: Accounting Horizons, Vol. 8, 1994, No. 2, S. 104-109.

Kaplan, Robert S. (1994b): Management Accounting (1984-1994): Development of New Practice and Theory, in: Management Accounting Research, Vol. 5, 1994, S. 247-260.

Kaplan, Robert S./Anderson, Steven R. (2003): Time-Driven Activity-Based Costing, abrufbar unter: //ssrn.com/abstract=485443, letzter Abruf am: 11.07.2005.

Kaplan, Robert S./Anderson, Steven R. (2004): Time-Driven Activity-Based Costing, in: HBR, Vol. 82, November, 2004, S. 131-138.

Kaplan, Robert S./Cooper, Robin (1998): Cost & Effect: Using Integrated Cost Systems to Drive Profitability and Performance, Boston, Massachusetts: Harvard Business School Press, 1998.

Kato, Yutaka/Böer, Germain/Chow, Chee W. (1995): Target Costing: An Integrative Management Process, in: Journal of Cost Management, Vol. 9, Spring, 1995, S. 39-51.

Kaufman, Robert J. (1970): Life Cycle Costing: A Decision-Making Tool für Capital Equipment Acquisition, in: Cost and Management, Vol. 44, 1970, S. 21-28.

Keilus, Michael/Maltry, Helmut (2000): Managementorientierte Kosten- und Leistungsrechnung, Stuttgart/Leipzig: Teubner, 2000.

Kemminer, Jörg (1999): Lebenszyklusorientiertes Kosten- und Erlösmanagement, Wiesbaden: Deutscher Universitäts-Verlag, 1999.

Kilger, Wolfgang (1986): Die Kostenträgerrechnung als leistungs- und kostenwirtschaftliches Spiegelbild des Produktions- und Absatzprogramms, in: Kilger, Wolfgang/Scheer, August-Wilhelm (Hrsg.): Rechnungswesen und EDV, Heidelberg: Physica, 1986, S. 3-53.

Kilger, Wolfgang (1987): Einführung in die Kostenrechnung, 3. Aufl., Wiesbaden: Gabler, 1987.

Kilger, Wolfgang (1993): Flexible Plankostenrechnung und Deckungsbeitragsrechnung, 10. Aufl., Wiesbaden: Gabler, 1993.

Kilger, Wolfgang/Pampel, Jochen R. /Vikas, Kurt (2002): Flexible Plankostenrechnung und Deckungsbeitragsrechnung, 11. Aufl., Wiesbaden: Gabler, 2002.

Kloock, Josef (1981): Mehrperiodige Investitionsrechnungen auf der Basis kalkulatorischer und handelsrechtlicher Erfolgsrechnungen, in: ZfbF, 33. Jg., 1981, S. 873-890.

Kloock, Josef (1992): Prozeßkostenrechnung als Rückschritt und Fortschritt der Kostenrechnung (Teil 2), in: krp, 36. Jg., 1992, S. 237-245.

Kloock, Josef (1993): Flexible Prozeßkostenrechnung und Deckungsbeitragsrechnung, in: Männel, Wolfgang (Hrsg.): Prozeßkostenrechnung: Methodik, Anwendung und Softwaresysteme, krp-Sonderheft 2/93, Wiesbaden: Gabler, 1993, S. 55-62.

Kloock, Josef (1997): Betriebliches Rechnungswesen, 2. Aufl., Lohmar/Köln: Eul, 1997.

Kloock, Josef (2000a): Unternehmensrechnung und Revision – Kontrollmanagement, 11. Aufl., Köln: ohne Verlagsangabe, 2000.

Kloock, Josef (2000b): Unternehmensrechnung und Revision – Publikationsmanagement, 12. Aufl., Köln: ohne Verlagsangabe, 2000.

Kloock, Josef et al. (2005): Kosten- und Leistungsrechnung, 9. Aufl., erscheint in: Stuttgart: Lucius & Lucius, 2005.

Kloock, Josef/Sabel, Hermann/Schuhmann, Werner (1987): Die Erfahrungskurve in der Unternehmenspolitik, in: Albach, Horst (Schriftl.): Erfahrungskurve und Unternehmensstrategie, ZfB-Ergänzungsheft 2/87, Wiesbaden: Gabler, 1987, S. 3-51.

Kloock, Josef/Sieben, Günter/Schildbach, Thomas (1999): Kosten- und Leistungsrechnung, 8. Aufl., Düsseldorf: Werner, 1999.

Knorren, Norbert (1997): Unterstützung der Wertsteigerung durch Wert-Orientiertes Controlling (WOC), in: krp, 41. Jg., 1997, S. 203-210.

Knorren, Norbert (1998): Wertorientierte Gestaltung der Unternehmensführung, Wiesbaden: Deutscher Universitäts-Verlag, 1998.

Koller, Tim/Goedhart, Marc/Wessels, David (2005): Valuation: Measuring and Managing the Value of Companies, 4th ed., Hoboken, New Jersey: John Wiley & Sons, 2005.

Krökel, Edgar (1981): Die kalkulatorische Vermögens- und Kapitalrechnung, Berlin: Duncker & Humblot, 1981.

Kruschwitz, Lutz (1991): Relevanz der Kapitalstruktur, in: WiSt, 20. Jg., 1991, S. 176-180.

Kruschwitz, Lutz (2002): Aktuelle Fragen der Unternehmensbewertung, Diskussionsbeiträge des Fachbereichs Wirtschaftswissenschaft der Freien Universität Berlin, Nr. 2002/9, abrufbar unter: //www.wiwiss.fu-berlin.de/kruschwitz/Forschung/Dokumente/Aktuell_UBW.pdf, letzter Abruf am: 11.07.2005.

Kruschwitz, Lutz/Löffler, Andreas (1999): Sichere und unsichere Steuervorteile bei der Unternehmensbewertung I – Kritische Anmerkungen (nicht nur) zum WP-Handbuch 1998 –, abrufbar unter: //www.wiwiss.fu-berlin.de/kruschwitz/Forschung/Dokumente/WP-Handbuch.pdf, letzter Abruf am: 11.07.2005.

Kruschwitz, Lutz/Löffler, Andreas (2002): DCF, Diskussionspapier Nr. 265/2002, Universität Hannover, abrufbar unter: //www.wiwiss.fu-berlin.de/kruschwitz/Forschung/Dokumente/dp-265.pdf, letzter Abruf am: 11.07.2005.

Kuntz, Ludwig (2002): Krankenhauscontrolling in der Praxis: quantitative Methoden, Stuttgart: Kohlhammer, 2002.

Kuntz, Ludwig/Scholtes, Stefan (1999): Wirtschaftlichkeitsanalyse mittels Data Envelopment Analysis zum Krankenhausbetriebsvergleich, in: Albach, Horst (Schriftl.): Krankenhausmanagement, ZfB-Ergänzungsheft 5/99, Wiesbaden: Gabler, 1999, S. 187-206.

Kuntz, Ludwig/Scholtes, Stefan (2000): Measuring the Robustness of Empirical Efficiency Valuations, in: Management Science, Vol. 46, June, 2000, S. 807-823.

Küpper, Hans-Ulrich (1998): Marktwertorientierung – neue und realisierbare Ausrichtung für die interne Unternehmensrechnung?, in: BFuP, 50. Jg., 1998, S. 517-539.

Laitenberger, Jörg (2002): Tilgungseffekt und Kapitalherabsetzung – Anmerkungen zum Beitrag von Sven Husmann, Lutz Kruschwitz und Andreas Löffler: "Unternehmensbewertung unter deutschen Steuern", in: DBW, 62. Jg., 2002, S. 555-559.

Lengsfeld, Stephan (1998): Operative Kostenkontrolle bei Lernkurven, Diskussionsbeiträge zum Rechnungswesen, Beitrag Nr. 7, Köln: ohne Verlagsangabe, 1998.

Lintner, John (1965): The Valuation of Risk Assets and the Selection of Risky Investments in Stock Portfolios and Capital Budgets, in: Review of Economics & Statistics, Vol. 47, 1965, S. 13-37.

Löffler, Andreas (1998): WACC and Nonconstant Leverage Ratio; Arbeitspapier, 1998, abrufbar unter: //www.wiwiss.fu-berlin.de/kruschwitz/Forschung/Dokumente/ertrag.pdf, letzter Abruf am: 11.07.2005.

Löffler, Andreas (2004): Zwei Anmerkungen zu WACC, in: ZfB, 74. Jg., 2004, S. 933-942.

Lücke, Wolfgang (1955): Investitionsrechnungen auf der Grundlage von Ausgaben oder Kosten?, in: Zeitschrift für handelswissenschaftliche Forschung – Neue Folge, 7. Jg., 1955, S. 310-324.

Lüder, Klaus (1969): Investitionskontrolle, Wiesbaden: Gabler, 1969.

Maltry, Helmut (1989): Plankosten- und Prospektivkostenrechnung, Bergisch Gladbach/Köln: Eul, 1989.

Maltry, Helmut/Keilus, Michael (2001): Bewertungsansätze in der Kostenrechnung, in: Burchert, Heiko/Hering, Thomas/Keuper, Frank (Hrsg.): Kostenrechnung: Aufgaben und Lösungen, München/Wien: Oldenbourg, 2001, S. 101-109.

Mandl, Gerwald/Rabel, Klaus (1997): Unternehmensbewertung: eine praxisorientierte Einführung, Wien: Ueberreuter, 1997.

Männel, Wolfgang (1992a): Anpassung der Kostenrechnung an moderne Unternehmensstrukturen, in: Männel, Wolfgang (Hrsg.): Handbuch Kostenrechnung, Wiesbaden: Gabler, 1992, S. 105-137.

Männel, Wolfgang (1992b): Kostenwertansätze in der entscheidungsorientierten Kostenrechnung, in: Männel, Wolfgang (Hrsg.): Handbuch Kostenrechnung, Wiesbaden: Gabler, 1992, S. 416-422.

Männel, Wolfgang (1994): Frühzeitige Kostenkalkulation und lebenszyklusbezogene Ergebnisrechnung, in: krp, 38. Jg., 1994, S. 106-110.

Männel, Wolfgang (1997): Aufgaben, Schwerpunkte und Instrumente des Kostenmanagements, in: Küpper, Hans-Ulrich/Troßmann, Ernst (Hrsg.): Das Rechnungswesen im Spannungsfeld zwischen strategischem und operativem Management, Berlin: Duncker & Humblot, 1997, S. 161-184.

Mellwig, Winfried (2002): Steuern in der Unternehmensrechnung, in: Küpper, Hans-Ulrich/Wagenhofer, Alfred (Hrsg.): Handwörterbuch Unternehmensrechnung und Controlling, 4. Aufl., Stuttgart: Schäffer-Poeschel, 2002, Sp. 1828-1837.

Merchant, Kenneth A. (1990): How Challenging Should Profit Budget Targets Be?, in: Management Accounting, Vol. 72, November, 1990, S. 46-48.

Miles, James A./Ezzell, John R. (1980): The Weighted Average Cost of Capital, Perfect Capital Markets, and Project Life: A Clarification, in: Journal of Financial and Quantitative Analysis, Vol. 15, 1980, S. 719-730.

Modigliani, Franco/Miller, Merton H. (1958): The Cost of Capital, Corporation Finance and the Theory of Investment, in: The American Economic Review, Vol. 48, 1958, S. 261-297.

Modigliani, Franco/Miller, Merton H. (1963): Corporate Income Taxes and the Cost of Capital: A Correction, in: The American Economic Review, Vol. 53, 1963, S. 433-443.

Monden, Yasuhiro (1989): Total Cost Management System in Japanese Automobile Corporations, in: Monden, Yasuhiro/Sakurai, Michiharu (Hrsg.): Japanese Management Accounting – A World Class Approach to Profit Management, Cambridge, Massachusetts/Norwalk, Connecticut: Productivity Press, 1989, S. 15-33.

Monden, Yasuhiro (1995): Cost Reduction Systems: Target Costing and Kaizen Costing, Portland, Oregon: Productivity Press, 1995.

Monden, Yasuhiro/Hamada, Kazuki (1991): Target Costing and Kaizen Costing in Japanese Automobile Companies, in: Journal of Management Accounting Research, Vol. 3, Fall, 1991, S. 16-34.

Mossin, Jan (1966): Equilibrium in a Capital Asset Market, in: Econometrica, Vol. 34, 1966, S. 768-783.

Mussnig, Werner (2001a): Dynamisches Target Costing: von der statischen Betrachtung zum strategischen Management, Wiesbaden: Gabler, 2001.

Mussnig, Werner (2001b): Dynamisches Zielkostenmanagement, in: Controlling, 13. Jg., 2001, S. 139-148.

Opitz, Herwart (1970): Moderne Produktionstechnik: Stand und Tendenzen, 2. Aufl., Essen: Girardet, 1970.

Osterloh, Brun W. (1974): Die Betriebliche Investitionskontrolle. Probleme der Kontrolle betrieblicher Investitionen unter besonderer Berücksichtigung der Kontrolle der Investitionsplanung, Stuttgart: ohne Verlagsangabe, 1974.

Pampel, Jochen R./Viertelhaus, Mirja (1997): Substanzerhaltung und kalkulatorische Abschreibung – Eine Auswertung von Verbandsempfehlungen, in: Männel, Wolfgang (Hrsg.): Substanzerhaltung, kalkulatorische Abschreibungen und Zinsen, krp-Sonderheft 1/97, Wiesbaden: Gabler, 1997, S. 14-23.

Pape, Ulrich (2005): Wertorientierte Unternehmensführung und Controlling, 3. Aufl., Sternenfels: Verlag Wissenschaft & Praxis, 2005.

Peemöller, Volker H. (1993): Zielkostenrechnung für die frühzeitige Kostenbeeinflussung, in: krp, 37. Jg., 1993, S. 375-380.

Pfaff, Dieter/Weber, Jürgen (1998): Zweck der Kostenrechnung? Eine neue Sicht auf ein altes Problem, in: DBW, 58. Jg., 1998, S. 151-165.

Pfohl, Markus Chr. (2002): Prototypgestützte Lebenszyklusrechnung: dargestellt an einem Beispiel aus der Antriebstechnik, München: Vahlen, 2002.

Preinreich, Gabriel A.D. (1937): Valuation and Amortization, in: The Accounting Review, Vol. 12, 1937, S. 209-226.

Preinreich, Gabriel A.D. (1938): Annual Survey of Economic Theory: The Theory of Depreciation, in: Econometrica, Vol. 6, 1938, S. 219-241.

Raab, Hermann (2001): Shareholder Value und Verfahren der Unternehmensbewertung – Leitmaxime für das Management?, Herne/Berlin: Neue Wirtschafts-Briefe, 2001.

Rappaport, Alfred (1986): Creating Shareholder Value: The New Standard for Business Performance, 1st ed., New York: Free Press, 1986.

Rappaport, Alfred (1998): Creating Shareholder Value: A Guide for Managers and Investors, 2nd ed., New York: Free Press, 1998.

Reichmann, Thomas/Fröhling, Oliver (1994): Produktlebenszyklusorientierte Planungs- und Kontrollrechnungen als Bausteine eines dynamischen Kosten- und Erfolgs-Controlling, in: Dellmann, Klaus/Franz, Klaus-Peter (Hrsg.): Neuere Entwicklungen im Kostenmanagement, Bern/Stuttgart/Wien: Haupt, 1994, S. 281-333.

Reiß, Michael/Corsten, Hans (1992): Gestaltungsdomänen des Kostenmanagements, in: Männel, Wolfgang (Hrsg.): Handbuch Kostenrechnung, Wiesbaden: Gabler, 1992, S. 1478-1491.

Richter, Frank (1999): Konzeption eines marktorientierten Steuerungs- und Monitoringsystems, 2. Aufl., Frankfurt a.M. et al.: Lang, 1999.

Richter, Frank (2002): Kapitalmarktorientierte Unternehmensbewertung: Konzeption, finanzwirtschaftliche Bewertungsprämissen und Anwendungsbeispiel, Frankfurt a.M. et al.: Lang, 2002.

Richter, Frank/Drukarczyk, Jochen (2001): Wachstum, Kapitalkosten und Finanzierungseffekte, in: DBW, 61. Jg., 2001, S. 627-639.

Riebel, Paul (1994): Einzelkosten- und Deckungsbeitragsrechnung: Grundfragen einer markt- und entscheidungsorientierten Unternehmensrechnung, 7. Aufl., Wiesbaden: Gabler, 1994.

Riezler, Stephan (1996): Lebenszyklusrechnung: Instrument des Controlling strategischer Projekte, Wiesbaden: Gabler, 1996.

Ring, Stephan/Castedello, Marc/Schlumberger, Erik (2000): Auswirkungen des Steuersenkungsgesetzes auf die Unternehmensbewertung, in: Finanz Betrieb, 2. Jg., 2000, S. 356-361.

Rösler, Frank (1996): Target Costing für die Automobilindustrie, Wiesbaden: Deutscher Universitäts-Verlag, 1996.

Rückle, Dieter/Klein, Andreas (1994): Product-Life-Cycle-Cost Management, in: Dellmann, Klaus/Franz, Klaus-Peter (Hrsg.): Neuere Entwicklungen im Kostenmanagement, Bern/Stuttgart/Wien: Haupt, 1994, S. 335-367.

Sakurai, Michiharu (1989): Target Costing and How to Use It, in: Journal of Cost Management for Manufacturing Industry, Vol. 3, Summer, 1989, S. 39-50.

Sakurai, Michiharu (1996): Integrated Cost Management, Portland, Oregon: Productivity Press, 1996.

Schehl, Michael (1994): Die Kostenrechnung der Industrieunternehmen vor dem Hintergrund unternehmensexterner und -interner Strukturwandlungen: eine theoretische und empirische Untersuchung, Berlin: Duncker und Humblot, 1994.

Schild, Ulrich (2005): Lebenszyklusrechnung und lebenszyklusbezogenes Zielkostenmanagement, Wiesbaden: Deutscher Universitäts-Verlag, 2005.

Schild, Ulrich/Bauerdorf, Ina (2005): Optimierung der intertemporalen Kostenstruktur von Produktprojekten unter Berücksichtigung phasenbezogener Interdependenzen, in: ZP, 16. Jg., 2005, S. 91-114.

Schiller, Ulf/Lengsfeld, Stephan (1998): Strategische und operative Planung mit der Prozeßkostenrechnung, in: ZfB, 68. Jg., 1998, S. 525-547.

Schmalenbach, Eugen (1962): Dynamische Bilanz, 13. Aufl., Köln/Opladen: Westdeutscher Verlag, 1962.

Schmidt, Felix R. (2000): Life Cycle Target Costing: ein Konzept zur Integration der Lebenszyklusorientierung in das Target Costing, Aachen: Shaker, 2000.

Schneeweiß, Christoph (1993): Kostenbegriffe aus entscheidungstheoretischer Sicht, in: ZfbF, 45. Jg., 1993, S. 1025-1039.

Schneeweiß, Christoph/Steinbach, Jochen (1996): Zur Beurteilung der Prozeßkostenrechnung als Planungsinstrument, in: DBW, 56. Jg., 1996, S. 459-473.

Schneider, Dieter (1992): Investition, Finanzierung und Besteuerung, 7. Aufl., Wiesbaden: Gabler, 1992.

Schüler, Andreas (2000): Unternehmensbewertung und Halbeinkünfteverfahren, in: DStR, 38. Jg., 2000, S. 1531-1536.

Schultze, Wolfgang (2003): Methoden der Unternehmensbewertung: Gemeinsamkeiten, Unterschiede, Perspektiven, 2. Aufl., Düsseldorf: IDW-Verlag, 2003.

Schweitzer, Marcell/Ziolkowski, Ulrich (Hrsg.) (1999): Interne Unternehmensrechnung: aufwandsorientiert oder kalkulatorisch?, ZfbF, Sonderheft 42, 1999.

Seidenschwarz, Werner (1993): Target Costing, München: Vahlen, 1993.

Senti, Richard (1994): Produktlebenszyklusorientiertes Kosten- und Erlösmanagement, Bamberg: Difo-Druck, 1994.

Serfling, Klaus/Schultze, Ronald (1996): Target Costing – Kundenorientierung in Kostenmanagement und Preiskalkulation, in: Männel, Wolfgang (Hrsg.): Frühzeitiges Kostenmanagement, krp-Sonderheft 1/96, Wiesbaden: Gabler, 1996, S. 29-38.

Shank, John K./Fisher, Joseph (1999): Target Costing as a Strategic Tool, in: Sloan Management Review, Vol. 41, Fall, 1999, S. 73-82.

Sharman, Paul A. (2003): Bring on German Cost Accounting, in: Strategic Finance, Vol. 85, 2003, S. 30-38.

Sharpe, William F. (1964): Capital Asset Prices: A Theory of Market Equilibrium under Conditions of Risk, in: Journal of Finance, Vol. 19, 1964, S. 425-442.

Sherif, Yosef S./Kolarik, William J. (1981): Life Cycle Costing: Concept and Practice, in: OMEGA – The international Journal of Management Science, Vol. 9, 1981, S. 287-296.

Shields, Michael D./Young, S. Mark (1991): Managing Product Life Cycle Costs: An Organizational Model, in: Journal of Cost Management for the Manufacturing Industry, Vol. 5, 1991, S. 39-52.

Sieben, Günter/Maltry, Helmut (2002): Zur Bemessung kalkulatorischer Abschreibungen und kalkulatorischer Zinsen bei der kostenbasierten Preisermittlung von Unternehmen der öffentlichen Energieversorgung, in: BFuP, 54. Jg., 2002, S. 402-418.

Sieben, Günter/Maltry, Helmut (2003): Kostenbasierte Kalkulation von Netznutzungsentgelten am Beispiel der Stromindustrie, in: Der Betrieb, 56. Jg., 2003, S. 729-735.

Siefke, Michael (1999): Externes Rechnungswesen als Datenbasis der Unternehmenssteuerung: Vergleich mit der Kostenrechnung und Shareholder-Value-Ansätzen, Wiesbaden: Deutscher Universitäts-Verlag, 1999.

Siegwart, Hans/Senti, Richard (1995): Product Life Cycle Management: die Gestaltung eines integrierten Produktlebenszyklus, Stuttgart: Schäffer-Poeschel, 1995.

Simon, Hermann (1992): Preismanagement: Analyse, Strategie, Umsetzung, 2. Aufl., Wiesbaden: Gabler, 1992.

Spielberger, Michael (1983): Betriebliche Investitionskontrolle: Grundprobleme und Lösungsansätze, Würzburg/Wien: Physica, 1983.

Stahl, Anne B. (2002): Wechsel vom HGB auf IAS oder US-GAAP – Untersuchung der Motive und der organisatorischen Umsetzung in der Praxis, in: krp, 46. Jg., 2002, S. 33-36.

Steiner, Jürgen (1981): Investitionsrechnung auf der Basis von Periodengewinnen: Eine Alternative zu klassischen Modellen, in: DBW, 41. Jg., 1981, S. 91-102.

Steinmann, Horst/Schreyögg, Georg (2005): Management: Grundlagen der Unternehmensführung; Konzepte – Funktionen – Fallstudien, 6. Aufl., Wiesbaden: Gabler, 2005.

Stewart, G. Benett (1999): The Quest for Value: A Guide for Senior Managers, New York: HarperBusiness, 1999.

Stratmann, Jörg (2001): Bedarfsgerechte Informationsversorgung im Rahmen eines produktlebenszyklusorientierten Controlling, Lohmar/Köln: Eul, 2001.

Susman, Gerald (1992): Product Life Cycle Management, in: Brinker, Barry J. (Hrsg.): Emerging Practices in Cost Management: 1992 Edition, Boston, Massachusetts: Warren, Gorham & Lamont, 1992, Chapter G1, S. 1-15.

Swoboda, Peter (1994): Betriebliche Finanzierung, 3. Aufl., Heidelberg: Physica, 1994.

Swoboda, Peter (1996): Zur Anschaffungswertorientierung administrierter Preise, in: BFuP, 48. Jg., 1996, S. 364-381.

Tanaka, Masayasu (1989): Cost Planning and Control Systems in the Design Phase of a New Product, in: Monden, Yasuhiro/Sakurai, Michiharu (Hrsg.): Japanese Management Accounting – A World Class Approach to Profit Management, Cambridge, Massachusetts/Norwalk, Connecticut: Productivity Press, 1989, S. 49-71.

Tani, Takeyuki et al. (1994): Target Cost Management in Japanese Companies: Current State of the Art, in: Management Accounting Research, Vol. 5, 1994, S. 67-81.

Tani, Takeyuki/Kato, Yutaka (1994): Target Costing in Japan, in: Dellmann, Klaus/Franz, Klaus-Peter (Hrsg.): Neuere Entwicklungen im Kostenmanagement, Bern/Stuttgart/Wien: Haupt, 1994, S. 281-333.

Theuerkauf, Ingo (1989): Kundennutzenmessung mit Conjoint, in: ZfB, 59. Jg., 1989, S. 1179-1192.

Troßmann, Ernst (1999): Erfolgsperiodisierung in der Lebenszyklusrechnung, in: Männel, Wolfgang (Hrsg.): Integration der Unternehmensrechnung, krp-Sonderheft 3/99, Wiesbaden: Gabler, 1999, S. 93-105.

VDI (Hrsg.) (1987): VDI-Richtlinie 2235, Wirtschaftliche Entscheidungen beim Konstruieren – Methoden und Hilfen, Düsseldorf: VDI-Verlag, 1987.

VDI (Hrsg.) (1990): VDI-Richtlinie 2234, Wirtschaftliche Grundlagen für den Konstrukteur, Berlin: Beuth, 1990.

Vodrazka, Karl (1992): Pagatorischer und wertmäßiger Kostenbegriff, in: Männel, Wolfgang (Hrsg.): Handbuch Kostenrechnung, Wiesbaden: Gabler, 1992, S. 19-30.

Wagenhofer, Alfred (1998): Share Holder Value-Konzept, in: Busse von Colbe, Walther/Pellens, Bernhard (Hrsg.): Lexikon des Rechnungswesens: Handbuch der Bilanzierung und Prüfung, der Erlös-, Finanz-, Investitions- und Kostenrechnung, 4. Aufl., München/Wien: Oldenbourg, 1998, S. 642-644.

Währisch, Michael (1998): Kostenrechnungspraxis in der deutschen Industrie, Wiesbaden: Gabler, 1998.

Weber, Jürgen/Linder, Stefan/Spillecke, Dennis (2002): Stand der Planung und Kontrolle betrieblicher Investitionen, in: krp, 46. Jg., 2002, S. 291-297.

Weiss, Alexander (2004): Target Investment – Beitrag zur systematischen Steigerung der Kapitalproduktivität industrieller Großinvestitionen, Berlin: ohne Verlagsangabe, 2004.

Welge, Martin K./Al-Laham, Andreas (1992): Planung: Prozesse – Strategien – Maßnahmen, Wiesbaden: Gabler, 1992.

Wiese, Jörg (2004): Unternehmensbewertung mit dem Nachsteuer-CAPM, abrufbar unter: //www.rwp.bwl.uni-muenchen.de/download/Paper_Steuern160204.pdf, letzter Abruf am: 11.07.2005.

Wild, Jürgen (1973): Product Management, 2. Aufl., München: Moderne Industrie, 1973.

Wildemann, Horst (1982): Kostenprognosen bei Großprojekten, Stuttgart: Poeschel, 1982.

Wilson, Richard M.S. (1995): Strategic Management Accounting, in: Ashton, David/Hopper, Trevor/Scapens, Robert W. (Hrsg.): Issues in Management Accounting, 2nd ed., London et al.: Prentice Hall, 1995, S. 159-190.

Woodward, David G. (1997): Life Cycle Costing – Theory, Information Acquisition and Application, in: International Journal of Project Management, Vol. 15, 1997, S. 335-344.

Wübbenhorst, Klaus L. (1986): Life Cycle Costing for Construction Projects, in: Long Range Planning, No. 4, Vol. 19, 1986, S. 87-97.

Yoshikawa, Takeo/Innes, John/Michell, Falconer (1990): Cost Tables: A Foundation of Japanese Cost Management, in: Journal of Cost Management for Manufacturing Industry, Vol. 4, Fall, 1990, S. 30-36.

Zehbold, Cornelia (1996): Lebenszykluskostenrechnung, Wiesbaden: Gabler, 1996.

Zimmermann, Gebhard (1992): Kostenrechnung und Unternehmenserhaltung, in: Männel, Wolfgang (Hrsg.): Handbuch Kostenrechnung, Wiesbaden: Gabler, 1992, S. 1414-1424.

Zeitfracht Medien GmbH
Ferdinand-Jühlke-Straße 7,
99095 - DE, Erfurt
produktsicherheit@zeitfracht.de

FSC
www.fsc.org
MIX
Papier | Fördert
gute Waldnutzung
FSC® C083411